王倩 于风 著

移动社交媒体对
流动儿童社会化的影响研究

Research on the Influence of
Mobile Social Media on the Socialization of
Migrant Children

中国社会科学出版社

图书在版编目（CIP）数据

移动社交媒体对流动儿童社会化的影响研究／王倩，于风著 .—北京：中国社会科学出版社，2024.3

ISBN 978-7-5227-2992-3

Ⅰ.①移… Ⅱ.①王…②于… Ⅲ.①互联网络—传播媒介—影响—流动人口—儿童—社会认知—研究—中国　Ⅳ.①G206.2②D669.5

中国国家版本馆 CIP 数据核字（2024）第 034233 号

出 版 人	赵剑英
责任编辑	张　林
特约编辑	宋英杰
责任校对	刘　娟
责任印制	戴　宽

出　版	中国社会科学出版社
社　址	北京鼓楼西大街甲 158 号
邮　编	100720
网　址	http://www.csspw.cn
发 行 部	010-84083685
门 市 部	010-84029450
经　销	新华书店及其他书店

印刷装订	三河市华骏印务包装有限公司
版　次	2024 年 3 月第 1 版
印　次	2024 年 3 月第 1 次印刷

开　本	710×1000　1/16
印　张	23.5
插　页	2
字　数	387 千字
定　价	129.00 元

凡购买中国社会科学出版社图书，如有质量问题请与本社营销中心联系调换
电话：010-84083683
版权所有　侵权必究

目　录

导　言 ………………………………………………………………（1）

绪　论 ………………………………………………………………（5）
 一　研究缘起 …………………………………………………（5）
 二　研究价值 …………………………………………………（7）
 三　概念界定 …………………………………………………（9）
 四　研究回顾 …………………………………………………（17）

第一章　研究方法、过程及创新点 ……………………………（41）
 第一节　研究方法 ……………………………………………（41）
  一　文献法 …………………………………………………（41）
  二　访谈法 …………………………………………………（41）
  三　参与式观察 ……………………………………………（42）
  四　问卷调查法 ……………………………………………（42）
  五　比较研究法 ……………………………………………（42）
 第二节　研究过程 ……………………………………………（43）
  一　研究设计 ………………………………………………（43）
  二　研究实施 ………………………………………………（47）
  三　信度、效度检验 ………………………………………（49）
 第三节　研究的创新点及难点 ………………………………（53）
  一　研究的创新点 …………………………………………（53）
  二　研究难点 ………………………………………………（55）

第二章 流动儿童接触和使用移动社交媒体及其社会化状况的调查 (56)

第一节 调查对象的基本特征 (56)
一 性别比例和年龄分布 (56)
二 学校和年级分布 (57)
三 家庭经济状况 (59)
四 父母受教育程度及职业状况 (60)
五 学习成绩及是否独生子女情况 (64)
六 流动儿童来迁入地时间及对迁入地认同情况 (67)
七 流动儿童的流动情况 (69)

第二节 流动儿童接触和使用移动社交媒体的情况 (71)
一 接触和使用动机 (71)
二 接触和使用行为 (77)
三 接触和使用习惯 (83)
四 接触和使用态度 (88)
五 父母对孩子接触和使用移动社交媒体情况的了解及监督 (95)
六 父母对孩子接触和使用移动社交媒体的态度、期望 (98)
小结 (100)

第三节 流动儿童的社会化状况 (102)
一 性格与行为特征 (102)
二 生活技能 (104)
三 消费观念 (105)
四 社会交往 (107)
五 社会规范 (109)
六 角色认同 (110)
七 自我认识 (112)
八 生活目标 (114)
小结 (117)

第三章　流动儿童接触和使用移动社交媒体对其社会化的影响 …… (118)

第一节　流动儿童的人口统计学变量与其社会化的相关性检验 ………………………………………………………… (118)
  一　性别及年龄的检验 ……………………………………… (118)
  二　家庭经济状况的检验 …………………………………… (123)
  三　父母受教育程度及职业的检验 ………………………… (125)
  四　学习成绩的检验 ………………………………………… (131)
  五　独生子女的检验 ………………………………………… (133)
  六　来迁入地时间及对迁入地的认同情况的检验 ………… (135)
  七　流动情况的检验 ………………………………………… (139)
  小结 …………………………………………………………… (145)

第二节　流动儿童的人口统计学变量与其接触和使用移动社交媒体的相关性检验 ……………………………… (146)
  一　人口统计学变量与接触和使用动机的关联状况 ……… (147)
  二　人口统计学变量与接触和使用行为的关联状况 ……… (150)
  三　人口统计学变量与接触和使用习惯的关联状况 ……… (160)
  四　人口统计学变量与接触和使用态度的关联状况 ……… (169)
  五　人口统计学变量与父母了解、监督的关联状况 ……… (183)
  六　人口统计学变量与父母的态度、期望的关联状况 …… (189)
  小结 …………………………………………………………… (192)

第三节　移动社交媒体的接触和使用与流动儿童社会化的相关性检验 ………………………………………………… (194)
  一　性格与行为特征的检验 ………………………………… (194)
  二　生活技能的检验 ………………………………………… (202)
  三　社会交往的检验 ………………………………………… (209)
  四　社会规范的检验 ………………………………………… (216)
  五　角色认同的检验 ………………………………………… (222)
  六　自我认识的检验 ………………………………………… (229)
  七　消费观念的检验 ………………………………………… (235)
  八　生活目标的检验 ………………………………………… (242)

小结 ……………………………………………………………（251）
第四节　人口统计学变量、移动社交媒体与社会化间的
　　　　多元联系 ……………………………………………（252）
　　一　人口统计学变量、移动社交媒体与性格与行为特征间的
　　　　多元回归分析 ………………………………………（253）
　　二　人口统计学变量、移动社交媒体与生活技能间的
　　　　多元回归分析 ………………………………………（255）
　　三　人口统计学变量、移动社交媒体与消费观念间的
　　　　多元回归分析 ………………………………………（257）
　　四　人口统计学变量、移动社交媒体与社会交往间的
　　　　多元回归分析 ………………………………………（259）
　　五　人口统计学变量、移动社交媒体与社会规范间的
　　　　多元回归分析 ………………………………………（262）
　　六　人口统计学变量、移动社交媒体与角色认同特征间的
　　　　多元回归分析 ………………………………………（265）
　　七　人口统计学变量、移动社交媒体与自我认识间的
　　　　多元回归分析 ………………………………………（268）
　　八　人口统计学变量、移动社交媒体与生活目标间的
　　　　多元回归分析 ………………………………………（270）
第五节　移动社交媒体对流动儿童社会化的影响 ……………（275）
　　一　正面影响 …………………………………………………（275）
　　二　负面影响 …………………………………………………（279）

第四章　探索流动儿童合理接触和使用移动社交媒体的优化
　　　　路径 …………………………………………………（283）
第一节　家庭路径 ………………………………………………（284）
　　一　加强对流动儿童的关爱与陪伴 …………………………（284）
　　二　科学看待移动社交媒体对孩子产生的影响 ……………（285）
　　三　开展家庭媒介素养教育 …………………………………（286）
第二节　学校路径 ………………………………………………（287）

一　加强教师队伍媒介素养能力的培训 ………………（288）
　　二　重视学生的媒介心理健康教育 ……………………（288）
　第三节　媒介路径 …………………………………………（289）
　　一　提升社会责任感，发挥正面职能 …………………（289）
　　二　强化"把关人"意识，发挥监管作用 ……………（290）
　第四节　政府路径 …………………………………………（291）
　　一　关注流动儿童的权益，重视儿童群体的媒介素养
　　　　教育 ………………………………………………（292）
　　二　履行政府职能，提供流动儿童媒介素养教育的政策
　　　　支持 ………………………………………………（292）
　第五节　社会组织路径 ……………………………………（293）
　　一　整合社会资源，营造媒介素养教育的氛围 ………（293）
　　二　开展公益项目，关爱流动儿童 ……………………（294）

第五章　结论与展望 ………………………………………（296）
　第一节　研究结论 …………………………………………（296）
　　一　流动儿童接触和使用移动社交媒体的现状与非流动儿童
　　　　群体存有异同 ……………………………………（296）
　　二　流动儿童的社会化状况具有特殊性 ………………（299）
　　三　流动儿童的人口统计学变量与接触和使用移动社交媒体的
　　　　情况具有联系 ……………………………………（300）
　　四　流动儿童移动社交媒体的接触和使用情况与其社会化状况
　　　　具有联系 …………………………………………（300）
　　五　构建流动儿童社会化状况的多元回归模型 ………（302）
　　六　移动社交媒体的接触和使用对流动儿童的社会化状况产生
　　　　一定的影响 ………………………………………（304）
　　七　探寻规范流动儿童接触和使用移动社交媒体的策略 ……（306）
　第二节　研究存在的不足 …………………………………（308）
　第三节　研究展望 …………………………………………（309）

参考文献 …………………………………………………………（311）

附　录 ……………………………………………………………（318）

后　记 ……………………………………………………………（365）

导　言

　　改革开放以来，我国放开对人口流动的控制，大量农村人口进入城市务工，寻找新的生存和发展机会。自20世纪90年代起，伴随着现代化建设和城镇化进程的加速，这种人口流动呈现新趋势——由"单身流动"变为"家庭流动"，城市中农民工子女急剧增多。这部分农民工子女，由于没有流入地的户籍且常随父母工作的变动而变换生活处所，所以被称作"流动儿童"，他们的成长因此面临一系列问题。作为一个禀赋了农村文化血缘又试图融入城市文化脉络的庞大而又特殊的城市"边缘"群体，就历时态而言，他们处于心智尚未成熟、道德行为逐渐养成的关键期，和所有儿童一样，要经历由"生物人"转化为"社会人"的社会化过程；就共时态而言，他们处于两种体制的接壤处，要跨越城乡二元结构，在城市化进程中完成自身的社会性发展。当代儿童的成长中，家庭、学校、同龄人和传媒是四大影响因素，信息社会的到来和移动社交媒体的广泛使用使得传媒因素的影响力日趋上升，对流动儿童尤其如此。因他们生活境遇的特殊性和变动性，家庭、学校、同龄人的影响呈不稳定状态甚至某种程度的缺失，以致大众传媒"补位过度"，由此带来的问题值得重视。

　　国内学者对流动儿童的研究自20世纪90年代开始，逐渐由最初的人口学和教育学扩展至社会学、人类学、心理学等多个研究领域，但专门针对流动儿童群体的传播学研究尚不多见。林火灿等人以京皖两所中学的农民工子女为调查主体，对流动儿童与留守儿童的媒介素养状况进行对比（2007），庄曦以南京市6—14岁的流动儿童为取样对象，从城市生活融入的视角对他们的媒介使用开展调查（2010），两项研究均获得了有价值的发现。郑欣、胡翼青、郑素侠等学者从传播学角度对农民工群体和留守儿童的媒介状况开展的调研也与流动儿童研究有相关性。无论农民工、留守儿童还是流动儿童，都是人口迁移的参与者和变化结果的承受者，农民工和留守儿童的研究均可为流动儿童的研究提供思路上的启发与方法上的借鉴。

国外学术界对同处流动语境下的移民儿童开展过一系列研究。以美国社会学家帕克为代表的芝加哥学派自19世纪90年代起便对来到美国的欧洲移民的社会化问题展开思考，法裔美国学者埃克托、弗雷德里克、鲁比等对此类问题亦有调研。尤其值得一提的是2001—2004年伦敦大学"媒介与青少年研究中心"在英、德、意、法等国开展的大型跨国研究CHI-CAM，以参与式行动的视角，探讨了传播媒介在促进移民儿童融入当地社会中的价值与作为，以及如何帮助移民儿童利用媒介发出自己的声音。该项目对我国相关问题的研究能提供一定启发。

纵观国内国外已有的相关成果，结合时代需求，可以发现我们目前在该领域的研究存在诸多不足。其中研究匮乏最为突出的是传播学研究及以传播学为重要研究方法的跨学科研究，研究路径亟待扩展。国外学术界近年对同处流动语境下的移民儿童的研究往往从多学科角度介入，偏重以文化变迁和焦虑为研究路径，传播学为重要研究方法之一。而国内已有的研究更多集中于流动儿童的义务教育、社会保障、心理健康等问题，对与媒介相关问题的研究还很少。随着作为文化载体的大众传媒对社会及个体的影响逐渐加大，流动儿童的研究迫切需要传播学的参与。同时，流动儿童的社会化问题属于综合性社会问题，若仅以单一学科的视角进行研究，所得结果往往不够全面，因此，以传播学为重要研究方法的跨学科研究能够赋予该问题更为丰富的理论观照。

另外，研究内容落后于时代发展，网络新媒体尤其移动社交媒体对流动儿童影响的调研十分缺乏。自20世纪末，大众传媒与儿童发展的研究逐步展开，涉及的媒体多集中于电视。近年虽有不少新媒体与儿童问题的研究、留守儿童网络接触的研究，但对流动儿童新媒体尤其移动社交媒体使用方面的调研未能及时展开。中国儿童少年基金会发布的报告显示"电子游戏和网络上瘾在流动儿童中比例很高，超过1/4的孩子非常迷恋网络游戏"。流动儿童的网瘾倾向比例远远高于城市非流动儿童和农村留守儿童，对他们新媒体使用状况的调研急需跟进。

鉴于此，我们将流动儿童作为研究对象，就这一群体移动社交媒体的接触和使用以及社会化状况进行了广泛的实证研究。我们在17个城市进行取样,最终选取14所学校的3500名流动儿童及3300名非流动儿童为样本开展问卷调查,选取30个流动儿童家庭开展访谈,并对其中10个家庭开展参与式观察,揭示了流动儿童移动社交媒体的接触和使用情况、社会化状况及移动社交媒体对其社会化发展产生的影响,并将流动儿童与城市非流动儿童进行对比,在拟合与差异中解读流动儿童的群体特征、传播网络特性等问题,探析流动儿童在城乡二元社会结构之间遭遇的"移民困境",分析移动社交媒体在流动儿童社会化过程中所扮演的角色,讨论移动社交媒体对流动儿童社会化所产生的正负面影响,进而尝试提出优化流动儿童接触和使用移动社交媒体的策略。

本书主要分为六个部分。绪论介绍了研究缘起,研究价值,对研究中涉及的"移动社交媒体""流动儿童""社会化"等重要概念进行界定,并对国内外相关研究进行梳理与总结,为后文的开展奠定基础。第一章介绍了研究所用的方法以及研究设计、实施、调查工具的信效度检验等研究过程,简要说明了研究的创新点及难点。第二章是对流动儿童接触和使用移动社交媒体及其社会化状况的调查结果进行客观呈现,利用SPSS22.0统计软件对流动儿童的社会人口学特征、接触和使用移动社交媒体的情况、社会化状况进行描述性分析,并将流动儿童与非流动儿童的结果进行对比,以探寻二者之间的差异。第三章是对流动儿童接触和使用移动社交媒体与其社会化的状况进行相关性检验,运用相关分析、独立样本T检验、多元回归分析等方法,对流动儿童的人口统计学变量、接触和使用移动社交媒体的情况、社会化状况三者之间的关系进行考察。结果表明,流动儿童的人口统计学变量与其社会化状况具有一定的关联;人口统计学变量在一定程度上对流动儿童接触和使用移动社交媒体的情况产生影响;移动社交媒体的接触和使用情况影响流动儿童社会化的发展。第四章是引导流动儿童合理接触和使用移动社交媒体的策略探讨,在前文分析结果的基础上,借鉴国内外的有益举措,试图从家庭、学校、媒体、政府、社会组织五个层面进行思考,探寻引导流动儿童合理接触和使用移动社交媒体的策略。第五章是结论与展望,对研究的发现与结论进行总结,并指出研究存在的不足及尚待完善之处,在此基础上,试图对该研究今后的方向进行展望。

流动儿童是特殊的儿童群体，他们也被称为"边缘群体""弱势群体""处境不利儿童群体"等。当下，随着社会转型期的推进，外来务工人口数量不断增长，流动儿童群体的规模也相应增加。由此而产生的一系列问题，若不及时解决，将会对社会的和谐发展产生不利影响。因此，从与这一群体成长相关的社会化问题入手，关注移动社交媒体的接触和使用对其社会化产生的影响，并根据调查中发现的问题，对如何引导流动儿童合理接触和使用移动社交媒体的策略进行探讨，将有利于促进流动儿童群体正常的社会化发展，从而有利于社会的整体和谐与进步。

我们希望，我们的研究不仅能有理论层面的发现与收获，还要能超越纯学术的范畴，实现对现实建设的助力，真正成为一项有温度、有深度、有责任感和建设性的研究。

绪　　论

一　研究缘起
（一）移动社交媒体发展迅速

随着媒介技术的不断发展，越来越多的人开始借助手机、平板电脑等移动设备上网，人们对手机等移动端上网设备的青睐，也使得移动媒体成为近年来蓬勃发展的一大媒体。相关数据显示，截至 2022 年 6 月，中国移动互联网月活用户达到 11.9 亿[1]CNNIC 发布的第 49 次《中国互联网络发展状况统计报告》表明，至 2021 年 12 月，我国网民规模达 10.32 亿，其中，手机网民规模为 10.29 亿，占比达 99.7%；台式电脑、笔记本电脑的使用率均出现下降，手机不断挤占其他个人上网设备的使用。[2] 可见，手机、平板电脑等移动端设备在人们网络生活中的影响力已逐渐超过传统 PC 端的台式电脑，成为人们网络生活中的重要媒介载体。当下，随着 5G、6G 等通信技术的研发与应用，手机、平板电脑等移动设备在人们网络生活中的影响力持续增强，而随着人们对网络的使用及移动设备与互联网的渐趋融合，移动互联网将成为人们关注的热点。移动互联网向人们提供了诸多应用服务，其中的移动社交媒体正蓬勃发展，它的出现满足了人们对日常社交的便捷化需求。Soul 指出，预计 2024 年中国移动社交用户数量将增长到 10.60 亿人，移动端用户规模持

---

[1] 新浪新闻综合：《QuestMobile2022 中国移动互联网半年大报告：流量分发底层逻辑巨变，各家变阵应对》2022 年 7 月 26 日，https://news.sina.com.cn/2022-07-26/doc-imizmscv3558826.shtml，2022 年 7 月 30 日。

[2] CNNIC：《第 49 次〈中国互联网络发展状况统计报告〉》2022 年 2 月 25 日，https://www.cnnic.net.cn/hlwfzyj/hlwxzbg/hlwtjbg/202202/t20220225_71727.htm，2022 年 7 月 30 日。

续上升，① 移动社交平台成为人们网络社交应用的主流。

（二）移动社交媒体影响儿童社会化

家庭、学校、同伴、媒介是影响儿童社会化的重要因素。已有研究表明，在影响儿童社会化的诸多因素中，媒介的作用不容忽视。儿童心理学把媒介列为"影响儿童社会化的外在因素之一"②；教育社会学将媒介认定为儿童社会化的"四大承担者之一"③ 等。2013年，中国青少年研究中心"新媒体与少年儿童社会化"课题组曾做过一项"少年儿童使用新媒介的状况及对其成长的影响"的调查，结果表明，10岁以下儿童首次触网的比例累计达68.3%。研究认为，新媒体在儿童社会化进程中将发挥着越来越大的作用。④ 当下移动互联时代，移动社交媒体作为新媒介应用，以文字、表情符号、音频、视频等多元的内容呈现形式，为儿童塑造虚拟社交场域，满足儿童社交需求的同时，也成为儿童获取信息、感知世界的重要载体，为儿童构筑了全新的信息环境，成为儿童社会化发展的重要途径。儿童正处于社会化的关键时期，世界观、人生观、价值观初步建立，对事物的辨别力及抵抗力较弱，一旦受到不良信息的侵袭，将不利于其世界观、人生观、价值观的正确形成，也对其社会化发展产生不良影响。因而，移动社交媒体对儿童社会化发展产生的影响需要引起我们的重视。

（三）移动社交媒体对流动儿童社会化影响尤为突出

在儿童群体中，流动儿童是一个较为特殊的群体，他们跟随务工的父母从经济相对落后的老家进入经济较为发达的城市，在流动的过程中，由价值观念、生活方式、文化背景等构筑的生存环境发生了一定的改变，因此，他们需要时间重新适应、融入新的城市环境，调整个体社会化的进程。其中，很多孩子的父母由于工作忙碌，早出晚归，而难以给予孩子充

---

① 新浪财经：《Soul 亏损近12亿：抓住了Z世代的灵魂，却抓不住他们的钱》2021年5月17日，https://finance.sina.cn/chanjing/gsxw/2021-05-17/detail-ikmyaawc5864573.d.html?share_token=2ed91564-4f47-4032-aa1c-a89e96be79a1，2022年7月30日。

② 谷传华：《儿童心理学》，中国轻工业出版社2010年版，第221页。

③ 谢维和：《教育活动的社会学分析——一种教育社会学的研究》，教育科学出版社2007年版，第280页。

④ 孙宏艳：《新媒介与新儿童：新媒体与少年儿童社会化研究报告》，中国青年出版社2014年版，第4页。

足的陪伴，这些流动儿童甚至成为一种新形式的"留守儿童"。在这种流动及缺乏陪伴的环境下，家庭、学校及同龄人因素在儿童社会化过程中发挥的作用有所减弱，而媒介的作用则呈现加强趋势。以移动社交媒体为代表的媒介成为流动儿童生活中的重要"陪伴者"，流动儿童不仅利用移动社交媒体进行社会交往，促进与朋友间的联系，缓解社交孤独，而且利用这一媒介获取资讯，放松身心，丰富课余生活。虽然移动社交媒体为流动儿童的生活带来诸多乐趣与便利，但也难免存在一定的负面影响，如许多流动儿童过于倚重移动社交媒体进行虚拟社交，减少了同现实世界的联系，弱化了社会交往能力，且由于他们年纪尚小，未具备较强的媒介素养能力，极易受到网络不良信息的危害，从而不利于其自身的社会化发展。

此外，随着城市化进程的推进及社会的发展，流动人口的规模日益庞大，相应地流动儿童的数量也随之增加。相关报告显示，2020年，中国流动人口子女规模约1.3亿人，超过中国儿童总数的40%，其中流动儿童规模为7109万人，比2010年，流动儿童规模增长了一倍，平均每4个儿童中就有1个是流动儿童。[①] 这一系列的数字表明，流动儿童是一个不容忽视的群体，他们作为祖国的未来及希望，理应得到社会的关注，而移动社交媒体对这一群体社会化的影响也将成为我们研究的重点。

本书在这一背景下，从我国流动儿童对移动社交媒体的接触和使用情况出发，就流动儿童移动社交媒体的接触和使用以及社会化状况进行调研，在调查的基础上，将描述性结果同非流动儿童进行对比，分析移动社交媒体在流动儿童的社会化过程中所扮演的角色，讨论移动社交媒体对流动儿童社会化所产生的正负面影响，并尝试提出优化流动儿童接触和使用移动社交媒体，以期促进其正常社会化的策略建议。

二　研究价值

（一）学术价值

马歇尔·麦克卢汉强调媒介对人类社会的发展具有重要意义，他认为任何一种新兴媒介都对人类事务的尺度、进度和标准产生影响，从而强有

[①] 广州公益网：《报告丨2021年中国流动人口子女发展报告》2022年1月14日，https://www.gongyi020.com/forum.php?mod=viewthread&tid=27222，2022年7月30日。

力地改变了人类感觉的比例和感知的图式。随着移动通信技术的迅猛发展,移动社交媒体逐渐侵入人们的信息生活,成为人们生活中的重要角色。从移动社交媒体自身的发展来看,移动社交媒体已经不仅是传统意义上单纯进行社交的网络媒介,当今的移动社交媒体平台融入了 BHT(Bluetooth)、VR(Virtual Reality Technology)、O2O(Online to Offline)等技术,集电子支付、购物、社交等多种功能于一体,满足了人们多方面的需求。正因如此,移动社交媒体用户的群体规模日益庞大。Soul 数据显示,中国移动社交的用户规模庞大且逐年增加,预计 2024 年中国移动社交用户整体突破 10 亿人。[①] 在移动社交媒体的众多用户中,流动儿童是一个较为特殊的群体,从其自身的成长来看,家庭、学校、同龄人等因素在其社会化过程中发挥的作用减弱,陪伴其左右的移动社交媒体的作用增强,甚至成为其社会化过程中的重要影响因素。流动儿童的年龄尚小,社会经验不足,面对移动社交媒体上混杂的大量信息,他们很难分辨其良莠,而且一旦沉迷其中,将对其自身的学习生活造成严重的不良影响。

本研究利用 SPSS22.0 软件以描述性统计分析、相关分析、多元回归分析等统计方法对问卷数据进行检验,用数据说话,保证研究结果的信效度。在此基础上,研究综合运用传播学、社会学、心理学、教育学等学科的理论知识,以多元化的学科视角审视流动儿童接触和使用移动社交媒体对其社会化产生的影响,并将流动儿童与非流动儿童的调查结果进行对比,探究影响流动儿童社会化的因素。在统计分析过程中,研究将通过构建回归方程模型的方式,深入揭示移动社交媒体与流动儿童社会化间的关系,为流动儿童合理接触和使用移动社交媒体,促进其正常社会化作出一定的探索。本研究的开展为传播学、社会学等学科探讨流动儿童社会化的影响提供了一种研究视角,丰富了相关学科的理论成果。

(二) 应用价值

本研究的应用价值体现在三个方面。一是通过大规模调研,可以较为全面地把握当下流动儿童的社会化情况,以及流动儿童接触和使用移动社

[①] 新浪财经:《Soul 亏损近 12 亿:抓住了 Z 世代的灵魂,却抓不住他们的钱》2021 年 5 月 17 日,https://finance.sina.cn/chanjing/gsxw/2021 - 05 - 17/detail-ikmyaawc5864573.d.html?share_token = 2ed91564 - 4f47 - 4032 - aa1c - a89e96be79a1,2022 年 7 月 30 日。

交媒体的现状。二是利用对调查问卷进行数据分析，从量化层面建构流动儿童接触和使用移动社交媒体与其社会化间的关系模型，并借助对大量访谈资料的解读，从质性层面深入总结移动社交媒体对流动儿童社会化产生的正负面影响。三是在研究过程中，针对发现的具体问题提出相应的策略建议，可以为政府部门关注这一群体，制定相关的政策提供决策参考。

三　概念界定

"统一、科学和较高效度的概念是任何一个研究领域赖以发展的基石。"[①] 在进行学术研究的过程中，若对研究涉及的概念没有清晰一致的界定，不仅不利于研究的深入开展，更无法同其他相关研究展开有效的交流。基于此，本研究在正式展开之前，将对研究涉及的移动社交媒体、流动儿童、社会化等关键概念进行严格的界定。

（一）移动社交媒体

当下，随着移动社交媒体的快速发展，学界关于移动社交媒体的研究逐渐增多，项目组对文献资料进行查阅发现，既有的研究中对移动社交媒体的概念进行界定的较多，但尚未形成统一的定论。

Pietilainen 等人认为，相较于传统的 PC 端社交应用，移动社交媒体的人际交互性和现实情景性更强，为用户随时随地分享信息提供了机会，极大地满足了人们的社交需求。[②] Humphreys 指出，移动社交媒体是人们的生活同信息技术相互融合的产物，并进一步指出，移动社交媒体可借助于互联网及移动设备为人们提供服务，包括为人们提供更加便捷的互动方式，为人们参与公共空间提供机会等。[③] Fausto Giunchiglia 等人认为，当社交媒体和手机等智能终端交织在一起时，便诞生了一种新型的社交环境，即移动社交媒体。[④]

[①] 曾守锤：《流动儿童的社会适应：研究与实务》，华东理工大学出版社2012年版，第4页。

[②] Pietilainen A K, Oliver E Lebrun J, et al., "Mobiclique: middleware for mobile social networking", *Acm Workshop on Online Social Networks*, ACM, New York, August17, 2009.

[③] Humphreys L, "Mobile social networks and urban publice space", *New Medile and Society*, Vol. 12, No. 5, 2010, pp. 763 – 778.

[④] Giunchiglia F, Zeni M, Gobbi E, et al., "Mobile social media usage and academic Performance", *Computers in Human Behavior*, Vol. 82, 2018, pp. 177 – 185.

王滢等人将移动社交媒体界定为，移动社交媒体是以手机、平板电脑等移动设备为载体的社交网络媒介。具体表现形式包括：短信、微博、传统社交网站的移动客户端和移动即时通信软件。① 李根强等人认为，移动社交媒体是以在线社交为基础发展形成的社交平台，有利于人们进行沟通交流，已经成为人们获取与传播信息、交友和娱乐等的重要渠道。② 郭英等人将移动社交媒体界定为，借助于相应的应用程序为人们提供分享兴趣、爱好、状态和活动等信息的在线交流平台。③ 闫慧敏等人认为，社交媒体是指用户在互联网上传播信息、分享信息、进行人际交往的网络平台，而移动社交媒体是社交媒体的延伸，移动社交媒体中的"移动"泛指由于移动技术不断发展带来的终端可移动化，如当下热门的微博、微信及移动客户端，在这些移动社交媒体上，人们可以随时随地接收、浏览信息。④ 袁静等人认为，移动社交媒体除了具有传统社交媒体的特点外，还呈现出移动化、便捷化和智能化的特征。⑤

综合以上定义可发现，多数学者在对移动社交媒体进行界定时侧重于强调"网络技术"与"移动设备"这两个概念，认为移动社交媒体是以二者为基础发展起来的社交平台，突出移动社交媒体的平台属性。基于上述各位学者对移动社交媒体的界定，项目组试图对移动社交媒体作出以下理解：移动社交媒体一般是指以移动通信技术为基础，在融入 LBS（定位服务）、音视频技术等技术功能后，借助于智能手机、平板电脑等移动终端设备进行登录使用，以社交关系为连接纽带，满足用户信息、娱乐、交友、购物等需求的多样化网络媒介。

从目前移动社交媒体的发展情况来看，我国移动社交媒体根据开发主体分为四种类型：

---

① 王滢、邓春平、郭馨梅等：《移动社交媒体对虚拟团队知识共享的作用研究》，《情报理论与实践》2015年第11期。
② 李根强、刘人境、孟勇：《移动社交媒体节点重要性评价与创新扩散》，《科技管理研究》2016年第13期。
③ 郭英、郑权、何翔等：《大学生移动社交媒体人际交往问卷的初步编制》，《四川师范大学学报》（社会科学版）2016年第6期。
④ 闫慧敏、谷学强：《移动社交媒体对人的主体性异化与回归》，《传媒》2017年第19期。
⑤ 袁静、李柯：《移动社交媒体环境下用户信息焦虑行为研究进展》，《图书情报工作》2020年第11期。

1. 传统PC端社交网络的移动化

以人人网、豆瓣网等为代表的基于传统PC端社交网络的移动化转移，社交网络的原有功能未发生变化，但是自身的便携性加强。

2. 品牌手机开发的移动社交媒体

手机制造商为增强用户黏性，扩大消费者市场，往往在手机上安装该手机品牌的社交网络应用，例如，华为手机自带的"花粉俱乐部"、OPPO手机自带的"OPPO社区"等。基于手机品牌的网络应用为使用该品牌手机的用户提供了交流手机信息、获取手机官方咨询的平台。

3. 手机运营商开发的移动社交媒体

当下我国手机运营市场主要以中国移动、中国联通、中国电信三大运营商为主，他们充分利用自身的用户资源，开发了社交网络应用，如中国移动推出的"139社区"、中国联通推出的"新乐园"、中国电信推出的"天翼社区"。

4. 互联网综合服务商开发的移动社交媒体

以腾讯公司为代表的互联网综合服务商开发的微信、QQ等应用，已经占据移动社交媒体市场，成为当下最为火热的社交应用。腾讯2021年财报显示，微信月活用户达12.68亿，[1] 而QQ月活跃账户数为6.935亿。[2] 鉴于微信、QQ等具有的强影响力，本研究在对移动社交媒体进行分析时，也将着重探讨二者的接触和使用对流动儿童社会化所产生的影响。

(二) 流动儿童

随着流动儿童群体数量的日益上升，学者们对这一群体的关注随之增加。项目组在对"流动儿童"已有文献进行查阅与梳理时发现，目前我国学术界对"流动儿童"的概念众说纷纭，未对其界定形成一致的标准。在相关研究中，学者们结合自己的研究需要对"流动儿童"的概念进行了定义。

---

[1] 腾讯网：《腾讯公布2021年财报：净利润2248.2亿元，微信月活用户达12.68亿》2021年3月23日，https://new.qq.com/rain/a/20220324A0AML900.html，2022年7月30日。

[2] 新浪科技：《腾讯QQ月活跃账户数为6.935亿同比减少1.0%》2020年5月13日，http://android.tgbus.com/news/softnews/201708/563153.shtml，2022年7月30日。

教育部在1998年3月公布的《流动儿童少年就学暂行办法》中，将流动儿童少年界定为，6—14周岁（或7—15周岁），随父母或其他监护人在流入地暂时居住半年以上有学习能力的儿童少年。[①]

段成荣指出，流动儿童少年是指一个地区的外来人口中15周岁以下的儿童和少年人口。[②] 王毅杰等把流动儿童定义为，跟随父母或其他亲人流动到城市生活半年以上的农村户籍儿童。[③] 申继亮将流动儿童定义为，6—18周岁随父母或其他监护人在流入城市暂时居住半年以上，且在当地学校就读的儿童青少年。[④] 曾守锤的研究从"流动"和"儿童"的角度出发，结合《中国九城市流动儿童状况调查研究报告》对"流动儿童"作出以下定义，流动儿童指的是流动人口中18周岁以下的人口，他认为流动儿童并非一定来自农村，并非全部是具有学习能力的儿童。[⑤] 刘杨等人认为，户籍与居住地是否分离是判定流动儿童的关键标准，他指出自己的研究关注的是那些住在城市的且仍保留农村户籍的儿童，因而他将流动儿童界定为，6—18周岁户籍在农村，但随父母或者监护人居住在城市的儿童青少年。[⑥] 周国华在研究中指出，流动儿童是指跟随父母工作或生活在非户籍所在地就读的义务教育阶段的学龄儿童。[⑦] 张翔在研究中出于称谓简洁的考虑，将"城市流动儿童"称为"流动儿童"，且结合研究开展调查和访谈的需要，将"流动儿童"定义为：6—15周岁，户籍在本地，且在城市长久居住和学习的儿童少年。[⑧]

综合以上学者对流动儿童的定义可发现，既有的关于流动儿童概念的分歧集中在称谓、年龄、是否来自农村、是否具备学习能力、在城市居住

[①] 国家教委：《流动儿童少年就学暂行办法》2017年4月28日，http：//www.nwccw.gov.cn/2017-04/28/content_152484.htm，2022年7月30日。

[②] 段成荣：《要重视流动儿童少年的教育问题》，《人口学刊》2001年第1期。

[③] 王毅杰、高燕：《流动儿童与城市社会融合》，社会科学文献出版社2009年版，第2页。

[④] 申继亮：《处境不利儿童的心理发展现状与教育对策》，经济科学出版社2009年版，第3页。

[⑤] 曾守锤：《流动儿童的社会适应：研究与实务》，华东理工大学出版社2012年版，第5—6页。

[⑥] 刘杨等：《流动儿童社会处境、发展状况及影响机制》，北京大学出版社2013年版，第36页。

[⑦] 周国华：《流动儿童的教育管理与社会支持》，山东教育出版社2014年版，第44页。

[⑧] 张翔：《流动儿童心理与社会发展透视》，西南交通大学出版社2015年版，第7页。

的时间等方面。关于流动儿童概念的界定现状，正如有学者在研究中指出的那样"人人都知道谁是流动儿童，但要给流动儿童下一个定义，却是一件很困难的事情。"①

基于此，在前文关于流动儿童概念讨论的基础上，本研究作了以下思考，先是从称谓上来说，研究认为"农民工子女""进城务工人员子女""民工子女"等称谓是以城市为本位进行界定，与"城市居民子女"相对应的词汇，含有一定的歧视色彩，"流动儿童"的概念则具有一定的中性化意味。此外，"流动儿童少年""流动少年儿童"等称谓的涵盖范围超过了生活中这一群体的实际范围，故本研究采用"流动儿童"的称谓。再者，在对流动儿童的年龄、是否来自农村、是否具备学习能力、在城市居住的时间等方面进行考量时，为保证研究所用概念的权威性与普遍适用性，本研究结合我国教育部发布的《流动儿童少年就学暂行办法》中对"流动儿童"的概念界定，认为流动儿童是指7—15周岁，随父母（一方或双方）或其他监护人离开户籍所在地，在流入地居住半年以上，且未取得流入地户籍的具有学习能力的儿童。

（三）社会化

人的社会化问题是社会学、心理学和人类学的共同研究对象。② 既有的关于社会化的理论学说可依据学科视角概括为以下几类：

在社会学领域，帕森斯指出，社会化是个人将社会行为准则内化为自己的价值准则的模式。③ 罗伯逊强调，"社会化是使人们获得个性并学习其所在社会的生活方式的社会相互作用过程。"④ 安德烈耶娃指出，"社会化是一个双向的过程，它既包括个体通过进入社会环境、社会体系，掌握社会经验，也包括个体的积极活动，积极介入社会环境。"⑤ 波普诺认为，"社会化就是一个人获得自己的人格，学会参与社会或群体的方法的社会

---

① 曾守锤：《流动儿童的社会适应：研究与实务》，华东理工大学出版社2012年版，第5页。
② 朱智贤：《皮阿杰儿童思维心理学评介》，《北京师范大学学报》1980年第1期。
③ 王玲宁：《谁来伴我成长：媒介对农村留守儿童的社会化影响》，上海学林出版社2012年版，第4页。
④ ［美］伊恩·罗伯逊：《社会学》，黄有馥译，商务印书馆1990年版，第138页。
⑤ ［苏］安德烈耶娃：《社会心理学》，李钊等译，上海翻译出版公司1984年版，第308页。

互动过程。"① 可见，社会学者的关注重心是社会化过程中个体与社会的相互作用、社会规范的形成及社会角色的塑造等方面。

在心理学领域，以弗洛伊德为代表的精神学派持有这样的观点：人生下来就具有破坏社会生活的冲动性或驱动力，而社会化的目标则是驯服人类的冲动意愿，使人被社会所接受。② 他提出的"本我""自我""超我"的学说，为以上思想提供了理论基础。埃里克森在继承发展弗洛伊德的理论原则的基础上，提出人的心理发展社会阶段论。在他看来，人除了具有性的冲动外，在生长过程中还有一种注意外界与外界相互作用的需要，而个人的健全人格正是在与环境的相互作用中形成的。③ 班杜拉提出的社会学习理论认为，个人通过自我认知、环境和行为的相互作用，才能实现人的社会化。该理论强调学习的重要性，否认先天因素对社会化的影响，并把人的发展当作是消极地接受教育的过程。④ 皮亚杰指出，人的认知发展也就是对事物的感知能力的增长就是社会化。在他看来，个体从出生至儿童期结束，其认知发展要经过4个时期：①感知运动阶段（出生至2岁），个体靠感觉与动作认识世界；②前运算阶段（2—7岁），个体开始运用简单的语言符号从事思考，具有表象思维能力，但缺乏可逆性；③具体运算阶段（7—11至11—12岁），出现逻辑思维和零散的可逆运算，但一般只能对具体事物或形象进行运算；④形式运算阶段（11—12至14—15岁），能在头脑中把形式和内容分开，使思维超出所感知的具体事物或形象，进行抽象的逻辑思维和命题运算。⑤ 莎菲尔认为，社会化是儿童掌握社会上大多数人认为重要和恰当的信念、行为和价值观的过程。社会化在以下三个方面发挥作用：社会化是调节行为的手段，使人知道他应该做什么，不应该做什么；通过与别人相互作用，学习到知识、技能、动机、抱负，从而促进人的成长；维护社会秩序。当一个儿童成长为社会化了的

---

① ［美］戴维·波普诺：《社会学》，李强译，中国人民大学出版社1999年版，第194页。
② 薛素珍、柳林：《儿童社会学》，山东人民出版社1985年版，第7页。
③ 林崇德：《发展心理学（第三版）》，人民教育出版社2018年版，第37—39页。
④ 张文新：《儿童社会性发展》，北京师范大学出版社1999年版，第5—10页。
⑤ 林崇德：《发展心理学》，人民教育出版社2009年版，第49页。

成年人时，他会把学到的东西传授给下一代。① 不难看出，心理学者的研究倾向于个体在社会化中的表现，关注个人的认知发展。

在文化人类学领域，本尼迪克特通过描述儿童如何成长发育，如何经过孩提时期内在化的过程，学会充当成年人的角色，从而论述了文化对角色过渡提供连续性和非连续性研究的观点。② 约翰·伯里通过考察儿童的教养方式与社会生存系统之间的关系，发现儿童的社会化方式受社会的经济、政治和社会组织的影响。③ 米德指出，个体被抚养的过程，其实就是接受文化的过程，不同社会的个体之所以呈现出相异的个性，缘于他们接受了有差别的文化。④ 由此可看出，文化人类学的学者关注个体在社会化过程中对文化的传承，侧重文化对人类性格特征的影响。

可见，关于社会化学说的核心观点是把人格和自我发展看作是每个人都必须经历的一系列阶段，并肯定了家庭、学校、同辈群体、社会化机制、自我等社会化主体因素发挥的作用。

由以上理论视角出发，学者们基于各自的研究背景对"社会化"的概念作出了理解与认识。

费孝通这样定义，"社会化就是指个人学习知识，技能和规范，取得社会生活的资格，发展自己的社会性的过程。"⑤ 马和民认为，个体社会化强调社会化的主体与客体相互作用，在此过程中个体将社会知识、价值观、技能等内化为自身的个性特征，从而适应现实社会。⑥ 郑杭生指出，社会化是指个体在与社会互动的过程中，逐渐形成独特的人格特征，由生物人转变成社会人，通过社会文化的内化和角色知识的学习，逐渐适应社会生活的过程。⑦ 王思斌认为，社会化是人们经过长期的社会生活、通过积累和选择而形成的生活共同体，它是社会关系的体系。⑧ 台湾学者林清

---

① Shaffer, D. R., Kipp, K, *Developmental Psychology: Childhood and Adolescence* (9th ed.), Belmont, CA: Cengage Learning, 2014, p.371.
② 倪晓莉：《社会心理学》，西安交通大学出版社2007年版，第68页。
③ 周晓虹：《现代社会心理学》，上海人民出版社1997年版，第454页。
④ 时蓉华：《社会心理学》，浙江教育出版社1998年版，第51页。
⑤ 费孝通：《社会学概论》，天津人民出版社1984年版，第54页。
⑥ 马和民、高旭平：《教育社会学研究》，上海教育出版社1998年版，第280页。
⑦ 郑杭生：《社会学概论新修（第三版）》，中国人民大学出版社2003年版，第83页。
⑧ 王思斌：《社会学教程》，北京大学出版社2003年版，第55页。

江认为"社会化指的是个人从家庭、同伴团体及其他社会团体,接受文化规范,从而内化至心灵,形成人格特征的过程。"①《中国大百科全书·社会学卷》指出,社会化是由自然人成长为社会人的过程……社会通过各种教育形式,使自然人逐渐学习社会知识、技能和规范,形成自觉遵守与维护社会秩序的价值观念和行为方式,取得社会人的资格。②《心理学大辞典》的界定是:"①个体获得知识、语言、社会行为规则、价值观、交往技能等,从而能使个体与社会融为一体,并能以社会允许的方式自如地行动,从一个生物的个体转变为合格的社会成员;②在比较心理学中,指新生物个体由于群内社会因素的影响,发展出为种群其他成员可接受的规范行为的过程。"③《简明国际教育百科全书:人的发展》的界定是"社会化是一个进程,在这个进程中,人吸取周围文化和亚文化群的价值观念、风俗习惯和看法。社会化是个人和社会之间互相起作用的沟通过程。"④

由上述梳理可看出,"由于社会科学的发展,社会化的研究在心理学、人类学和社会学中有着巨大的重要性。尽管每个学科在探讨个体从婴儿到老年的发展和变化上有着各自不同的方法,但是,在所有这三个领域中,社会化过程所起的作用都被看成是社会的维持和个体的福利的基石。"⑤ 社会化的问题得到多学科的重视,也间接反映出社会化问题的特殊性与重要性。综合以上学者对社会化概念的讨论,研究认为"社会化是指个体在与社会互动的过程中,逐渐养成独特的个性和人格,从生物人转变成社会人,并通过社会文化的内化和角色知识的学习,逐渐适应社会生活的过程。在此过程中,社会文化得以积累和延续,社会结构得以维持和发展,人的个性得以健全和完善。社会化是一个贯穿人生始终的长期过程。"⑥

从社会化的分类来看,社会化依分类标准的不同,可划分为不同的类别。

---

① 林清江:《教育社会学》,国立编译馆1972年版,第100页。
② 马和民、高旭平:《教育社会学研究》,上海教育出版社1998年版,第266页。
③ 黄希庭、杨治良、林崇德:《心理学大词典(下卷)》,上海教育出版社2015年版,第1061页。
④ 中央教科所比较教育研究室编译:《简明国际教育百科全书:人的发展》,教育科学出版社1989年版,第438页。
⑤ [美] M. 罗森堡、R. H. 特纳:《社会心理学:社会学的观点》,孙非等译,南开大学出版社1992年版,第182页。
⑥ 郑杭生:《社会学概论新修》,中国人民大学出版社2003年版,第83页。

比如，从社会化内容的品质方面出发，可将社会化划分为政治社会化、道德社会化和心理素质社会化；按照社会化过程是否是有意识的，可将社会化划分为有意识与无意识。但是较为常见的社会化类型则是基于终身社会化理念的视角，将社会化划分为早期社会化、继续社会化、再社会化、反社会化、逆向社会化。早期社会化，也称为基本社会化，是指从婴儿期到青少年时期所进行的社会化过程。这一时期是个人社会化的关键阶段，对于个人成长而言具有重要影响。继续社会化是指人们在基本社会化的基础上，继续学习群体规范和社会文化。可以认为，当人们进入到另一个环境后，他需要扮演新的角色或完善已有的角色以适应新的环境，在这个过程中，其原有的认知体系需要重新建构，重新学习新的知识。再社会化是指原有的社会化失败或基本上不能适用现有的社会环境，而重新学习社会价值规范的过程。反社会化是指个人在社会化的过程中，也可能受到与社会主流文化相偏离的甚至是相对立的某种亚文化（又称"反文化"）的影响，个人接受这种亚文化影响的过程，则称为反社会化。逆向社会化也叫反向社会化，它同长辈向晚辈的正向社会化相对，通俗理解就是晚辈教授长辈知识、技能等。

就本研究的研究对象流动儿童而言，他们正处于身心发展的重要阶段，经历着基本社会化的过程。不仅如此，他们从乡村来到城市，或从一个城市辗转到另一个城市，每到一处居住地，面临的都是陌生的环境，他们需要重新学习陌生环境的社会文化、社会规范等，扮演新的角色，也就是说他们需要经历再社会化和继续社会化的过程。当下社会，儿童对于电子媒介的熟练掌握程度在某些方面往往优于家长，在流动儿童接触和使用移动社交媒体的过程中，难免会出现家长请教孩子的逆向社会化现象。可以看出，流动儿童的社会化是一个较为复杂的问题，受到自身基本社会化、再社会化、继续社会化及父母逆向社会化等多种因素的影响。基于上述考虑，本研究对流动儿童社会化的探讨，也将着重关注流动儿童的基本社会化、再社会化、继续社会化及逆向社会化。

四　研究回顾

（一）国内相关研究

1. 移动社交媒体的研究

对移动社交媒体的既有文献进行梳理发现，相关研究散见于移动社交媒体的用户使用、特定群体的移动社交媒体使用、移动社交媒体的内容生产与平台关系等方面。

（1）移动社交媒体的用户使用

王树义等人的文章分析了移动互联网环境下社交媒体用户隐私泄露的方式、原因，并有针对性地提出了移动社交媒体用户隐私的保护的对策与方法。[①] 李力等人从移动社交类应用的生命周期出发，系统梳理了国内外对移动社交类应用用户的接受、使用、转移、退出等行为的研究。[②] 孙晓阳等人的文章引入移动社交媒体功能、感知趣味性和感知可信性等变量，建立 TAM 模型对用户微信使用行为进行实证研究。[③] 陈昊等人基于"认知—情感—行为意愿"研究范式，探讨用户的认知因素和情感响应在用户持续使用移动社交媒体服务意愿中的关键路径和作用机理。[④] 宋小康等人关注移动社交媒体环境下用户错失焦虑症（Fear of Missing Out，FoMO），为此开发了 FoMO 的有效度量工具，用以测量用户在使用移动社交媒体过程中的 FoMO 程度。[⑤] 陈明红等人以感知价值理论、信息质量理论和沉浸理论为基础构建结构方程模型，探究移动社交媒体用户信息共享持续意愿。[⑥]

（2）特定群体的移动社交媒体使用

姜永志等人采用包括移动社交媒体愉悦度认知、信息可用度认知、互动程度认知、信任度认知，以及移动社交媒体接受和使用意向五个维度的问卷，对青少年接触和使用移动社交媒体的态度进行了测量，结合数据分析的结果，探讨了青少年接触和使用移动社交媒体态度的认知情况。[⑦] 赵

---

① 王树义、朱娜：《移动社交媒体用户隐私保护对策研究》，《情报理论与实践》2013 年第 7 期。
② 李力、丁宁：《国内外移动社交类应用用户信息行为研究进展》，《图书情报工作》2015 年第 10 期。
③ 孙晓阳、冯缨、樊茗玥：《TAM 移动社交媒体使用行为影响因素的统计检验》，《统计与决策》2016 年第 17 期。
④ 陈昊、李文立、柯育龙：《社交媒体持续使用研究：以情感响应为中介》，《管理评论》2016 年第 9 期。
⑤ 宋小康、赵宇翔、张轩慧：《移动社交媒体环境下用户错失焦虑症（FoMO）量表构建研究》，《图书情报工作》2017 年第 11 期。
⑥ 陈明红、郑洁萍、漆贤军：《移动社交媒体用户信息共享持续意愿研究》，《情报理论与实践》2017 年第 4 期。
⑦ 姜永志等：《青少年移动社交媒体接触和使用态度研究》，《思想政治教育研究》2016 年第 3 期。

姝等人以老年大学学习者为研究对象,调查老年人使用移动社交媒体开展学习的学习适应性,研究表明,老年群体分为完全自主个体和非完全自主个体,均具备一定的移动学习适应性。① 叶凤云等人以青少年为调研对象,分析青少年移动社交媒体使用动机、错失焦虑(FoMO)与沉迷之间的关系,探究 FoMO 的中介作用及性别差异。② 设计 FoMO 测量量表,测度大学生用户的移动社交媒体错失焦虑症(FoMO)程度。③ 王晰巍等人的文章借助解释结构模型从系统层、人—系统交互层、用户层三个层面建立老年用户抵制行为影响因素解释结构模型。④ 安然等人的研究聚焦于来华留学生对移动社交媒体(微信)的使用,研究发现留学生移动社交媒体(微信)的社会支持主要体现在信息支持与情感支持两个方面,而不同社交圈带来的社会支持存在差异。⑤

(3)移动社交媒体的内容生产与平台关系

刘肖等人的研究提出,通过小众社群展示产品内容价值、运用分众直播提供产品周边服务、重视大众口碑增强认知接受效率,是提升读者分享率、维系用户忠诚度的重要途径。⑥ 马俊以移动阅读场景下、移动社交平台高度发达的 4G 时代为切入点,探讨移动社交平台和传统内容生产媒体的聚合与博弈。⑦ 王斌等人的研究考察了进入移动社交时代以后,互联网媒体内容生产的分工及制作流程发生的变化。⑧ 金晓玲等人从"健康信息

---

① 赵姝、押男、白浩:《基于移动社交媒体的老年人学习适应性分析》,《电化教育研究》2020 年第 11 期。
② 叶凤云、徐孝娟:《青少年移动社交媒体使用动机与沉迷:错失焦虑的中介作用》,《情报理论与实践》2020 年第 10 期。
③ 叶凤云、李君君:《大学生移动社交媒体错失焦虑症测量量表开发与应用》,《图书情报工作》2019 年第 5 期。
④ 王晰巍、李嘉兴、王铎:《移动社交媒体老年用户抵制行为影响因素研究:基于人—系统交互理论视角的分析》,《情报资料工作》2019 年第 1 期。
⑤ 安然、陈文超:《移动社交媒体对留学生的社会支持研究》,《新疆师范大学学报》(哲学社会科学版)2017 年第 1 期。
⑥ 刘肖、董子铭:《小众社群·分众直播·大众口碑——基于移动社交的垂直类图书营销模式调查与分析》,《中国出版》2016 年第 23 期。
⑦ 马俊:《移动阅读场景下传统内容生产媒体与移动社交平台的聚合与博弈》,《编辑之友》2018 年第 4 期。
⑧ 王斌、郭扬:《移动社交情境下互联网媒体的内容生产流程重构》,《编辑之友》2018 年第 4 期。

采纳"角度出发,采用结构方程模型和 K-Means 聚类分析等实证研究方法,分析移动社交媒体中健康信息采纳意图的影响因素。[1] 田卉的研究基于 2018 年国内外文博机构开设微博用户的年度运行数据,从受众画像、应用特点、存在问题及对策建议等方面,展开基于微博的文博机构信息传播研究,以期为文博机构利用移动社交媒体平台讲好中国文物故事提供可供参考的借鉴。[2] 王晓武等人以全世界移动社交媒体营销的成功典范星巴克公司为例,对 469 份质性数据进行了扎根理论分析,构建出移动社交媒体的虚拟品牌社区价值共创引导机制模型。[3]

通过以上梳理可以看出,学者们围绕移动社交媒体展开了系列研究,但从学科领域来看,已有研究多集中于社会学、心理学、管理学等领域,基于传播学角度进行探讨的较少。且既有的传播学方面的研究,主要从用户使用、媒介平台两个角度对移动社交媒体进行分析,较少涉及移动社交媒体对流动儿童社会化影响方面的内容。

2. 流动儿童社会化的研究

在对流动儿童社会化状况的描述与分析中,既有研究主要集中在流动儿童的心理健康、卫生保健、社会适应、受教育状况等方面。

(1) 流动儿童的心理健康

曾守锤采用 Piers-Harris 量表等工具对公办学校中流动儿童的心理健康进行研究。结果表明,流动儿童的自我概念、社交焦虑与城市儿童的差异不明显,但流动儿童中女生的孤独感要强于城市儿童中女生的孤独感。[4] 周皓以"人口迁移与儿童发展的跟踪研究"(PSDMC)的调查数据为依据,讨论迁移行为、社会变迁与家庭教育因素对流动儿童心理健康的影响。结果表明,迁移行为对流动儿童心理健康具有异质性影响;社会变迁对流动儿童心理健康无显著作用;家庭教育是影响流动儿童心理健康的

---

[1] 金晓玲、章甸禹、冯慧慧:《移动社交媒体中健康类信息传播效应实证研究》,《情报科学》2018 年第 9 期。

[2] 田卉:《移动社交媒体讲好中国文物故事研究:以新浪微博为例》,《现代传播》(中国传媒大学学报)2019 年第 5 期。

[3] 王晓武、徐伟、朱振中:《基于移动社交媒体的企业虚拟品牌社区价值共创引导机制研究》,《浙江工商大学学报》2019 年第 2 期。

[4] 曾守锤:《公办学校中流动儿童的心理健康问题》,《当代青年研究》2009 年第 8 期。

重要因素。[1] 张迪等人采用心理健康诊断测验（Mental Health Test，MHT）和自尊量表（Self-Esteem Scale，SES）对沈阳市858名流动儿童进行调查，结果表明，流动儿童的心理健康问题与自尊水平具有一定的联系，在流动儿童的心理健康问题中，学习焦虑较为常见。[2] 张翔所著的《流动儿童心理与社会发展透视》通过探讨流动儿童的心理发展、社会适应、心理适应等变量因素之间的相互作用，总结流动儿童与本地儿童在心理发展与社会适应方面的差异。[3] 申继亮等人的研究通过对流动儿童群体的问卷调查和深入访谈，系统了解流动儿童的生存现状，了解他们对生存环境的适应和感知，以及存在的问题和困难，并提出促进流动儿童心理健康的建议。[4] 裴永光等人利用长处和困难问卷（SDQ）测量了广州市4所公办学校和4所民办学校的626名五、六年级学生（其中流动儿童372例，本地儿童254例）的心理健康状况，结果表明，性别、父母育儿态度的一致性、学习成绩等因素是影响流动儿童心理健康状况的重要因素。[5] 付思云等人从社会认同、群际态度、孤独感三个方面切入，对流动儿童的社会融入心理展开探讨，并依据发现的问题，提出了相关的对策建议。[6] 此外，蔺秀云等人的《流动儿童歧视知觉与心理健康水平的关系及其心理机制》、张巧玲等人的《北京市流动儿童心理健康状况》、徐浙宁的《流动中的孩子们——大城市随迁子女心理健康研究》也从不同方面对流动儿童的心理健康状况作了探讨。

（2）流动儿童的卫生保健

夏怡然等人的研究从流动母亲的孕产期保健、分娩方式以及流动儿童出生时的体重、4个月内的喂养、系统保健、预防接种和目前的

---

[1] 周皓：《流动儿童心理健康的队列分析》，《南京工业大学学报》（社会科学版）2012年第9期。
[2] 张迪、白春玉等：《流动儿童心理健康状况与自尊关系的研究》，《中国儿童保健杂志》2013年第3期。
[3] 张翔：《流动儿童心理与社会发展透视》，西安交通大学出版社2015年版。
[4] 申继亮、刘霞：《留守儿童与流动儿童心理研究》，北京师范大学出版社2015年版。
[5] 裴永光：《广州市11—14岁流动儿童心理健康状况的调查研究》，《中国儿童保健杂志》2016年第3期。
[6] 付思云：《流动儿童社会融入心理研究——社会认同、群际态度、孤独感》，云南科技出版社2017年版。

健康水平等资料详细描述了流动儿童的卫生保健状况。① 张泽申等人的研究发现，100%的民工子弟小学没有开设健康教育课程，配备必要专兼职保健教师。各种硬件和软件条件的缺乏使得这些学生的身心健康发展受到影响和限制，某些疾病的发病率高于本地的学生。② 王潇怀等人对宁波市镇海区四年级以上的民工子弟小学在校生的健康状况展开调查，发现学生健康知识水平明显较低，缺乏一些基本的健康知识；吸烟、随地吐痰、违章骑车等影响健康的不良行为较多。③ 金灿灿等人对流动儿童吸烟行为特点和影响因素的研究发现，在流动儿童中，男生吸烟频率和数量显著高于女生；且随着年纪升高，吸烟频率显著增多。④ 张静等人对509名流动儿童和500名常住儿童展开调查，结果表明流动儿童卫生的服务状况及需求均较常住儿童差。⑤ 刘大卫等人的研究对北京市儿童9种免疫规划疫苗的接种状况进行调查，结果发现流动儿童的接种率水平显著低于常住儿童。⑥ 陈丽等人使用测量法和问卷法测查4—9年级5174名在校学生的身高、体重及食物摄取状况，研究发现流动儿童的营养过剩问题开始显现，并提出营养摄入与儿童的发育关系密切，有必要帮助儿童形成健康的膳食结构，促进其良好发展。⑦ 倪泽敏等人对武汉市两个区589名7岁以下流动儿童家长进行问卷调查，了解武汉市0—7岁流动儿童保健服务现状与需求，提出武汉市流动儿童各项儿童保健服务有待改进，应在流动人口中大力普及儿童保健知识，针对需求提供经济、实用的适宜服

---

① 夏怡然、叶文振：《流动儿童的保健状况及其影响因素——以厦门市开元区流动人口为例》，《市场与人口分析》2003年第5期。

② 张泽申、鲁巧珍、刘红联：《上海市长宁区民工子弟学校小学生健康状况及常见病调查》，《上海预防医学杂志》2005年第2期。

③ 王潇怀、朱银潮、顾素玲等：《宁波市民工子弟小学学生健康知识与行为调查》，《浙江预防医学》2007年第5期。

④ 金灿灿、屈智勇、王晓华：《流动和留守儿童吸烟行为的特点和影响因素》，《中国特殊教育》2009年第11期。

⑤ 张静、孙春阳、刘慧燕等：《7岁以下流动和常住儿童卫生服务现状及需求调查》，《中国妇幼保健》2007年第15期。

⑥ 刘大卫、孙美平、刘维祥等：《北京市常住儿童与流动儿童9种免疫规划疫苗接种率的比较分析》，《中国计划免疫》2007年第2期。

⑦ 陈丽、王晓华、屈智勇：《流动儿童和留守儿童的生长发育与营养状况分析》，《中国特殊教育》2010年第8期。

务项目。①

(3) 流动儿童的社会适应

刘杨等人对21名流动儿童进行深度访谈，结果发现，受访流动儿童城市适应状况较好。②李柏宁等人选取广州市1200名流动儿童进行问卷调查，结果表明，目前广州市流动儿童的社会适应性总体处于良好发展水平，但也存在一些不容忽视的适应问题与障碍。③曾守锤的研究表明，公办学校中流动儿童的社会适应状况要好于简易学校（民工子弟学校）中的流动儿童。④李晓巍等人以北京市4所打工子弟学校和3所接收流动儿童的公立混合学校的1146名流动儿童为被试进行调研，结果发现流动儿童的学校适应存在性别差异，流动儿童的学校适应类型校际差异显著。⑤范兴华等人自编了含有自尊、生活满意度、孤独感、抑郁、社交焦虑和问题行为这五个维度的问卷，选取流动儿童、双留守儿童、单留守儿童、曾留守儿童、一般儿童为研究对象进行调查，以考察留守与流动状态对农村儿童社会适应的影响。⑥对选自北京市的1164名流动儿童进行问卷调查，考察社会支持、社会认同在歧视知觉与社会文化适应关系中的作用，结果表明，流动儿童的社会文化适应状况整体良好。⑦王中会等人采用流动儿童社会认同和城市适应量表作为研究工具，对流动儿童社会认同特点及其对城市适应的影响进行了研究，结果发现：公办学校的流动儿童更倾向于将自己归入农村、对北京认同度高、倾向与老家孩子比较、自我肯定；打

---

① 倪泽敏、韩仁锋：《武汉市0—7岁流动儿童保健现状调查》，《中国妇幼保健》2010年第16期。

② 刘杨、方晓义、蔡蓉：《流动儿童城市适应状况及过程——一项质性研究的结果》，《北京师范大学学报》（社会科学版）2008年第3期。

③ 李柏宁、熊少严：《广州市流动儿童社会适应性调查与思考》，《现代教育论丛》2007年第5期。

④ 曾守锤：《流动儿童的社会适应：教育安置方式的比较及其政策含义》，《辽宁教育研究》2008年第7期。

⑤ 李晓巍、邹泓、王莉：《北京市公立学校与打工子弟学校流动儿童学校适应的比较研究》，《中国特殊教育》2009年第9期。

⑥ 范兴华：《流动儿童、留守儿童与一般儿童社会适应比较》，《北京师范大学学报》（社会科学版）2009年第5期。

⑦ 范兴华、方晓义、刘杨：《流动儿童歧视知觉与社会文化适应：社会支持和社会认同的作用》，《心理学报》2012年第5期。

工学校的流动儿童更倾向于将自己归入农村、对老家认同度高、倾向与北京孩子比较、自我否定。① 史晓浩等人的研究运用民族志的方法，以两个流动儿童为个案研究对象，分析了流动儿童的城市社会适应结构与适应策略，结果表明，流动儿童的城市适应结构具有未展开的特点，在这种结构之下进一步探讨发现，在个体与环境的互动中，流动儿童的适应策略可分为分离和同化两种。② 徐延辉等人基于"中国教育追踪调查"2014—2015学年的相关数据，探讨居住空间对流动儿童社会适应的影响。研究发现，居住空间显著影响流动儿童的社会适应。③

（4）流动儿童的受教育状况

龙一芝等人对闵行区农民工子女教育状况进行了调查，发现学生总体的生活适应较好，学习方略欠缺，家长基本的教育期望很难实现。④ 蔺秀云等人的研究发现，流动儿童感知到的父母的教育期望显著高于流动儿童对自己的教育期望。⑤ 李柏宁等人选取广州市1200名流动儿童进行问卷调查，研究结果表明，目前广州市流动儿童的社会适应性总体处于良好发展水平，但也存在一些不容忽视的适应问题与障碍，目前存在的城乡二元制度是流动儿童社会适应性问题的根本性原因。⑥ 彭丽娟等人的研究发现，学校归属感和学校适应之间存在显著相关，并且流动儿童集体自尊在学校归属感和学校适应之间起部分中介作用。⑦ 陈少娜的研究以某民办的农民工子弟学校为研究对象进行田野调查，发现与农民工子弟受教育相关的制度政策、学校教育、家庭及社会教育等方面存在问题，据此研究者提

---

① 王中会、蔺秀云：《流动儿童社会认同特点及其对城市适应的影响》，《中国特殊教育》2012年第3期。

② 史晓浩、王毅杰：《流动儿童城市社会适应结构与策略选择——以个案叙事中时间指向为视角》，《广西民族大学学报》（哲学社会科学版）2009年第1期。

③ 徐延辉：《居住空间与流动儿童的社会适应》，《青年研究》2021年第3期。

④ 龙一芝、杨彦平：《上海市闵行区农民工子女教育现状调查报告》，《上海教育科研》2008年第3期。

⑤ 蔺秀云、王硕、张曼云等：《流动儿童学业表现的影响因素——从教育期望、教育投入和学习投入角度分析》，《北京师范大学学报》（社会科学版）2009年第5期。

⑥ 李柏宁、熊少严：《广州市流动儿童社会适应性调查与思考》，《现代教育论丛》2007年第5期。

⑦ 彭丽娟、陈旭、雷鹏等：《流动儿童的学校归属感和学校适应：集体自尊的中介作用》，《中国临床心理学杂志》2012年第2期。

出了针对性的策略建议。[①] 李祥等人的研究分析了流动儿童受教育权的现状,并根据存在的问题提出从完善流动儿童的入学程序、明确流动儿童受教育的权利内容及建立严格的权责监督体制三个方面入手,构建保障流动儿童受教育权的政策体系。[②]

由上述梳理可知,流动儿童社会化的问题引发了社会学、心理学、教育学等学科领域学者的广泛关注,研究成果较为丰富。就传播学领域来看,与流动儿童相关的研究较少,为数不多的研究主要是:庄曦从文化、结构、心理三重融合框架入手,将流动儿童的社会融合危机与其媒介触特征综合起来考量,提出了社会融合视角下探讨流动儿童媒介使用行为的三个维度。[③] 郑素侠以河南省3所农民工子弟学校为调研样本,考察了媒介使用对农民工子女城市形象认知的影响。[④] 王倩等人通过对流动儿童媒介素养的现状进行调查发现,流动儿童在媒介使用的过程中会与外部环境产生冲突与对抗,且这种冲突在无外来帮助的情况下,难以与外部环境达成"冲突—和解"的动态平衡。研究提出,在媒介即关系的信息社会中,只有改变家庭关系、校园关系和社区关系的失衡状态,才能实现流动儿童媒介素养的构建。[⑤]

3. 媒介对儿童影响的研究

国内最早关注媒介对儿童影响问题的是学者卜卫。1994年,卜卫的《进入地球村——大众传播与中国儿童》是我国第一部探讨媒介与儿童关系的著作,书中首次提出"儿童是大众媒介的主动选择者以及媒介对儿童发展的作用是双重的"这一主张。1996—1999年,卜卫主持了国家社会科学基金课题——大众传播对儿童的影响,撰写了《大众媒介对儿童的影响》一书,论述了媒介对儿童现代性、道德、学业等方面的影响,

---

[①] 陈少娜:《农村流动儿童受教育问题研究》,《中国青年研究》2012年第10期。
[②] 李祥、王媛、陈恩伦:《流动儿童受教育权的制度保障体系分析》,《中国特殊教育》2015年第4期。
[③] 庄曦:《流动儿童与媒介:移民融合中的传播与社会化问题》,社会科学文献出版社2016年版。
[④] 郑素侠:《媒介使用与农民工子女的城市形象认知——基于河南省三所农民工子弟学校的实证研究》,《新闻大学》2016年第2期。
[⑤] 王倩、李颖异:《冲突与和解:关系视阈下流动儿童媒介素养构建研究》,《现代传播(中国传媒大学学报)》2018年第1期。

讨论了媒介暴力、刻板印象对儿童的冲击。此外，卜卫在《媒介与儿童教育》中提出了儿童是具有独立人格的、有思想的，而不是"柔弱的、需要呵护的"，指出媒介应该是丰富、扩展童年的工具，而不是童年的加速器和早熟的催化剂。卜卫的研究有两个具有启示意义的结论：第一，媒介对儿童的影响是长期的，媒介跟家庭、学校等载体一样，对儿童发挥着长期作用；第二，媒介对儿童的影响与儿童自身的生活经验、社会态度有关，媒介产生的影响是媒介内容与儿童自身因素共同作用的结果。

郑杭生以电视媒介的影响为基点，指出电视以多样的形式、丰富的内容吸引了广泛的受众。此外，他指出，电视媒体不仅对人的观念有导向作用，潜移默化地影响着人们的人生观、世界观和价值观，而且还会对人的行为起到暗示作用，人们在行动时会不自觉地受到电视节目情景的暗示，进而进行模仿。[①] 胡宝珍从传播内容、方式以及特点等方面研究了电视对青少年的影响，指出电视会在一定程度上加重青少年的惰性心理，妨碍其他技能的提高，并会对青少年与家庭成员之间的交流产生不利影响。她指出，电视信息泛滥会导致未成年人减少与家人的沟通以及社会互动；电视节目过于轻松化，会阻碍未成年人技能的提高；广告泛滥会影响未成年人的性别认知和审美社会化；暴力色情等内容会对青少年的身心健康造成腐蚀。此外，她提出，电视是一种"俗文化"，缺乏精英文化的思想内涵，大量收看或收看方式不当会降低未成年人的审美水平。[②] 陈昌凤认为，电视媒体对未成年人的影响主要在两个方面，一是认知发展，二是人格发展。电视对未成年人形成健康的道德观念、形成符合时代潮流的思想意识，都有着重要影响。[③] 曾鸿基于卡通暴力影响的视角提出，应注重培养儿童的媒介素养，以让他们具备识别、判断媒介所传递的信息的能力，学会正确地接触和使用媒介，才会有益于儿童的身心健康和未来发展。[④]

金星明用生态学的理论来解析儿童的生活环境，指出如今的家庭是一

---

① 郑杭生：《当代中国社会结构和社会关系研究》，首都师范大学出版社1997年版，第209页。
② 胡宝珍：《论电视文化对青少年社会化的负面影响》，《道德与文明》2000年第1期。
③ 陈昌凤：《电视媒体对未成年人的影响》，《电视研究》2004年第8期。
④ 曾鸿：《卡通暴力影响下的儿童媒介素养教育》，《现代传播（中国传媒大学学报）》2008年第3期。

个多媒介的环境,这些媒介对儿童成长有着正、负双重影响,其不良影响包括可能使儿童体重过重,产生进食障碍,抑或会产生反社会行为等。其积极意义在于有助于提升日后的创造性、阅读能力等。① 侯莉敏在《童年的"消逝"与大众媒介对儿童生活的影响》中提到,当今的文化正处于以文字为中心向以形象为中心的转换过程,在这个过程中,大众媒介正在对儿童的生活产生重要影响。②

李远煦等人通过对我国农民工子女接触电视媒介行为的调查分析,考察电视媒介对农民工子女社会交往过程所起的作用。③ 梁业梅等人考察了手机媒介对儿童童年的影响,研究认为儿童利用手机媒介,拓展了学习的空间,增加了与世界的联系,满足了他们不同的需求,激发了他们对生活的热情与学习的兴趣,实现寓教于乐,给儿童的童年生活带来全新的体验与快乐,但部分儿童在生活中不当或过度使用手机媒介,则导致了儿童远离自然与社会,亲子关系疏离,童年和成年的分界线被侵蚀,手机媒介成为陪伴儿童成长的"精神保姆",以致于儿童童年的生活出现危机。④ 李晓静等人考察了智能手机使用对学龄儿童健康的影响,研究发现,手机使用量与学龄儿童的手机依赖显著相关,手机依赖对学龄儿童的失眠、抑郁、饮食等方面均有显著影响。⑤

4. 关于移动社交媒体对流动儿童社会化影响的研究

项目组以"移动社交媒体""流动儿童社会化"为关键词,在中国期刊全文数据库(CNKI)中进行检索发现,目前国内关于移动社交媒体与流动儿童社会化相结合的研究较少,廖怡婷的《移动社交媒体对青少年社会化的影响——对江西省新干县的实证研究》是仅有的一篇以移动社

---

① 金星明:《用生态学观念看待媒介对儿童发育的影响》,《中国儿童保健杂志》2005年第4期。

② 侯莉敏:《童年的"消逝"与大众媒介对儿童生活的影响》,《广西师范大学学报》(哲学社会科学版)2007年第1期。

③ 李远煦、万荣根:《电视媒介对农民工子女交往教育的影响研究》,《教育评论》2009年第2期。

④ 梁业梅、唐荣德:《手机媒介下儿童童年新生活的建设》,《当代青年研究》2017年第6期。

⑤ 李晓静、覃智、强潘颜:《智能手机使用对学龄儿童健康的影响研究》,《新闻大学》2021年第12期。

交媒体为媒介对象研究其对青少年受众社会化产生影响的论文。

已有的关于媒介对儿童社会化影响的文献中多以传统媒介对儿童社会化影响的研究居多，如卜卫的《电子媒介和印刷媒介对儿童社会化、观念现代化的不同作用》，利用多元回归统计方法对调查数据进行分析，结果表明电视、广播等电子媒介对儿童社会化、观念现代化的正向影响大于报纸、杂志等印刷媒介。[①] 陈世联指出媒介是一把"双刃剑"，既对儿童带来了有益影响，也存在不少弊端。陈世联对传媒与文化学习，传媒的教育功能，传媒与儿童社会化的关系以及电视对少数民族儿童社会化的影响等方面进行了分析。他提出，电视等大众媒介对本民族及其他民族的文化认知影响显著，对少数民族儿童社会化进程的影响也十分明显。[②] 许向东关注网络传播对青少年社会化的正负影响，他认为网络已成为我国青少年学习知识、交流思想、休闲娱乐的重要平台，它增强了青少年与外界的沟通和交流，有利于创造出全新的生活方式和社会互动关系，网络作为信息社会具有生产力性质的要素，对青少年社会化起着深层的制约和影响作用。继而指出网络传播的信息化有助于催生现代观念，但易使青少年思想混乱；网络的虚拟性和超时空性有助于扩大交往，但易使青少年社会化不足；网络信息有助于突破传统思维模式，但易消解青少年思考的积极性。[③]

周燕等人通过对近十五年来大众传媒对儿童社会化影响的研究成果进行梳理总结发现，大众传媒对儿童社会化影响的研究成为我国学界的热点问题，并呈现出一些新的特点：①大众传媒作为儿童社会化的一个重要承担者，其内涵被进一步明确，外延进而拓展，但电视仍然是被关注最多的大众媒介。②对于社会化的承受者——儿童，研究者已开始关注不同社会经济文化背景之下儿童媒介接触及其影响的比较研究，但盲聋哑等特殊儿童的媒介权利尚未被涉及。儿童在大众传媒中的主体地位开始受到关注。③大众传媒影响儿童社会化内容的研究，以道德社会化问题居多，媒介对

---

① 卜卫：《电子媒介和印刷媒介对儿童社会化、观念现代化的不同作用》，《现代传播》1991年第4期。

② 陈世联：《新视角下的儿童社会化研究：以多元文化为价值取向》，《教育理论与实践》2004年第6期。

③ 许向东：《网络传播对我国青少年社会化的影响及应对策略》，《国际新闻界》2007年第7期。

儿童性别角色社会化的影响开始受到关注。①

闫欢的《电视与未成年人心理》是较早开展的大众媒介与儿童心理相关性的研究。她认为，由于不同年龄阶段的心理特点差异，媒介对不同年龄阶段的未成年人心理和行为影响不同；未成年人电视节目的内容及传播方式应以其心理需求为导向；大众传媒应对其节目传播导致的受众心理错位现象负责。此外，她指出，规避大众传媒对未成年人心理错位的措施主要有两种，一是提升传播者的职业素养，二是加强未成年人的媒介素养教育。② 刘胜枝则从个体审美的角度提出，在当前媒介化的社会，青少年的审美受到大众媒介的深刻影响，大众媒介一方面为青少年提供了丰富多样的审美内容和形式，另一方面又使得青少年的审美变得缺少主动性，审美经验日益感官化、平面化，从而在某种程度上演变成为一种伪审美。③ 张将星通过问卷对青少年的道德价值观的形成与发展进行调查发现，电影电视是影响青少年道德价值观的稳定媒体，媒体影响在道德价值观的类型与范围上存在差异。研究指出大众媒体是影响青少年道德价值观的绝对力量，而青少年对大众媒体的道德价值观影响具有一定判断能力。④

在新媒介快速发展的背景下，新媒介对儿童社会化影响的研究逐渐引起学界关注。徐海燕等人采用自编的电子游戏问卷对江西萍乡地区四所小学的1100名被试进行了调查，了解和分析儿童玩电子游戏的现状及电子游戏对儿童社会化的影响。⑤ 张蕊探索了土味短视频与城镇化留守儿童的交互涵化效应，考察多重变量对媒介涵化的助推作用，论证了土味短视频与城镇化留守儿童的"涵化—反向涵化—涵化"机制。⑥ 张苏秋等人以"00后"一代农村留守儿童的网络媒介接触行为为研究对象，基于2016年中国家庭追踪调查（CFPS）样本数据，构建社会化和媒介接触相关指

---

① 周燕、余文蕙：《近十五年国内大众传媒影响儿童社会化研究综述》，《广州大学学报》（社会科学版）2007年第9期。
② 闫欢：《电视与未成年人心理》，中国传媒大学出版社2009年版，第76页。
③ 刘胜枝：《大众媒介与青少年审美发展》，《中国青年研究》2009年第6期。
④ 张将星：《大众媒体对青少年道德价值观影响调查分析》，《教育研究》2011年第4期。
⑤ 徐海燕、邹穗萍、张花连等：《电子游戏对儿童社会化影响的实证研究》，《教育学术月刊》2019年第7期。
⑥ 张蕊：《交互涵化效应下土味短视频对城镇化留守儿童的影响》，《现代传播》（中国传媒大学学报）2019年第5期。

标，建立回归分析模型，分析网络媒介对农村留守儿童社会化的影响。[①]随着新媒介对人们生活的全方位渗透，以手机、平板电脑等为代表的新媒介对流动儿童社会化的影响也将引起更多学者的关注。正如学者王玲宁在《新媒介环境下传媒与青少年社会化研究》中所说"移动媒体将成为下一个研究热点"。[②]

（二）国外相关研究

1. 移动社交媒体的研究

项目组借助外文数据库 Web of Science，以主题词"Mobile media""Mobile social media""Social media"进行检索，剔除掉重复和无关的文献后，发现国外对移动社交媒体的研究相较于国内开展得更早，研究成果也更为丰富。国外学者的研究主要集中在移动社交媒体的结构研究、移动社交媒体对用户态度和行为影响、移动社交媒体与社会应用等方面。

（1）移动社交媒体的结构研究

Wai-Kai Chen 等人认为社会网络研究也与物理学的研究密切相关，可以说是网络与人类社会学相交叉展开的产物。[③] Barabási A. L. 等人的研究表明大型网络的发展受到了超越单个系统细节的自组织现象的支配。[④] James Caverlee 等人认为，从以 MySpace 和 Facebook 等为代表的传统社交网站到以移动电话网络和 Twitter 等为代表的新的移动社交媒体，它们的共同特性是都具有小世界和无标度的特征。[⑤] Amanda L. Traud 等人的研究以 Facebook 上 100 个学院和大学的用户为研究对象，对用户的性别、年级、专业等资料进行分析，比较不同机构的不同特征的相对重要性。[⑥]

[①] 张苏秋：《网络媒介与农村留守儿童社会化》，《华南农业大学学报》（社会科学版）2021 年第 3 期。

[②] 王玲宁：《新媒介环境下传媒与青少年社会化研究》，《当代青年研究》2010 年第 10 期。

[③] Wai-Kai Chen, Univ. Illinois, *Graph Theory and its Engineering Applications*, London: World Scientific Publishing Co. Pte. Ltd., 1997, p. 712.

[④] Barabási A. L., "Emergence of scaling in random networks", *Journal of Science*, Vol. 286, No. 5439, 1999, pp. 509 – 512.

[⑤] James Caverlee, Steve Webb, "A Large-Scale Study of MySpace: Observations and Implications for Online Social Networks", *Proceedings of the Second International Conference on Weblogs and Social Media*, 2008, p. 30.

[⑥] Amanda L. Traud, Peter J. Mucha, Mason A., Porter, "Social structure of Facebook networks", *Physica A: Statistical Mechanics and its Applications*, Vol. 391, No. 16, 2012, pp. 4165 – 4180.

(2) 移动社交媒体对用户态度和行为影响

Ting-Peng Liang 等人以手机游戏为例,对用户使用手机游戏的行为和态度进行考察,在线调查结果表明,情境因素对人们使用手机游戏的意图有显著的调节作用,不同用户的生活方式对使用移动服务也有不同的态度和顾虑。[1] Kyung Kyu Kima 等人对韩国目前的多媒体信息服务用户进行了实证研究,分析表明自我效能感和同伴影响的心理特征是影响用户移动服务使用意向形成的最重要因素。[2] Hichang Cho 的研究以新加坡第三代移动通信服务为对象,探讨了社会影响力和认知促进过程这两个因素对行为意图的影响。[3] Keith N. Hampton 等人的研究探讨了移动电话、社交网站、博客、即时通讯、照片共享等信息和通信技术对人们社交网络的多样性产生的影响。[4]

(3) 移动社交媒体与社会应用

L. Humphreys 的研究谈到移动社交媒体可以帮助人们建立社交圈子,在接触和使用移动社交媒体时,受众被分成内外两个圈子,内部圈子为核心圈,一般由 3—4 人组成,外层圈子则由较多关系较为疏远的人组成。[5] Yamakami T. 等人的研究结合移动互联网的特点和已有发展,指出移动化发展趋势及移动化推动因素存在的挑战。[6] Huang L. 等人的研究提出了一

---

[1] Ting-Peng Liang, Yi-Hsuan Yeh, "Effect of use contexts on the continuous use of mobile services: the case of mobile games", *Journal of Personal and Ubiquitous Computing*, Vol. 15, No. 2, 2011, pp. 187 – 196.

[2] Kyung Kyu Kim. Ho KyoungShinpens BeomsooKim, "The role of psychological traits and social factors in using new mobile communication services", *Journal of Electronic Commerce Research and Applications*, Vol. 10, No. 4, 2010, pp. 408 – 417.

[3] Hichang Cho, "Theoretical Intersections Among Social Influences, Beliefs, and Intentions in the Context of 3G Mobile Services in Singapore: Decomposing Perceived Critical Mass and Subjective Norms", *Journal of Information Management*, Vol. 61, No. 2, 2011, pp. 283 – 306.

[4] Keith N. Hampton, Chul-Joo Lee, Eun Ja Her, "How new media affords network diversity: Direct and mediated access to social capital through participation in local social settings", *Journal of Media and Society*, Vol. 13, No. 7, 2011, pp. 1031 – 1049.

[5] L. Humphreys. "Mobile social networks and social practice: A case study of Dodgeball", *Journal of Computer-Mediated Communication*, Vol. 13, No. 1, 2008, pp. 341 – 360.

[6] Yamakami T, Taguchi O, Gabazza E C, "Arterial endothelin – 1 level in pulmonary emphysema and interstitial lung disease. Relation with pulmonary hypertension during exercise", *Journal of the European Society for Clinical Respiratory Physiology*, Vol. 10, No. 9, 1997, pp. 2055 – 2060.

种基于区域划分的轨迹隐私保护方法,主要思想是把用户所经过的空间区域划分为敏感区域和非敏感区域。①

由以上梳理可知,国外学者基于网络技术、结构、社会应用等方面对移动社交媒体进行了大量的研究,理论分析及实证研究成果较为丰富,一定程度上为我国学者开展相关研究提供了借鉴。但不难发现,国外学者的成果中将移动社交媒体与移民儿童社会化相结合方面的内容较少。

2. 移民儿童社会化的研究

西方国家在社会发展过程中经历了几次大规模的移民浪潮。大量的移民涌入美国、瑞士等发达国家,成为当地的"外来人口"。这些外来人口中的儿童,被叫作"移民儿童"。据了解,1990年,美国儿童中移民儿童的比例为15%,2008年,移民儿童的比例已接近25%。② 2009年10月,联合国发布的统计报告显示,瑞士移民儿童的比例是39%,澳大利亚移民儿童的比例是33%,德国移民儿童的比例是26%,荷兰移民儿童的比例是22%,英国移民儿童的比例是16%。③ 随着移民儿童数量的增多,他们面临的社会化问题随之凸显,引起西方社会的广泛关注。项目组结合西方社会的历史背景,通过对国外的研究成果进行分析发现,国外学者的研究中与国内流动儿童群体相似的群体不仅指国外移民儿童这一群体,相关的研究还涉及转校生及流动学生等群体。转校生或流动学生可以理解为除正常升学以外,学校发生变换的学生,这一概念同我国流动儿童的概念有一定的交叉。美国人口普查资料显示,美国在1999年就有15%—18%的流动学龄人口。④ 因此,本研究对移民儿童、转校生或流动学生的社会化相关文献进行梳理。既有文献中,关于移民儿童及转校生或流动学生的社会化研究主要集中在教育状况、社会融合等方面。

---

① Huang L., Hiroshi Yamane, Kanta Matsuura, Kaoru Sezaki, *Towards Modeling Wireless Location Privacy*, 5th International Workshop on Privacy Enhancing Technologies, Cavtat, CROATIA, MAY 30 – Jun1, 2005.

② Jeffrey S. Passel, Paul Taylor, *Undocumented Immigrants and Their U.S. – Born Children*, Washington: Pew Hispanic Center, 2010.

③ 新华网:《联合国称移民儿童在教育等方面处弱势》2009年10月23日, http://www.un.org/zh/development/population/newsdetails.asp? news ID = 12435, 2022年7月30日。

④ 孙科技:《政策工具视角下美国"流动儿童教育项目"执行研究》,《外国教育研究》2017年第12期。

(1) 移民儿童的教育状况

在移民儿童的教育方面,美国曾于1982年根据移民儿童的教育问题出台《移民教育紧急法案》(*The Energency Immigrant Education Act*),该法案为移民儿童享有受教育权利提供了保障,促进了移民儿童的教育公平。[1] 法国是欧洲典型的移民接收国家,20世纪70年代后,法国制定了一系列与移民儿童相关的教育政策,如学校与家长合作政策、反歧视教育政策等。20世纪80年代,欧洲联盟理事会(European Union Council)颁布法案,首次对欧洲联盟(European Union)各成员国移民儿童教育问题立法,这一法案旨在指导移民儿童母语和文化的学习。[2] 随着各国政府对移民儿童教育问题的关注,学者们对此展开了相关研究,Munroe-Blum H. 等人以加拿大安大略省的儿童为研究对象,分析了移民儿童的学校表现、精神障碍、心理健康及社会服务使用间的关系。[3] Shaljan Areepattamannil 等人对移民儿童父母的期望和子女学习成绩的关系进行了调查,结果表明移民父母的期望和孩子的学习成绩呈正比。[4] 针对流动学生的教育问题,美国在1996年出台了相关的法案以消除流动学生与非流动学生在教育上的差别,保障流动学生的教育权利,如"Migrant Education Program"(流动学生教育计划),"Families Helping Families"(家庭帮助家庭计划),"No Child Left Act"(不让一个孩子掉队法案)等。学者们对转校生或流动学生的教育问题较为关注,Bruce Hunter 讨论了流动学生教育问题中的四个一般问题:获得应有的服务、具备获得服务的能力、保证服务的合理性和服务的不间断性。讨论了改变教育政策以向移徙者提供服务的重要性,并审查了为流动学生提供服务的六个

---

[1] D. B. Qin-Hilliard, E. Feinauer, B. G., *Quiroz Introduction*, Harvard Educational Review, 2001.

[2] Eurydice European Unit: Integrating Immi-grant Children into Schools in Europe, September 21st to 24th, 2006, http://www.network-migration.org/workshop2006/cfp.htm.

[3] Munroe-Blum H., Boyle M. H., Offord D. R., Kates N., "Immigrant children: psychiatric disorder, school performance, and service utilization", *The American Journal of Orthopsychiatry*, Vol. 59, No. 4, 1989, pp. 510–519.

[4] Shaljan Areepattamannil, DaphneeH. L. Lee, "Linking Immigrant Parents' Educational Expectations and Aspirations to Their Children's School Performance", *The Journal of Genetic Psychology*, Vol. 175, No. 1, 2014, pp. 51–57.

州的法规。① Aldo Bazán-Ramirez 等人以 30 名流动初中学生、两名校长、两名社会工作者和一名教师为研究对象,探讨了墨西哥移民学生在美国学习后融入墨西哥教育体系所面临的困难。Coleman James 的研究结果表明,学生的学习成绩与流动率呈正相关关系。② Sandara Pik 通过对大量的流动学生的教育实践进行考察,总结了美国解决这一问题的举措,包括关注学校教职工的职业发展(Professional Develop-ment for School Saff)、新来者项目(Newcomer Porgrams)、支持性的考勤和纪律政策(Supportive Attendane and Disciplinary Polieies)、走出校门接触家长和家庭(Outreachot Parents and Families)等。③

（2）移民儿童的社会融合

在移民儿童的社会融合方面,英国曾通过提高国民教育水平、开展社区工作、展开媒介研究等手段,增强移民儿童的身份认同,促进移民儿童的社会融合。其中,产生较大影响的是伦敦大学"媒介与青少年研究中心"于 2001—2004 年进行的 Children in Communication about Migration（CHICAM）研究,该项研究以欧洲曾经历过大规模移民浪潮的英国、意大利、瑞典、德国、荷兰、希腊为考察对象,通过在当地建立相关媒介组织,举办媒介活动的形式,分析媒介在移民儿童社会融合中的作用。这一项目结束后,项目组围绕与移民儿童有关的家庭与同伴关系、社会排斥与社会接纳、媒介技术与移民儿童的社会融合等,提交了以下报告：①Children's Social Relations in Peer Groups：inclusion, exclusion and friendship；②School as an Arena for Education, Integration and Socialization；③Home is Where the Heart is：family relations of migrant children in media clubs in six European countries；④Visions Across Cultures：migrant children using visual images to communicate；⑤Picture Me In：Digital Media making with socially excluded children。除此以外,项目组还在相关学术会议及期

---

① Bruce Hunter, "Policy issues in special education for migrant students", *Journal of Exceptional Children*, Vol. 48, No. 6, 1982, pp. 469 – 472.

② Coleman James, *Foundations of Social Theory*, Mass：The Belknap Pressof Harvard University-Press, 1990, pp. 26 – 27.

③ 石人炳：《美国关于流动儿童教育问题的研究与实践》,《比较教育研究》2005 年第 10 期。

刊上发表50余篇论文。①

3. 媒介对儿童影响的研究

佩恩基金会关于电影对儿童的影响的研究一般被视为大众传媒与儿童的研究的开始。佩恩基金会主要研究电影对儿童的影响，其大量采用了定量研究方法，如实验、调查问卷和内容分析等，涉及了对儿童各方面的影响，包括生理、心理和情感等。研究者通过对1500部电影的分析，探讨电影向青少年表现了哪些内容，并探讨电影对青少年的社会态度、情绪、道德、行为、健康等方面的影响。研究指出，电影确实改变了青少年的社会态度、道德观念或行为。佩恩基金会的研究在一定程度上奠定了媒介与儿童研究的基础。

第二次世界大战以后，电视迅猛发展，如同电影一样，人们开始担心电视中的暴力和性是否会导致青少年犯罪，因此关于电视对儿童与青少年的影响，尤其是对性和暴力等内容的影响的研究逐渐展开。施拉姆等学者1958—1960年在10个社区进行了11项调查，并出版了《儿童生活中的电视》。他们通过对电视内容的监看和分析发现，在超过一半的节目时间里，暴力成了主要内容，通过对儿童收看情况的调查发现，犯罪片和情景喜剧是吸引他们注意力的两类节目，电视中的暴力内容会对儿童的情绪产生影响，在认知上会使儿童早熟甚至对成长过程产生恐惧，但是在行为上，电视是否会产生暴力行为，研究者认为电视并不是主要原因，只是促使因素而已。最终的结果认为，儿童作为电视的使用者，并不是被动地接受电视，而是利用电视满足自己的需要。

继施拉姆的研究之后，美国所进行的关于电视影响的大型研究中，电视暴力对儿童、青少年攻击性行为的影响占据了相当的内容。1969年，研究者在全美进行了一项电视暴力和青少年研究，该研究得到美国国会专项资金的支持，最终结果呈现在《关于电视与社会行为的卫生局长报告》中。20世纪80年代初，美国又进行了新一轮的媒介与行为的研究，这次研究进行了暴力与攻击行为、亲社会行为、电视与健康等新的角度的探讨。研究者鲁西顿（J. P. Rushton）将电视中的利社会行为分成利他行为、

① 郑素侠：《媒介技术与移民儿童的社会融合——欧洲CHICAM项目及其启示》，《新闻大学》2013年第4期。

友好行为、自我控制行为和克服害怕行为四类,通过 42 个实验和实地调查,他验证了观看电视中的利他社会行为可以增加儿童的利社会行为的结论。①

梅罗维茨在其《消失的地域:电子媒介对社会行为的影响》中总结了儿童与成人社会角色的最新变化,并对电视在"成人儿童化"和"儿童成人化"中所起到的作用进行了讨论。② 与梅罗维茨的观点相似,尼尔·波兹曼在其《童年的消逝》中指出随着媒体技术的普及和应用,儿童和成年人已经无差别地置身于高度发达的媒介环境中,主动或被动地接受着媒介信息的浸染,两者间的界限也因此被消解。③ 此外,麦克卢汉在《理解媒介:论人的延伸》中提到,电视出现之后,儿童已经习得了一整套崭新的感知,从家庭和教会到学校和市场等领域,都受到了电视的深刻影响。④ 德弗勒在论述传播对儿童影响效果的假说中指出,应将"社会化"作为研究大众传播长期影响的理论分析框架:"社会化的一个方面直接集中在个人反应系统之上——个人如何获得新的行动形式或新观念来修正自己原先对社会环境作为反应的习惯模式。社会化的另一个方面着眼于人们在社会框架中的相互作用,以便了解他们是怎样做好准备以进入和参加有组织的群体,并在生命周期中实现个人的过渡。"⑤

随着新媒介的迅速发展,学者们开展关注新媒介对儿童的影响。Kamil Kopecký 分析了捷克儿童使用 Facebook 的基本情况,如他们遵守的基本安全原则,使用 Facebook 的动机、原因等,以及接触和使用 Facebook 给儿童带来的影响。⑥ Maggie Kanter 探讨了 Facebook 对父母与孩子间亲子

---

① [美] Shearon A. Lowery、Melvin L. DeFleur:《传播研究的里程碑》,王嵩音译,台湾远流出版社 1993 年版,第 396 页。
② [美] 约书亚·梅罗维茨:《消失的地域:电子媒介对社会行为的影响》,肖志军译,清华大学出版社 2002 年版,第 216—222 页。
③ [美] 尼尔·波兹曼:《童年的消逝》,吴燕莛译,中信出版社 2015 年版。
④ [加] 马歇尔·麦克卢汉:《理解媒介:论人的延伸》,何道宽译,商务印书馆 2007 年版,第 380 页。
⑤ [美] 梅尔文·德弗勒:《大众传播学诸论》,杜力平译,新华出版社 1990 年版,第 234 页。
⑥ Kamil Kopecký, "Czech Children and Facebook-A quantitative survey", *Journal of Telematics and Informatics*, Vo. 33, No. 4, 2016, pp. 950 – 958.

关系的影响，研究指出，父母在 Facebook 上的存在增强了孩子与父母的亲密关系。[1] O'Keeffe Gwenn Schurgin 等人的研究指出使用社交媒体网站是当今儿童和青少年最常见的活动之一。研究涉及的社交媒体网站包括 Facebook、聚友网、推特、游戏网站、YouTube 视频网站和博客等。调查显示，超过一半的青少年登录社交媒体网站超过一天一次，75%的青少年拥有手机，25%的青少年使用社交媒体，54%的青少年使用它们发短信，24%的青少年使用它们发送即时消息。研究指出，青少年接触和使用社交媒体对他们的情感、价值意识、生活技能等方面产生明显影响。[2] Karen Marie Yust 指出数字文化是形成儿童身份和关系经验的一个突出因素。[3] Deborah Richards 的研究发现社交媒体对儿童和青年人的健康的影响是最大的，特别是在心理健康的自尊和幸福感方面。[4]

4. 关于移动社交媒体对移民儿童社会化影响的研究

国外学术界对同处流动语境下的移民儿童的社会化和媒介与移民儿童的关系开展了丰富的研究。以美国社会学家帕克为代表的芝加哥学派自19世纪90年代起便对来到美国的欧洲移民社会化问题展开思考，为了对当时的移民问题进行实地研究，帕克深入到芝加哥等美国的大城市，他以人类生态学理论、种族关系周期理论、"社会距离"和"边缘人"理论开创了城市社会学的先河。帕克关于外来移民同化问题的理论认为，民族同化的周期一般包括接触、竞争、冲突、调整、同化等几个阶段，最终被支配集团的文化所同化。法裔美国学者埃克托、弗雷德里克、鲁比等对此类问题亦有调研。Zohoori 曾于1988年在6—12岁的移民孩童与美国本地孩

---

[1] Maggie Kanter, Tamara Afifi, Stephanie Robbins, "The Impact of Parents 'Friending' Their Young Adult Child on Facebook on Perceptions of Parental Privacy Invasions and Parent-Child Relationship Quality", *Journal of Communication*, Vol. 62, No. 5, 2012, pp. 900–917.

[2] O'Keeffe Gwenn Schurgin, Clarke-Pearson Kathleen, "The impact of social media on children, adolescents, and families", *Pediatrics*, Vol. 127, No. 4, 2011, pp. 800–804.

[3] Karen Marie Yust, "Digital power: exploring the effects of social media on children's spirituality", *International Journal of Children's Spirituality*, Vol. 19, No. 2, 2014, pp. 133–143.

[4] Deborah Richards, Patrina HY Caldwell, Henry Go, "Impact of social media on the health of children and young people", *Journal of Paediatr Child Health*, Vol. 51, No. 12, 2015, pp. 1152–1157.

童之间做过比较研究，分析二者在电视收视模式上的差异。① Sonja De Leeuw, S. 和 Rydin, I. 通过对12—14岁移民孩童的实证研究，考察了新媒介对于这一群体跨文化表达、身份构建的能动作用。② Nelly Ellas 和 Dafna Lemish 通过对移居以色列的前苏联移民孩童的研究，考察了不同媒介在这些移民孩子的迁移进程以及新身份构建过程中所起到的作用，此外，他们又通过对70名移民儿童的深度访谈，发现互联网在移民孩童的生活中发挥着独特的作用。③

尤其值得一提的是2001—2004年伦敦大学"媒介与青少年研究中心"在英、德、意、法等国开展的大型跨国研究 CHICAM（Children in Communication about Migration），以参与式行动的视角，探讨了传播媒介在促进移民儿童融入当地社会中的价值与作为，以及如何帮助移民儿童利用媒介发出自己的声音。项目结束后，CHICAM 围绕移民儿童的家庭与同伴关系、移民儿童的社会排斥与社会接纳、媒介技术与移民儿童的社会融合等，共提交5份研究报告，分别为：*Children's Social Relations in Peer Groups: Inclusion, Exclusion and Friendship*（《儿童在同伴群体中的社会关系：包容、排斥与友谊》）；*School as an Arena for Education, Integration and Socialization*（《学校在移民儿童教育、融入与社会化中的角色》）；*Home is Where the Heart is: Family Relations of Migrant Children in Media Clubs in Six European Countries*（《心在哪里，家就在哪里：欧洲六个国家媒介俱乐部中移民儿童的家庭关系》）；*Visions Across Cultures: Migrant Children Using Visual Images to Communicate*（《跨文化视野：移民儿童的视觉图像交流》）；*Picture Me In: Digital Media Making with Socially Excluded Children*（《镜头对准我：社会边缘儿童的数字化媒体制作》）。④ 该项目对

---

① Zohoori, A., "A Cross-Culture Analysis of Children's Television Use", *Journal of Broadcasting and Electronic Media*, Vol. 32, No. 1, 1988, pp. 105 – 113.

② Leeuw, S. Rydin, I, "Migrant children's digital stories: Identity formation and self-representation through media production", *European Journal of Culture Studies*, Vol. 10, No. 4, 2007, pp. 447 – 464.

③ Nelly Ellas, Dafna Lemish, "Spinning the web of identity: the roles of the internet in the lives of immigrant adolescents", *New Media Society*, Vol. 11, No. 4, 2009, pp. 533 – 551.

④ 郑素侠：《媒介技术与移民儿童的社会融合——欧洲 CHICAM 项目及其启示》，《新闻大学》2013年第4期。

我国相关问题的研究有重要启发意义。

通过梳理和总结相关文献可以看出，国内外学术界对移动社交媒体及流动儿童进行了丰富的研究，但将二者相结合展开的研究较少。值得一提的是，学者们在"媒介与儿童"的研究领域，取得了一系列的成果，说明学者们为此付出了众多努力，但是"媒介与儿童"作为一个具有深厚价值的命题，需要研究者随时代的变化进行持续的探讨与深入的分析。目前，我国学术界在这方面的研究存在以下不足：

一是传播学的研究成果匮乏，相关研究尚待丰富。已有的关于流动儿童问题的研究以社会学、心理学、教育学等学科的研究成果居多，其中对于流动儿童社会化问题的探讨则多集中于社会学领域，其他学科的学者对此进行思考的较少。在传播学领域，"媒介与儿童"是研究的重要方向之一，考察儿童对媒介的接触和使用情况不仅利于培养儿童养成良好的媒介接触和使用习惯，提高其自身的媒介素养能力，更能够促进其正常社会化，益于健康成长。在儿童群体中，流动儿童作为"处境不利儿童群体"，自身境遇的特殊性使其在对媒介的接触和使用方面较非流动儿童存有一定的差异，也对其社会化进程造成影响，因而这一群体的媒介接触和使用状况对其社会化影响的问题理应得到传播学的重点关注与研究。

二是研究视角较为单一，跨学科的探讨略少。如前文所述，已有的关于流动儿童社会化问题的研究多从社会学视角展开，跨学科视角进行研究的不多。流动儿童的社会化问题属于综合性社会问题，若仅以单一学科的视角进行研究，所得结果往往不够全面。虽然近年来已有少数学者开始尝试从传播学、社会学等交叉学科的视角入手进行探讨，但相关研究还相对匮乏并有待深入。

三是研究内容未能与时俱进，缺乏对新媒介的探讨。学界关于"媒介接触和使用对流动儿童社会化影响"的研究多停留于传统媒介对流动儿童社会化影响的层面。在媒介环境日新月异的背景下，流动儿童接触的媒介种类发生变化，相关研究也应及时跟进。近几年学界虽然也出现了探究新媒介与青少年社会化的研究，但将移动社交媒体与流动儿童群体的社会化相结合的研究较少。

四是调查样本相对集中，缺乏一定的普遍性。在媒介对流动儿童社会化影响的相关调研中，研究者在取样地的选择上多以东部、中部等区域的单一城市为主,考察一线城市或二线城市流动儿童的社会化状况,较少涉及涵盖一线、二线、三线、四线城市流动儿童社会化状况的调查。考虑到流动儿童群体的异质性情况对调查结果的影响,展开多地区、多城市的调查,有利于较为全面地探寻流动儿童的社会化状况,丰富流动儿童社会化的研究成果。

第 一 章

研究方法、过程及创新点

本章主要阐述研究所运用的主要方法，对研究设计、实施及调查工具的信效度检验等研究过程进行较为详尽地说明，并指出研究的创新之处和研究的难点。

第一节 研究方法

一 文献法

文献法又被称为"非接触性研究法"。本研究在选题论证阶段，就广泛收集整理与移动社交媒体和流动儿童相关的信息资料，力求充分把握国内外研究现状，借鉴既有研究经验，确保研究的可行性与创新性。在研究起始阶段，我们在查阅已有研究的基础上结合本研究主题进行调查问卷的初步编制和访谈提纲的设计，且在书稿的撰写过程中都会根据实际情况及时查阅文献资料。此外，课题组还根据研究所需收集与移动社交媒体及流动儿童相关的政策、报告等，[1] 尽可能地完善研究资料。

二 访谈法

访谈法是一种带有研究目的的交谈。为进一步获得丰富的研究资料，

---

[1] 收集的与移动社交媒体及流动儿童相关的政策文件、报告包括：《关于进一步做好进城务工就业农民子女义务教育工作的意见》《做好农民进城务工就业管理和服务工作通知》《关于将农民工管理等有关经费纳入财政预算支出范围有关问题的通知》《国务院关于解决农民工问题的若干意见》《中国互联网发展状况统计报告（2021）》《世界互联网发展报告（2021）》《中国移动互联网发展报告（2021）》《中国流动儿童教育发展报告（2019—2020）》《中国流动人口发展报告（2021）》等。

课题组根据研究需要，在不同的样本学校分别选取部分流动儿童以及学生家长、老师等进行深度访谈，以深入了解流动儿童接触和使用移动社交媒体的现状、流动儿童的社会化状况等。访谈期间课题组在征得访谈对象同意的情况下，借助于录音设备对谈话内容进行同步录音，以便于后期对访谈内容进行处理、分析。需要说明的是，为尊重被试的隐私，本研究涉及的人名、校名，原则上做匿名处理。

三　参与式观察

参与式观察是指研究者借助于对研究对象生活的观察情况，进行研究的方法。本研究在提前与样本学校老师进行沟通后，经学校允许，课题组成员以"代课老师"或是"旁听者"的身份参与到流动儿童的校园活动中，与流动儿童近距离相处。此外，课题组成员还利用假期时间，深入到流动儿童所在的社区，与社区工作人员一起展开与流动儿童相关的活动，以了解流动儿童校园之外的课余生活。在与流动儿童的接触过程中，课题组成员同他们建立了深厚的友谊，这也有利于加深与流动儿童的熟悉程度，尽可能地保证了所获研究资料的真实性。

四　问卷调查法

问卷调查法通常是指以自填式问卷的方式对大规模人群展开调查获取数据资料，从而采用适当的数据统计方法对关注的研究问题进行描述、解释和预测的一种研究方法。本研究所用的问卷包括流动儿童问卷和非流动儿童问卷两份，涉及被试的人口统计学信息、接触和使用移动社交媒体的情况、社会化情况及家长对孩子接触和使用移动社交媒体的了解情况、态度等，以此作为本研究解释、分析相关问题的数据支撑，提高了研究的有效性与科学性。

五　比较研究法

比较研究法是指以"比较"为核心而展开的研究方法，通过对研究对象的比较，而找寻其中的相似因素与差异因素。[①] 本研究借助于比较研究法对比流动与非流动儿童在媒介认知与社会心理上的差异，探寻流动儿

---

① 林聚任、刘玉安：《社会科学研究方法》，山东人民出版社2008年版。

童移动社交媒体的接触和使用与其社会化发展之间的联系。

第二节 研究过程

一 研究设计

（一）研究地点

外来务工人员在选取打工地点时，城市的经济发展程度往往是他们考虑的重要因素。因此，研究为充分考虑城市环境对流动儿童的影响，尽可能增强研究结论的全面性与可推广性，在对样本地进行选择时将经济区位因素考虑在内。因此，本研究在取样地的选择上涵盖了一线城市、二线城市、三线城市和四线城市。

一线城市中选取北京为取样地，北京是我国的首都，在我国的诸多城市中占据关键位置，截至2016年，北京的地区生产总值超过2.4万亿元。北京是常住人口超过2000万人以上的大都市，对流动人口具有强大的吸引力。[1] 据了解，北京市的流动人口数量已经超过1000多万。[2] 可见，无论是从自身的发展程度还是流动人口的数量来看，选取北京作为一线城市的取样地都具有一定的代表性。

二线城市、三线城市及四线城市以我国经济和人口大省山东（2015年流动儿童人数已超220万人，属高度集中省份）的17个地市为取样地，在济南、青岛、潍坊、淄博、临沂、日照等外来务工人员子弟相对集中的六座城市开展调查。山东省属于东部沿海省份，是中国的经济大省、人口第二大省，国内生产总值列全国第三，占中国GDP总量的1/9。截至2019年6月，人口达到10047.24万人，地区生产总值76469.67亿元。山东也是流动人口大省，据相关数据统计，山东省的流动人口在2015年就已经超过1300万人。[3] 山东省的经济实力、人口总量、流动人口数量在

---

[1] 21世纪教育研究院、新公民计划：《中国流动儿童教育发展报告（2016）》，社会科学文献出版社2016年版，第12页。

[2] 《中国各大城市的流动人口数量排名》，http://www.360doc.com/content/16/0126/14/10693281_530674402.shtml。

[3] 齐鲁周刊社：《山东常住人口突破一亿，这几个城市达到700万》，2019年6月17日，http://dy.163.com/v2/article/detail/EHSL9JOT05503MC3.html，2022年7月30日。

全国都处于相对靠前的位置,因此本研究在山东省进行取样,兼顾省会、二、三、四线城市,一定程度上保证了研究结论的可推广性。

(二)研究对象

研究选定北京、济南、青岛、潍坊、淄博、临沂、日照七座取样城市后,利用整群抽样的方法在每一座城市分别确定一所接收流动儿童的小学及初中作为研究的样本学校。选择在校的中小学生,是因为他们的年龄介于7—15周岁且具备学习能力,与本研究对流动儿童的界定条件相吻合。此外,在学校开展调查,流动儿童的样本较为集中,有利于避免重复调查,保证研究结果的准确性。

在实际抽样过程中,了解到部分学校的学制类型为九年一贯制学校,也就是说一所学校同时包含小学部与初中部,为保证抽样的科学性,研究将九年一贯制学校的小学部与初中部分别进行独立编码,最终选定了北京市的A小学、B初中,济南市的C小学、D初中,青岛市的E小学、F初中,潍坊市的G小学、H初中,淄博市的I小学、J初中,临沂市的K小学、L初中,日照市的M小学、N初中。就学校性质来看,A、B学校是打工子弟学校,为民办学校,C、D、E、F、G、H、I、J、K、L、M、N学校为公办学校。多元化的学校类型最大限度地将研究对象的异质性考虑在内,提高了调查结果的代表性。在研究的开展过程中,本研究不仅将流动儿童作为研究对象,还将流动儿童的父母及班主任作为研究对象。

1. 访谈研究的对象

访谈研究包括预访谈与正式访谈两部分,具体情况如下:

(1)预访谈的研究对象

采用简单随机抽样的方法在小学及初中分别选取一位流动儿童、家长及老师作为预访谈对象,根据预访谈的结果对拟定的初始访谈提纲进行检验及修改完善。

(2)正式访谈的研究对象

采用简单随机抽样的方法在确定的14所学校,各选取部分流动儿童、家长及班主任老师作为正式访谈对象。

2. 问卷调查的对象

对问卷调查而言,样本规模的合理与否直接关系到样本误差的大小,进而影响调查结果的精准性。因此，在进行问卷调查前需要确定样本的大致规模。课题组通过查阅相关文献发现，目前社会科学领域对样本规模的确定缺乏统一的衡量标准。学者陈阳从研究过程的影响因素角度出发，提出样本规模由对抽样误差精确性的要求、被试总体的异质性程度、研究者的精力和经费、研究方法和研究目的、数据分析里所涉及的变量数目等因素确定。[①] 学者 Sudman 提出，初学者进行与前人类似的研究时，可参考前人研究中选取的样本数量。学者 Gay 认为，相关研究的目的是探究变量之间是否存在一定的关系，被试至少需要保证在 30 人以上。[②] 学者内田冶从统计学的角度出发，将置信度、显著水平、概率等因素考虑在内，提出样本抽样的公式：

被试为有限总体时，适用公式为

$$n \geq N / [(\alpha/k)^2 \times \{(N-1)/P(1-P)\} + 1] \quad ①$$

被试总体无限大时，适用公式为

$$n \geq (k/\alpha)^2 \times P(1-P) \quad ②$$

在该公式中，α 为显著性水平，一般设定值为 0.05，置信度为 $1-0.05=0.95$，K 为 1.96，P 为 0.5。为保证本研究样本数量的科学性，研究将参考内田冶提出的抽样公式确定样本数量。结合本研究中流动儿童总体的规模，被试总体较大，故采用公式 2 来确定样本数量。

（1）预调查的对象

研究在北京市的 A 小学、B 初中，济南市的 C 小学、D 初中，青岛市的 E 小学、F 初中，潍坊市的 G 小学、H 初中，淄博市的 I 小学、J 初中，临沂市的 K 小学、L 初中，日照市的 M 小学、N 初中展开预调查，课题组共发放问卷 500 份，从统计结果来看，有效问卷 475 份，有效率达到 95%。在预调查的样本中，流动儿童 240 名，包括小学流动儿童 140 名，初中流动儿童 100 名；非流动儿童 50 名，包括小学非流动儿童 30 名，初中非流动儿童 20 名。

[①] 陈阳：《大众传播学研究方法导论》，中国人民大学出版社 2015 年版，第 83—84 页。
[②] 吴明隆：《问卷统计分析实务——SPSS 操作与应用》，重庆大学出版社 2017 年版，第 60 页。

(2) 正式调查的对象

研究在北京市的 A 小学、B 初中,济南市的 C 小学、D 初中,青岛市的 E 小学、F 初中,潍坊市的 G 小学、H 初中,淄博市的 I 小学、J 初中,临沂市的 K 小学、L 初中,日照市的 M 小学、N 初中展开正式调查,共发放问卷 7000 份,回收问卷 6900 份,回收率为 98.6%,其中有效问卷 6800 份,有效率为 98.6%。在正式调查的样本中,流动儿童 3500 名,包括小学流动儿童 2000 名,初中流动儿童 1500 名;非流动儿童 3300 名,包括小学非流动儿童 2000 名,初中非流动儿童 1300 名。

(三) 研究工具

1. 访谈研究的工具

课题组在对文献进行查阅、整理的基础上,借鉴吸收前人所拟访谈提纲的经验,立足于当下的媒介环境,结合对流动儿童、老师及家长的实地调查了解,最终编制了研究所用的访谈提纲,作为访谈研究的工具。为更全面、系统地把握流动儿童接触和使用移动社交媒体对其社会化状况的影响,获取相关研究资料,课题组所编制的访谈工具由流动儿童访谈提纲、流动儿童家长访谈提纲、流动儿童教师访谈提纲构成。

2. 问卷调查研究的工具

本研究通过借鉴和改进前人研究的问卷,通过依据传播学、社会学等学科的相关理论,编制了研究所用的问卷工具,由主要调查流动儿童和与之相对的流动儿童两部分问卷构成。

(四) 研究假设

基于已有研究成果,结合本研究的目的及对研究框架的整体把握及思考,研究作出的基本假设如下:

假设 I:流动儿童的家庭经济状况、父母受教育程度及职业状况、来居住地时间、流动情况等人口统计学变量会影响其移动社交媒体的接触和使用习惯、接触和使用态度等接触和使用情况。

假设 II:流动儿童的家庭经济状况、父母受教育程度及职业状况、来居住地时间、流动情况等人口统计学变量会影响其性格与行为特征、生活技能、社会交往等社会化情况。

假设 III:流动儿童接触和使用移动社交媒体的动机、行为、习惯、态度等因素会影响其性格与行为特征、生活技能、社会交往等社会化情况。

假设Ⅳ：流动儿童的家庭经济状况、父母受教育程度及职业状况、来居住地时间、流动情况等人口统计学变量会影响流动儿童对移动社交媒体的接触和使用情况，使其社会化进程受移动社交媒体影响的程度不同。

二 研究实施

（一）问卷调查的实施

1. 调查问卷编制

通过前期对已有文献的收集与查阅，课题组整理了与本研究相关的研究工具，同时根据使用与满足理论、社会化理论等，结合研究的实际需要，对已有研究工具进行修订，最终形成研究所用的问卷。问卷包括单选题、多选题、填空题等一般问题和量表题，其中量表题涉及移动社交媒体的接触和使用态度量表及流动儿童社会化量表两部分。

2. 调查前的培训

为最大限度提高调查效率，尽可能地提升问卷作答的有效率，课题组在综合考量之后，确定由本班级的班主任担任调查员。之所以选择班主任作为调查员是基于以下三点原因：一是班主任清楚地掌握班级同学的户籍情况，能够准确地发放流动儿童问卷与非流动儿童问卷，减少不必要的发放失误；二是班主任与学生朝夕相处，在施测过程中可减少同学的紧张感，同时监督同学认真作答，保证问卷的质量；三是中小学教师的学历程度较高，拥有丰富的教学经验，在施测过程中能够对学生遇到的问题给予及时的讲解与指导。因此，由班主任对问卷进行具体施测，为本次研究的调查质量提供了有力的保证。

3. 调查问卷试测

在开展大规模正式调查之前，课题组借助于提前拟定的初始问卷进行了小规模的预调查。通过预调查，课题组大致掌握了学生完成问卷所需的时间（平均25分钟左右），并且确定问卷的封面信及题目等各部分信息有无错误、歧义、不连贯的地方等。在保证问卷的所有信息准确无误后，开始印制正式调查的问卷（根据调查地的不同，问卷分为北京、济南、青岛、潍坊、淄博、临沂、日照七个版本，七类问卷的题目信息一致）。

4. 调查问卷正式施测

正式施测时，班主任将流动儿童问卷与非流动儿童问卷分别发放给学生，对问卷进行讲解介绍、宣读封面信等，之后，学生开始作答。施测过程中，学生遇到有疑惑的问题可随时向班主任举手示意，班主任会为学生解答疑惑，从而有利于学生继续顺利作答问卷。学生做完问卷后当堂上交给班主任，由班主任进行当场审核，若发现漏答、多选等问题后，及时要求学生改正。家长问卷由学生带回家请家长完成，第二天带回学校上交给班主任进行回收。

5. 调查问卷回收及数据录入分析

问卷回收后，项目组首先对问卷进行审核，若发现随意作答、规律性作答、严重缺答等问卷，则视为无效问卷并将其剔除。其次，项目组对剩余的有效问卷进行统一编号，利用 SPSS22.0 统计软件建立数据库，确定问卷题目编码，录入问卷数据。再次，问卷数据全部录入之后，项目组对录入数据进行数据清理，包括：①有效范围清理，即利用 SPSS22.0 软件执行统计各变量频数分布的命令，根据变量取值范围情况核对原始数据信息；②逻辑一致性清理，即执行 SPSS22.0 软件的 IF 命令或 COMPUTER 命令，进行频数统计核查；③数据质量清理，即随机抽部分样本进行校对。最后，项目组将借助 SPSS22.0 软件对数据进行描述性统计、相关性分析、方差分析、多元线性回归分析等。

(二) 访谈研究的实施

1. 访谈提纲的拟定及预访谈的实施

在对已有文献进行查阅与整理的基础上，课题组根据前期的调查了解，结合本次研究主题，编制了研究所用的访谈提纲，包括流动儿童访谈提纲、流动儿童班主任访谈提纲、流动儿童监护人访谈提纲。在取样学校进行调查期间，课题组从每所取样学校选定部分流动儿童、流动儿童教师及其家长作为访谈对象进行预访谈。根据预访谈的结果，课题组对访谈提纲进行了更为全面的审视与调整，并结合访谈对象的思维方式特点，对个别题项的顺序进行了调整，最后形成正式访谈提纲。

2. 访谈内容的整理及分析

在正式访谈开始前，课题组先向访谈对象介绍自己的身份、解释访谈目的、告知访谈内容的保密性及匿名性等。在征得访谈对象的同意后，课题组在对访谈内容进行简单记录的同时，借助录音设备实现了访谈内容的电子化存储与管理。访谈期间，课题组根据访谈对象的回答进行适时地追问，以挖掘更多对研究有价值的信息。此外，在访谈过程中课题组会鼓励研究对象自由地表达观点，不会对其观点进行评判。访谈结束后，课题组对访谈对象表示感谢。回到住所，课题组会对当天的访谈任务进行记录、总结，撰写访谈日记，为下一次访谈任务做好准备，并且及时地将录音资料整理成文本资料，便于后期分析。

三 信度、效度检验

（一）信度检验

课题组结合已有数据，对相关数据执行信度检验，结果如下（见表1—1）。

表1—1　　　　　信度分析的 Cronbach's Alpha 系数

Cronbach's Alpha	基于标准化项的 Cronbach's Alpha	项数（项）
0.923	0.921	12

表1—1中的统计结果显示克朗巴哈值为0.923，基于标准化项的克朗巴哈值为0.921，一般认为当克朗巴哈值大于0.9，则能够表明信度值可信，因此可以证明测量工具的信度较好。

（二）效度检验

1. 内容效度

内容效度（content validity）是最基本的检验效度的方法，是指测量目标与测量的实际内容间的相符程度。有学者指出，判断一个测量工具的内容效度是否合格的标准包括两点：一是确定内容范围，所测量的题项应都在一个研究主题范围内。二是测量项目应该具有代表性，且测量题项的数量分布适当。[①] 在本研究中，问卷中的每一题项都严格按照相关理论进行编制。问卷中涉及的移动社交媒体的接触和使用态度量表及儿童社会化

[①] 柯惠新、王锡玲、王宁：《传播研究方法》，中国传媒大学出版社2013年版，第41页。

量表的原型均来自前人的研究，一定程度上保证了量表的效度。此外，课题组在正式调查前利用拟定的初始问卷进行了小范围的预调查，根据预调查中了解到的情况及发现的问题对问卷进行了修订。编制好的正式问卷由相关专家进行最终鉴定，进一步保证了问卷的整体效度。

2. 结构效度

结构效度（construct validity）侧重于测量工具与理论架构间的逻辑性程度。[①] 因子分析（factor analysis）是通过从测量工具中提取全部题项，以建构公共因子的形式来解释全部事实，从而验证结构效度的一种方法。本研究采用因子分析的方法，利用SPSS22.0统计软件中的KMO统计量值和巴特利特（Bartlett）球形度检验的观测值来检验测量工具的结构效度。

巴特利特球形度检验的观测值是由相关系数矩阵的行列式获得的，代表变量间的相关性程度。当观测值越大，且观测值对应的概率值小于显著性水平时，则拒绝提出的零假设，适合做因子分析（见表1—2）。

表1—2　　KMO值和Bartlett球形度检验结果

变量名称	KMO值	Bartlett球形度检验		
^	^	近似卡方	自由度（df）	显著性（sig）
A13 愉悦度认知	0.705	986.630	3	0.000
A14 信息可用度认知	0.750	1099.966	6	0.000
A15 互动程度认知	0.781	1620.509	6	0.000
A16 信任度认知	0.771	1470.626	6	0.000
A17 接触和使用意愿	0.786	1261.167	10	0.000
B1 性格与行为特征	0.726	1117.057	21	0.000
B2 生活技能	0.874	3204.115	21	0.000
B3 消费观念	0.738	741.985	6	0.000
B4 社会交往	0.682	789.655	6	0.000
B5 社会规范	0.746	1089.824	10	0.000
B6 角色认同	0.723	786.563	3	0.000
B7 自我认识	0.773	1560.358	15	0.000

[①] 柯惠新、王锡玲、王宁：《传播研究方法》，中国传媒大学出版社2013年版，第43页。

表 1—2 中的统计结果显示，调查中涉及的变量因素的 KMO 数值全部大于 0.6，各变量的 KMO 值均超过 0.6，Bartlett 球形度检验结果也符合测量要求，这就意味着，本研究可以进行下一步的因子分析。

在对因子进行检验时，通常将 0.5 作为考量的标准，当因子载荷的数值大于这一尺度，并且，累积方差贡献率的数值也超过了 0.7，那就可以认为这一结果符合测量要求。本研究采用最大方差（Varimax）法，不设定因子数，以因子的特征值大于等于 1 为抽取原则，对因子展开旋转检验，所得结果如表 1—3 所示。

表 1—3　　　　　　　因子载荷及累计方差解释量

变量名称	题项	因子载荷	因子特征值	累积方差贡献率
A13 愉悦度认知	A14.1	0.684	2.123	70.327%
	A14.2	0.682		
	A14.3	0.770		
A14 信息可用度认知	A15.1	0.675	1.556	72.552%
	A15.2	0.843		
	A15.3	0.798		
	A15.4	0.934		
A15 互动程度认知	A16.1	0.799	1.509	74.107%
	A16.2	0.839		
	A16.3	0.834		
	A16.4	0.841		
A16 信任度认知	A17.1	0.718	2.605	70.035%
	A17.2	0.684		
	A17.3	0.785		
	A17.4	0.774		
A17 接触和使用意愿	A18.1	0.782	2.394	78.450%
	A18.2	0.874		
	A18.3	0.752		
	A18.4	0.766		
	A18.5	0.795		

续表

变量名称	题项	因子载荷	因子特征值	累积方差贡献率
B1 性格与行为特征	B1.1	-0.678	1.293	72.319%
	B1.2	-0.794		
	B1.3	0.881		
	B1.4	-0.676		
	B1.5	0.746		
	B1.6	0.645		
	B1.7	-0.768		
B2 生活技能	B2.1	0.676	1.352	60.672%
	B2.2	0.687		
	B2.3	0.688		
	B2.4	0.754		
	B2.5	0.796		
	B2.6	0.776		
	B2.7	0.786		
B3 消费观念	B3.1	0.769	1.092	79.620%
	B3.2	-0.645		
	B3.3	-0.809		
	B3.4	-0.735		
B4 社会交往	B4.1	0.794	1.954	78.856%
	B4.2	0.767		
	B4.3	0.651		
B5 社会规范	B5.1	0.761	1.045	74.974%
	B5.2	0.733		
	B5.3	0.760		
	B5.4	0.736		
	B5.5	0.766		
B6 角色认同	B6.1	0.810	2.343	76.736%
	B6.2	0.787		
	B6.3	0.840		

续表

变量名称	题项	因子载荷	因子特征值	累积方差贡献率
B7 自我认识	B7.1	0.727	3.521	73.376%
	B7.2	0.764		
	B7.3	0.788		
	B7.4	0.963		
	B7.5	0.849		
	B7.6	0.972		

表1—3中的统计结果显示，各变量的因子载荷值都在0.5之上。表明题项变量与共同因素间的关联性良好，累积方差贡献率均大于70%，可认为因子对变量的影响力较高，因子的特征值均大于1，以上结果表明本研究中测量工具的结构效度良好。

第三节 研究的创新点及难点

一 研究的创新点

通过前文所述可知，"媒介对儿童影响"方面的研究较多，成果较为丰富，但随着时代的发展及学术研究的推进，相关研究仍存在需要完善的地方，基于此，课题将从以下方面对研究进行改进：

（一）着眼于新媒介对流动儿童影响的研究

从文献综述来看，新媒介对流动儿童社会化影响的研究成果不多。已有的研究大多关注的是新媒介对青少年社会化的影响方面，仅有的一篇以移动社交媒体为题关注青少年社会化影响的成果是廖怡婷的研究，遗憾的是，该文在数据统计方法的运用方面存在明显的不足，因此减弱了研究结果的科学性与适用性。在其他学者的研究中，新媒介多以宏观意义上的网络媒介为主，对移动社交媒体影响的研究还没有广泛的涉猎。此外，移动社交媒体方面的研究主要基于用户接触和使用行为、态度的分析，与儿童相结合的较少，这都为本研究的开展留下一定的余地。

（二）明晰研究样本，提升被试样本特征的多样性及丰富性

本项目对研究对象的选择主要基于两点考虑，一是就研究对象的年龄

而言,已有关于流动儿童论文的研究对象主要集中在部分小学流动儿童或初中流动儿童身上,较少将小学及初中流动儿童作为一个整体进行考察,割裂了流动儿童年龄段的连续性,使得研究对象的年龄具有一定的片面性。在这方面,国外学者 Cole, D. A. 等人的研究为本研究提供了一定的借鉴,他在研究儿童自我概念的变化时,选取三至十一年级的儿童为研究对象进行追踪调查。[①] 此外,发展心理学认为,6 岁、7 岁到 12 岁、13 岁是儿童心理发展的重要转折期,这个时期的儿童若能对移动社交媒体形成良好的接触和使用习惯,将有利于避免媒介信息对其社会化造成的不良影响,从而实现身心健康发展,有利于其正常社会化。因此,本研究将选择小学及初中流动儿童作为研究对象,希望能对此类研究进行有益补充。二是以往的研究大多选取某一座城市或某一地区的流动儿童为研究对象进行考察,这种在单一地区展开的抽样调查,难以探寻我国多地区流动儿童的情况。因此,为尽可能地保证研究结果的全面性与普遍性,本研究将打破以往研究中调查者基于单一地区范围取样的方式,充分考虑被试总体的异质性程度,扩大被试的覆盖范围,兼顾一、二、三线城市抽样,总计选取 6 所外来务工子女相对集中的中小学抽样调查。因四线及五线等城市外来务工人员较少,相应地留守儿童较多,故本研究未将其列入取样地范围。这一选择最大限度保证了样本的代表性,有利于研究结果更好地推断总体,增强了研究结果的说服力。

(三)注重研究的实证性,加强对高级统计方法的运用

一方面,已有的关于移动社交媒体的研究,多属于思辨性研究,量化研究较为缺乏。本研究将运用问卷调查、深度访谈及参与式观察等相结合的方法,对流动儿童群体进行深入接触,获取丰富的研究资料。另一方面,在前人关于流动儿童的研究中,利用 SPSS 工具对数据资料进行分析得较多,但大多停留于基本的描述性统计及相关性的分析层面,所运用的统计方法对于反映媒介与流动儿童的影响较为浅显。本研究将在前人研究的基础上,运用卡方检验、多元线性回归等统计方法对所收集的资料进行

[①] Cole, D. A., Maxwell, S. E., et al. (2001). The development of multiple domains of child and adolescent self-concept: A cohort sequential longitudinal design. Child Development, 72 (6), 1723 – 1747.

分析，并以构建回归方程模型的方式，进一步深入揭示移动社交媒体的接触和使用与流动儿童社会化的关系。

二 研究难点

本研究以交叉学科的研究视角展开。流动儿童接触和使用移动社交媒体的行为与社会化之间的多元回归分析需要用到传播学、心理学、教育学、社会学等多学科理论资源，研究具有跨学科性质，如何在不同学科的话语体系之间建立有效沟通，对理论术语进行清晰界定，需要研究者付出一定的努力。

第 二 章

流动儿童接触和使用移动社交媒体及其社会化状况的调查

清楚地了解、掌握流动儿童接触和使用移动社交媒体及其社会化状况的现状，是分析移动社交媒体的接触和使用对流动儿童社会化影响的前提，也是后文提出优化流动儿童接触和使用移动社交媒体策略探讨的依据。正因如此，本章结合问卷调查及访谈研究的结果对流动儿童接触和使用移动社交媒体及其社会化状况进行描述性分析，呈现流动儿童接触和使用移动社交媒体及其社会化状况的特点、现状。

第一节 调查对象的基本特征

研究在北京市的 A 小学、B 初中，济南市的 C 小学、D 初中，青岛市的 E 小学、F 初中，潍坊市的 G 小学、H 初中，淄博市的 I 小学、J 初中，临沂市的 K 小学、L 初中，日照市的 M 小学、N 初中展开正式调查，共发放问卷 7000 份，回收问卷 6900 份，回收率为 98.6%。其中，有效问卷 6800 份，流动儿童问卷 3500 份，非流动儿童问卷 3300 份。本小节将从性别比例和年龄分布、家庭经济状况、父母受教育程度、流动儿童对迁入地的认同情况等方面进行描述性分析，展现调查对象的总体情况。

一 性别比例和年龄分布

利用 SPSS22.0 软件对问卷进行统计，选择"性别"及"流动情况"变量进行交叉制表，所得结果如表 2—1 所示。

表 2—1　　　　　　　　性别与流动情况交叉表　　　　　　单位：分

		流动儿童	非流动儿童	总计
性别	男	1700	1600	3300
	女	1800	1700	3500
总计		3500	3300	6800

表 2—1 中的统计结果显示，在 3500 份流动儿童问卷中，男生有 1700 份，女生有 1800 份。在 3300 份非流动儿童问卷中，男生有 1600 份，女生有 1700 份。从问卷总体数量来看，男生有 3300 份，女生有 3500 份，男生与女生问卷的数量相差不大。

对流动儿童、非流动儿童的年龄进行统计，结果显示，调查对象的年龄分布范围在 8—17 岁，多数被试的年龄集中在 9—15 岁。从流动情况来看，调查对象年龄是 16 岁、17 岁的均为流动儿童，据了解这是因为部分流动儿童在流动过程中，由于原迁入地学校学习目标与现迁入地学校的学习目标存有一定差异，导致流动儿童需要一定的时间重新适应现迁入地的学习环境，对其年龄造成一定影响。这种"大龄"流动儿童现象的存在，也从一定程度上反映了流动儿童的教育问题。

二　学校和年级分布

研究在选取的 14 所学校进行调查时，以每个年级随机抽取两个行政班级为选取调查对象的原则，进行问卷发放。课题组对调查对象的学校和年级情况进行了交叉统计，结果如表 2—2 所示。

表 2—2　　　　　　　　学校名字与年级交叉表　　　　　　单位：人

		三年级	四年级	五年级	六年级	初一	初二	初三	总计
学校名字	北京市 A 小学	150	150	150	150	0	0	0	600
	北京市 B 初中	0	0	0	0	130	130	140	400

续表

		\multicolumn{7}{c	}{计数}	
		\multicolumn{6}{c	}{年级}	总计
		三年级	四年级	五年级	六年级	初一	初二	初三	
学校名字	济南市 C 小学	150	150	150	150	0	0	0	600
	济南市 D 初中	0	0	0	0	130	130	140	400
	青岛市 E 小学	150	150	150	150	0	0	0	600
	青岛市 F 初中	0	0	0	0	130	130	140	400
	潍坊市 G 小学	150	150	150	150	0	0	0	600
	潍坊市 H 初中	0	0	0	0	130	130	140	400
	淄博市 I 小学	150	150	150	150	0	0	0	600
	淄博市 J 初中	0	0	0	0	130	130	140	400
	临沂市 K 小学	120	120	120	140	0	0	0	500
	临沂市 L 初中	0	0	0	0	130	130	140	400
	日照市 M 小学	120	120	120	140	0	0	0	500
	日照市 N 初中	0	0	0	0	130	130	140	400
总计		990	990	990	1030	910	910	980	6800

由表2—2可看出，在研究选取的调查对象中，北京市 A 小学共有学生600人，其中三年级学生150人，四年级学生150人，五年级学生150人，六年级学生150人。北京市 B 初中共有学生400人，其中初一学生130人，初二学生130人，初三学生140人。济南市 C 小学共有学生600人，其中三年级学生150人，四年级学生150人，五年级学生150人，六年级学生150人。济南市 D 初中共有学生400人，其中初一学生130人，初二学生130人，初三学生140人。青岛市 E 小学共有学生600人，其中三年级学生150人，四年级学生150人，五年级学生150人，六年级学生150人。青岛市 F 初中共有学生400人，其中初一学生130人，初二学生130人，初三学生140人。潍坊市 G 小学共有学生600人，其中三年级学生150人，四年级学生150人，五年级学生150人，六年级学生150人。潍坊市 H 初中共有学生400人，其中初一学生130人，初二学生130人，初三学生140人。淄博市 I 小学共有学生600人，其中三年级学生150人，四年级学生150人，五年级学生150人，六年级学生150人。淄博市

第二章　流动儿童接触和使用移动社交媒体及其社会化状况的调查　/　59

J 初中共有学生 400 人，其中初一学生 130 人，初二学生 130 人，初三学生 140 人。临沂市 K 小学共有学生 500 人，其中三年级学生 120 人，四年级学生 120 人，五年级学生 120 人，六年级学生 140 人。临沂市 L 初中共有学生 400 人，其中初一学生 130 人，初二学生 130 人，初三学生 140 人。日照市 M 小学共有学生 500 人，其中三年级学生 120 人，四年级学生 120 人，五年级学生 120 人，六年级学生 140 人。日照市 N 初中共有学生 400 人，其中初一学生 130 人，初二学生 130 人，初三学生 140 人。

三　家庭经济状况

问卷中对这一问题的调查主要是指夫妻二人每月的总收入，不包括家庭其他成员如祖父母的收入。选项包括 4000 元以下、4001—7000 元、7001—10000 元、10001—15000 元、15000 元以上。分别对流动儿童及非流动儿童父母回答这一问题的结果进行统计，结果如图 2—1、图 2—2 所示。

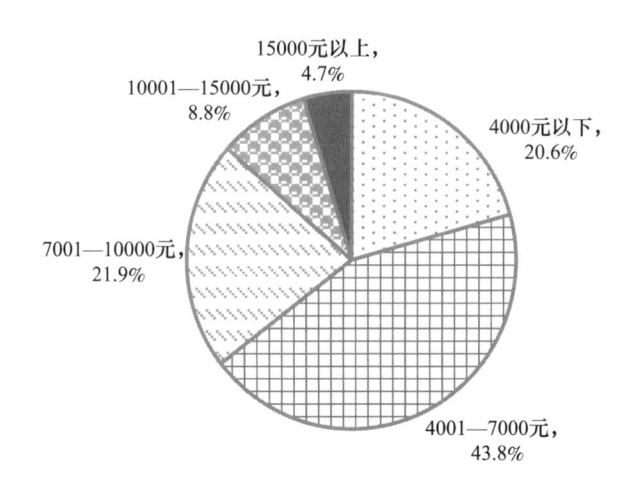

图 2—1　流动儿童家庭月收入情况饼状图

由图 2—1 可知，流动儿童父母的月收入不足 4000 元的占 20.6%，在 4001—7000 元的占 43.8%，在 7001—10000 元的占 21.9%，在 10001—15000 元的占 8.8%，在 15000 元以上的占 4.7%。

由图 2—2 可知，非流动儿童父母的月收入不足 4000 元的占 12.9%，

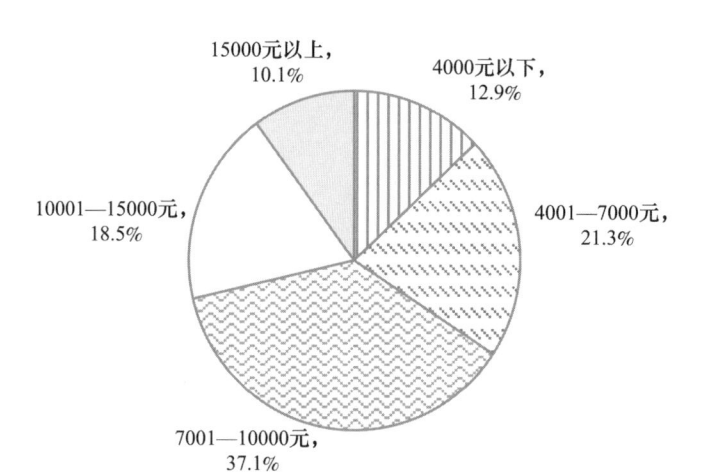

图 2—2 非流动儿童家庭月收入情况饼状图

在 4001—7000 元的占 21.3%，在 7001—10000 元的占 37.1%，在 10001—15000 元的占 18.5%，在 15000 元以上的占 10.1%。

总体来看，流动儿童父母的月收入在 4001—7000 元的最多，占 43.8%，非流动儿童父母的月收入在 7001—10000 元的最多，占 37.1%。非流动儿童父母的月收入整体上要比流动儿童父母的月收入高，反映出非流动儿童家庭的物质生活水平要优于流动儿童家庭的物质生活水平。

四 父母受教育程度及职业状况

问卷对父母受教育程度的调查包括小学及以下至研究生（包括硕士、博士和博士后）五个选项。课题组对流动儿童父母及非流动儿童父母的受教育程度分别进行统计，结果如图 2—3、图 2—4 所示。

由图 2—3 可以看出，流动儿童父母的受教育程度均衡不一，而且差异也比较大，可以看出在调查总体中，初中部分的人数最多，研究生部分的人数最少。

非流动儿童父母的受教育程度调查结果如图 2—4 所示。

由图 2—4 可以看出，非流动儿童父母的受教育程度存在不均衡的情况，其中大学部分的人数最多，小学部分的人数最少。

总体来看，非流动儿童父母的受教育程度一般要比流动儿童父母的受

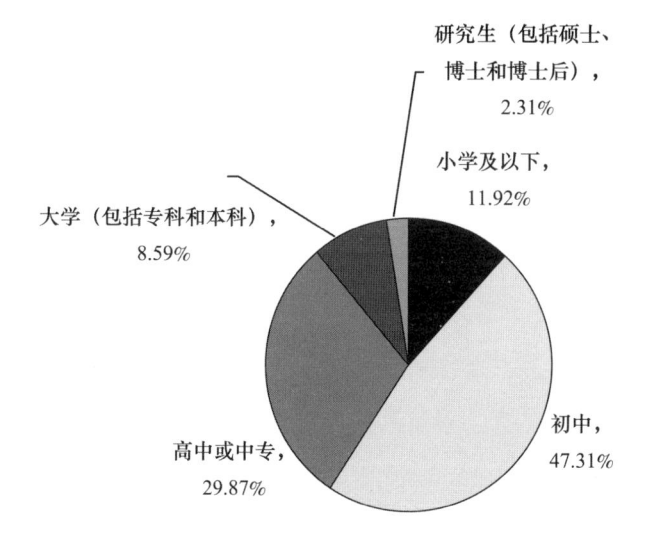

第二章 流动儿童接触和使用移动社交媒体及其社会化状况的调查 / 61

图 2—3 流动儿童父母受教育程度饼状图

研究生（包括硕士、博士和博士后），2.31%
小学及以下，11.92%
大学（包括专科和本科），8.59%
高中或中专，29.87%
初中，47.31%

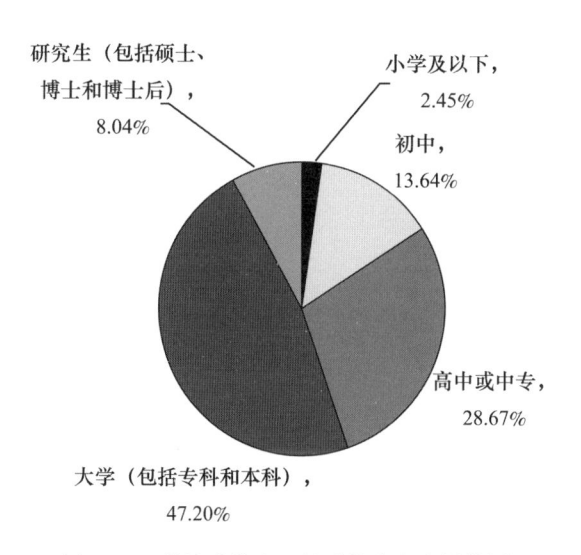

图 2—4 非流动儿童父母受教育程度饼状图

研究生（包括硕士、博士和博士后），8.04%
小学及以下，2.45%
初中，13.64%
高中或中专，28.67%
大学（包括专科和本科），47.20%

教育程度要高。就两类儿童父母受教育程度占比重最高的学历水平而言，流动儿童父母受教育程度为初中的占比最高，达47.31%，非流动儿童父母受教育程度为大学（包括专科和本科）的占比最高，达47.20%。这一调查结果同课题组对流动儿童父母的访谈结果大致吻合，在课题组所访谈的30位流动儿童家长中，10位为小学学历，15位为初中学历，仅有5位为高中学历，家长们的受教育程度均不高。

对流动儿童父母及非流动儿童父母的职业调查情况分别进行统计，结果如表2—3、表2—4所示。

表2—3　　　　　　　　　　流动儿童父母的职业

		频率（名）	百分比（%）	有效百分比（%）	累积百分比（%）
有效	党政机关工作人员	53	1.5	1.5	1.5
	企事业工作人员	252	7.2	7.2	8.7
	私营企业主	336	9.6	9.6	18.3
	专业技术人员（包括医生、律师、教师、科研技术人员、文体工作者和新闻工作者等）	108	3.1	3.1	21.4
	办事人员（包括文秘、街道办事人员、行政业务员、治安保卫人员、警察等）	368	10.5	10.5	31.9
	个体商户	791	22.6	22.6	54.5
	商业服务业人员	329	9.4	9.4	63.9
	工业运输业生产人员（含民工）	301	8.6	8.6	72.5
	农业劳动者	144	4.1	4.1	76.6
	离退休人员	3	0.1	0.1	76.7
	自由职业者	479	13.7	13.7	90.4
	无业、失业、半失业者	224	6.4	6.4	96.8
	其他	112	3.2	3.2	100
	总计	3500	100	100	

表2-3中的统计结果显示，在被调查的流动儿童父母中，职业为个体商户的人数最多，有791名，占总体的22.6%，其次是自由职业者、办事人员（包括文秘、街道办事人员、行政业务员、治安保卫人员、警察等），分别有479名，占13.7%、368名，占10.5%。职业选择为党政机关工作人员、专业技术人员（包括医生、律师、教师、科研技术人员、文体工作者和新闻工作者等）的较少。问卷中选择其他（请注明）选项的流动儿童父母，注明的答案包括：保姆、钟点工等。

非流动儿童父母的职业调查结果如表2—4所示。

表2—4　　　　　　　　　非流动儿童父母的职业

		频率（名）	百分比（%）	有效百分比（%）	累积百分比（%）
有效	党政机关工作人员	402	12.2	12.2	12.2
	企事业工作人员	611	19.1	19.1	31.3
	私营企业主	379	11.5	11.5	42.8
	专业技术人员（包括医生、律师、教师、科研技术人员、文体工作者和新闻工作者等）	426	12.9	12.9	55.7
	办事人员（包括文秘、街道办事人员、行政业务员、治安保卫人员、警察等）	346	10.4	10.4	66.1
	个体商户	241	7.3	7.3	73.4
	商业服务业人员	138	4.2	4.2	77.6
	工业运输业生产人员（含民工）	161	4.8	4.8	82.4
	农业劳动者	9	0.3	0.3	82.7
	现役军人	9	0.3	0.3	83.0
	离退休人员	9	0.3	0.3	83.3
	自由职业者	379	11.5	11.5	94.8
	无业、失业、半失业者	161	4.9	4.9	99.7
	其他	9	0.3	0.3	100
	总计	3300	100	100	

可见，在被调查的非流动儿童父母中，职业为企事业工作人员的人数最多，有611名，占总体的18.5，其次是专业技术人员（包括医生、律师、教师、科研技术人员、文体工作者和新闻工作者等）、党政机关工作人员，分别有426名，占12.9%、402名，占12.2%。职业为农业劳动者、现役军人、离退休人员、其他的各有9名。

总体来看，流动儿童父母与非流动儿童父母的职业差异较大，父母的职业相当于布朗芬布伦纳在人类发展生态学理论中提及的影响儿童发展环境的外系统，对儿童的成长产生一定的影响。

五 学习成绩及是否独生子女情况

调查前，课题组通过与部分中小学生家长及班主任进行了解，根据中小学评定学生成绩的模式，在设计学习成绩的问卷题项时，选项设置包括优秀、良好、及格、不及格四个选项。对流动儿童的学习成绩进行统计，结果如表2—5所示。

表2—5　　　　　　　　流动情况与学习成绩交叉表　　　　　单位：人

流动情况		学习成绩				总计
		优秀	良好	及格	不及格	
流动情况	流动儿童	843	1736	700	221	3500
		24.1%	49.6%	20.0%	6.3%	100%
		12.4%	25.5%	10.3%	3.3%	51.5%
	非流动儿童	1145	1822	254	79	3300
		34.7%	55.2%	7.7%	2.4%	100%
		16.8%	26.8%	3.7%	1.2%	48.5%

表2-5中的统计结果显示，流动儿童学习成绩为良好的所占比重最大，为49.6%，优秀次之，所占比重为24.1%，再次为及格，所占比重为20.0%，最后为不及格，所占比重为6.3%。非流动儿童学习成绩为良好的所占比重最大，为55.2%，优秀次之，所占比重为34.7%，再次为及格，所占比重为7.7%，最后为不及格，所占比重为2.4%。从总体来看，非流动儿童的学习成绩要优于流动儿童的学习成绩。

在本次调查涉及的流动儿童类型中，北京市的A小学、B初中为打工子弟学校，济南市的C小学、D初中，青岛市的E小学、F初中，潍坊市的G小学、H初中，淄博市的I小学、J初中，临沂市的K小学、L初中，日照市的M小学、N初中均为公立学校，为进一步了解两种学校性质类型中流动儿童的学习成绩情况，课题组对打工子弟学校及公立学校流动儿童的学习成绩进行了统计，结果如表2—6所示。

表 2—6　　　　　　　儿童类型与学习成绩交叉表　　　　　　单位：人

		学习成绩				总计
		优秀	良好	及格	不及格	
儿童类型	公立学校流动儿童	846	1497	483	174	3000
		28.2%	49.9%	16.1%	5.8%	100%
	打工子弟学校流动儿童	54	243	162	41	500
		10.8%	48.6%	32.4%	8.2%	100%

表 2—6 中的统计结果显示，公立学校的流动儿童学习成绩以良好和优秀为主，这两类选项的比例分别占 49.9%、28.2%。打工子弟学校的流动儿童学习成绩以良好和及格为主，这两类选项的比例分别占 48.6%、32.4%。就学习成绩其他类型所占的比例来看，公立学校流动儿童的成绩要好于打工子弟学校流动儿童的学习成绩。根据课题组在调查过程中了解到的情况，这一结果可以用三点原因来解释：一是公立学校的教育资源相比打工子弟学校而言要丰富一些，师资力量较为雄厚，这为本校流动儿童接受良好的教育提供了客观条件；二是公立学校中的流动儿童与非流动儿童混合编班，流动儿童能够与非流动儿童享有平等的教育资源；三是公立学校流动儿童自身的学习欲望要强于打工子弟学校的流动儿童。

打工子弟学校由于师资力量薄弱，一名老师往往身兼多职，如课题组所访谈的老师 BT2 一人负责小学英语及初中历史的教学。她告诉课题组，学校教育资源有限，所用设施大多源于社会捐助，学校没有条件为学生开展音乐、美术等课程，学生平时最开心的事情是志愿者来学校开展活动，这算是学校"艺术课程"的来源。

"家庭作业情况、学习积极性就像我上一个问题提到的那样。嗯，扰乱课堂秩序这个有，因为我来这四年了嘛，我第一年来的时候刚参加这个工作，我第一个工作也是在这，然后刚来的时候是带的小学最高年级，当时就有好多学生特别捣乱，尤其是男生，他的逆反性比较强，因为我接这个班之前呢，还有一个老师接过这个班，可能那个老师对这些孩子们特别好，但是由于人家年纪大了，要回去结婚，所以呢这些孩子们有些舍不得，可能刚刚离开吗，心里面没有转变过来，所以孩子们哈就对这些新来的老师他就比较，反正就那个比较不喜欢吧，因为他可能对之前那个老师还有点怀念，有点欺负这些新老师。所以当时我刚来的时候，我既没有管理经验，教学方面也是什么经验都没有，所以还是对他们无能为力，没有什么很好的办法，这样孩子们可能他不喜欢，那么他可能就会做自己想做的事情，那么就会违反学校的规章制度、课堂纪律，我这个亲身体验过。"

此外，课题组在打工子弟学校所访谈的同学004在谈到学习成绩时提到，自己的父母忙于工作，她通常和姐姐一起生活，姐姐只有小学六年级学历，无法对她的学习进行辅导。而她自己对待学习则是顺其自然的态度，考上高中则去上，考不上就去读技校。可见，打工子弟学校的流动儿童受所生活的外部环境的客观影响及自己主观上对学习认识的不足，导致他们的学习成绩普遍较弱。

对流动儿童是否独生子女情况进行统计，结果如图2—5所示。

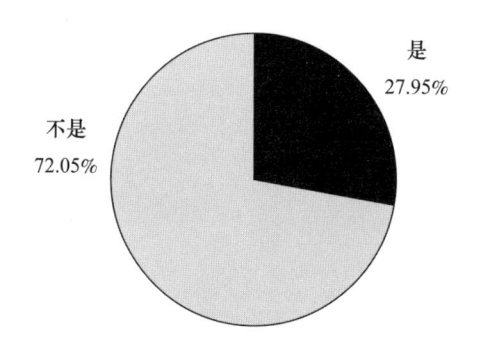

图2—5 流动儿童是否独生子女情况饼状图

由图2—5可知，在所调查的流动儿童中，27.95%的流动儿童为独生子女，72.05%的流动儿童为非独生子女。非独生子女的流动儿童占了绝大多数，独生子女的流动儿童仅占少数。在课题组所访谈的12位流动儿童中，仅有同学0012一人为独生子女，其他流动儿童或有弟弟或有姐姐或有哥哥。

对非流动儿童是否独生子女情况进行统计，结果如图2—6所示。

由图2—6可知，在所调查的非流动儿童中，53.50%的儿童是独生子女，46.50%的儿童不是独生子女。是独生子女的流动儿童占据多数，不是独生子女的流动儿童占据少数，这一结果同流动儿童是否独生子女情况的调查结果相反。

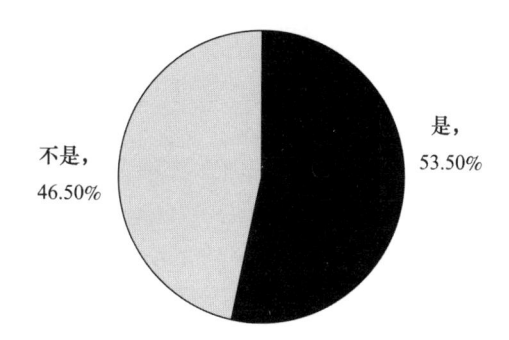

第二章 流动儿童接触和使用移动社交媒体及其社会化状况的调查 / 67

图2—6 非流动儿童是否独生子女情况饼状图

六 流动儿童来迁入地时间及对迁入地认同情况

在流动儿童来居住地时间的调查中，课题组根据前期对流动儿童父母了解的大致情况，将问卷设置了1年以下、1年到3年、3年以上到5年、5年以上、从一出生就在北京/济南/青岛/潍坊/淄博/临沂/日照五个选项。对流动儿童来迁入地时间进行统计，结果如表2—7所示。

表2—7 C2 您的孩子来北京/济南/青岛/潍坊/淄博/临沂/日照多久了

		频率（人）	百分比（%）	有效百分比（%）	累积百分比（%）
有效	1年以下	109	3.1	3.1	3.1
	1年到3年	277	7.9	7.9	11.0
	3年以上到5年	427	12.2	12.2	23.2
	5年以上	1798	51.4	51.4	74.6
	从一出生就在北京/济南/青岛/潍坊/淄博/临沂/日照	889	25.4	25.4	100
	总计	3500	100	100	

表2—7中的统计结果显示，在所调查的流动儿童中，来迁入地1年以下的有109人，占流动儿童调查总体的3.1%，1年到3年的有277人，占7.9%，3年以上到5年的有427人，占12.2%，5年以上的有1798

人，占51.4%，从一出生就在北京/济南/青岛/潍坊/淄博/临沂/日照有889人，占25.4%。可见，绝大多数的流动儿童在迁入地居住了5年以上，只有少数流动儿童在迁入地居住了1年以下。如001说："我是2012年6月来的，5年了吧，之前没有去过其他城市，我妈在这个学校上班，我就来北京了。没有去过别的学校。"002说："2005年来到这儿，直接从河南老家来的北京，之前没有去过其他城市。还去过博文学校。"003说："我小时候就来北京了，将近十几年了吧。来北京之前，还去过河北、江西。在老家上过，然后就在这个学校上过，然后走了，然后又回来。我在河北、江西那边也上过，不过那是我小时候了，我忘了那个学校名字了。"家长AP1说："我们平时回去得不多，干这个也挺忙的，一年就过年的时候我们都回去，寒暑假我把他放老家，让他跟着他爷爷奶奶。"

BP2说："来5年了，以前跟着我们去过河北，现在就来北京了，也不知道还能在这住多久，你看看现在都忙着拆呢，北京把我们这些外地来打工的，往外赶。加起来算转过两次，嗯。"

在流动儿童对迁入地认同情况的调查中，问卷设置了北京/济南/青岛/潍坊/淄博/临沂/日照好、老家好、都一样没有什么区别、有些方面北京/济南/青岛/潍坊/淄博/临沂/日照好，有些方面老家好、说不清五个选项。对这一调查结果进行统计，结果如表2—8所示。

表2—8　　　　　　　　B9 对迁入地的认同情况

		频率（人）	百分比（%）	有效百分比（%）	累积百分比（%）
有效	北京/济南/青岛/潍坊/淄博/临沂/日照好	665	19.0	19.0	19.0
	老家好	710	20.2	20.2	39.2
	都一样没有什么区别	534	15.3	15.3	54.5
	有些方面北京/济南/青岛/潍坊/淄博/临沂/日照好，有些方面老家好	1451	41.5	41.5	96.0
	说不清	140	4.0	4.0	100
	总计	3500	100	100	

表2—8中的统计结果显示,在所调查的流动儿童中,选择迁入地好的有665人,占流动调查总体的19.0%,选择老家好的有710人,占20.3%,选择都一样没有什么区别的有534人,占15.3%,选择有些方面北京/济南/青岛/潍坊/淄博/临沂/日照好,有些方面老家好的有1451人,占41.5%,选择说不清的有140人,占4.0%。可见,大多数的流动儿童对流入地持辩证的认同态度。在课题组所访谈的流动儿童中,002、006均表示对老家和流入地都挺喜欢的,两个地方各有能够吸引人的地方。

七 流动儿童的流动情况

在流动儿童回老家次数的调查中,问卷设置了1次、2次及以上、没有三个选项。对流动儿童回老家的次数进行统计,结果如表2—9所示。

表2—9　　　　　　　　B10 过去一年回过几次老家

		频率（人）	百分比（%）	有效百分比（%）	累积百分比（%）
有效	1次	1092	31.2	31.2	31.2
	2次及以上	2027	57.9	57.9	89.1
	没有	381	10.9	10.9	100
	总计	3500	100	100	

表2—9中的统计结果显示,在所调查的流动儿童中,选择过去一年回过1次老家的有1092人,占总体的31.2%,选择回去2次及以上的有2027人,占总体的57.9%,选择没有回过老家的有381人,占10.9%。可见,大多数的流动儿童在过去一年至少回过老家2次。在课题组对流动儿童进行访谈时了解到,回家1次的是只有过年的时候回,回家2次及以上的则是寒暑假时会回去,而没有回去的则如004所说"老家没人了",或是008所说"在那边没有房子,还要住在叔叔家里"。003说:"这么说吧,我一年就能回老家1次,但是吧如果说是有特殊情况的话就回好几次。当然了,过年的话也是有时候回,有时候不回的,主要是老家,老家的亲戚比这多,这里都没啥亲戚。但是老家的同学跟北京这的同学比的话,我更喜欢北京的同学,因为感觉玩得到一起,老家的都好久没

见了，见了也比较生，不怎么能玩上来了，跟老家的朋友也没有什么联系了。"002说："一年回去1次，就过年的时候回去。都挺喜欢的，老家的人比较好交流，北京的话毕竟不是老家，就不太……不太好交流了，没有老家的人那么亲，北京的新鲜事物挺多的，高楼大厦什么的。"

在流动儿童家长问卷中，问卷以填空题的形式调查了流动儿童家庭在流入迁入地后的搬家次数，统计结果如表2—10所示。

表2—10　C3.1 来北京/济南/青岛/潍坊/淄博/临沂/日照后搬家的次数

	搬家次数	频率（人）	百分比（%）	有效百分比（%）	累积百分比（%）
有效	0	368	10.5	10.5	10.5
	1	623	17.8	17.8	28.3
	2	1019	29.1	29.1	57.4
	3	833	23.8	23.8	81.2
	4	333	9.5	9.5	90.7
	5	203	5.8	5.8	96.5
	6	35	1.0	1.0	97.5
	7	18	0.5	0.5	98.0
	8	14	0.4	0.4	98.4
	9	3	0.1	0.1	98.5
	10	18	0.5	0.5	99.0
	11	10	0.3	0.3	99.3
	12	10	0.3	0.3	99.6
	13	10	0.3	0.3	99.9
	15	3	0.1	0.1	100
	总计	3500	100	100	

表2—10中的统计结果显示，在所调查的流动儿童家长中，迁入流入地后搬过家的次数主要集中在1次至3次，其中，选择搬过2次家的人数最多，占29.1%，其次为搬过3次家的，占23.8%，再次为选择搬过1次家的，占17.8%。此外，还有极少数人搬过8—15次家。从流动儿童家庭的搬家次数来看，多数流动儿童家庭流入迁入地后的居住环境趋向于稳定，少数流动儿童家庭会因为流动儿童父母工作变动的原因而多次搬家，使得流动儿童需要不断适应新的生活环境。

对流动儿童的来迁入地后的转学次数进行统计，结果如表2—11所示。

表 2—11　　　　C3.2 孩子转过几次学（正常升学除外）

		频率（人）	百分比（%）	有效百分比（%）	累积百分比（%）
有效	0	1078	30.8	30.8	30.8
	1	1320	37.7	37.7	68.5
	2	791	22.6	22.6	91.1
	3	242	6.9	6.9	98.0
	4	43	1.3	1.3	99.3
	5	11	0.3	0.3	99.6
	6	11	0.3	0.3	99.9
	7	4	0.1	0.1	100
	总计	3500	100	100	

表 2—11 中的统计结果显示，流动儿童的来迁入地后的转学次数集中于 0 至 2 次，其中，转过 1 次学的人数最多，占 37.7%，其次为转过 0 次学的，占 30.8%，再次为转过 2 次学的，占 22.6%。此外，还有少数流动儿童转过 3—7 次学。流动儿童转学的次数高低与否与家庭搬家次数有一定的关联，家庭搬家次数多的，相应地流动儿童来迁入地后的转学次数也多，二者也体现了流动儿童的流动情况。

第二节　流动儿童接触和使用移动社交媒体的情况

本书根据使用与满足理论将流动儿童接触和使用移动社交媒体的情况划分为接触和使用动机、接触和使用行为、接触和使用习惯、接触和使用态度四个方面，同时结合父母在流动儿童接触和使用移动社交媒体时发挥的作用，考察父母对流动儿童接触和使用移动社交媒体的监督了解及态度期望情况，这一小节将通过对这六方面问卷调查结果的分析，呈现流动儿童接触和使用移动社交媒体的现状。

一　接触和使用动机

（一）接触和使用的移动社交媒体软件类型偏好

随着当下移动互联技术的飞速发展，移动社交媒体软件的种类也逐渐增多，不再仅仅局限于传统的 QQ、微信等聊天软件。为尽可能地了解当下流动儿童接触和使用移动社交媒体的情况，本书按移动社交媒体的功能特性，对其进行了分类，包括：以社交联系为主要目的的 QQ、微信、易信、YY 语音等软件；以兴趣互动为主要目的的唱吧、斗鱼、映客、豆瓣、论坛、贴吧等；以内容分享为主要目的的知乎、分答、陌陌、人人、微博。

为此，在问题"你经常接触和使用的移动社交媒体应用软件［App］（特指装在移动端的应用）"中，设置的选项包括：QQ、微信、微博、人人、陌陌、豆瓣、百度贴吧、论坛、唱吧、知乎、分答、斗鱼、映客、易信、啪啪、YY 语音、A 站、B 站、其他等。对这一选项进行多重响应统计，结果如表 2—12 所示。

表 2—12　A1 经常接触和使用的移动社交媒体应用软件［App］（特指装在移动端的应用）频率　　单位：人，%

A1 经常接触和使用的移动社交媒体应用软件［App］（特指装在移动端的应用）[a]		响应 N	响应 百分比	个案数的百分比
	QQ	1050	30.0	90.1
	微信	937	26.8	80.4
	微博	536	15.3	45.9
	人人	14	0.4	1.3
	陌陌	32	0.9	2.6
	豆瓣	32	0.9	2.8
	百度贴吧	241	6.9	20.7
	论坛	46	1.3	3.8
	唱吧	76	2.1	6.4
	知乎、分答等	46	1.3	3.8
	斗鱼、映客等	161	4.6	13.8
	易信	11	0.3	1.0
	啪啪	14	0.4	1.3
	YY 语音	76	2.2	6.6
	A 站、B 站等	98	2.8	8.4
	其他	130	3.7	11.2
总计		3500	100	300.0

注：a. 分组（O）。

表2—12中的统计结果显示，在流动儿童及非流动儿童的所有调查对象中，选择QQ、微信、微博的人数最多，分别占调查总体的30.0%、26.8%、15.3%。而且课题组在对12位流动儿童进行访谈时，他们也无一例外地提到了最常用的移动社交媒体软件是QQ、微信，这说明QQ、微信是最受儿童喜欢的移动社交媒体软件。除此以外，还有6.9%的儿童经常使用百度贴吧、4.6%的人经常使用斗鱼、映客等软件，剩下的移动社交媒体软件所选的人较少。了解流动儿童对移动社交媒体软件的种类选择情况，有利于我们后文有侧重性地分析移动社交媒体对流动儿童社会化状况产生的影响。

（二）考虑因素

正因为不同种类的移动社交媒体软件功能特性不同，因此满足了流动儿童各异的使用需求。流动儿童在接触和使用移动社交媒体时一般基于自己的需求出发，对移动社交媒体软件进行考虑选择，如QQ、微信等软件主要用来与朋友、家人联系，而且相比于斗鱼、直播等软件，它们的流量耗费较少、私密性更强等。因而，这一题项的设置也从侧面体现了流动儿童接触和使用移动社交媒体的使用需求。

问卷中对这一题项设置的选项包括：可随身携带，更隐私，更安全，流量耗费较少，亲友、同学使用，可随时随地进行交流，操作界面的美观性，其他等选项。对这一调查结果进行统计，结果如表2—13所示。

表2—13　A2接触和使用移动社交媒体首先考虑的是与流动情况交叉表

单位：人

		流动情况		总计
		流动儿童	非流动儿童	
A2接触和使用移动社交媒体首先考虑的是	可随身携带	784	485	1269
		18.6%	14.7%	18.6%
		11.5%	7.2%	18.6%
	更隐私	350	472	822
		10.0%	14.3%	12.1%
		5.2%	6.9%	12.1%

续表

		流动情况		总计
		流动儿童	非流动儿童	
A2 接触和使用移动社交媒体首先考虑的是	更安全	1156	1086	2242
		33.1%	32.9%	33.0%
		17.0%	16.0%	33.0%
	流量耗费较少	158	195	353
		4.5%	5.9%	5.2%
		2.3%	2.9%	5.2%
	亲友、同学使用	427	403	830
		12.2%	12.2%	12.2%
		6.3%	5.9%	12.2%
	可随时随地进行交流	396	472	868
		11.3%	14.3%	12.8%
		5.8%	6.9%	12.8%
	操作界面的美观性	14	69	83
		0.4%	2.1%	1.2%
		0.2%	1.0%	1.2%
	其他	215	118	333
		6.1%	3.6%	4.9%
		3.2%	1.7%	4.9%
总计		3500	3300	6800
		100%	100%	100%
		51.5%	48.5%	100%

由表2—13可以看出，在流动儿童群体中，考虑因素占据前三位的分别是更安全，可随身携带，亲友、同学使用。在非流动儿童群体中，考虑因素占据前三位的分别是更安全、可随身携带、更隐私。可见，两类儿童在考虑因素上的选择基本一致。从整体来看，儿童群体接触和使用移动社交媒体最看重的是移动社交媒体自身的安全性，如有些软件由于门槛低等特性，极容易被不法分子利用实施诈骗，导致诈骗事件的发生，这一点被访谈的流动儿童也提及过。可随身携带则充分体现了移动社交媒体的移动便携性，是区别于传统PC端社交网络的主要特点，也是人们选择接触和使

用移动社交媒体的重要原因。亲友、同学使用则体现了移动社交媒体最基本的特性——社交性，便于与亲友、同学聊天、联系，进行网络虚拟社交。

（三）接触和使用内容偏好

麦奎尔在 1969 年对使用与满足理论进行调查探讨时，曾提出该理论的四种基本类型：

①心绪转换效用，也就是说媒介能够满足人们的娱乐需求，使人们获得心理上的轻松；②人际关系效用，人们可利用媒介进行社交，拓展、维护人际关系；③自我确认效用，人们对媒介内容产生认同，进而调整自我行为；④环境监测效用，人们从媒介中获取感知世界的信息。依据麦奎尔划分的使用与满足的基本类型，本书结合移动社交媒体的特点，在问卷中设置题项"你接触和使用移动社交媒体主要是"以考察流动儿童的内容获取情况，选项包括认识新朋友，跟朋友联系，发布个人状态，分享信息，浏览新闻、关注社会资讯，关注好友新鲜动态和新鲜事，玩游戏、看小说，听音乐、看视频，得到别人对自己的称赞，其他等。

对流动儿童及非流动儿童的调查结果进行多重响应统计，结果如表 2—14 所示。

表 2—14　　　　A11 接触和使用移动社交媒体主要是　　　　单位：人，%

		流动儿童		非流动儿童	
		N	百分比	N	百分比
A11 接触和使用移动社交媒体主要是[a]	认识新朋友	355	10.6	207	6.5
	跟朋友联系	781	23.3	674	21.2
	发布个人状态	194	5.8	315	9.9
	分享信息	248	7.4	315	9.9
	浏览新闻、关注社会资讯	412	12.3	492	15.5
	关注好友新鲜动态和新鲜事	204	6.1	327	10.3
	玩游戏、看小说	500	14.9	388	12.2
	听音乐、看视频	520	15.5	346	10.9
	得到别人对自己的赞赏	64	1.9	79	2.5
	其他	70	2.1	41	1.3
总计		3348	100	3184	100

注：a. 分组（O）。

由表2—14可以看出，在所调查的流动儿童群体中，他们对接触和使用移动社交媒体的选择，排在前三位的是跟朋友联系，听音乐、看视频，玩游戏、看小说，分别占总体的23.3%、15.5%、14.9%。而得到别人对自己的赞赏、其他及发布个人状态所占的比例则较少。

在所调查的非流动儿童群体中，他们对接触和使用移动社交媒体的选择，排在前三位的是跟朋友联系，浏览新闻、关注社会资讯，玩游戏、看小说，分别占总体的21.2%、15.5%、12.2%。而其他、分享信息、发布个人状态所占的比例则较少。

通过对流动儿童及非流动儿童接触和使用内容偏好的调查结果进行对比可以看到，两类儿童在选择与朋友联系方面所占的比例均最多，说明两类儿童都倾向于借助移动社交媒体实现自己的"人际关系效用"。在课题组所访谈的30位流动儿童中，他们也无一例外地提到会接触和使用移动社交媒体与朋友联系，或讨论学习，或聊生活趣事，便利了他们的信息生活。此外，在流动儿童的选择中排在第二位的是听音乐、看视频，而非流动儿童的选择中排在第二位的是浏览新闻、关注社会资讯，流动儿童选择的移动社交媒体的内容实现了"心绪转换效用"，满足了消遣和娱乐需求，非流动儿童选择的内容则实现了"环境监测效用"，满足了信息需求。造成这一差异的原因，或许正如课题组访谈的002、005、007等流动儿童所说，他们课余时间太无聊，父母忙于工作，无法带他们外出游玩或参与课外实践活动，他们选择移动社交媒体是觉得它好玩，能够在无聊的时候给他们带来乐趣。对于非流动儿童而言，他们中的多数都能够得到父母的陪伴，一起参与课外活动，所以他们的课余时间不需要过于倚重移动社交媒体放松身心，进行消遣和娱乐。

在两类儿童的选择中排在第三位的都是玩游戏、看小说，可见玩游戏、看小说在当下儿童接触和使用移动社交媒体的内容中所占据的重要位置。课题组在与流动儿童进行访谈时了解到，多数小孩都在玩一种腾讯出款的手游——王者荣耀，如006说道："全班四十多个人都玩王者荣耀吧，还有的人玩通宵呢。"媒体上经常有小学生玩网络游戏的报道，如《儋州

小学生玩王者荣耀 偷刷妈妈信用卡 1 万余元》、①《小学生打王者荣耀被坑哭 怒斥大人想泡妞才玩》② 等，这说明网络游戏在儿童群体中的受欢迎程度较高。而对于小说，课题组访谈过的几位流动儿童都表示，他们经常在手机上看小说。流动儿童 0011 还曾告诉课题组他所在的班级里有一个男同学经常通宵看小说。玩游戏、看小说在一定程度上可以满足儿童的娱乐需求，但若使用时间过长，沉迷其中，则将不利于儿童的健康成长。如 DT5 老师说道："他们有可能晚上聊天、玩游戏、看小说啊，甚至现在有的玩王者荣耀，特别痴迷，有的这个基本上白天都没精神。"可见移动社交媒体已经影响到了部分儿童的正常学习生活，若不及时采取措施，则会影响儿童的健康成长。

二 接触和使用行为

根据使用与满足理论，接触和使用行为是指受众在接触和使用移动社交媒体时所发生的能动性选择行为，以此为出发点，对接触和使用行为的考察将从好友来源及聊天对象、好友数量及接触和使用年龄等方面进行。

（一）好友来源及聊天对象

通过对流动儿童虚拟社交及现实社交环境的了解，问题"你在移动社交媒体中主要的好友来源是？"的选项设置包括：现实中的朋友或同学、陌生网友、父母、亲戚、老师及其他（请注明）等。对这一问题的答案进行统计，结果如表 2—15 所示。

表 2—15　A3 移动社交媒体中主要的好友来源是与流动情况交叉表　　单位：人

		流动情况		总计
		流动儿童	非流动儿童	
A3 移动社交媒体中主要的好友来源	现实中的朋友或同学	2454	2168	4622
		70.1%	65.7%	68.0%
		36.1%	31.9%	68.0%

---

① 海南特区报：《儋州小学生玩王者荣耀 偷刷妈妈信用卡 1 万余元》，2017 年 11 月 6 日，https://credit.cngold.org/c/2017-11-20/c5480770.html，2022 年 7 月 30 日。
② 2017 年 8 月 3 日《小学生打王者荣耀被坑哭 怒斥大人想泡妞才玩》2017 年 8 月 3 日，http://games.ifeng.com/a/20170801/44657581_0.shtml，2022 年 7 月 30 日。

续表

A3 移动社交媒体中主要的好友来源		流动情况		总计
		流动儿童	非流动儿童	
	陌生网友	123	118	241
		3.5%	3.6%	3.5%
		1.8%	1.7%	3.5%
	父母	529	611	1140
		15.1%	18.5%	16.8%
		7.8%	9.0%	16.8%
	亲戚	179	195	374
		5.1%	5.9%	5.5%
		2.6%	2.8%	5.5%
	老师	113	162	274
		3.2%	4.9%	4.0%
		1.7%	2.4%	4.0%
	其他	102	46	148
		2.9%	1.4%	2.2%
		1.5%	2.8%	2.2%
总计		3500	3300	6800
		100%	100%	100%
		51.5%	48.5%	100%

由表2—15可以看出，流动儿童的好友来源选项前三位的分别是现实中的朋友或同学父母、亲戚，占总体的70.1%、15.1%、5.1%。非流动儿童的好友来源选项前三位的分别是现实中的朋友或同学父母、亲戚，占总体的65.7%、18.5%、5.9%。通过二者的对比可以看出，流动儿童与非流动儿童好友的来源差异主要体现在陌生网友上，流动儿童的好友来源中，陌生网友占据第三位，说明流动儿童相较于非流动儿童可能与陌生网友接触地较多，这一问题与题项4有着密切的联系。在课题组对流动儿童进行访谈时，部分流动儿童表示会因王者荣耀等软件在网上结识陌生网友，这一答案也对该问题的结果进行了一定的解释。

为进一步明确流动儿童在移动社交媒体上聊天对象的角色，题项4

"你在移动社交媒体中经常和谁聊天？"在题项 3 的基础上继续进行考察，选项设置包括：父母、亲戚、老师、陌生网友、现实中的好友或同学、跟谁都不说、其他等。对这一问题的答案进行统计，结果如表 2—16 所示。

表 2—16　A4 在移动社交媒体中经常和谁聊天与流动情况交叉表　　单位：人

		流动情况		总计
		流动儿童	非流动儿童	
A4 在移动社交媒体中经常和谁聊天	父母	809	763	1572
		23.1%	23.1%	23.1%
		11.9%	11.2%	23.1%
	亲戚	416	265	681
		11.9%	8.0%	10.0%
		6.2%	3.9%	10.0%
	老师	63	218	281
		1.8%	6.6%	4.1%
		0.9%	3.2%	4.1%
	陌生网友	189	139	328
		5.4%	4.2%	4.8%
		2.8%	2.0%	4.8%
	现实中的好友或同学	1781	1651	3432
		50.9%	50.0%	4.80%
		26.2%	24.3%	4.80%
	跟谁都不说	165	208	373
		4.7%	6.3%	5.5%
		2.4%	3.1%	5.5%
	其他	77	56	133
		2.2%	1.7%	2.0%
		1.1%	0.8%	2.0%
总计		3500	3300	6800
		100%	100%	100%
		51.5%	48.5%	100%

由表 2—16 可以看出，流动儿童在移动社交媒体中的主要聊天对象是现实中的好友或同学、父母、亲戚、陌生网友。非流动儿童在移动社交媒体中的主要聊天对象是现实中的好友或同学、父母、亲戚、老师。可见，

无论是流动儿童还是非流动儿童，在移动社交媒体中的聊天对象主要都是现实生活中周围的好友或同学、父母、亲戚。这说明对于流动儿童及非流动儿童来说，他们的社交圈仍以现实生活中的社交关系为主，在移动社交媒体的社交关系仍然是基于真实社交关系的虚拟社交。但有一点需要注意的是，流动儿童的主要聊天对象中还涉及陌生网友，相比于流动儿童，非流动儿童选择的是老师，这说明在流动儿童的社交生活中，陌生网友的确占据了一定的位置，这一结果也与问题3的结果相互印证，这就提醒我们有必要关注流动儿童在移动社交媒体上与陌生网友间的社交行为。

（二）好友数量及接触和使用年龄

流动儿童的好友数量及接触和使用年龄一定程度能够说明其在移动社交媒体的涉入程度。好友数量多则说明流动儿童在移动社交媒体上的社交关系较为丰富，可能在虚拟社交与真实社交的选择间，更为偏向虚拟社交。根据前期对流动儿童好友数量的大致了解，问卷对题项"你在移动社交媒体中拥有的好友数量大约有？"的选项设置包括：1—20个、21—40个、41—60个、61—80个、80个以上。统计结果如表2—17所示。

表2—17　A5在移动社交媒体中拥有的好友数量大约有与流动情况交叉表

单位：人

A5在移动社交媒体中的好友数量		流动情况		总计
		流动儿童	非流动儿童	
	1—20个	1547	1234	2781
		44.2%	37.4%	40.9%
		22.8%	18.2%	40.9%
	21—40个	693	624	1317
		19.8%	18.9%	19.4%
		10.2%	9.2%	19.4%
	41—60个	514	554	1068
		14.7%	16.8%	15.7%
		7.5%	8.1%	15.7%
	61—80个	175	287	462
		5.0%	8.7%	6.8%
		2.6%	4.2%	6.8%

		流动情况		总计
		流动儿童	非流动儿童	
A5 在移动社交媒体中的好友数量	80个以上	571	601	1172
		16.3%	18.2%	17.2%
		8.4%	8.8%	17.2%
总计		3500	3300	6800
		100%	100%	100%
		51.5%	48.5%	100%

由表2—17可以看出，流动儿童与非流动儿童在好友数量的分布上表现一致，没有显著差异。二者的好友数量范围由多到少分别是1—20个、21—40个、41—60个、61—80个、80个以上。可见，多数儿童的好友数量集中在1—40个，主要以现实中的同学或好友为主。当然，也有个别好友数量特别多的流动儿童，如课题组在对流动儿童进行访谈时了解到，002及0012说自己的好友有100多个，008更是提到自己的好友有200多个。随着年龄的增长，流动儿童接触、认识的同学或朋友越来越多，相应地其好友数量也将增加。

接触和使用年龄也可理解为网龄，接触和使用移动社交媒体的时间越长，则说明其接触和使用年龄越大，对移动社交媒体的了解也更为熟悉。为了解流动儿童的接触和使用年龄，问卷设置题项"你大约是从什么时候开始接触和使用移动社交媒体的?"答案选项从一年级以前至九年级。对这一问题的答案进行统计，结果如表2—18所示。

表2—18　　**A6 大约是从什么时候开始接触和使用移动社交媒体流动情况交叉表**　　　　　　单位：人

		流动情况	
		流动儿童	非流动儿童
A6 大约是从什么时候开始接触和使用移动社交媒体	一年级以前	210	139
		6.0%	4.2%
		3.1%	2.0%

续表

		流动情况	
		流动儿童	非流动儿童
A6 大约是从什么时候开始接触和使用移动社交媒体	一年级	298 8.5% 4.4%	231 7.0% 3.4%
	二年级	522 14.9% 7.7%	564 17.1% 8.3%
	三年级	672 19.2% 9.9%	1016 30.8% 15.0%
	四年级	714 20.4% 10.5%	508 15.4% 7.5%
	五年级	560 16.0% 8.2%	370 11.2% 5.4%
	六年级	458 13.1% 6.7%	347 10.5% 5.1%
	七年级	52 1.5% 0.8%	102 3.1% 1.5%
	八年级	0 0.0% 0.0%	23 0.7% 0.3%
	九年级	14 0.4% 0.2%	0 0.0% 0.0%
总计		3500 100% 51.5%	3300 100% 48.5%

由表 2—18 可以看出，流动儿童接触和使用移动社交媒体的年龄要早于非流动儿童。很可能是因为，流动儿童的父母工作紧张，空闲时间不多，没有充足的时间照顾流动儿童，使得流动儿童较早地接触到了移动社交媒体。在课题组所做的访谈中，流动儿童、流动儿童的家长及流动儿童的老师都曾说过流动儿童的家长工作较忙，疏于监督、管教孩子。因此，移动社交媒体便早早地作为流动儿童的"陪伴者"出现在其生活中，给其带来较大的影响。

三　接触和使用习惯

接触和使用习惯是指流动儿童接触和使用移动社交媒体过程中，在接触和使用场景、接触和使用时长、接触和使用频率等方面，所形成的固定的行为方式。因此，本书将从接触和使用场景及接触和使用时长、接触和使用频率及接触和使用地点等方面，对流动儿童接触和使用移动社交媒体的习惯进行呈现。

（一）接触和使用场景及接触和使用时长

根据前期对流动儿童及非流动儿童接触和使用移动社交媒体场景的调查了解，问卷将题项"你一般都在什么时候接触和使用移动社交媒体"的选项设置为：上课时间、吃饭时间、睡觉前、路上、课间休息时间、放假时间、随时随地、做完作业后、其他。对这一问题的答案进行多重响应统计，结果如表 2—19 所示。

表 2—19　　**A7 一般都在什么时候接触和使用移动社交媒体**　　　　单位：人

$ A7 你一般都在什么时候接触和使用移动社交媒体？频率		流动儿童		非流动儿童	
		N	百分比	N	百分比
A7 一般都在什么时候接触和使用移动社交媒体?[a]	上课时间	34	1.2	35	1.4
	吃饭时间	158	5.5	113	4.5
	睡觉前	657	22.9	562	22.4
	路上	95	3.3	125	5.0
	课间休息时间	169	5.9	80	3.2
	放假时间	827	28.8	732	29.2

续表

		流动儿童		非流动儿童	
		N	百分比	N	百分比
A7 一般都在什么时候接触和使用移动社交媒体?[a]	随时随地	121	4.2	103	4.1
	做完作业后	712	24.8	619	24.7
	其他	98	3.4	138	5.5
总计		2871	100	2507	100

注：a. 分组（O）。

由表2—19可以看出，在选项所列的接触和使用场景中，流动儿童所选较多的是放假时间、做完作业后、睡觉前，分别占总体的28.8%、24.8%、22.9%。在课题组对流动儿童"一般都在什么时候接触和使用移动社交媒体"进行访谈时，他们也大多表示会在这三个时间段接触和使用移动社交媒体。

非流动儿童所选较多的是放假时间、做完作业后、睡觉前，分别占总体的29.2%、24.7%、22.4%。这一结果同流动儿童的调查结果相一致，也就是说在移动社交媒体接触和使用场景的调查中，流动儿童与非流动儿童不存在显著的差异。另外，我们根据统计结果可以看到，无论是流动儿童还是非流动儿童都有极少数的学生会在上课时间接触和使用移动社交媒体，这将对他们的听课质量及学习成绩造成很大的影响。

在参与式观察及访谈中，课题组了解到所有的被调查学校都是禁止学生在课堂时间使用手机的，A小学及B初中的老师告诉课题组，他们不会明确要求学生不准带手机入校，因为学校条件有限，住宿生需用手机与家人联系。学生会在课间拿出手机玩，而且课题组在对访谈对象进行访谈时，他们表示自己的手机会放在宿舍，宿舍是由临近的教室改造成的，课间用到时只需要到"隔壁教室"取来，十分方便。相较于A小学及B初中，C小学、D初中、E小学、F初中的老师则表示，学生进入学校则不能携带手机，这三所学校的被访谈学生也说自己的手机都是放在家里。E小学及F初中虽然也有寄宿生，但是他们的宿舍楼是一座单独的公寓楼，距离学生上课的教学楼较远，而且学校里有公共电话亭，学生一般都是用公共电话与家人联系。当然，无论学校对学生携带手机入校的态度如何，对学生课堂时间使用手机方面学校都是不允许的,因此,流动儿童与非流动儿童均在课堂时间使用手机的调查结果,提醒我们学校需加强对学生使用手机的监管力度。

问卷对题项"你每天大概接触和使用多长时间的移动社交媒体"的选项设置为:10 分钟以内、半个小时左右、一个小时左右、一个半小时左右、两个小时左右、远超过两个小时。对这一问题的答案进行交叉制表统计,结果如表 2—20 所示。

表 2—20　　A8 每天大概接触和使用多长时间的移动社交媒体与流动情况交叉表

		流动情况		总计
		流动儿童	非流动儿童	
A8 每天大概接触和使用多长时间的移动社交媒体	10 分钟以内	604	680	1284
		17.3%	20.6%	18.9%
	半个小时左右	1050	1201	2251
		30.0%	36.4%	33.1%
	一个小时左右	588	647	1235
		16.8%	19.6%	18.2%
	一个半小时左右	396	380	776
		11.3%	11.5%	11.4%
	两个小时左右	445	300	745
		12.7%	9.1%	10.9%
	远超过两个小时	417	92	509
		11.9%	2.8%	7.5%
总计		3500	3300	6800
		100%	100%	100%

从表 2—20 可以看出,流动儿童与非流动儿童对接触和使用移动社交媒体时间的选择,都集中于半个小时左右,这也反映了当下儿童接触和使用移动社交媒体的一种普遍的时间状态。具体来看,流动儿童在 10 分钟以内、半个小时左右、一个小时左右、一个半小时左右上的选择均低于非流动儿童选择的比例,而在两个小时左右、远超过两个小时选择上的比例

则明显超过非流动儿童,这说明,流动儿童群体与非流动儿童群体在接触和使用移动社交媒体时间的选择上存在明显差异,流动儿童接触和使用移动社交媒体的时间整体上要高于非流动儿童。在访谈中课题组也了解到,流动儿童大多会花较多的时间接触和使用移动社交媒体,如002表示自己一天会玩2—3个小时、004说自己会玩3—4个小时等。

(二)接触和使用频率及接触和使用地点

结合对流动儿童及非流动儿童接触和使用移动社交媒体频率的了解,问卷将题项"你接触和使用移动社交媒体的频率是"的选项设置为:每天2次以上、每天1次、2—3天1次、3—5天1次、每周或更长时间1次。对这一问题的答案进行交叉制表统计,结果如表2—21所示。

表2—21　A9接触和使用移动社交媒体的频率与流动情况交叉表　　单位:人

		流动情况		总计
		流动儿童	非流动儿童	
A9接触和使用移动社交媒体的频率	每天2次以上	620	334	954
		17.7%	10.1%	15.7%
	每天1次	1509	1386	2895
		43.1%	42.0%	42.8%
	2—3天1次	875	739	1614
		25.0%	22.4%	24.3%
	3—5天1次	241	356	597
		6.9%	10.8%	8.0%
	每周或更长时间1次	255	485	740
		7.3%	14.7%	9.3%
总计		3500	3300	6800
		100%	100%	100%

从表2—21可以看出,两类儿童对接触和使用移动社交媒体频率的选择是一样的,并且次数较少,这反映了当下儿童接触和使用移动社交媒体的一种频率状态。具体来看,流动儿童整体接触和使用移动社交媒体的频率要高于非流动儿童整体。

问卷根据流动儿童的活动范围,对题项"你都在哪里接触和使用移动社交媒体"的选项设置为：学校、家里、娱乐场所、交通工具（等待或路途中）、其他。对这一问题的答案进行多重响应统计，结果如表2—22所示。

表2—22　　A10 都在哪里接触和使用移动社交媒体

		流动儿童		非流动儿童	
		N	百分比	N	百分比
A10 都在哪里接触和使用移动社交媒体[a]	学校	72	5.9	7	1.6
	家里	712	58.6	279	62.3
	娱乐场所	193	15.9	63	14.0
	交通工具（等待或路途中）	158	13.0	61	13.6
	其他	80	6.6	38	8.5
总计		1214	100	448	100

注：a. 分组（O）。

由表2—22可以看出，在对移动社交媒体接触和使用地点的选择中，流动儿童与非流动儿童的选择一致，都是家里、娱乐场所、交通工具。两类儿童对家里的选择比例最高，也反映了家庭在儿童接触和使用移动社交媒体中所占的重要位置，因此父母应该在引导流动儿童养成良好的移动社交媒体接触和使用习惯中发挥主要作用。需要注意的是，在流动儿童及非流动儿童群体中有极少数的儿童选择在学校里接触和使用移动社交媒体，这也同前文接触和使用场景的调查结果相印证，少数儿童将手机带入学校，除与家人联系外，自制力差的儿童则用来娱乐，影响学习。具体来看，流动儿童在学校、娱乐场所接触和使用移动社交媒体的比例高于非流动儿童，在家里、交通工具（等待或路途中）、其他的比例低于非流动儿童。从这一结果来看，流动儿童在对移动社交媒体接触和使用地点选择上的合理性要弱于非流动儿童。从访谈结果来看，A学校允许学生携带手机入校，主要用于与家人保持联系，B、C、D、E、F、G、H、I、J、K、L、M、N学校虽禁止学生携带手机入校，但仍有部分学生私自将手机带入学校，这些在学校内使用手机的学生，影响了自己正常的学习生活。

四 接触和使用态度

"态度"一词通俗理解为个人的一种主观评判，它源自于心理学，是社会心理学讨论的核心问题。Krech 提出，态度是个体对所生活世界存在的现象的动机、情感、知觉过程等的持久性体验，侧重于个人的主观性。[①] 除了对概念进行界定外，还有学者建构了态度模型，如 Hovland C. I. 和 Rosenberg M. J. 提出的三维态度模型认为，态度由情感、认知、行为三部分构成，是以一定的方式对特定对象产生的预先式反应倾向。[②] 其中，情感主要是指情感的语言表达，认知是指信念的语言表达，行为则是指行为的语言表达。

通过对学者们所提出的态度的内涵进行梳理，可以发现学者们虽然对态度概念的表述不一，但在对此概念进行界定时却都提及了认知、情感、行为三个影响因素。本研究将在基于 Hovland C. I. 和 Rosenberg M. J. 提出的三维态度模型及参考相关文献的基础上，采用前人所编制的接触和使用态度测量量表，[③] 将接触和使用态度操作化为愉悦度认知、信息可用度认知、互动程度认知、信任度认知、接触和使用意愿五个维度。

（一）愉悦度认知

传播学学者赖特曾提出媒介具有四种功能效用，他认为媒介的一项重要功能便是提供娱乐。移动社交媒体作为媒介的一种表现形式，自然承载了"提供娱乐"的功能。根据前期的调查了解，移动社交媒体为流动儿童的课余生活带来诸多乐趣，是他们比较青睐的媒介应用，据此，问卷设置了移动社交媒体的愉悦度认知题项以考察流动儿童的接触和使用态度。愉悦度认知题项包括三个考察条目，对流动儿童及非流动儿童在这三个条目上的均值进行统计，结果如表 2—23 所示。

[①] 侯玉波：《社会心理学》，北京大学出版社 2013 年版，第 112 页。
[②] 郑雪：《社会心理学》，暨南大学出版社 2005 年版，第 123—125 页。
[③] 陆奇：《移动社交媒体对青年受众态度和行为的影响研究》，硕士学位论文，电子科技大学，2011 年。

表2—23　　　　　愉悦度认知条目均值情况　　　　　　单位：分

		流动儿童	非流动儿童
13.1 移动社交媒体是好玩有趣的	均值	3.77	3.71
13.2 移动社交媒体使我的生活变得更加丰富多彩	均值	3.87	3.85
13.3 接触和使用移动社交媒体能带来积极愉快的体验	均值	3.75	3.72

由表2—23可以看出，流动儿童和非流动儿童在三个条目上的均值都高于3分，说明两类儿童均认可移动社交媒体给人带来的愉悦情况。具体来看，流动儿童在移动社交媒体是好玩有趣的、能够使生活变得丰富多彩及能够带来积极愉快的体验三个条目上的得分均高于非流动儿童，说明流动儿童对移动社交愉悦度的认知要高于非流动儿童。

课题组对流动儿童进行访谈时，被访谈的12位流动儿童都对移动社交媒体能够为他们的生活带来乐趣这一观点表示认同，如0011说自己接触和使用移动社交媒体是"看娱乐信息吧，看看明星什么的。就是很有意思啊，玩得很开心，我挺喜欢的"，002说"玩得比较多的是QQ、微信，平常会发QQ空间，很好玩，打发时间"等，他们都强调了移动社交媒体的"好玩"。

（二）信息可用度认知

媒介向人们提供信息，发挥监视环境的功能，相应地人们主要依赖于媒介来获得信息，了解周围世界。虽然当下为人们提供信息的媒介种类较多，但是当移动社交媒体赢得流动儿童的喜爱，成为他们课余生活的核心时，移动社交媒体也同时成为流动儿童感知周围世界，获取信息的重要工具。为此，研究以信息可用度认知题项来考察流动儿童对在移动社交媒体上获取的信息的认可情况。信息可用度认知题项包括四个考察条目，对流动儿童及非流动儿童在这四个条目上的均值进行统计，结果如表2—24所示。

表2—24　　　　　信息可用度认知条目均值情况　　　　　　单位：分

		流动儿童	非流动儿童
14.1 移动社交媒体提供了我所需要的信息	均值	4.48	4.23
14.2 移动社交媒体是很好的信息来源	均值	4.10	4.00

续表

		流动儿童	非流动儿童
14.3 接触和使用移动社交媒体可以随时随地查看信息	均值	4.11	4.08
14.4 移动社交媒体提供的信息可以作为我日常生活的参考	均值	3.79	3.72

由表2—24可以看出，流动儿童及非流动儿童对移动社交媒体的信息可用度认知均较高。

在课题组向访谈的流动儿童提及相关问题时，他们的回答也表现出了对移动社交媒体信息可用度的肯定，如006说"有用啊，聊天、打游戏，能从游戏上认识些朋友"，009说"学习上的，娱乐上的，看看明星什么的。有用，让我不用那么无聊"，0010说"很有用啊，学习方面，生活方面，娱乐方面，游戏方面可多了，挺实用的，让我知道发生的一些事情，对我有帮助"。002说："有的可以相信，有的不可以相信，比如说网上说的车祸，还有那个百万钞票的事。我在网上看见过有些小学生被网友骗的新闻。陌生网友得看是什么样的人，就比如说社会上的人，可有可无的。"可以看出，流动儿童不仅仅将移动社交媒体作为娱乐工具，更是从中获取学习、交友等多样化的信息，满足自己的信息需求。此外，鉴于移动社交媒体自身可移动性、便捷性等特点，能够使流动儿童随时随地查看信息，极大地便利了流动儿童的信息生活。可以看出，流动儿童不仅仅将移动社交媒体作为娱乐工具，而且是从中获取学习、交友等多样化的信息，满足自己的信息需求。此外，移动社交媒体自身可移动性、便捷性等特点，能够使流动儿童随时随地查看信息，极大地便利了流动儿童的信息生活。

（三）互动程度认知

移动社交媒体打破了人际交往的时空、地域限制，延伸了人际关系的范围，为人们进行交流互动提供了新的途径。正因如此，它也成为流动儿童进行人际传播，开展人际互动的媒介载体。研究以互动程度认知题项考察流动儿童对移动社交媒体互动性的满意程度，该题项包括四个条目，对流动儿童及非流动儿童在这四个条目上的均值进行统计，结果如表2—25所示。

表2—25　　　　　　　互动程度认知条目均值情况　　　　　　单位：分

		流动儿童	非流动儿童
15.1 移动社交媒体加强了我跟朋友之间的联系	均值	4.29	4.26
15.2 接触和使用移动社交媒体可随时随地跟好友交流	均值	4.11	4.08
15.3 接触和使用移动社交媒体可以随时更新自己的状态，及时回复好友的留言	均值	3.93	3.96
15.4 移动社交媒体可以看到好友的最新动态	均值	4.00	3.94

由表2—25可以看出，流动儿童与非流动儿童在四个条目上的均值均高于3分，流动儿童与非流动儿童对移动社交媒体的互动程度认知均较高。具体来看，流动儿童与非流动儿童在互动程度认知四个条目上的均值存在差异，在移动社交媒体加强了我跟朋友之间的联系、接触和使用移动社交媒体可随时随地跟好友交流、可以看到好友的最新动态三个条目上，流动儿童的均值高于非流动儿童。而在移动社交媒体可以随时更新自己的状态方面，流动儿童的均值要低于非流动儿童，但差异不是太明显。

在访谈中课题组了解到，流动儿童一般接触和使用移动社交媒体与现在班里的同学、老家的同学、朋友等联系，他们会利用QQ、微信等移动社交媒体与好友发送文字、图片、视频、语音等多种形式的信息进行交流。这种多样化的信息交流形式也成为他们喜欢接触和使用移动社交媒体的重要原因。如0012同学在被问及时说："能，比如说我在旅游的时候认识的朋友，我们就能经常聊天，然后跟同学还可以发起QQ电话"，家长BP2谈到自己孩子接触和使用移动社交媒体的情况时说道："嗯，用QQ、微信什么的，开视频，打QQ电话，有时候听他说还看直播"。可见，移动社交媒体成为流动儿童与朋友间展开互动、维持社交关系的重要媒介。

（四）信任度认知

移动社交媒体为人们提供了丰富的信息资源，这些信息真假混杂，人们若不能有效辨别，则会给自己的生活造成一定的影响。为此，研究在前文考察流动儿童对移动社交媒体信息可用度认知的基础上，设置信任度题项以考察流动儿童对所接触信息的信任程度。该题项包括四个条目，对流动儿童及非流动儿童在这四个条目上的均值进行统计，结果如表2—26所示。

表 2—26　　　　　　　信用度认知条目均值情况　　　　　　单位：分

		流动儿童	非流动儿童
16.1 移动社交媒体提供的信息是值得信任的	均值	3.21	3.14
16.2 移动社交媒体发布的信息反映了社会现实	均值	3.37	3.45
16.3 在移动社交媒体上认识的好友是可以信任的	均值	2.68	2.37
16.4 移动社交媒体所提供的用户信息是真实的	均值	2.71	2.64

由表 2—26 可以看出，流动儿童与非流动儿童群体在信用度认知方面差距较小，但各因素间均值的不同，也反映了两类儿童对信息信用度认知方面的差异。

在对流动儿童的访谈中，课题组了解到流动儿童一般不会与网上的陌生网友聊天，他们大多听说过中小学生见网友被骗的事，对陌生网友保持一定的警惕性，甚至 003 同学还给课题组讲述了她表叔见网友被骗的事。但是也不排除，个别流动儿童会在玩王者荣耀时，与陌生网友组成队友，进而发展成为网友的情况，如 005 提及自己的好友组成时说道"有好多人呢，好多人我都认识，同学、朋友，游戏里认识的队友等这些"，社交网络上认识的好友鱼龙混杂，对其缺乏了解，这就需要流动儿童谨慎对待网络交友。

（五）接触和使用意愿

意愿是人的一种主观性程度，接触和使用意愿则是接触和使用移动社交媒体的意愿强度，研究在前文对流动儿童接触和使用移动社交媒体态度的其他维度进行考察的基础上，以这一维度从整体上了解流动儿童对移动社交媒体的使用意愿。这一题项包括五个条目，对流动儿童及非流动儿童在这五个条目上的均值进行统计，结果如表 2—27 所示。

表 2—27　　　　　　接触和使用意愿条目均值情况　　　　　　单位：分

		流动儿童	非流动儿童
17.1 学习接触和使用移动社交媒体很容易	平均值	3.85	3.93
17.2 移动社交媒体使用起来很方便	平均值	4.23	4.20

续表

		流动儿童	非流动儿童
17.3 与电脑登录相比，我更喜欢用手机、平板等登录社交网络	平均值	3.96	3.93
17.4 我经常接触和使用移动社交媒体更新我的个人动态	平均值	3.23	3.01
17.5 接触和使用移动社交媒体有助于获取更多的信息或接触更多的人	平均值	3.54	3.53

从表2—27可以看出，流动儿童与非流动儿童在以上五个条目的得分均值都超过3分，说明流动儿童与非流动儿童对移动社交媒体的接触和使用都有着强烈的意愿。具体来看，流动儿童在移动社交媒体使用起来很方便、与电脑登录相比更喜欢使用手机平板登录社交网络、经常更新个人动态及有助于获取更多信息或接触更多的人四个条目上得分均值都高于非流动儿童，仅在学习接触和使用移动社交媒体很容易这一条目上的得分均值低于非流动儿童，说明流动儿童对移动社交媒体整体的接触和使用意愿要高于非流动儿童。

通过与流动儿童的访谈，课题组了解到小学流动儿童利用移动社交媒体更新个人动态的较少，他们往往倾向于与好友聊天，而初中流动儿童则会经常利用移动社交媒体更新个人动态。他们会将生活中遇到的趣事，或是自己觉得好玩的事情发布到网上，与朋友分享，从中获得互动的快乐。在征得两位流动儿童的同意下，课题组截取了008的QQ空间与003的微信朋友圈，如图2—7、图2—8所示。

通过008的QQ空间截图可以看出，008在10月21日这一天，总共发布了3条动态，第1条是分享自己在路途中的见闻，第2、3条是分享盗墓笔记的漫画图片及小说故事情节，且每条动态下浏览、点赞、评论的人较多。从更新频率来看，008在1天内发布了3条，可以说发布得较为频繁。

从003的微信朋友圈截图可以看到，003发布的朋友圈内容主要是外出游玩的小视频，8月5日发布的小视频是游玩海水浴场，8月6日至8日的小视频是雪花啤酒节的广场晚会。从更新频率来看，003在8月5日至8日每天都会发2条朋友圈，也可以说是较为频繁。两位流动儿童更新个人动态的频率也验证了问卷调查的量化结果。

图 2—7　流动儿童 008 的 QQ 空间截图

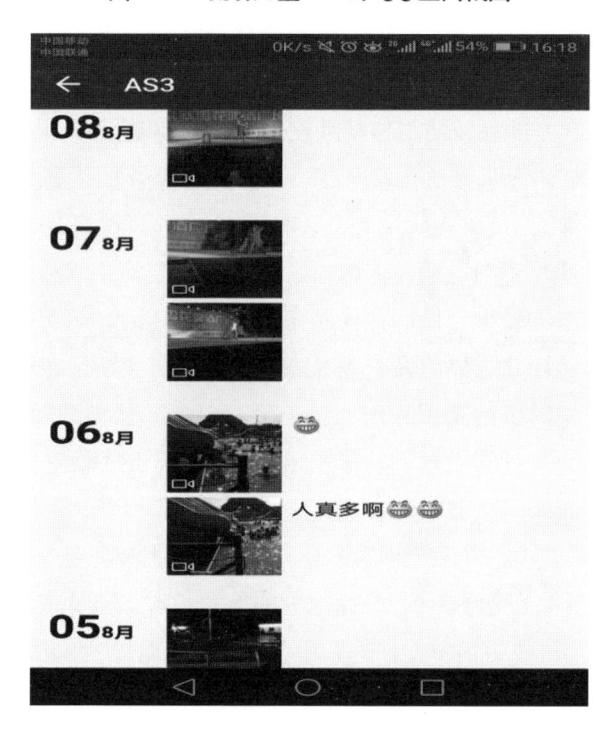

图 2—8　流动儿童 003 的微信朋友圈截图

在对流动儿童接触和使用移动社交媒体的情况进行调查了解后，研究以题项 12"你今后接触和使用移动社交媒体的时间安排是？"对流动儿童今后接触和使用移动社交媒体的时间意愿进行了考察。这一题项的选项设置包括保持现状、减少接触和使用时间、增加接触和使用时间、不知道及其他五个选项，对这一调查结果进行统计，结果如表2—28所示。

表2—28　流动情况与A12今后接触和使用移动社交媒体的时间安排交叉表

单位：人

流动情况		A12今后接触和使用移动社交媒体的时间安排					总计
		保持现状	减少接触和使用时间	增加接触和使用时间	不知道	其他	
流动情况	流动儿童	930	1733	217	557	63	3500
		26.5%	49.5%	6.3%	15.9%	1.8%	100%
		13.7%	25.5%	3.2%	8.2%	0.9%	51.5%
	非流动儿童	1095	1594	149	416	46	3300
		33.2%	48.3%	4.5%	12.6%	1.4%	100%
		16.1%	23.4%	2.2%	6.1%	0.7%	48.5%
总计		2025	3327	366	973	109	6800
		29.8%	48.9%	5.4%	14.3%	1.6%	100%
		29.8%	48.9%	5.4%	14.3%	1.6%	100%

由表2—28可以看出，无论是流动儿童还是非流动儿童，大多都表示今后将减少接触和使用移动社交媒体的时间。从二者的对比结果来看，流动儿童在减少接触和使用时间、增加接触和使用时间及不知道三方面的比例均高于非流动儿童。在课题组所访谈的12位流动儿童中，001及0012表示以后会多玩会，增加接触和使用移动社交媒体的时间，006及0010说自己会少玩一些，用来学习，其余的流动儿童则表示对自己现在接触和使用移动社交媒体的时间比较满意，以后还会继续保持现状。

五　父母对孩子接触和使用移动社交媒体情况的了解及监督

父母是与孩子关系最密切的人，也是最常接触孩子的人，他们对孩子接触和使用移动社交媒体情况的了解，一定程度上能够从侧面印证孩子接触和使用移动社交媒体的实际情况，而他们对孩子在接触和使用移动社交媒体时的陪同或监督，又有利于指导孩子养成良好的媒介接触和使用习惯。因此，研究先以父母对孩子同网友聊天话题的了解入手，设置学习问题、新闻等八个选项，对这一问题进行考察，结果如表2—29所示。

表2—29　流动情况与C8您孩子和网友聊得最多的是哪方面的话题交叉表　　　　单位：人

		学习问题	新闻资讯	人际交往	理想和人生	兴趣爱好	情感	他没有网友	其他	总计
流动情况	流动儿童	1091	223	413	140	752	32	377	472	3500
		31.2%	6.4%	11.8%	4.0%	21.5%	0.9%	10.8%	13.4%	100%
	非流动儿童	1155	139	347	147	842	23	462	185	3300
		35.0%	4.2%	10.5%	4.5%	25.5%	0.7%	14.0%	5.6%	100%
总计		2246	362	760	287	1594	55	839	657	6800
		33.0%	5.3%	11.2%	4.2%	23.4%	0.8%	12.4%	9.7%	100%

由表2—29可以看出，无论是流动儿童的父母还是非流动儿童的父母都认为孩子与网友聊的最多的话题是学习问题、兴趣爱好。除上述两个话题以外，流动儿童的父母还认为孩子与网友的聊天话题涉及其他、人际交往等，而非流动儿童的父母则认为孩子与网友的聊天话题为他没有网友、人际交往等。从流动儿童与非流动儿童的对比结果来看，非流动儿童在学习问题、理想和人生、兴趣爱好、他没有网友的选择比例上要高于流动儿童。流动儿童则在新闻资讯、人际交往、情感、其他的选择上比例要高于非流动儿童。课题组在对流动儿童的父母进行访谈时，他们大多表示孩子用移动社交媒体与同学讨论学习问题、聊天等，访谈的结果同这一问题的问卷调查结果大致相同。

家长CP3说："他玩这个的时候影响肯定是很大的啊，整天盯着手机、电脑，对他们会有依赖，他从小没形成那种习惯吧，对游戏什么的没有瘾。好的影响肯定很少啊，我感觉这整天聊天、玩游戏对孩子没有什么好处。我希望能够让他活泼些吧，外向一些。"家长AP1说："就觉得影响学习啊，除了上学就玩手机，挺让他愁得慌。嗯，要是玩手机能学习好就行了。"

第二章 流动儿童接触和使用移动社交媒体及其社会化状况的调查 / 97

在了解了父母对孩子与网友聊天话题的了解情况之后，研究继续以题项"孩子在接触和使用移动社交媒体时您会陪同或监督吗"考察父母对孩子媒介接触行为的陪同或监督情况，所设置的选项包括经常、有时、很少、基本不，结果如表2—30所示。

表2—30　流动情况与C9孩子在接触和使用移动社交媒体时您会陪同或监督交叉表　　　　　　　　　　　　　　　单位：人

流动情况		C9 孩子在接触和使用移动社交媒体时您会陪同或监督				总计
		经常	有时	很少	基本不	
流动情况	流动儿童	515	1194	920	871	3500
	非流动儿童	865	1211	703	521	3300
总计		1380	2405	1623	1392	6800

由表2—30可以看出，流动儿童的父母与非流动儿童的父母在孩子接触和使用移动社交媒体时，选择有时会陪同或监督孩子的家长数量最多。此外，流动儿童的父母选择的由多到少分别是很少、基本不、经常，而非流动儿童父母选择的由多到少分别是经常、很少、基本不。可见，流动儿童父母与非流动儿童父母在对孩子接触和使用移动社交媒体的陪同或监督频率上存在显著的差异。从二者的对比结果来看，选择经常陪同或监督孩子接触和使用移动社交媒体的非流动儿童父母明显多于流动儿童父母。在访谈中，课题组向所访谈的流动儿童父母提及这一问题时，他们说自己由于工作繁忙，一般没有时间陪同或监督孩子接触和使用移动社交媒体，这也可以解释问卷调查的结果。家长AP1说："嗯。孩子一般能使上三四个小时吧，他成天写完作业就开始玩，天天玩，怎么就也说不听，有时候顶多说说他就答应着好，然后他还玩，真是说不听呢，我和他爸爸没有办法，有时候就给他藏起来，藏起来他就没法使了，在家里待不住了，他就去街上跟周围的小孩玩玩。我想管他啊，我能不想管他吗你说，不过我们也真是没有法啊，像我们这样的干这个工作，赚钱不容易的，有时候忙起来是真顾不大上，就只能靠他自己自觉了，唉。"

对于如何改善这一问题，访谈中教师AT1说："这怎么说呢，影响学习，让他们对学习这个事比较上心,我觉得可能会有一点儿改变吧,而且现在这个时代就是这样,别说孩子们了就像咱们一样,除了上班,下班就是拿着手机、对着手机看微信、QQ,跟身边人聊天的机会他都不想有,他觉得手机里所有的信息都可以满足他。""就是监督孩子啊,首先就是老师告诉学生怎么做好,然后肯定那个表现好的他自觉点的他就能按照老师说的去做,然后再就是告知家长,应该怎么样教育自己的孩子怎么做,就是监督一段时间的话,自觉点的孩子就养成这个好习惯了,然后这个习惯就一直保持下去了。"

六 父母对孩子接触和使用移动社交媒体的态度、期望

父母对孩子接触和使用移动社交媒体的态度一定程度上能够影响孩子接触和使用移动社交媒体的行为,而且对父母所持态度的考察,也有利于掌握当下儿童的父母对孩子接触和使用移动社交媒体的态度情况,并以此作为参考,针对性地提出优化流动儿童接触和使用移动社交媒体的策略。研究先以"您希望孩子接触和使用移动社交媒体能够?"为题项对这一问题进行调查,选项设置包括从中获取信息、放松娱乐一下、满足学习需要、打发时间、不想让他接触、其他,调查结果如表2—31所示。

表 2—31 流动情况与 C7 您希望孩子接触和使用移动社交媒体能够交叉表

单位:人

		C7 您希望孩子接触和使用移动社交媒体能够						总计
		从中获取信息	放松娱乐一下	满足学习需要	打发时间	不想让他接触	其他	
流动情况	流动儿童	912	816	1278	42	431	21	3500
		26.1%	23.3%	36.5%	1.2%	12.3%	0.6%	100%
		13.4%	12.0%	18.8%	0.7%	6.4%	0.3%	51.5%
	非流动儿童	1234	426	1320	10	287	23	3300
		37.4%	12.9%	40.0%	0.3%	8.7%	0.7%	100%
		18.1%	6.3%	19.4%	0.1%	4.2%	0.3%	48.5%
总计		2146	1242	2598	52	718	44	6800
		29.1%	20.5%	37.4%	0.9%	11.4%	0.7%	100%
		31.6%	18.3%	38.2%	0.7%	10.6%	0.6%	100%

从表 2—31 可以看出，流动儿童的父母与非流动儿童的父母在这一问题的选择上没有差异，他们选择的排在前三位的都是满足学习需要、从中获取信息、放松娱乐一下。也就是说，当下的父母对孩子接触和使用移动社交媒体的态度是一样的，他们希望移动社交媒体所提供的资源要有利于孩子的学习，在满足孩子学习需求的情况下，能够为孩子提供信息资讯，开拓孩子的眼界，增长知识，最后则是满足孩子的娱乐需求，为孩子带来乐趣。从二者的对比结果来看，流动儿童的父母在放松娱乐一下、打发时间、不想让他接触选项上的比例要高于非流动儿童的父母，在从中获取信息、满足学习需要、其他上的比例则低于非流动儿童的父母。这一结果反映出，流动儿童的父母由于缺少与流动儿童的相处时间，他们更希望移动社交媒体在流动儿童的生活中扮演"陪伴者"的角色，减少流动儿童的孤独感，为他们带来乐趣。而在非流动儿童父母身上，由于他们陪伴孩子的时间相对充裕，加之当下教育竞争的激烈，他们更加注重孩子的学习。

在考察了父母对孩子接触和使用移动社交媒体的态度后，研究对这一问题进行深化，试图从整体上把握当下的父母对孩子接触和使用移动社交媒体的认知情况。因此，研究以题项"您认为移动社交媒体对孩子的影响？"对这一问题进行调查，调查结果如表 2—32 所示。

表 2—32　流动情况与 C10 您认为移动社交媒体对孩子的影响交叉表　　单位：人

		C10 您认为移动社交媒体对孩子的影响				总计
		就目前对孩子成长来看，弊大于利	就目前对孩子成长来看，利大于弊	不同的移动社交媒体对孩子的影响不同，有的利大，有的弊大	说不清楚	
流动情况	流动儿童	970	284	1630	616	3500
		27.7%	8.1%	46.6%	17.6%	100%
		14.3%	4.2%	24.0%	9.0%	51.5%
	非流动儿童	970	277	1984	69	3300
		29.4%	8.4%	60.1%	2.1%	100%
		14.3%	4.0%	29.2%	1.0%	48.5%

续表

	C10 您认为移动社交媒体对孩子的影响				总计
	就目前对孩子成长来看，弊大于利	就目前对孩子成长来看，利大于弊	不同的移动社交媒体对孩子的影响不同，有的利大，有的弊大	说不清楚	
总计	1940	561	3614	685	6800
	28.5%	8.3%	53.1%	10.1%	100%
	28.5%	8.3%	53.1%	10.1%	100%

从表2—32可以看出，在所列的四个选项中，两类儿童的父母对孩子接触和使用移动社交媒体所持辩证态度的较多，二者在"不同的移动社交媒体对孩子的影响不同，有的利大，有的弊大"选项上的比例都最高。此外，两类父母都认为"就目前对孩子成长来看，弊大于利"，可以说，两类儿童的父母在对这一问题的选择上不存在明显的差异。

小结

这一小节通过对流动儿童与非流动儿童接触和使用移动社交媒体情况的调查结果进行呈现，发现移动社交媒体在两类儿童的生活中均占据一定位置，受到儿童群体的喜爱。在接触和使用动机的调查中，流动儿童与非流动儿童在经常使用的软件、考虑因素方面的选择基本一致，两类儿童都经常使用QQ、微信、微博，并注重移动社交媒体的安全性、可随身携带性；在接触和使用内容偏好方面，两类儿童除了注重移动社交媒体的通信功能外，在其他方面的选择上呈现出一定的差异，流动儿童倾向于利用移动社交媒体满足自己的娱乐需求，非流动儿童倾向于利用移动社交媒体满足自己的信息需求，这种差异的出现一定程度上是由两类儿童的生活境况所导致。在接触和使用行为的调查中，流动儿童与非流动儿童的调查结果差异较大。非流动儿童的好友来源主要以父母、亲戚、老师等现实好友为主，流动儿童的好友来源中除父母、亲戚等现实好友外，还涉及陌生网友。在聊天对象方面，非流动儿童主要与现实中的好友或同学、父母、老师等进行联系，流动儿童除了与现实中的好友或同学进行联系外，还与陌生网友聊天。流动儿童与陌生网友成为好友及与陌生网友聊天的行为，需要引起我们的注意；在好友数量及接触和使用年龄方面，流动儿童的好友数量明显多于非流动儿童，流动儿童接触和使用移动社交媒体的年龄也要早于非流动儿童。在接触和使用习惯的调查中，流动儿童与非流动儿童在接触和使用场景方面没有明显的差异，都是在放假时间、做完作业后、睡觉前接触和使用移动社交媒体；在接触和使用时间及接触和使用频率方面，流动儿童接触和使用移动社交媒体的时间明显长于非流动儿童，接触和使用移动社交媒体的频率也要高于非流动儿童；接触和使用地点方面，流动儿童与非流动儿童的选择一致，都是家里、娱乐场所、交通工具（等待或路途中）。

在接触和使用态度的调查中，流动儿童与非流动儿童的调查结果存在一定的差异。流动儿童对移动社交媒体的愉悦度认知、信息可用度认知、互动程度认知、信任度认知、接触和使用意愿均高于非流动儿童。在父母对孩子接触和使用移动社交媒体的了解及监督情况的调查中，流动儿童与非流动儿童在父母对孩子接触和使用移动社交媒体的了解方面的调查结果基本一致，两类儿童的父母都认为孩子与网友聊的最多的话题是学习问题、兴趣爱好；在父母对孩子接触和使用移动社交媒体的陪同或监督方面，流动儿童与非流动的调查结果存在明显的差异，非流动儿童的父母在孩子接触和使用移动社交媒体时的陪同或监督时间及频率明显高于流动儿童的父母。在父母对孩子接触和使用移动社交媒体期望及态度情况的调查中，流动儿童与非流动儿童在父母对孩子接触和使用移动社交媒体的期望方面调查结果没有差异，两类儿童的父母都希望移动社交媒体能够满足孩子的学习需求、信息需求、娱乐需求；在父母对孩子接触和使用移动社交媒体的态度方面，两类儿童的调查结果存在明显差异，非流动儿童的父母辩证看待移动社交媒体对孩子影响的比例明显高于流动儿童的父母，流动儿童父母片面看待移动社交媒体对孩子影响的比例则高于非流动儿童的父母，这种对移动社交媒体对孩子影响的认识与儿童父母的受教育程度有一定联系。整体来看，移动社交媒体与儿童群体的生活联系密切，流动儿童与非流动儿童在接触和使用移动社交媒体的多方面都存在明显的差异，使用差异的存在也将导致二者社会化情况的不同，这就提醒我们要重视流动儿童接触和使用移动社交媒体的情况，引导他们形成良好的接触和使用移动社交媒体的习惯。

第三节　流动儿童的社会化状况

人的一生要经历婴幼儿期、少年儿童期、青年期、中老年期等多个阶段，无论年龄阶段如何变化，社会化是贯穿于人生各阶段的一个长期过程。人生的各个阶段中，少年儿童期是个体成长的第二个阶段，在这一阶段个体的认知能力、个性特点、社会适应等各方面都在迅速发展，可以说这一时期是个体成长的关键期。相应地，个体在少年儿童期遇到的社会化问题也应当得到足够的重视。对此，学界对这一时期儿童社会化问题的研究较多，取得了丰富的研究成果。在已有的研究中，学者们对儿童社会化维度的测量基本上采用风笑天编制的社会化量表，本研究在结合相关理论的基础上，以风笑天编制的社会化量表为原型，对其中的个别题项进行修订、调整，最终形成包含八个维度的社会化量表。这一小节将从社会化量表的角度出发，从性格与行为特征、生活技能、消费观念、社会交往、社会规范、角色认同、自我认识、生活目标八个方面，呈现流动儿童的社会化情况。

一　性格与行为特征

个体的性格与行为特征并非先天具有，而是在日常生活过程中逐渐形成的。本研究对流动儿童与非流动儿童的性格与行为特征进行均值处理，结果如表2—33所示。

表2—33　　　　　性格与行为特征得分均值情况　　　　　单位：分

		流动儿童	非流动儿童
1.1 我是一个懒惰的人	平均值	2.49	3.64
1.2 我是一个粗心的人	平均值	2.88	3.07
1.3 我做事情有自己的主见	平均值	3.71	3.91
1.4 我在外面胆小怕事	平均值	2.52	3.82

第二章　流动儿童接触和使用移动社交媒体及其社会化状况的调查 / 103

续表

		流动儿童	非流动儿童
1.5 我会帮助别人	平均值	4.10	4.34
1.6 我是一个充满自信的人	平均值	3.85	3.92
1.7 我是一个不合群的人	平均值	2.73	3.41

由表2—33可以看出，流动儿童在反向计分条目"我是一个懒惰的人""我是一个粗心的人""我在外面胆小怕事""我是一个不合群的人"上的得分均低于非流动儿童，说明流动儿童在这四个方面对自己的正向认可度更高。也就是说，流动儿童认为自己是一个勤劳、认真、勇敢、合群的人。在正向计分条目"我做事情有自己的主见""我会帮助别人""我是一个充满自信的人"上的得分均低于非流动儿童，说明流动儿童在这三个方面对自己的正向认可度要低，也就是说相比于非流动儿童，流动儿童认为自己做事情时会犹豫不决，缺乏一定的爱心，有些自卑等。

在课题组对流动儿童进行访谈过程中，当课题组问到"你觉得自己是一个什么性格的人？"时，多数访谈对象都表示自己是一个外向、开朗的人。如002说"比较开朗，活泼"，003说"外向，跟朋友聊得来"，004说"大大咧咧的，外向。有时候安静的时候很安静，不安静的时候跟疯子一样"，0012说"乐观，活泼，淘气"等。在课题组问及流动儿童家长自己孩子的性格时，半数家长也表示自己的孩子不算内向，如CP3说"有点儿内向，不算外向的孩子，也不是说特别内向"，BP5说"一看就比较活泼，内外兼优"。此外，流动儿童的老师也评价他们偏向外向，如AT1说"性格还是外向的比较多"，BT2说"比较外向、开朗"等。

从综合问卷调查及访谈结果来看，我们看到流动儿童的性格整体上是偏于外向的，他们乐于与周围的同学交流，能够与大家和睦相处，只是在帮助别人、具有自信心、做事情有主见等方面表现得较差一些。不可忽视的是，从与非流动儿童的结果对比来看，流动儿童在性格与行为特征上的得分要低于非流动儿童，这也提醒我们，要重视流动儿童性格与行为特征的培养，引导其形成正向的性格。

二 生活技能

生活技能是指个体基于合适的方式处理、应对生活需要和挑战的能力,是人类得以生存的基本技能,也是儿童社会化的重要内容。研究根据对儿童、父母及老师的访谈了解,大致掌握了当下少年儿童所应掌握的基本生活技能,从理发、洗衣服、做家务、乘公交车外出、照顾家人、自己做饭、自己去看病七个方面对流动儿童的生活技能进行考察。所测量的七个条目均是正向表述题,因此流动儿童在各条目上的得分均值越高,则表示其生活技能越强。统计结果如表 2—34 所示。

表 2—34　　　　　　　　生活技能得分均值情况　　　　　　　单位:分

		流动儿童	非流动儿童
2.1 我能自己去理发	平均值	3.57	3.53
2.2 我能自己洗衣服	平均值	4.11	3.90
2.3 我能帮家人做家务	平均值	4.19	4.38
2.4 我能自己乘公交车外出	平均值	3.61	3.70
2.5 我能照顾生病的家人	平均值	4.05	3.86
2.6 我有时候能自己做饭	平均值	3.75	3.54
2.7 我能自己去看病	平均值	3.25	3.16

由表 2—34 可以看出,流动儿童与非流动儿童在生活技能的七个条目上的得分均值均超过 3 分,说明两类儿童的生活技能均较强。具体来看,两类儿童在"能帮家人做家务"条目上的得分均较高,说明两类儿童都能够在平时帮父母做简单的家务,两类儿童在"我能自己去看病"条目上的得分均值较低,说明两类儿童独自去看病的能力较弱。在其他条目上,流动儿童在自己去理发、洗衣服、做家务、照顾家人、自己做饭、自己去看病等方面的得分均超过非流动儿童,仅在自己乘公交车外出方面的得分略低于非流动儿童,从问卷数据得分来看,流动儿童整体的生活技能要强于非流动儿童。

课题组在访谈中向流动儿童提及这一问题时,大部分的流动儿童表示自己在生活中锻炼得比较多,具有较强的生活自理能力,不仅能够处理好与自身相关的生活问题，还能够帮家人做简单的家务，如 001 说："嗯，我帮我爸我妈洗衣服、做饭，自己都能做"，003 说"能，就是做饭、洗衣服、扫个地"，005 说"可以，我做家务的时候我弟弟翻天覆地地给我捣乱，把我做好的都给我弄乱了。我每天做完作业都做家务。我会做水果沙拉，洗衣服"，009 说："做啊，洗碗，或者是给妈妈洗脚，买菜，自己做西红柿炒鸡蛋，再下点面条，然后给我妈送去"等，从流动儿童的表述来看，他们的生活自理能力较强，不仅能够照顾自己，还能够帮父母分担家务，这一结果也从流动儿童父母及老师口中得到验证。如家长 AP1 说："这个倒还能，帮我们扫扫地，烧烧水，热热饭都行，有时候我和他爸爸忙的时候，还能给我们做个饭，这点是挺好的。"流动儿童老师则根据对住校生的观察，着重谈了住校生的生活自理能力，并且对他们的生活自理能力表示肯定，如 BT2 说："嗯，这个一定要讲，咱们学校住校生比较多，他们在自理方面还是挺强的。"

从综合问卷调查及访谈的结果来看，流动儿童的生活技能要高于非流动儿童，其中原因可以总结为两点：第一，流动儿童的父母较忙，在生活上对孩子的照顾较少，因此流动儿童相比于非流动儿童更早地开始掌握生活所需的技能，在照顾自己的同时还要帮父母分担；第二，招收流动儿童的学校多为寄宿制学校，流动儿童群体中的多数学生都会选择寄宿，学生在学校寄宿期间，需要自己照顾自己，因此生活自理能力得到一定的提高。

三 消费观念

消费观念指在整个消费活动中，是个体生存所具有的诸多观念之一，对人的消费行为具有一定的指导作用。个体从儿童时期开始具有消费意识，进行消费活动，而且这种消费行为将伴随其一生，因此可以说消费观念是儿童社会化的重要内容之一。结合本研究来看，消费观念属于宏观意义上的概念，无法进行操作化测量，因此研究从微观角度出发，根据当下少年儿童的消费行为特点及所处的物质环境，选取消费心理中的求实心理、求异心理、从众心理及攀比心理，对流动儿童的消费心理进行考察。所测量的四个条目中，求异心理、从众心理、攀比心理是反向表述题，流动儿童在这三个条目上的得分越低，越表明流动儿童具有正确的消费心理，求实心理是正向表述题，流动儿童在这一条目上的得分越高，越表明流动儿童的消费心理偏向合理。进行分析前，研究先对反向计分条目进行计分处理，之后对流动儿童与非流动儿童的消费观念进行均值统计，结果如表2—35所示。

表2—35　　　　　　　　消费观念得分均值情况　　　　　　　　单位：分

		流动儿童	非流动儿童
3.1 买东西时会根据自己的实际需要购买	平均值	4.24	4.06
3.2 流行和新奇的东西就是好	平均值	2.61	3.80
3.3 看到同学买的东西，我也会跟着买	平均值	2.30	4.13
3.4 买名牌，才有面子	平均值	2.04	4.24

由表2—35可以看出，流动儿童与非流动儿童在消费观念维度上四个条目的得分均值差异较大，在正向表述条目"买东西时会根据自己的实际需要购买"上，流动儿童的得分均值高于非流动儿童，说明相比于非流动儿童，流动儿童在消费过程中更具求实心理。在反向表述条目"流行和新奇的东西就是好""看到同学买的东西，我也会跟着买""买名牌，才有面子"上，流动儿童的得分均值低于非流动儿童，说明相比于非流动儿童，流动儿童在消费过程中所具有的求异心理、从众心理及攀比心理均弱于非流动儿童。从问卷调查的统计结果来看，流动儿童消费观念的合理性程度要优于非流动儿童。

课题组在访谈中向流动儿童提及这一问题时，所访谈的流动儿童都表示自己在消费过程中不存在攀比、求异、从众的现象，如003说"不会，那么贵，买它干嘛啊，也不怎么有钱。不会跟着买"，006说"都不会，主要是家里都没这个条件"，007说"不会，不会"等。流动儿童的家长在谈到孩子的消费行为时，也大多表示孩子平时不会乱花钱，没有攀比之类的现象，如AP1说"不大会，对我们来说，一般情况是孩子跟我们要什么，我们就尽力满足他，小孩子就喜欢买辣条啊那些垃圾食品，吃了对身体不好。也没见他跟别人比，我们干活挺累的，他也知道，每天天不亮就得起来发面，剁馅，包包子，煮茶蛋，熬粥什么的，钱挣得不容易。名牌也不大会，买的东西好用就行了，咱也不比那些"，BP2 说"这个不会，一般他想买什么会跟我们说，他不会太过分，而且他慢慢地长大了，也懂事了。也没见他攀比，我看有的小孩手机都用名牌，这个我们给他买块普通的，他也还行。不会要求买那些名牌"等，可见这些流动儿童的父母在保证孩子生活具有一定物质条件的情况下，教育孩子形成合理的消费观念。

从综合问卷调查及访谈的结果来看，流动儿童的消费观念要比非流动儿童的观念更为合理。原因正如老师 BT2 所说，流动儿童的家庭条件较为一般，相比于非流动儿童，流动儿童的家庭经济条件会差一些，这一点在前文的调查中也有涉及，因此，从流动儿童父母的角度来说，他们买东西时以求实心理为主导，在满足孩子物质所需的情况下，不太允许孩子存在不合理的消费现象。从流动儿童自身来看，流动儿童大多比较懂事，能够体恤父母的辛劳，对于父母他们不会提不合理的消费要求，而他们自己也在日常消费过程中，看重物品的实用价值，合理消费。

四 社会交往

儿童社会化的过程离不开人与人之间的相互作用，在与人交往的过程中，儿童逐渐形成自己的个性特点、行为能力等，可以说社会交往是儿童社会化过程中不可缺少的一部分。就儿童所处的社会环境来看，他们的活动范围以家庭和学校为主，主要与父母、同学、老师进行交往，因此研究从流动儿童紧密相关的亲子、同伴及师生关系入手，对流动儿童的社会交往情况进行考察。所测量的三个条目均是正向表述题，流动儿童在三个条目上的得分均值越高，则表明其社会交往能力越强。统计结果如表 2—36 所示。

表 2—36　　　　　　社会交往得分均值情况　　　　　　单位：分

		流动儿童	非流动儿童
4.1 我和家人的关系	平均值	4.36	4.47
4.2 我和同学的关系	平均值	4.27	4.33
4.3 我和老师的关系	平均值	4.07	4.14

由表 2—36 可以看出，流动儿童与非流动儿童在三个条目上的得分均值都达到 4 分以上，说明两类儿童整体的社会交往能力较强。具体来看，流动儿童与非流动儿童在"我和家人的关系"条目上的得分都较高，说明儿童与家人的关系要好于其他的人际关系。就整体而言，流动儿童在三个条目上的得分均值都低于非流动儿童，说明流动儿童的社会交往能力要弱于非流动儿童。

从访谈结果来看，所访谈的流动儿童大多表示与家人、同学及老师相处得较为和睦，如 001 说"还好，老师有时候批评我，同学还好。朋友挺多的，在老家的时候有十几个，现在没几个，三四个吧，都是男生"，002 说"和父母关系还好的，有什么事跟我姐说得多。老师、同学还好吧，有时候也跟同学闹别扭。好朋友好多，男生比较少，女生比较多"，003 说"和家里人关系还好。嗯，老师和同学还好。四五个好朋友，都是女生"等。流动儿童的家长谈及孩子与自己、学校老师及同学的关系时也基本上持肯定态度，如家长 AP1 说"跟我们还行啊，就是有什么事不大和我们说，现在的小孩都愿意跟那些跟他耍的小孩子说吧。在学校里应该也可以，跟老师同学处得还可以，也没听老师说有啥大问题"，家长 BP2 说"还行，也算听话。在学校里老师对他还行，经常找他帮忙干点活，也夸他，跟同学也还好，有几个好朋友"等。流动儿童的老师也表示学生与他们及家里人的关系较好，如老师 BT2 说："嗯，都挺好，他们对老师就像对朋友一样，不会那么陌生。就下课吧，他们根本没有说，他是老师，他是学生，都相处得很好。只是有些内向的孩子，他们平时不敢跟别人沟通，这种可能跟老师的距离远一点。他们和家里人应该相处得可以吧。"教师 AT1 说："跟老师相处得挺好的，跟同学的话多数是好的，就是个别的话不大好，比如说玩的时候有推同学的，有的小孩就推得比较狠，可能一推别人就摔倒了，别人推他他不服气，他就要还回来，使劲推别人。"

从综合问卷调查及访谈的结果来看，流动儿童整体的社会交往能力弱于非流动儿童可能是因为，流动儿童的父母平时工作比较紧张，很少有时间与孩子相处，导致亲子之间缺乏一定的沟通，关系略有疏离。在流动儿童与老师、同学的关系上，流动儿童初入陌生的学习环境，需要一定的时间适应，逐步建立与老师、同学的人际关系。当流动儿童真正融入新的学习环境，他们会对所处的环境产生归属感与认同感，把自己当成这里的一份子，与周围老师、同学的关系也会有一定的改善。

五 社会规范

社会规范是指在长期的历史发展过程中形成的，用以约束、规范人社会行为的准则或规则。儿童作为一个"社会人"，理应在日常的行为活动中遵守一定的社会规范，因此社会规范也是儿童社会化的基本内容之一。研究结合流动儿童的日常生活特点，选取与其相关的公交车上主动让座、不会破坏公共财物、团结同学、尊敬师长、主动将捡到的垃圾放到垃圾桶、遵守学校纪律五个方面，来测量流动儿童的社会规范。在所测量的五个条目中，"我会破坏公共财物"是反向表述题，流动儿童在这一条目上的得分均值越低，表明其在该条目上的社会规范能力越强。其余四个条目为正向表述题，流动儿童在这些条目上的得分均值越高则越具有较强的社会规范能力。研究对流动儿童与非流动儿童在社会规范方面的得分均值进行统计，结果如表2—37所示。

表2—37　　　　　社会规范得分均值情况　　　　　单位：分

		流动儿童	非流动儿童
5.1 我在公交车上会主动给老人让座	平均值	4.19	4.36
5.2 我会破坏公共财物	平均值	4.16	4.49
5.3 我会团结同学，尊敬师长	平均值	4.25	4.41
5.4 我在路上见到垃圾，会主动捡起放到垃圾桶	平均值	3.97	4.12
5.5 我会遵守学校纪律	平均值	4.41	4.51

由表2—37可以看出，流动儿童与非流动儿童在其中四个条目上的得分均值都达到4分以上，说明两类儿童整体的社会规范能力较强。具体来看，流动儿童与非流动儿童在"我会遵守学校纪律"条目上的得分都较高，说明两类儿童都已经适应学校生活，能够遵守学校里的规范准则。就整体而言，流动儿童在公交车上主动给老人认座、破坏公共财物、团结同学、

尊敬师长，遵守学校纪律四个条目上的得分均值都低于非流动儿童，说明流动儿童的社会规范能力要弱于非流动儿童。需注意，在反向表述题项破坏公共财物上，流动儿童的得分均值要低于非流动儿童，说明相比于非流动儿童，流动儿童更能够爱护公共财物，而违反公共道德的行为较少。

课题组在访谈时，主要向流动儿童问及了"你在公交车上会主动给老人让座吗？""在路上见到垃圾会主动扔到垃圾桶吗？"这两个与社会规范相关的问题。从访谈结果来看，所访谈的流动儿童基本上都表示自己能够做到这两个方面。如002说"会啊，会的"，003说"嗯，都会"等。流动儿童的父母也表示自己的孩子在公交车上遇到老人时，都会主动让座。对于孩子在学校里遵守纪律的情况，家长也大多表示情况还可以，不会出现太差的情况。如AP1说"嗯，小时候那上学的时候学校里就教要有礼貌，给老人让座。在学校里反正是看老师吧，老师给管着，也没出大乱子"，CP3说"会，他挺懂事的。在学校里也能遵守纪律"等。在对流动儿童的老师进行访谈时，课题组结合流动儿童学校生活的特点，以"流动儿童有没有破坏公物、讲不文明用语、打架等有违社会道德的行为？"来考察流动儿童在社会规范方面的表现，对此，流动儿童的老师表示讲不文明用语的行为偶尔存在，可能是学生之间互相学的，或者是学生跟自己的父母学的，但是打架等其他的有违社会道德的行为则不存在。

从综合问卷调查及访谈的结果来看，流动儿童整体的社会规范能力弱于非流动儿童可能是因为，流动儿童平时在家里，父母不太注重对其进行道德品质的培育，甚至有时父母所讲的不文明用语在潜移默化中也影响到了孩子。在学校类型中，打工子弟学校的流动儿童缺乏一定的规则意识，行为表现较为随意，这导致相比于非流动儿童，其作出有违社会道德行为的可能性要大一些。另外，初转入公立学校的流动儿童需要时间适应学校的规则，在短期内会表现出一些有违社会道德的行为，但是经过一段适应期后，他们会越来越同非流动儿童的行为表现趋向一致。

六 角色认同

角色认同一般是指个体对自己所扮演的角色形成一定的认知，并将这种角色认知内化为自我的过程。从个体社会化的角度来看，个体在与他人、社会的不断互动中形成自己固定的角色模式，因此角色认同也是一个社会过程。已有的关于流动儿童的研究资料几乎都表明流动儿童大多"穷人的孩子早当家",在年幼时就已经感受到生活的不易,懂事,体贴父母,思想较为成熟。因此研究着重对流动儿童角色认同中的成人意识进行考察。研究结合风笑天教授编制的社会化量表以感觉自己像大人、喜欢与大人交往、希望自己被看作大人三个方面来测量流动儿童的成人意识。所测量的三个条目均是正向表述题,流动儿童在这三个条目上的得分均值越高,则表明其成人意识越强。研究对流动儿童与非流动儿童在角色方面的得分均值进行统计,结果如表2—38所示。

表2—38　　　　　　角色认同得分均值情况　　　　　　单位:分

		流动儿童	非流动儿童
6.1 感觉自己像个大人	平均值	3.16	2.89
6.2 喜欢与大人交往	平均值	3.24	3.02
6.3 希望自己被看作大人	平均值	2.93	2.80

由表2—38可以看出,流动儿童与非流动儿童在角色认同方面的得分均值基本上在3分左右,个别条目不足3分,这表明流动儿童与非流动儿童的成人意识均不强。在所测量的三个条目中,流动儿童与非流动儿童均在条目"喜欢与大人交往"上的得分均值较高,而且课题组在访谈中了解到,流动儿童大多喜欢与自己的任课老师、姐姐或者是志愿者一起玩,甚至个别流动儿童与课题组本人都结识为朋友,这从一定程度上说明流动儿童与大人交往的意愿较强。就整体而言,流动儿童在角色认同所测量的三个条目上的得分均值都高于非流动儿童,说明流动儿童整体的成人意识要强于非流动儿童。

课题组在访谈流动儿童时,以喜欢与大人交往、希望自己被看作大人这两个条目,对流动儿童的成人意识情况进行了解。所访谈的流动儿童大多表示自己喜欢与大人交往。在谈及是否希望自己被看作大人时,少数流动儿童表示自己希望被看作大人,这样就可以帮父母分担家务,如001说"希望,长大了能够帮助爸妈做事情",009说"我觉得自己有时候像大人,帮妈妈做一些事情"等,但是多数流动儿童则表示自己不希望被看作大人,依然想做小孩,如002说"还是希望当小孩",003说"做小孩好一些"等。流动儿童的父母大多表示自己的孩子懂事但年龄较小，成人意识不强，如 AP1 说"他现在感觉还是小，是个小孩，不过有些事你跟他说他也明白。这个没觉得，还是个小孩，他也不想这些"。BP2 说"这个我感觉他还是小孩，还没有这个意识"。流动儿童的老师则认为成人意识是否强烈因人而异，有的孩子思想较成熟，成人意识也较为强烈，而有的孩子思想比较稚嫩，缺乏强烈的成人意识。如 AT1 说"有的小孩挺懂事的，思想比较成熟，成人意识也比较强，有的小孩就还是小孩吧"，BT2 说"我感觉还是因人而异吧，有的比较成熟，有的比较小孩"。

从综合问卷调查和访谈的结果来看，流动儿童整体的成人意识要强于非流动儿童，可能是因为流动儿童需要过早地承担起家庭的责任，帮助父母减轻负担，这使得他们的心理年龄要比同年龄段的非流动儿童成熟，思想上也更成人化一些。从课题组访谈的结果来看，有很大一部分流动儿童表示还想做小孩子，他们觉得大人需要做的事情太多，做小孩就可以无忧无虑，其实这也从侧面说明流动儿童已经认识到了成人应具有的角色模式，而他们对此还存在一定的抵触。

七　自我认识

自我认识具有一定的自我意识成分，是指人们对自我特点的认识。个体在社会生活的过程中，能够在与外人、社会的关系中，及时调整对自我的认识。可以说，自我认识是人类个体的特质之一，也是个体社会化过程中的重要表现。研究结合儿童的年龄段特点，选取学习、性格等与自我认识相关的几个方面对儿童的自我认识进行考察。所测量的六个条目均是正向表述题，流动儿童在这六个条目上的得分均值越高，则表明其自我认识的能力越强。研究对流动儿童与非流动儿童在自我认识方面的得分均值进行统计，结果如表 2—39 所示。

表 2—39　　　　　　　　自我认识得分均值情况　　　　　　　　单位：分

		流动儿童	非流动儿童
7.1 我对自己的学习成绩满意	平均值	3.30	3.36
7.2 我对自己的性格习惯满意	平均值	3.57	3.72

续表

		流动儿童	非流动儿童
7.3 我的上进心强	平均值	3.74	3.94
7.4 我的独立性强	平均值	3.86	3.94
7.5 我能认识到自己做得不好的地方	平均值	3.99	4.18
7.6 我能虚心向别人学习	平均值	3.93	4.14

由表2—39可以看出，流动儿童与非流动儿童在自我认识六个条目上的得分均值都超过3分，且个别条目的得分均值较高，说明流动儿童与非流动儿童的自我认识能力较强。具体来看，流动儿童与非流动儿童都在条目"我能认识到自己做得不好的地方"上得分均值较高，说明在认识到自己不好的地方，二者都具有较强的反省意识，而在"我对自己的学习成绩满意"条目上，二者的得分均值都最低，说明流动儿童与非流动儿童在学习成绩方面的认同度较低。整体而言，流动儿童在六个条目上的得分均值都低于非流动儿童，说明流动儿童的自我认识能力要弱于非流动儿童。

课题组在对流动儿童进行访谈时，通过"你对自己的学习成绩满意吗""你对自己的性格满意吗""你能认识到自己做得不好的地方吗""你能虚心向别人学习吗"四个问题，考察流动儿童的自我认识情况。在学习成绩方面，001、002、003等五名流动儿童表示对自己的学习成绩不满意，还想使学习成绩更进一步。可见，大多数的流动儿童对自己的学习成绩不满意。在性格方面，所访谈的12位流动儿童都对自己的性格表示满意。在能认识到自己的不足及虚心向别人学习方面，所访谈的流动儿童都表示自己能够做到。在与家长及流动儿童老师的访谈中，他们也大多表示，流动儿童在认识到自己做得不好的地方后，可以及时改正，如家长BP2说："嗯，他知道，不过不能经常说他，要不也嫌我们唠叨。除了学习和玩手机这一块，觉得其他方面他都挺好的，也能跟别人学习。"老师BT2说："有，他们知道，能意识到这种错误，但有时候吧像初中孩子，也就是咱们说的一个心理方面的一个问题吧，可能孩子大了，遇到一些事情，他们自己知道错了，看到别人做得好的地方呢，也会像别人学习。"

从综合问卷调查和访谈的结果来看，流动儿童整体的自我认识能力要弱于非流动儿童，造成这一结果的原因是多方面的，可以说与流动儿童所生活的微系统、中间系统、外层系统和宏观系统都有一定的关系。

八　生活目标

生活目标是指个体在生活中所确立的未来生活的目标，是衡量个体社会化的指标之一。对处于学龄阶段的少年儿童而言，他们的生活目标体现在对教育及职业的期许上，即希望取得的学历及将来从事的职业。研究从这两个方面出发，以"你希望将来读书到什么程度""你希望将来从事什么职业"两个题项对流动儿童的生活目标进行考察，统计结果如表2—40所示。

表2—40　　B8.1 希望将来读书到什么程度与流动情况交叉表　　　单位：人

		流动情况		总计
		流动儿童	非流动儿童	
B8.1 希望将来读书到什么程度	初中	91	46	137
		2.6%	1.4%	2.0%
		1.3%	0.6%	2.0%
	高中或中专	346	162	508
		9.9%	4.9%	7.5%
		5.1%	2.4%	7.5%
	大学（包括本科和专科）	1635	1326	2961
		46.7%	40.2%	43.5%
		24.1%	19.5%	43.5%
	研究生（包括硕士、博士、博士后）	1428	1766	3194
		40.8%	53.5%	47.0%
		21.0%	26.0%	47.0%
总计		3500	3300	6800
		100%	100%	100%
		51.5%	48.5%	100%

由表2—40可以看出，在流动儿童对将来读书程度的选择中，2.6%

第二章 流动儿童接触和使用移动社交媒体及其社会化状况的调查 / 115

的流动儿童选择读到初中，9.9%的流动儿童选择读到高中或中专，46.7%的流动儿童选择读到大学（包括本科和专科），40.8%的流动儿童选择读到研究生（包括硕士、博士、博士后），可见，大多数的流动儿童选择读到大学及研究生阶段，只有极少部分的流动儿童选择读到初中。在非流动儿童对将来读书程度的选择中，1.4%的非流动儿童选择读到初中，4.9%的非流动儿童选择读到高中或中专，40.2%的非流动儿童选择读到大学（包括本科和专科），53.5%的非流动儿童选择读到研究生（包括硕士、博士、博士后）。可见，同流动儿童对读书程度的选择一样，多数的非流动儿童选择读到大学及研究生阶段，极少数的非流动儿童选择读到初中，但是与流动儿童相比，不同点是，非流动儿童选择读到研究生阶段的比例最高，远超过流动儿童在这一选择上的比例，而且非流动儿童选择读到初中、高中或中专的比例均低于流动儿童，这表明非流动儿童对自己将来教育程度的期望要远高于流动儿童。

课题组在对流动儿童访谈时，有的流动儿童表示想读到大学，如001、005、007等人，有的流动儿童表示越高越好，如0010、0011、006等人，001说"大学。嗯，我想当总理。中国现在的总理是李克强，我听我奶奶说的。我也不知道为啥想当总理，就是突然就想当了，当了总理后想管理国家大事"，还有部分流动儿童则表示自己没有明确的目标，顺其自然，如002说"先看看我能念到什么时候吧，我也不知道，我想做厨师，我也不知道为啥，可能喜欢吃吧"，003说"就是先毕业，回老家考高中，考得上就上，考不上就上职专"等，这部分流动儿童对自己的教育目标比较模糊，学习期望较低，同前文对流动儿童成绩调查的结果相吻合。

在对流动儿童将来从事职业的调查中，课题组根据《中华人民共和国职业分类大典》对职业的分类情况及了解到的流动儿童的职业选择，设置了医生、警察、农民、工人、演员、歌手、服务员、老板、科学家、教师、工程师、厨师、主持人、记者、运动员、其他16个选项对流动儿童的职业目标进行考察，结果如表2—41所示。

表2—41　　**B8.2 希望将来从事什么职业与流动情况交叉表**　　单位：人

		流动情况		总计
		流动儿童	非流动儿童	
B8.2 希望将来从事什么职业	医生	403	488	891
		11.5%	14.8%	13.1%
	警察	368	215	583
		10.5%	6.5%	8.6%
	农民	35	33	68
		1.0%	1.0%	1.0%
	工人	31	23	54
		0.9%	0.7%	0.8%
	演员	315	310	625
		9.0%	9.4%	9.2%
	歌手	245	184	429
		7.0%	5.6%	6.3%
	服务员	21	0	21
		0.6%	0.0%	0.3%
	老板	399	254	653
		11.4%	7.7%	9.6%
	科学家	193	264	457
		5.5%	8.0%	6.7%
	教师	287	449	736
		8.2%	13.6%	10.8%
	工程师	66	116	182
		1.9%	3.5%	2.7%
	厨师	98	56	154
		2.8%	1.7%	2.3%
	主持人	52	56	108
		1.5%	1.7%	1.6%
	记者	24	66	90
		0.7%	2.0%	1.3%
	运动员	140	175	315
		4.0%	5.3%	4.6%
	其他	823	611	1434
		23.5%	18.5%	22.1%
总计		3500	3300	6800
		100%	100%	100%

由表2—41可以看出，在流动儿童对将来从事职业选择的调查中，被选择较多的职业是其他、医生、老板，分别占总体的23.5%、11.5%、11.4%。还有少数的流动儿童选择了服务员、农民、工人。在非流动儿童对将来从事职业选择的调查中，被选择较多的职业是其他、医生、教师家，分别占总体的18.5%、14.8%、13.6%。还有少数的非流动儿童选择了工人、警察、厨师等职业。值得注意的是，非流动儿童选择服务员的比例是0，而流动儿童选择服务员的比例是0.6%，在这一点上两者差异较大。

课题组在访谈中向流动儿童提及这一问题时，有的流动儿童表示想从事总理、科学家、医生等工作，也有的流动儿童表示自己想做厨师、打工者等，还有少数流动儿童表示自己还没想好，对未来没有明确的职业选择，如0010说"这个我还没想好"，0011说"这个啊，没想过"等。

从综合问卷调查及访谈的结果可以认为，流动儿童与非流动儿童在对未来的职业选择上存在明显差异，非流动儿童选择高端职业的比例远高于流动儿童。从访谈结果来看，部分流动儿童的职业选择受父母影响较大，如007说"我现在还没想过将来想做什么，可能做一个打工的吧，就上班"，流动儿童的父母作为一个打工者离开老家，到流入地生活，他们的这种职业身份也间接地影响到了流动儿童的生活目标。而另一部分流动儿童则表示没有想过自己未来的职业或者是不知道自己将来想做什么，这种没有明确生活目标的做法，说明他们在树立生活目标方面的社会化能力较弱。

小结

通过对流动儿童社会化状况的调查结果进行呈现可以看到，流动儿童与非流动儿童的社会化能力存在显著差异。在所考察的社会化状况的八个方面中，流动儿童在生活技能及角色认同两方面的得分要高于非流动儿童，在性格与行为特征、消费观念、社会交往、社会规范、自我认识方面的得分均低于非流动儿童。根据这一结果，可以认为流动儿童的社会化能力要弱于非流动儿童。在这种情况下，移动社交媒体对流动儿童社会化所产生的影响尤应引起我们的重视。

第三章

流动儿童接触和使用移动社交媒体对其社会化的影响

前文已经通过对问卷数据及访谈结果进行分析，大致了解了流动儿童接触和使用移动社交媒体的现状、特点及其社会化状况。在调查中课题组发现，移动社交媒体已经成为流动儿童进行人际交往、获取信息、娱乐身心等的重要媒介平台，在其社会生活中扮演着重要角色，影响着流动儿童的社会化状况。本章试图借助 SPSS22.0 统计软件，采用相关性分析、多元回归分析等方法，利用数据之间的联系，探索移动社交媒体的接触和使用与流动儿童社会化间的联系。

第一节 流动儿童的人口统计学变量与其社会化的相关性检验

在影响流动儿童社会化的诸多因素中，人口统计学变量中的性别、年龄、家庭经济状况、父母受教育程度等因素是否也与社会化有着一定的关联？这一小节将从人口统计学变量中的基本变量出发，探索人口统计学变量对流动儿童社会化的影响。

一 性别及年龄的检验

性别是最基本的对他人进行分类的社会范畴之一，在心理学领域已有诸多研究表明，男生与女生在智力、认知、言语、交往等方面存在性别差异。因而研究从儿童社会化的角度出发，了解性别差异对社会化产生的影响，从而有助于针对性地采取规范儿童社会化发展的措施。基于此，研究选定性别及流动儿童社会化的情况进行双变量相关分析，结果如表3—1所示。

表3—1　　　　　　　性别与流动儿童社会化的相关性

			B1 性格与行为特征	B2 生活技能	B3 消费观念	B4 社会交往	B5 社会规范	B6 角色认同	B7 自我认识	B8.1 希望将来读书到什么程度	B8.2 希望将来从事什么职业
斯皮尔曼等级相关系数	性别	相关系数	0.307	0.023	0.416**	0.402**	0.353**	-0.042	0.061	0.296**	-0.031
		显著性（双尾）	0.006	0.024	0.001	0.004	0.000	0.037	0.090	0.007	0.387
		N（人）	3500	3500	3500	3500	3500	3500	3500	3500	3500

注：** 表示相关性在 0.01 级别显著（双尾）。

由表3—1可以看出，性别与社会化因素中的自我认识、职业目标因素的显著性双侧值大于0.05，数值不符合因素相关的要求，所以性别与这些因素间不具有相关关系。

在其他社会化因素中，生活技能、消费观念、社会交往、社会规范、角色认同、教育目标等因素的显著性双侧值均小于0.05，数值符合因素相关的要求，因此可以认为性别与这些因素具有相关关系，也就是说在社会化的部分因素中存在性别差异。

为进一步探索性别因素在性格与行为特征、生活技能、消费观念、社会交往、社会规范、角色认同、教育目标等因素间存在的差异，研究利用独立样本T检验功能进行了数据检验，结果如表3—2所示。

表 3—2　　　　　性别与部分社会化因素的独立样本 T 检验

			组统计		
	性别	数字（人）	平均值（E）	标准偏差	标准误差平均值
B3 消费观念	男	1700	14.7929	3.20222	0.15533
	女	1800	15.5014	3.03220	0.16093
B1 性格与行为特征	男	1700	21.7099	3.82826	0.18592
	女	1800	21.8394	3.76043	0.19958
B2 生活技能	男	1700	25.7271	7.05510	0.34222
	女	1800	26.1549	6.90134	0.36629
B4 社会交往	男	1700	12.5059	2.23725	0.10852
	女	1800	12.9268	2.15376	0.11431
B5 社会规范	男	1700	20.4953	3.52096	0.17099
	女	1800	21.5508	3.15492	0.16768
B6 角色认同	男	1700	9.4141	2.78943	0.13531
	女	1800	9.2056	2.71218	0.14395
B8.1 希望将来读书到什么程度	男	1700	3.19	0.3500	0.038
	女	1800	3.34	0.704	0.037

由表 3—2 可以看出，在消费观念方面，女生更能够在进行消费行为时，拥有合理消费的观念。在性格与行为特征方面，女生要比男生的性格更为积极、外向一些。在生活技能方面，女生在日常生活中更能做到自己洗衣服、做饭、帮家人做家务等，生活技能要强于男生。在社会交往方面，女生在日常生活中与家人、老师、同学的关系要好于男生。在社会规范方面，女生的社会规范能力要强于男生，在生活中更能够遵守学校纪律、主动捡垃圾放到垃圾桶、在公交车上给老人让座等。在角色认同方面，男生所具有的成人意识要强于女生。在教育目标方面，女生对自己将来的受教育程度有着较为清晰的目标与规划。

随着年龄的增长，个体的学习能力、个性特点、社会适应能力都在逐渐发展，面临的社会化问题也会有所不同，因此，根据数据变量的特点，研究选定年龄及流动儿童的性格与行为特征、生活技能、消费观念、社会交往、社会规范、角色认同、自我认识、教育目标进行双变量相关分析，结果如表 3—3 所示。

表 3—3　　　　　　　年龄与流动儿童社会化的相关性

			B1 性格与行为特征	B2 生活技能	B3 消费观念	B4 社会交往	B5 社会规范	B6 角色认同	B7 自我认识	B8.1 希望将来读书到什么程度
斯皮尔曼等级相关系数	年龄	相关系数	0.343	0.305**	0.276*	0.242	0.241	0.334	0.128	0.286*
		显著性（双尾）	0.002	0.000	0.033	0.039	0.048	0.038	0.043	0.016
		N（人）	3500	3500	3500	3500	3500	3500	3500	3500

注：** 表示相关性在 0.01 级别显著（双尾）。

* 表示相关性在 0.05 级别显著（双尾）。

由表 3—3 可以看出，年龄与社会化因素中的性格与行为特征、生活技能、消费观念、社会交往、社会规范、角色认同、自我认识、教育目标、职业目标都具有相关关系，是影响儿童社会化的重要因素。性格与行为特征的显著性双侧值为 0.002，相关系数值为 0.343，显著性双侧值小于 0.005，数值符合因素相关的要求，且相关系数值为正，因此年龄与性格与行为特征呈正相关。可以理解为，年龄越大的流动儿童，性格与行为特征越偏向于正面，或者性格与行为特征越偏向于正面的流动儿童，年龄越大。

在生活技能方面，显著性双侧值为 0.000，相关系数值为 0.305，显著性双侧的数值位于 0.05 以内，数值符合因素相关的要求，且相关系数值为正，说明年龄与生活技能呈正相关。可以理解为，年龄越大的流动儿童，生活技能越强，或者生活技能越强的流动儿童，年龄越大。随着年龄的增长，流动儿童可以自己做饭、洗衣服、帮助家人分担家务等，自理能力增强，所掌握的生活技能也增强。

在消费观念方面，显著性双侧值为0.033，相关系数值为0.276，显著性双侧的数值位于0.05以内，数值符合因素相关的要求，且相关系数值为正，因此年龄与消费观念呈正相关。可以理解为，年龄越大的流动儿童，他们的消费观念就越趋于合理，或者消费观念越趋于合理的流动儿童，他们的年龄越大。随着年龄的增长，流动儿童会根据自己的实际需要购买东西，求异心理、攀比心理、从众心理等不合理心理也会减轻。

在社会交往方面，显著性双侧值为0.039，相关系数值为0.242，显著性双侧的数值位于0.05以内，数值符合因素相关的要求，且相关系数值为正，因此年龄与社会交往呈正相关。可以理解为，年龄越大的流动儿童，越能处理好与父母、老师、同学之间的关系，社会交往能力越强，或者社会交往能力越强的流动儿童，年龄越大。

在社会规范方面，显著性双侧值为0.048，相关系数值为0.241，显著性双侧的数值位于0.05以内，数值符合因素相关的要求，且相关系数值为正，因此年龄与社会规范呈正相关。可以理解为，年龄越大的流动儿童，他们的社会规范能力越强，或者社会规范能力越强的流动儿童，他们的年龄越大。随着年龄的增长，流动儿童对道德概念的理解逐渐加深，能够将道德理念内化为指导自己言行的准则，在生活中也能够做到爱护公物、遵守学校纪律等，社会规范能力逐渐增强。

在角色认同方面，显著性双侧值为0.038，相关系数值为0.334，显著性双侧的数值位于0.05以内，数值符合因素相关的要求，且相关系数值为正，因此年龄与角色认同呈正相关。可以理解为，年龄越大的流动儿童，角色认同能力越强，或者角色认同能力越强的流动儿童，年龄越大。随着年龄的增长，流动儿童的思想愈加成熟，逐渐承担起一部分家庭责任，而且与大人的交往联系增多，自身的成人意识相应增强。

在教育目标方面，显著性双侧值为0.016，相关系数值为0.286，显著性双侧的数值位于0.05以内，数值符合因素相关的要求，且相关系数值为正，因此年龄与教育目标呈正相关。可以理解为，年龄越大的流动儿童，教育目标越清晰，或者教育目标越清晰的流动儿童，年龄越大。随着年龄的增长，流动儿童越能够明确自己的学习期望，明晰自己将来所要达到的教育目标。

由于生活目标中的职业目标为定类变量,数据属于非参数检验的范畴,因此研究选定年龄及职业目标进行方差分析,发现职业目标的显著性双侧值为0.000,显著性双侧的数值位于0.05以内,数值符合因素相关的要求,因此年龄与职业目标具有相关关系。

二 家庭经济状况的检验

家庭经济状况直接决定了流动儿童的物质生活质量,对这一关键因素进行检验,结果如表3—4所示。

表3—4　　　　家庭经济状况与流动儿童社会化的相关性

			B1 性格与行为特征	B2 生活技能	B3 消费观念	B4 社会交往	B5 社会规范	B6 角色认同	B7 自我认识	B8.1 希望将来读书到什么程度
斯皮尔曼等级相关系数	C5 您家庭的月收入情况	相关系数	0.275*	-0.202	0.223	0.273*	0.394**	-0.212	0.285*	0.248**
		显著性（双尾）	0.036	0.007	0.518	0.043	0.009	0.003	0.017	0.000
		N（人）	3500	3500	3500	3500	3500	3500	3500	3500

由表3—4可以看出,家庭经济状况与社会化因素中的消费观念因素的显著性双侧值大于0.05,数值不符合因素相关的要求,所以家庭经济状况与这些因素间不具有相关关系。

在其他社会化因素中,生活技能的显著性双侧值为0.007,相关系数值为-0.202,显著性双侧的数值位于0.05以内,数值符合因素相关的要求,且相关系数值为负,因此家庭经济状况与生活技能呈负相关。可理解为,家庭经济条件还不错的流动儿童,生活技能越弱,或者生活技能越弱的流动儿童,家庭经济状况越好。这可能是由于家庭经济状况好的流动儿童，其父母花费在家里的时间相对较多，很多家务是由父母来完成，儿童所需承担的家庭责任较少，导致其生活技能较弱。在进行访谈调查时课题组发现，家庭经济状况较好的流动儿童，一般家务都是由父母或爷爷奶奶等完成，而家庭经济状况一般的流动儿童，因父母工作较忙，流动儿童则承担了家里大部分的家务活，他们不仅要照顾自己，甚至还要照顾父母及弟弟妹妹等，也正是在这一过程中，他们的生活技能不断增强。

在角色认同方面，显著性双侧值为 0.003，相关系数值为 -0.212，显著性双侧的数值位于 0.05 以内，数值符合因素相关的要求，且相关系数值为负，因此家庭经济状况与角色认同呈负相关。可理解为，家庭经济条件还不错的流动儿童，角色认同能力越弱，或者角色认同能力越弱的流动儿童，家庭经济条件还不错。角色认同能力与生活技能有一定的联系，家庭经济条件还不错的流动儿童，他的生活水平越高，越难体会到生活的艰辛与不易，相应地成人意识要弱一些。

在性格与行为特征方面，显著性双侧值为 0.036，相关系数值为 0.275，显著性双侧的数值位于 0.05 以内，数值符合因素相关的要求，且相关系数值为正，因此家庭经济状况与性格与行为特征呈正相关。可理解为，家庭经济条件还不错的流动儿童，越勇敢、自信、有主见，有着积极向上的性格，或者性格越积极向上的流动儿童，家庭经济条件还不错。这可能是由于经济条件较好的家庭为流动儿童的成长提供了较为丰厚的物质条件，为流动儿童参与课外实践活动，开阔眼界等提供了经济保证，而外界的这些活动潜移默化地培养了流动儿童较为积极的性格与特征。

在社会交往方面，显著性双侧值为 0.043，相关系数值为 0.273，显著性双侧的数值位于 0.05 以内，数值符合因素相关的要求，且相关系数值为正，因此家庭经济状况与社会交往呈正相关。可理解为，家庭经济条件还不错的流动儿童，社会交往能力越强，或者社会交往能力越强的流动儿童，家庭经济条件还不错。这可能是由于家庭经济条件较好的流动儿童在日常生活中与人打交道的机会较多，有助于他们逐渐掌握了与人相处的方法，能够较为妥善地处理好与老师、同学、父母的关系，社会交往能力较强。

在社会规范方面，显著性双侧值为 0.009，相关系数值为 0.394，显著性双侧的数值位于 0.05 以内，数值符合因素相关的要求，且相关系数值为正，因此家庭经济状况与社会规范呈正相关。也就是说，家庭经济条件还不错的流动儿童，其自身的道德观念越强，越能够在日常生活中做到在公交车上主动给老人让座、爱护公共财物等，具有较强的社会规范能力，或者道德观念越强的流动儿童，家庭经济条件还不错。

在自我认识方面，显著性双侧值为 0.017，相关系数值为 0.285，显著性双侧的数值位于 0.05 以内，数值符合因素相关的要求，且相关系数值为正，因此家庭经济状况与自我认识呈正相关。可理解为，家庭经济条件还不错的流动儿童，对自己的学习成绩、性格等越满意，而且能够认识到自己做得不好的地方，虚心向别人学习等，自我认识的能力越强，或者自我认识能力越强的流动儿童，家庭经济条件还不错。

在教育目标方面，显著性双侧值为 0.000，相关系数值为 0.248，显著性双侧的数值位于 0.05 以内，数值符合因素相关的要求，因此家庭经济状况与教育目标呈正相关。可理解为，家庭经济条件还不错的流动儿童，更有着明确的教育目标，也更想取得较高的学历，或者更有清晰教育目标的流动儿童，家庭经济条件还不错。

由于生活目标中的职业目标为定类变量，因此研究选定年龄及职业目标进行方差分析，结果显示，显著性双侧值为 0.034，数值符合因素相关的要求，因此家庭经济状况与职业目标具有相关关系。家庭经济状况与父母的职业具有直接联系，这可能是由于在日常生活中，流动儿童父母的职业在潜移默化中影响到了流动儿童对未来职业目标的选择及确立。

三　父母受教育程度及职业的检验

父母受教育程度及职业是影响儿童成长的外层系统，间接地对儿童的成长产生影响。可以说，父母的受教育程度及职业在一定程度上影响了父母对流动儿童的教育质量、教育方式等，影响了流动儿童的社会化。因此，结合数据变量的特点，研究选定父母受教育程度及流动儿童的性格与行为特征、生活技能、消费观念、社会交往、社会规范、角色认同、自我认识、教育目标进行双变量相关分析，结果如表 3—5 所示。

表 3—5　　　父母的受教育程度与流动儿童社会化的相关性

			B1 性格与行为特征	B2 生活技能	B3 消费观念	B4 社会交往	B5 社会规范	B6 角色认同	B7 自我认识	B8.1 希望将来读书到什么程度
斯皮尔曼等级相关系数	C4 您的受教育程度	相关系数	0.270	-0.207**	0.279*	0.275*	0.223**	-0.244	0.296**	0.291*
		显著性（双尾）	0.046	0.003	0.027	0.036	0.001	0.012	0.007	0.011
		N（人）	3500	3500	3500	3500	3500	3500	3500	3500

注：** 表示相关性在 0.01 级别显著（双尾）。

* 表示相关性在 0.05 级别显著（双尾）。

由表 3—5 可以看出，性格与行为特征的显著性双侧值为 0.046，相关系数值为 0.270，显著性双侧的数值位于 0.05 以内，数值符合因素相关的要求，且相关系数值为正，因此父母受教育程度和性格与行为特征呈正相关。可理解为，在教育方面，父母受教育程度越高的流动儿童，性格与行为特征越偏向正面，或者性格与行为特征越偏向正面的流动儿童，其父母受教育程度越高。

在生活技能方面，显著性双侧值为 0.003，相关系数值为 -0.207，显著性双侧的数值位于 0.05 以内，数值符合因素相关的要求，且相关系数值为负，因此父母受教育程度与生活技能呈负相关。可理解为，在教育方面，父母受教育程度越低的流动儿童，其在生活中越能够照顾自己，生活技能就越强，或者生活技能越强的流动儿童，其父母受教育程度越低。受教育程度较低的父母，一般从事繁重的工作，导致他们照顾孩子的时间较少，也因此培养了孩子的生活自理能力，使得孩子的生活技能要强于同龄人。

在消费观念方面，显著性双侧值为 0.027，相关系数值为 0.279，显著性双侧的数值位于 0.05 以内，数值符合因素相关的要求，且相关系数值为正，说明父母受教育程度与消费观念呈正相关。可理解为，在教育方面，父母受教育程度越高的流动儿童，他的消费观念越趋于合理，或者消费观念越趋于合理的流动儿童，其父母的受教育程度越高。这可能是由于受教育程度越高的父母，越能够在日常生活中教导流动儿童，引导他们形成合理的消费观念。

在社会交往方面，显著性双侧值为 0.036，相关系数值为 0.275，显著性双侧的数值位于 0.05 以内，数值符合因素相关的要求，且相关系数值为正，说明父母受教育程度与社会交往呈正相关。可以理解为，在教育方面，父母受教育程度越高的流动儿童，与父母、老师、同学的人际关系处理得越好，社会交往能力越强，或者社会交往能力强的流动儿童，其父母的受教育程度越高。这可能是由于受教育程度越高的父母，越懂得在日常生活中如何教导流动儿童与周围人相处，教导他们合理处理师生关系、同伴关系及亲子关系等，增强他们的社会交往能力。

在社会规范方面，显著性双侧值为 0.001，相关系数值为 0.223，显著性双侧的数值位于 0.05 以内，数值符合因素相关的要求，且相关系数值为正，因此父母受教育程度与社会规范呈正相关。可以理解为，在教育方面，父母受教育程度越高的流动儿童，社会规范能力越强，或者社会规范能力越强的流动儿童，其父母受教育程度越高。这可能是由于受教育程度越高的父母，越有意识地在日常小事上教导孩子养成良好的行为习惯，注重提高孩子的道德品质，在这种情况下，孩子的社会规范能力相应增强。

在角色认同方面，显著性双侧值为 0.012，相关系数值为 −0.244，显著性双侧的数值位于 0.05 以内，数值符合因素相关的要求，且相关系数值为负，因此父母受教育程度与角色认同呈负相关。可以理解为，在教育方面，父母受教育程度越高的流动儿童，成人意识越弱，或者成人意识越弱的流动儿童，其父母受教育程度越高。

在自我认识方面，显著性双侧值为 0.007，相关系数值为 0.296，显著性双侧的数值位于 0.05 以内，数值符合因素相关的要求，且相关系数值为正，说明父母受教育程度与自我认识呈正相关。可理解为，在教育方面，父母受教育程度越高的流动儿童，自我认识能力越强，越能够正确评价自己，或者自我认识能力越强的流动儿童，其父母受教育程度越高。这可能是由于在教育方面，父母受教育程度越高越注重对孩子的教导，使得他们能够认识到自己的不足，正确认识自己。

在教育目标方面，显著性双侧值为 0.011，相关系数值为 0.291，显著性双侧的数值位于 0.05 以内，数值符合因素相关的要求，且相关系数值为正，说明父母受教育程度与教育目标呈正相关。可理解为，在教育方面，父母受教育程度越高的流动儿童，对自己的教育目标越清晰，越想取得较高的学历，或者对自己教育目标越清晰的流动儿童，其父母受教育程度越高。这可能是由于在教育方面，受教育程度高的父母对孩子的学习期望较高，要求比较严格，使得孩子能够确立明晰的教育目标，想取得较高的学历。课题组在对问卷调查中开放性问题“你觉得移动社交媒体会对你产生哪些影响”（可从学习、生活、情感等方面谈）进行统计时发现，一个小学三年级的学生写的答案是“会影响我考研究生”，9 岁的孩子已经知道“研究生”的概念，并且确立了考取研究生的目标，这很大程度上是受父母影响的结果。

由于生活目标中的职业目标为定类变量，数据属于非参数检验的范畴，因此研究选定父母受教育程度及职业目标进行方差分析，结果显示，显著性双侧值为 0.022，显著性双侧的数值位于 0.05 以内，数值符合因素相关的要求，因此父母受教育程度与流动儿童的职业目标具有相关关系。

前文的研究探索了父母的受教育程度与流动儿童社会化情况的关系，发现父母的受教育程度与大部分的社会化因素具有相关关系。与父母受教育程度具有密切联系的父母的职业因素与流动儿童社会化的哪些因素相关？研究结合数据变量的特点，选定父母职业及流动儿童的性格与行为特征、生活技能、消费观念、社会交往、社会规范、角色认同、自我认识、教育目标进行方差分析，结果如表 3—6 所示。

表 3—6　　父母职业与流动儿童社会化的方差分析

ANOVA						
		平方和	df	均方	F	显著性
B1 性格与行为特征	组之间	177.611	3446	14.801	1.028	0.029
	组内	11030.798	54	14.401		
	总计	11208.409	3500			

续表

		平方和	df	均方	F	显著性
B2 生活技能	组之间	886.294	54	73.858	1.526	0.023
	组内	37113.936	3446	48.388		
	总计	38000.23	3500			
B3 消费观念	组之间	138.709	54	11.559	1.173	0.024
	组内	7560.906	3446	9.858		
	总计	7699.615	3500			
B4 社会交往	组之间	66.454	54	5.538	1.138	0.022
	组内	3732.141	3446	4.866		
	总计	3798.595	3500			
B5 社会规范	组之间	141.210	54	11.768	1.019	0.429
	组内	8831.326	3446	11.544		
	总计	8972.536	3500			
B6 角色认同	组之间	220.695	54	18.391	2.479	0.025
	组内	5690.817	3446	7.420		
	总计	5911.512	3500			
B7 自我认识	组之间	352.496	54	29.375	1.677	0.067
	组内	13420.300	3446	17.520		
	总计	13772.796	3500			
B8.1 希望将来读书到什么程度	组之间	5.869	54	0.489	0.869	0.041
	组内	431.818	3446	0.563		
	总计	437.687	3500			

由表3—6可以看出，父母职业与社会化因素中自我认识、社会规范的显著性双侧值大于0.05，数值不符合因素相关的要求，所以父母职业与自我认识、社会规范因素间不具有相关关系。

在其余社会化因素中，性格与行为特征的显著性双侧值为0.029，显著性双侧的数值位于0.05以内，数值符合因素相关的要求，因此父母职业与流动儿童的性格与行为特征具有相关关系。

在生活技能方面，显著性双侧值为0.023，显著性双侧的数值位于0.05以内，数值符合因素相关的要求，因此父母职业与流动儿童的生活技能具有相关关系。据调查了解，父母所从事职业的类型影响了其花费在家庭中时间的长短，在与多位访谈对象的接触中，我们注意到，从事技术含量较低工作的流动儿童父母往往无暇顾及家庭，照顾流动儿童的时间较少，在这种家庭中成长的流动儿童，也具备了较强的生活技能。

在消费观念方面，显著性双侧值为 0.024，显著性双侧的数值位于 0.05 以内，数值符合因素相关的要求，因此父母职业与流动儿童的消费观念具有相关关系。父母的职业与家庭经济水平具有直接联系，在访谈中我们了解到家庭经济水平一般的流动儿童，因经济条件所限，往往具有较为合理的消费观念。

在社会交往方面，显著性双侧值为 0.022，显著性双侧的数值位于 0.05 以内，数值符合因素相关的要求，因此父母职业与流动儿童的社会交往能力具有相关关系。在调查中我们了解到，工作较忙的流动儿童父母往往把孩子交给电视、手机等媒介，而过度依赖移动社交媒体的流动儿童，自身的现实社会交往能力会减弱，这从一定程度上解释了父母职业与流动儿童社会交往能力间的关系。

在角色认同方面，显著性双侧值为 0.025，显著性双侧的数值位于 0.05 以内，数值符合因素相关的要求，因此父母职业与流动儿童的角色认同具有相关关系。在本研究中，流动儿童的角色认同主要指的是其成人意识。正如前文所分析的，父母的职业会影响到家庭经济水平，家庭经济水平较差的流动儿童，能够较早体会到父母的艰辛，成人意识相对较强。

在教育目标方面，显著性双侧值为 0.041，显著性双侧的数值位于 0.05 以内，数值符合因素相关的要求，因此父母职业与流动儿童的教育目标具有相关关系。

由于生活目标中的职业目标为定类变量，数据属于非参数检验的范畴，因此研究选定父母职业及职业目标进行卡方检验，结果显示，职业目标的显著性双侧值为 0.000，显著性双侧的数值位于 0.05 以内，数值符合因素相关的要求，因此父母职业与流动儿童的职业目标具有相关关系。也就是说，父母的职业在一定程度上影响了流动儿童对自我职业目标的确定。在前文中我们提到过布朗芬伦纳所提出的儿童发展理论模型，在这一模型中，父母的职业条件被称作影响儿童成长的"外系统"，虽然父母的职业未对孩子的成长产生直接影响，但却会影响到孩子的生活水平，间接地影响到孩子的成长。在对流动儿童与非流动儿童关于职业目标、教育目标的问卷统计结果中可以看到，非流动儿童与流动儿童所确立的职业目标、教育目标存在较为明显的差异。课题组在对流动儿童进行相关问题的访谈时，有相当一部分流动儿童表示不知道自己将来想做什么，从未考虑过今后的职业目标，甚至有部分流动儿童告诉课题组，他们长大后会打工或上班，而秉持这种想法的流动儿童很有可能是受父母职业的影响，成为父母的"复本"。

四 学习成绩的检验

流动儿童作为学龄期儿童，学习成绩在其社会生活中占据重要位置。学习成绩是否与其社会化状况具有一定的关系？研究结合数据变量的特点，选定年龄及流动儿童的性格与行为特征、生活技能、消费观念、社会交往、社会规范、角色认同、自我认识、教育目标进行双变量相关分析，结果如表3—7所示。

表3—7　　　　学习成绩与流动儿童社会化的相关性

		B1 性格与行为特征	B2 生活技能	B3 消费观念	B4 社会交往	B5 社会规范	B6 角色认同	B7 自我认识	B8.1 希望将来读书到什么程度
斯皮尔曼等级相关系数	学习成绩	相关系数	0.271**	0.151**	0.226**	0.304**	0.271**	-0.031	0.409**	0.364**
		显著性（双尾）	0.000	0.000	0.000	0.000	0.000	0.389	0.000	0.000
		N（人）	3500	3500	3500	3500	3500	3500	3500	3500

注：** 表示相关性在0.01级别显著（双尾）。

由表3—7可以看出，学习成绩与社会化因素中的角色认同因素的显著性双侧值大于0.05，数值不符合因素相关的要求，所以学习成绩与这些因素间不具有相关关系。

在其他社会化因素中，性格与行为特征的显著性双侧值为0.000，相关系数值为0.271，显著性双侧的数值位于0.05以内，数值符合因素相关的要求，且相关系数值为正，说明学习成绩与流动儿童的性格与行为特征呈正相关。可理解为，学习成绩越好的流动儿童，其性格与行为特征也越偏向于自信、勇敢等积极的性格，或者性格与行为特征越积极的流动儿童，学习成绩也越好。

在生活技能方面，显著性双侧值为 0.000，相关系数值为 0.151，显著性双侧的数值位于 0.05 以内，数值符合因素相关的要求，且相关系数值为正，说明学习成绩与流动儿童的生活技能呈正相关。可理解为，学习成绩越好的流动儿童越具有较强的生活自理能力，能够掌握较强的生活技能，或者生活技能越强的流动儿童，学习成绩也越好。

在消费观念方面，显著性双侧值为 0.000，相关系数值为 0.226，显著性双侧的数值位于 0.05 以内，数值符合因素相关的要求，且相关系数值为正，说明学习成绩与流动儿童的消费观念呈正相关。可理解为，学习成绩越好的流动儿童，所具有的消费观念越趋向于合理，或者消费观念越趋向于合理的流动儿童，学习成绩也越好。

在社会交往方面，显著性双侧值为 0.000，相关系数值为 0.304，显著性双侧的数值位于 0.05 以内，数值符合因素相关的要求，且相关系数值为正，说明学习成绩与流动儿童的社会交往呈正相关。可理解为，学习成绩越好的流动儿童，所具有的处理与父母、老师、同学等人际关系的社会交往能力越强，或者社会交往能力越强的流动儿童，学习成绩越好。

在社会规范方面，显著性双侧值为 0.000，相关系数值为 0.271，显著性双侧的数值位于 0.05 以内，数值符合因素相关的要求，且相关系数值为正，说明学习成绩与流动儿童的社会规范呈正相关。可理解为，学习成绩越好的流动儿童，越能够在日常生活中做到遵守学校纪律、团结同学、尊敬师长等，越具有较强的社会规范能力，或者社会规范能力越强的流动儿童，学习成绩越好。

在自我认识方面，显著性双侧值为 0.000，相关系数值为 0.409，显著性双侧的数值位于 0.05 以内，数值符合因素相关的要求，且相关系数值为正，说明学习成绩与流动儿童的自我认识呈正相关。可理解为，学习成绩越好的流动儿童，越能够对自己形成正确的评价，自我认识能力越强，或者自我认识能力越强的流动儿童，学习成绩越好。

在教育目标方面，显著性双侧值为 0.000，相关系数值为 0.364，显著性双侧的数值位于 0.05 以内，数值符合因素相关的要求，且相关系数值为正,说明学习成绩与流动儿童的教育目标呈正相关。可理解为,学习成绩越好的流动儿童,越能够确立清晰的教育目标,期望达到的学历程度越高,或者教育目标越清晰的流动儿童,学习成绩越好。

由于生活目标中的职业目标为定类变量,因此研究选定学习成绩及职业目标进行方差分析,结果显示,显著性双侧值为0.002,显著性双侧的数值位于0.05以内,数值符合因素相关的要求,因此流动儿童的学习成绩与其职业目标具有相关关系。

五 独生子女的检验

社会学、心理学等领域的学者对独生子女的关注较多,已有研究证明,独生子女的人格特质与非独生子女的人格特质存在一定的差异。[①] 那么在流动儿童的社会化过程中,独生子女与其社会化是否有一定的关联?研究结合数据变量的特点,选定是否独生子女及流动儿童的性格与行为特征、生活技能、消费观念、社会交往、社会规范、角色认同、自我认识、教育目标进行方差分析,结果如表3—8所示。

表3—8　　是否独生子女与流动儿童社会化的方差分析

	ANOVA				
		平方和	df	均方	F	显著性
B1 性格与行为特征	组之间	18.145	4	18.145	1.260	0.002
	组内	11190.264	3496	14.402		
	总计	11208.409	3500			
B2 生活技能	组之间	17.247	4	17.247	0.353	0.008
	组内	37982.982	3496	48.821		
	总计	38000.229	3500			
B3 消费观念	组之间	2.508	4	2.508	0.253	0.615
	组内	7697.108	3496	9.893		
	总计	7699.616	3500			
B4 社会交往	组之间	0.100	4	0.100	0.020	0.003
	组内	3798.495	3496	4.882		
	总计	3798.595	3500			

---

① 风笑天:《"后独生子女时代"的独生子女问题》,《浙江学刊》2020年第5期。

续表

		平方和	df	均方	F	显著性
B5 社会规范	组之间	33.660	4	33.660	2.922	0.004
	组内	8938.876	3496	11.519		
	总计	8972.536	3500			
B6 角色认同	组之间	0.016	4	0.016	0.002	0.963
	组内	5911.495	3496	7.598		
	总计	5911.511	3500			
B7 自我认识	组之间	12.582	4	12.582	0.710	0.505
	组内	13760.214	3496	17.709		
	总计	13772.796	3500			
B8.1 希望将来读书到什么程度	组之间	0.465	4	0.465	0.827	0.363
	组内	437.222	3496	0.562		
	总计	437.687	3500			

由表3—8可以看出，消费观念、自我认识、教育目标的显著性双侧值均大于0.05，数值不符合因素相关的要求，所以是否独生子女与这些社会化因素间不具有相关关系。

在其他社会化因素中，性格与行为特征的显著性双侧值为0.002，生活技能的显著性双侧值为0.008，社会规范的显著性双侧值为0.004，社会交往的显著性双侧值为0.003，显著性双侧的数值位于0.05以内，因此是否独生子女和性格与行为特征、生活技能、社会规范、社会交往具有相关关系。为进一步探索是否独生子女与这些因素间存在的差异，研究利用独立样本T检验功能进行了数据检验，结果发现，在性格与行为特征方面，非独生子女的平均值高于独生子女，说明非独生子女的性格要好于独生子女。在生活技能方面，非独生子女的平均值高于独生子女，说明非独生子女的生活技能要强于独生子女。在社会规范方面，独生子女的平均值高于非独生子女，说明独生子女的社会规范能力强于非独生子女。在社会交往方面，非独生子女的平均值高于独生子女，说明非独生子女的社会交往能力高于独生子女。

由于生活目标中的职业目标为定类变量，因此研究选定是否独生子女及职业目标进行卡方检验，结果显示，显著性双侧值为0.056，显著性双侧值大于0.05，数值不符合因素相关的要求，因此是否独生子女与流动儿童的职业目标没有相关关系。

六 来迁入地时间及对迁入地的认同情况的检验

流动儿童初来到迁入地，进入陌生的环境，需要时间适应一切。在这个过程中，他们会慢慢地感受当地的风土人情，学习当地的规范、习俗，逐渐适应当地的生活，甚至会改变自己原有的社会化特征。因此，流动儿童来迁入地的时间及对迁入地的认同情况是否会与其社会化具有一定的关联？研究结合数据变量的特点，选定来迁入地的时间及流动儿童的性格与行为特征、生活技能、消费观念、社会交往、社会规范、角色认同、自我认识、教育目标进行双变量相关分析，结果如表3—9所示。

表3—9　　　　来迁入地时间与流动儿童社会化的相关性

			B1 性格与行为特征	B2 生活技能	B3 消费观念	B4 社会交往	B5 社会规范	B6 角色认同	B7 自我认识	B8.1 希望将来读书到什么程度
斯皮尔曼等级相关系数	C2 您的孩子来北京/济南/青岛/潍坊/淄博/临沂/日照多久了	相关系数	0.271*	0.297**	0.278*	0.250	0.223	-0.250	0.240	0.256
		显著性（双尾）	0.048	0.007	0.030	0.040	0.028	0.036	0.268	0.119
		N（人）	3500	3500	3500	3500	3500	3500	3500	3500

注：** 表示相关性在0.01级别显著（双尾）。

* 表示相关性在0.05级别显著（双尾）。

由表 3—9 可以看出，自我认识的显著性双侧值为 0.268，教育目标的显著性双侧值为 0.119，这些因素的显著性双侧值均大于 0.05，数值不符合因素相关的要求，所以来迁入地时间与这些社会化因素间不具有相关关系。

在性格与行为特征方面，显著性双侧值为 0.048，相关系数值为 0.271，显著性双侧的数值位于 0.05 以内，数值符合因素相关的要求，且相关系数值为正，说明来迁入地时间与流动儿童的性格与行为特征呈正相关。可理解为，来迁入地时间越久的流动儿童，性格与行为特征越偏向于正面，或者性格与行为特征越偏向于正面的流动儿童，来迁入地时间越久。这可能是由于流动儿童来迁入地的时间短，对周围的环境比较陌生，与老师、同学的相处还不是特别融洽，因而导致性格上较为内向，不善言谈，随着来迁入地的时间变长，流动儿童对所处的环境变得熟悉起来，能够敞开心扉与老师、同学进行交流，性格上也表现得更为积极。当然，这只是我们根据调查结果进行的大胆的猜测，因为性格与行为特征的个体差异较大，不排除部分流动儿童本身的性格与特征就偏向于内向、胆小等。

在生活技能方面，显著性双侧值为 0.007，相关系数值为 0.297，显著性双侧的数值位于 0.05 以内，数值符合因素相关的要求，且相关系数值为正，说明来迁入地时间与流动儿童的生活技能呈正相关。可理解为，来迁入地时间越久的流动儿童，生活技能越强，或者生活技能越强的流动儿童，来迁入地的时间越久。

在消费观念方面，显著性双侧值为 0.030，相关系数值为 0.278，显著性双侧的数值位于 0.05 以内，数值符合因素相关的要求，且相关系数值为正，说明来迁入地时间与流动儿童的消费观念呈正相关。可理解为，来迁入地时间越久的流动儿童，越具有合理的消费观念，或者越具有合理消费观念的流动儿童，来迁入地时间越久。

在社会交往方面，显著性双侧值为 0.040，相关系数值为 0.250，显著性双侧的数值位于 0.05 以内，数值符合因素相关的要求，且相关系数值为正，说明来迁入地时间与流动儿童的自社会交往呈正相关。可理解为，来迁入地时间越久的流动儿童，与父母、老师、同学的人际关系越趋向于融洽，或者与父母、老师、同学的人际关系越趋向于融洽的流动儿童,来迁入地时间越久。相关原因,我们在前文也曾作出解释。

在社会规范方面,显著性双侧值为0.028,相关系数值为0.223,显著性双侧的数值位于0.05以内,数值符合因素相关的要求,且相关系数值为正,因此来迁入地时间与流动儿童的社会规范呈正相关。可理解为,来迁入地时间越久的流动儿童,社会规范能力越强,或者社会规范能力越强的流动儿童,来迁入地时间越久。这可能是因为来迁入地时间越久的流动儿童,已经逐渐掌握了当地的文明规范,融入城市生活中,因此社会规范能力增强。

在角色认同方面,显著性双侧值为0.036,相关系数值为-0.250,显著性双侧的数值位于0.05以内,数值符合因素相关的要求,且相关系数值为负,因此来迁入地时间与流动儿童的角色认同呈负相关。可理解为,来迁入地时间越久的流动儿童,角色认同能力越弱,或者角色认同能力越弱的流动儿童,来迁入地时间越久。

由于生活目标中的职业目标为定类变量,因此研究选定来迁入地时间及职业目标进行方差分析,结果显示,职业目标的显著性双侧值为0.044,显著性双侧的数值位于0.05以内,数值符合因素相关的要求,因此来迁入地时间与流动儿童的职业目标具有相关关系。

在了解了来迁入地时间对流动儿童社会化状况的影响之后,研究结合数据变量的特点,选定年龄及流动儿童的性格与行为特征、生活技能、消费观念、社会交往、社会规范、角色认同、自我认识、教育目标进行方差分析,结果如表3—10所示。

表3—10　　对迁入地的认同情况与流动儿童社会化的方差分析

ANOVA						
		平方和	df	均方	F	显著性
B1 性格与行为特征	组之间	174.140	18	43.535	3.054	0.016
	组内	11034.268	3482	14.256		
	总计	11208.408	3500			

续表

		平方和	df	均方	F	显著性
B2 生活技能	组之间	1235.558	18	308.889	6.511	0.000
	组内	36764.672	3482	47.438		
	总计	38000.230	3500			
B3 消费观念	组之间	453.205	18	113.301	12.117	0.000
	组内	7246.411	3482	9.350		
	总计	7699.616	3500			
B4 社会交往	组之间	72.399	18	18.100	3.765	0.005
	组内	3726.196	3482	4.808		
	总计	3798.595	3500			
B5 社会规范	组之间	161.684	18	40.421	3.546	0.007
	组内	8810.852	3482	11.398		
	总计	8972.536	3500			
B6 角色认同	组之间	60.966	18	15.242	2.019	0.090
	组内	5850.545	3482	7.549		
	总计	5911.511	3500			
B7 自我认识	组之间	407.961	18	101.990	5.907	0.000
	组内	13364.835	3482	17.267		
	总计	13772.796	3500			
B8.1 希望将来读书到什么程度	组之间	11.094	18	2.774	5.039	0.051
	组内	426.593	3482	0.550		
	总计	437.687	3500			

由表3—10可以看出，角色认同、教育目标因素的显著性双侧值均大于0.05，数值不符合因素相关的要求，因此对迁入地的认同情况与这些社会化因素间不具有相关关系。

在其他社会化因素中，性格与行为特征的显著性双侧值为0.016，显著性双侧的数值位于0.05以内，数值符合因素相关的要求，因此对迁入地的认同情况与流动儿童的性格与行为特征具有相关关系。在访谈中，课题组了解到性格与行为特征较偏向正面的流动儿童，对迁入地的适应情况较好，对迁入地的认同度较高。

在生活技能方面，显著性双侧值为0.000，显著性双侧的数值位于0.05以内，数值符合因素相关的要求，因此对迁入地的认同情况与生活技能具有相关关系。在消费观念方面，显著性双侧值为0.000，显著性双侧的数值位于0.05以内，数值符合因素相关的要求，因此对迁入地的认同情况与消费观念具有相关关系。在社会交往方面，显著性双侧值为0.005，显著性双侧的数值位于0.05以内，数值符合因素相关的要求，因此对迁入地的认同情况与社会交往具有相关关系。在社会规范方面，显著性双侧值为0.007，显著性双侧的数值位于0.05以内，数值符合因素相关的要求，因此对迁入地的认同情况与社会规范具有相关关系。在自我认识方面，显著性双侧值为0.000，显著性双侧的数值位于0.05以内，数值符合因素相关的要求，因此对迁入地的认同情况与自我认识具有相关关系。

由于生活目标中的职业目标为定类变量，因此研究选定对迁入地的认同情况及职业目标进行卡方检验，结果显示，职业目标的显著性双侧值为0.550，显著性双侧值大于0.05，数值不符合因素相关的要求，因此对迁入地的认同情况与流动儿童的职业目标不具有相关关系。

七　流动情况的检验

流动情况包括过去一年回老家的次数、来迁入地后搬家的次数及来迁入地后的转学次数，流动情况是否与流动儿童的社会化具有一定的关联？研究结合数据变量的特点，选定过去一年回老家的次数及流动儿童的性格与行为特征、生活技能、消费观念、社会交往、社会规范、角色认同、自我认识、教育目标进行双变量相关分析，结果如表3—11所示。

表3—11　过去一年回老家的次数与流动儿童社会化的相关性

			B1 性格与行为特征	B2 生活技能	B3 消费观念	B4 社会交往	B5 社会规范	B6 角色认同	B7 自我认识	B8.1 希望将来读书到什么程度
斯皮尔曼等级相关系数	B10 过去一年回过几次老家	相关系数	0.008	0.034	0.061	0.056	0.023	-0.044	0.041	0.044
		显著性（双尾）	0.823	0.343	0.087	0.119	0.527	0.222	0.257	0.224
		N（人）	3500	3500	3500	3500	3500	3500	3500	3500

由表3—11可以看出，性格与行为特征、生活技能、消费观念、社会交往、社会规范、角色认同、自我认识、教育目标因素的显著性双侧值均大于0.05，数值不符合因素相关的要求，所以过去一年回老家的次数与这些社会化因素间不具有相关关系，即过去一年回老家的次数并不能影响流动儿童的社会化状况。

由于生活目标中的职业目标为定类变量，因此研究选定过去一年回老家的次数及职业目标进行方差分析，结果显示，显著性双侧值为0.057，显著性双侧值大于0.05，因此过去一年回老家的次数与职业目标不具有相关关系。

以上结果表明，过去一年回老家的次数与流动儿童的社会化状况不相关，研究结合数据变量的特点，选定来迁入地后搬家的次数及流动儿童的性格与行为特征、生活技能、消费观念、社会交往、社会规范、角色认同、自我认识、教育目标进行双变量相关分析，结果如表3—12所示。

表3—12　　来迁入地后搬家的次数与流动儿童社会化的相关性

			B1 性格与行为特征	B2 生活技能	B3 消费观念	B4 社会交往	B5 社会规范	B6 角色认同	B7 自我认识	B8.1 希望将来读书到什么程度
斯皮尔曼等级相关系数	C3.1 来北京/济南/青岛/潍坊/淄博/临沂/日照后搬家的次数	相关系数	-0.238	0.225	-0.245	-0.295**	-0.286*	0.213	-0.282*	-0.251
		显著性（双尾）	0.005	0.018	0.209	0.008	0.016	0.017	0.022	0.158
		N（人）	3500	3500	3500	3500	3500	3500	3500	3500

注：** 表示相关性在0.01级别显著（双尾）。

* 表示相关性在0.05级别显著（双尾）。

由表3—12可以看出，消费观念、教育目标的显著性双侧值大于0.05，数值不符合因素相关的要求，所以来迁入地后搬家的次数与消费观念、教育目标因素间不具有相关关系。

在其他社会化因素中，生活技能的显著性双侧值为0.018，相关系数值为0.225，显著性双侧的数值位于0.05以内，数值符合因素相关的要求，且相关系数值为正，因此来迁入地后的搬家次数与生活技能呈正相关。可理解为，来迁入地后的搬家次数越多的流动儿童，生活技能越强，或者生活技能越强的流动儿童，来迁入地后的搬家次数越多。

在性格与行为特征方面,显著性双侧值为 0.005,相关系数值为 -0.238,显著性双侧的数值位于 0.05 以内,数值符合因素相关的要求,且相关系数值为负,因此来迁入地后的搬家次数和性格与行为特征呈负相关。可理解为,来迁入地后搬家次数越多的流动儿童,性格与行为特征越偏向负面,或者性格与行为特征越偏向负面的流动儿童,来迁入地后的搬家次数越多。

在社会交往方面,显著性双侧值为 0.008,相关系数值为 -0.295,显著性双侧的数值位于 0.05 以内,数值符合因素相关的要求,且相关系数值为正,说明来迁入地后搬家的次数与流动儿童的社会交往能力呈负相关。可理解为,来迁入地后搬家的次数越多的流动儿童,社会交往能力越弱,或者社会交往能力越弱的流动儿童,来迁入地后的搬家次数越多。来迁入地后搬家的次数越多,流动儿童在原有环境中建立的人际关系就不断被打破,他们需要时间在陌生环境中重新与老师、同学等建立社交关系,若在交往过程中遇到挫折或受到打击,他们则会产生社交恐惧,对其社会交往能力产生不利影响。

在社会规范方面,显著性双侧值为 0.016,相关系数值为 -0.286,显著性双侧的数值位于 0.05 以内,数值符合因素相关的要求,且相关系数值为正,因此来迁入地后搬家的次数与流动儿童的社会规范呈负相关。可理解为,来迁入地后搬家次数越多的流动儿童,社会规范能力越弱,或者社会规范能力越弱的流动儿童,来迁入地后的搬家次数越多。来迁入地后搬家次数越多的流动儿童,需要不断地适应当地的社会文化规范,而这些长久流传下的风俗习惯并非一朝一夕内就可以习得的,频繁地搬家导致流动儿童没有时间完全掌握当地的社会规范,体现在行为上则是社会规范能力较弱。

在角色认同方面,显著性双侧值为 0.017,相关系数值为 0.213,显著性双侧的数值位于 0.05 以内,数值符合因素相关的要求,且相关系数值为正,因此来迁入地后的搬家次数与流动儿童的角色认同呈正相关。可理解为,来迁入地后搬家次数越多的流动儿童,角色认同能力越强,或者角色认同能力越强的流动儿童,来迁入地后的搬家次数越多。

在自我认识方面,显著性双侧值为 0.022,相关系数值为 -0.282,显著性双侧的数值位于 0.05 以内,数值符合因素相关的要求,且相关系数值为负,说明来迁入地后搬家的次数与流动儿童的自我认识呈负相关。可理解为,来迁入地后搬家的次数越多,流动儿童的自我认识能力越弱,或者自我认识能力越弱的流动儿童,来迁入地后搬家的次数越多。

由于生活目标中的职业目标为定类变量,因此研究选定来迁入地后搬家的次数及职业目标进行方差分析,结果显示,职业目标的显著性双侧值为 0.078,显著性双侧值大于 0.05,数值不符合因素相关的要求,因此来迁入地后搬家的次数与职业目标不具有相关关系。

以上结果表明,来迁入地后搬家的次数与流动儿童的部分社会化因素相关,研究结合数据变量的特点,继续以来迁入地后的转学次数与流动儿童的社会化情况进行双变量相关分析,结果如表 3—13 所示。

表 3—13　　来迁入地后的转学次数与流动儿童社会化的相关性

			B1 性格与行为特征	B2 生活技能	B3 消费观念	B4 社会交往	B5 社会规范	B6 角色认同	B7 自我认识	B8.1 希望将来读书到什么程度
斯皮尔曼等级相关系数	C3.2 孩子转过几次学	相关系数	-0.270	0.202	-0.193**	-0.182*	-0.176*	0.122	-0.157	-0.166
		显著性(双尾)	0.022	0.026	0.009	0.023	0.033	0.037	0.011	0.064
		N(人)	3500	3500	3500	3500	3500	3500	3500	3500

注:** 表示相关性在 0.01 级别显著(双尾)。

* 表示相关性在 0.05 级别显著(双尾)。

由表 3—13 可以看出,教育目标因素的显著性双侧值大于 0.05,数值不符合因素相关的要求,所以来迁入地后的转学次数与该社会化因素间不具有相关关系。在余下的其他因素中,性格与行为特征的显著性双侧值为 0.022,相关系数值为 -0.270,显著性双侧的数值位于 0.05 以内,数值符合因素相关的要求,且相关系数值为负,因此来迁入地后的转学次数和流动儿童的性格与行为特征呈负相关。可理解为,来迁入地后的转学次数越多的流动儿童,性格与行为特征越偏向于负面,或者是性格与行为特征越偏向于负面的流动儿童，来迁入地后的转学次数越多。来迁入地后的转学次数是基于学校环境的角度设置的题项，来迁入地后的搬家次数是基于生活环境的角度设置的题项，来迁入地后的转学次数与来迁入地后的搬家次数都是流动儿童成长中的重要环境因素。正如前文所分析的，频繁地更换成长环境，不仅会对流动儿童的社会交往能力带来不利影响，而且会影响到流动儿童积极性格与行为特征的塑造。

在生活技能方面，显著性双侧值为 0.026，相关系数值为 0.202，显著性双侧的数值位于 0.05 以内，数值符合因素相关的要求，且相关系数值为正，因此来迁入地后的转学次数与流动儿童的生活技能呈正相关。可理解为，来迁入地后的转学次数越多的流动儿童，生活技能越强，或者生活技能越强的流动儿童，来迁入地后的转学次数越多。

在消费观念方面，显著性双侧值为 0.009，相关系数值为 -0.193，显著性双侧的数值位于 0.05 以内，数值符合因素相关的要求，且相关系数值为负，因此来迁入地后的转学次数与流动儿童的消费观念呈负相关。可理解为，来迁入地后的转学次数越多的流动儿童，消费观念越趋向于不合理，或者消费观念越趋向于不合理的流动儿童，来迁入地后的转学次数越多。中小学阶段的流动儿童正处于认知能力迅速发展时期，易于模仿和认同周围人的行为，他们消费观念的形成一方面来自家长及老师的引导，另一方面受到周围同学的感染。在访谈中流动儿童学校的老师告诉课题组，一般流动儿童所处班级的同学家庭经济水平较为接近时，学生间不易产生攀比、从众等不合理消费行为，消费观念趋向于合理，而当班里学生间的家庭经济水平相差较大时，同学间则易产生攀比等不合理的消费行为，导致不合理消费观念的形成。本研究中来迁入地后转学的次数与流动儿童的消费观念具有关联性，很可能是由于流动儿童在转学过程中受到所在班级同学的消费行为的影响，最终形成不合理的消费观念。

在社会交往方面，显著性双侧值为 0.023，相关系数值为 -0.182，显著性双侧的数值位于 0.05 以内，数值符合因素相关的要求，且相关系数值为负，因此来迁入地后的转学次数与流动儿童的社会交往呈负相关。可理解为，来迁入地后的转学次数越多的流动儿童与家人、老师、同学的人际关系越受到负面影响，社会交往能力越弱，或者社会交往能力越弱的流动儿童，来迁入地后的转学次数越多。

在社会规范方面，显著性双侧值为0.033，相关系数值为-0.176，显著性双侧的数值位于0.05以内，数值符合因素相关的要求，且相关系数值为负，因此来迁入地后的转学次数与流动儿童的社会规范能力呈负相关。可理解为，来迁入地后的转学次数越多的流动儿童，对规则的适应性越需要时间，社会规范能力越弱，或者社会规范能力越弱的流动儿童，来迁入地后的转学次数越多。

在角色认同方面，显著性双侧值为0.037，相关系数值为0.122，显著性双侧的数值位于0.05以内，数值符合因素相关的要求，且相关系数值为正，因此来迁入地后的转学次数与流动儿童的角色认同呈正相关。可理解为，来迁入地后的转学次数越多的流动儿童，角色认同能力越强，或者角色认同能力越强的流动儿童，来迁入地后的转学次数越多。

在自我认识方面，显著性双侧值为0.011，相关系数值为-0.157，显著性双侧的数值位于0.05以内，数值符合因素相关的要求，且相关系数值为负，因此来迁入地后的转学次数与流动儿童的自我认识能力呈负相关。可理解为，来迁入地后的转学次数越多的流动儿童，自我认识能力越弱，或者自我认识能力越弱的流动儿童，来迁入地后的转学次数越多。

由于生活目标中的职业目标为定类变量，因此研究选定来迁入地后的转学次数及职业目标进行方差分析，结果显示，职业目标的显著性双侧值为0.083，显著性双侧值大于0.05，数值不符合因素相关的要求，因此来迁入地后的转学次数与职业目标不具有相关关系。

小结

通过对人口统计学变量与社会化状况间的相关性进行检验发现，人口统计学变量中的诸多因素对流动儿童的社会化状况产生影响。性格与行为特征与人口统计学变量中的性别、年龄、是否独生子女、父母受教育程度、父母职业、家庭经济状况、学习成绩、来迁入地的时间、来迁入地后的转学次数、来迁入地后的搬家次数、对迁入地的认同情况具有相关关系，说明流动儿童的性格与行为特征受到这些因素的影响。生活技能与人口统计学变量中的是否独生子女、性别、年龄、家庭经济状况、父母受教育程度、父母职业、学习成绩、来迁入地的时间、来迁入地后的搬家次数、来迁入地后的转学次数、对迁入地的认同情况具有相关关系，说明流动儿童的生活技能受到这些因素的影响。消费观念与人口统计学变量中的性别、年龄、父母受教育程度、父母职业、学习成绩、来迁入地时间、来迁入地后的转学次数、来迁入地后的搬家次数、对迁入地的认同情况具有相关关系，说明流动儿童的消费观念受到这些因素的影响。社会交往与人口统计学变量中的年龄、是否独生子女、家庭经济状况、父母受教育程度、父母职业、学习成绩、来迁入地时间、来迁入地后的搬家次数、来迁入地后的转学次数、对迁入地的认同情况具有相关关系，说明流动儿童的社会交往能力受到这些因素的影响。社会规范能力与人口统计学变量中的性别、年龄、是否独生子女、学习成绩、家庭经济状况、父母受教育程度、父母职业、来迁入地的时间、来迁入地后的转学次数、来迁入地后的搬家次数、对迁入地的认同情况具有相关关系，说明流动儿童社会规范能力受到这些因素的影响。角色认同与人口统计学变量中的年龄、性别、父母受教育程度、父母职业、是否独生子女、来迁入地的时间、家庭经济状况、来迁入地后的转学次数、来迁入地后的搬家次数具有相关关系，说明流动儿童的角色认同能力受到这些因素的影响。自我认识与人口统计学变量中的年龄、性别、父母受教育程度、父母职业、学习成绩、来迁入地后的搬家次数、来迁入地后的转学次数、家庭经济状况、对迁入地的认同情况具有相关关系，说明流动儿童的自我认识能力受到这些因素的影响。教育目标与人口统计学变量中的年龄、学习成绩、家庭经济状况、父母受教育程度、父母职业具有相关关系，说明流动儿童的教育目标受到这些因素的影响。职业目标与人口统计学变量中的年龄、家庭经济状况、父母受教育程度、父母职业具有相关关系，说明流动儿童的职业目标受到这些因素的影响。

综合来看，流动儿童的社会化状况受到人口统计学变量不同程度的影响，在研究所测量的人口统计学变量中，年龄、性别、父母受教育程度、父母职业等因素与流动儿童社会化状况的多方面都具有相关性，这一结果也为我们后文进行人口统计学变量、移动社交媒体的接触和使用情况、流动儿童的社会化状况之间的多元回归分析提供了参照。

第二节 流动儿童的人口统计学变量与其接触和使用移动社交媒体的相关性检验

前文的结果表明，人口统计学变量中的部分变量与流动儿童的社会化状况具有一定的相关性，在探索移动社交媒体的接触和使用对流动儿童社会化状况的影响前，这一小节将着重探讨人口统计学变量与流动儿童接触和使用移动社交媒体间的关系。

一 人口统计学变量与接触和使用动机的关联状况

（一）考虑因素

研究结合数据变量的特点，将人口统计学变量中的年龄、家庭经济状况、父母受教育程度、学习成绩、来迁入地的时间、来迁入地后的搬家次数、来迁入地后的转学次数、过去一年回老家的次数放入变量框与接触和使用移动社交媒体的考虑因素进行方差分析，结果如表3—14所示。

表3—14　　　　　　人口统计学变量与考虑因素的方差分析

	ANOVA					
		平方和	df	均方	F	显著性
年龄	组之间	251.467	35	35.924	7.512	0.000
	组内	3691.829	3465	4.782		
	总计	3943.296	3500			
C5 您家庭的月收入情况	组之间	14.685	35	2.098	1.927	0.063
	组内	840.314	3465	1.088		
	总计	854.999	3500			
C4 您的受教育程度	组之间	4.859	35	0.694	0.874	0.527
	组内	613.212	3465	0.794		
	总计	618.071	3500			
学习成绩	组之间	13.846	35	1.978	2.933	0.005
	组内	520.569	3465	0.674		
	总计	534.415	3500			
C2 您的孩子来北京/济南/青岛/潍坊/淄博/临沂/日照多久了	组之间	4.354	35	0.622	0.647	0.717
	组内	741.558	3465	0.961		
	总计	745.912	3500			
C3.1 来北京/济南/青岛/潍坊/淄博/临沂/日照后搬家的次数	组之间	36.527	35	5.218	1.564	0.143
	组内	2576.212	3465	3.337		
	总计	2612.739	3500			
C3.2 孩子转过几次学	组之间	8.022	35	1.146	1.069	0.382
	组内	827.900	3465	1.072		
	总计	835.922	3500			

续表

		平方和	df	均方	F	显著性
B10 过去一年回过几次老家	组之间	4.981	35	0.712	1.529	0.154
	组内	359.340	3465	0.465		
	总计	364.321	3500			

由表3—14可以看出，在进行相关性分析的人口背景因素中，年龄因素的显著性双侧值为0.000，显著性双侧的数值位于0.05以内，数值符合因素相关的要求，因此年龄与接触和使用移动社交媒体的考虑因素具有相关关系。学习成绩的显著性双侧值为0.005，显著性双侧的数值位于0.05以内，数值符合因素相关的要求，因此接触和使用移动社交媒体的考虑因素与学习成绩具有相关关系。

由于人口统计学变量中的性别、是否独生子女、父母职业、对待迁入地的认同情况为定类变量，因此研究选定接触和使用移动社交媒体的考虑因素与性别、是否独生子女、父母职业、对待迁入地的认同情况进行卡方检验，结果显示，性别的显著性双侧值为0.057，父母职业的显著性双侧值为0.065，对待迁入地认同情况的显著性双侧值为0.078，三者的显著性双侧值均大于0.05，数值不符合因素相关的要求，因此性别、父母职业、对迁入地的认同情况与流动儿童接触和使用移动社交媒体的考虑因素不具有相关关系。

(二) 接触和使用内容偏好

研究结合数据变量的特点，将人口统计学变量中的年龄、家庭经济状况、父母受教育程度、学习成绩、来迁入地的时间、来迁入地后的搬家次数、来迁入地后的转学次数、过去一年回老家的次数放入变量框与接触和使用移动社交媒体的内容偏好因素进行方差分析，结果如表3—15所示。

表3—15　人口统计学变量与接触和使用内容偏好因素的方差分析

ANOVA						
		平方和	df	均方	F	显著性
年龄	组之间	149.171	35	18.646	3.781	0.000
	组内	3787.833	3465	4.932		
	总计	3937.004	3500			

第三章　流动儿童接触和使用移动社交媒体对其社会化的影响 / 149

续表

		平方和	df	均方	F	显著性
C5 您家庭的月收入情况	组之间	7.455	35	0.932	0.848	0.560
	组内	843.874	3465	1.099		
	总计	851.329	3500			
C4 您的受教育程度	组之间	5.828	35	0.729	0.915	0.503
	组内	611.711	3465	0.796		
	总计	617.539	3500			
学习成绩	组之间	5.336	35	0.667	0.971	0.007
	组内	527.393	3465	0.687		
	总计	532.729	3500			
C2 您的孩子来北京/济南/青岛/潍坊/淄博/临沂/日照多久了	组之间	23.385	35	2.923	3.133	0.012
	组内	716.483	3465	0.933		
	总计	739.868	3500			
C3.1 来北京/济南/青岛/潍坊/淄博/临沂/日照后搬家的次数	组之间	18.815	35	2.352	0.697	0.695
	组内	2593.218	3465	3.377		
	总计	2612.033	3500			
C3.2 孩子转过几次学	组之间	12.580	35	1.573	1.473	0.163
	组内	820.030	3465	1.068		
	总计	832.610	3500			
B10 过去一年回过几次老家	组之间	6.555	35	0.819	1.762	0.081
	组内	357.100	3465	0.465		
	总计	363.655	3500			

由表3—15可以看出，在进行相关性分析的人口背景因素中，年龄、学习成绩、来迁入地的时间与接触和使用内容偏好因素具有相关关系。年龄因素的显著性双侧值为0.000，显著性双侧的数值位于0.05以内，数值符合因素相关的要求，因此年龄与接触和使用内容偏好因素具有相关关系。调查发现，在流动儿童的各个年龄段中，选择认识新朋友、跟朋友联系等内容的流动儿童都较多。

在学习成绩方面，显著性双侧值为0.007，显著性双侧的数值位于0.05以内，数值符合因素相关的要求，因此学习成绩与接触和使用内容偏好具有相关关系。调查发现，学习成绩较好的流动儿童，接触和使用移动社交媒体时一般是跟朋友联系、浏览新闻、关注社会资讯等，而学习成绩较差的流动儿童，接触和使用移动社交媒体一般是跟朋友联系、玩游戏、看小说、听音乐、看视频等。

在来迁入地的时间方面，显著性双侧值为 0.012，显著性双侧的数值位于 0.05 以内，数值符合因素相关的要求，因此来迁入地的时间与接触和使用内容偏好具有相关关系。

由于人口统计学变量中的性别、是否独生子女、父母职业、对待迁入地的认同情况为定类变量，因此研究选定接触和使用移动社交媒体的考虑因素与性别、是否独生子女、父母职业、对待迁入地的认同情况进行卡方检验，结果显示，性别的显著性双侧值为 0.012，显著性双侧的数值位于 0.05 以内，数值符合因素相关的要求，因此性别与接触和使用移动社交媒体的内容具有相关关系。在父母职业方面，显著性双侧值为 0.000，显著性双侧的数值位于 0.05 以内，数值符合因素相关的要求，因此父母职业因素与接触和使用内容偏好因素具有相关关系。

二 人口统计学变量与接触和使用行为的关联状况

（一）好友来源及聊天对象

研究结合数据变量的特点，将人口统计学变量中的年龄、家庭经济状况、父母受教育程度、学习成绩、来迁入地的时间、来迁入地后的搬家次数、来迁入地后的转学次数、过去一年回老家的次数放入变量框与接触和使用移动社交媒体的好友来源因素进行方差分析，结果如表 3—16 所示。

表 3—16　　人口统计学变量与好友来源因素的方差分析

ANOVA						
		平方和	df	均方	F	显著性
年龄	组之间	436.687	21	87.337	19.278	0.000
	组内	3506.610	3479	4.531		
	总计	3943.297	3500			

续表

		平方和	df	均方	F	显著性
C5 您家庭的月收入情况	组之间	17.079	21	3.416	3.155	0.008
	组内	837.919	3479	1.083		
	总计	854.998	3500			
C4 您的受教育程度	组之间	10.283	21	2.057	2.619	0.023
	组内	607.789	3479	0.785		
	总计	618.072	3500			
学习成绩	组之间	4.080	21	0.816	1.191	0.012
	组内	530.336	3479	0.685		
	总计	534.416	3500			
C2 您的孩子来北京/济南/青岛/潍坊/淄博/临沂/日照多久了	组之间	3.741	21	0.748	0.3500	0.564
	组内	742.171	3479	0.959		
	总计	745.912	3500			
C3.1 来北京/济南/青岛/潍坊/淄博/临沂/日照后搬家的次数	组之间	6.232	21	1.246	0.370	0.869
	组内	2606.507	3479	3.368		
	总计	2612.739	3500			
C3.2 孩子转过几次学	组之间	5.092	21	1.018	0.949	0.449
	组内	830.830	3479	1.073		
	总计	835.922	3500			
B10 过去一年回过几次老家	组之间	8.635	21	1.727	3.758	0.052
	组内	355.687	3479	0.460		
	总计	364.322	3500			

由表3—16可以看出，在进行相关性分析的人口背景因素中，来迁入地的时间、来迁入地后的搬家次数、来迁入地后的转学次数、过去一年回老家的次数等因素的显著性双侧值大于0.05，与好友来源因素不具有相关关系。

在余下的其他人口背景因素中，年龄因素的显著性双侧值为0.000，显著性双侧的数值位于0.05以内，数值符合因素相关的要求，因此年龄与好友来源具有相关关系。年龄越大的流动儿童，接触的人与事物越多，社交范围越广，好友来源也相应拓宽，因此流动儿童的年龄与其好友来源具有一定的联系。

在家庭经济状况方面，显著性双侧值为0.008，显著性双侧的数值位于0.05以内，数值符合因素相关的要求，因此家庭经济状况与好友来源具有相关关系。流动儿童的家庭经济状况一定程度上影响了其社交范围，进而影响到其好友来源。

在父母受教育程度方面，显著性双侧值为0.023，显著性双侧的数值位于0.05以内，数值符合因素相关的要求，因此父母受教育程度与好友来源具有相关关系。在调查中我们了解到，父母受教育程度会影响到流动儿童课余活动的内容，父母受教育程度较低的流动儿童，课余时间接触和使用移动社交媒体的时间较长，好友来源中会涉及陌生网友；而父母受教育程度较高的流动儿童，课余时间参加课外实践活动的较多，接触和使用移动社交媒体的较少，好友来源主要以现实中的朋友为主。

在学习成绩方面，显著性双侧值为0.012，显著性双侧的数值位于0.05以内，数值符合因素相关的要求，因此学习成绩与流动儿童的好友来源具有相关关系。在调查中我们了解到，学习成绩较好的流动儿童，对移动社交媒体的使用时间相对较少，好友来源一般以现实中的朋友为主，而学习成绩较差的流动儿童，接触和使用移动社交媒体的时间相对较多，会在网络上结交陌生网友，好友来源中则会涉及陌生网友。

由于人口统计学变量中的性别、父母职业、对待迁入地的认同情况为定类变量，因此研究选定接触和使用移动社交媒体的好友来源与性别、父母职业、对待迁入地的认同情况进行卡方检验，结果显示，父母职业的显著性双侧值为0.000，显著性双侧的数值位于0.05以内，数值符合因素相关的要求，因此父母职业与流动儿童的好友来源具有相关关系。在前文中我们已经了解到，父母工作较忙的流动儿童，课余时间主要与移动社交媒体相伴，同现实中的朋友的接触、联系较少，因此这部分流动儿童的好友来源会涉及陌生网友，现实中的好友则较少。

在是否独生子女方面，显著性双侧值为0.007，显著性双侧的数值位于0.05以内，数值符合因素相关的要求，因此是否独生子女与流动儿童的好友来源具有相关关系。在调查中我们了解到，独生子女接触和使用移动社交媒体的时间要多于非独生子女，他们将移动社交媒体当做社交的主要场所，不免会结交陌生网友，而非独生子女由于有同胞相伴，他们对移动社交媒体的依赖较弱，好友来源中也主要是现实的朋友。

在对待迁入地的认同情况上，显著性双侧值为0.005，显著性双侧的数值位于0.05以内，数值符合因素相关的要求，因此对迁入地的认同情况与流动儿童的好友来源具有相关关系。

在对人口统计学变量及好友来源进行相关性分析的基础上，研究继续引入聊天对象因素，结合数据变量的特点，探索人口统计学变量是否对其产生一定的影响。统计结果如表3—17所示。

表3—17　　人口统计学变量与聊天对象因素的方差分析

ANOVA		平方和	df	均方	F	显著性
年龄	组之间	296.578	28	49.430	10.478	0.000
	组内	3646.718	3472	4.718		
	总计	3943.296	3500			
C5 您家庭的月收入情况	组之间	23.698	28	3.950	3.673	0.061
	组内	831.300	3472	1.075		
	总计	854.998	3500			
C4 您的受教育程度	组之间	4.135	28	0.689	0.868	0.518
	组内	613.937	3472	0.794		
	总计	618.072	3500			
学习成绩	组之间	19.864	28	3.311	4.974	0.000
	组内	514.551	3472	0.666		
	总计	534.415	3500			
C2 您的孩子来北京/济南/青岛/潍坊/淄博/临沂/日照/多久了	组之间	9.817	28	1.636	1.718	0.114
	组内	736.094	3472	0.952		
	总计	745.911	3500			
C3.1 来北京/济南/青岛/潍坊/淄博/临沂/日照/后搬家的次数	组之间	47.819	28	7.970	2.402	0.026
	组内	2564.919	3472	3.318		
	总计	2612.738	3500			
C3.2 孩子转过几次学	组之间	19.811	28	3.302	3.127	0.005
	组内	816.110	3472	1.056		
	总计	835.921	3500			

续表

		平方和	df	均方	F	显著性
B10 过去一年回过几次老家	组之间	2.396	28	0.399	0.853	0.529
	组内	361.926	3472	0.468		
	总计	364.322	3500			

由表3—17可以看出，在进行相关性分析的人口背景因素中，家庭收入、父母的受教育程度、来迁入地后的时间、过去一年回老家的次数因素的显著性双侧值大于0.05，与好友来源因素不具有相关关系。在余下的其他因素中，年龄因素的显著性双侧值为0.000，显著性双侧的数值位于0.05以内，数值符合因素相关的要求，因此年龄因素与聊天对象因素具有相关关系。

在学习成绩方面，显著性双侧值为0.000，显著性双侧的数值位于0.05以内，数值符合因素相关的要求，因此学习成绩因素与聊天对象因素具有相关关系。在来迁入地后的转学次数方面，显著性双侧值为0.005，显著性双侧的数值位于0.05以内，数值符合因素相关的要求，因此来迁入地后的转学次数因素与聊天对象因素具有相关关系。在来迁入地后的搬家次数方面，显著性双侧值为0.026，显著性双侧的数值位于0.05以内，数值符合因素相关的要求，因此来迁入地后的搬家次数与聊天对象具有相关关系。

由于人口统计学变量中的性别、是否独生子女、父母职业、对迁入地的认同情况为定类变量，因此研究选定接触和使用移动社交媒体的考虑因素与性别、是否独生子女、父母职业、对待迁入地的认同情况进行卡方检验，结果显示，性别的显著性双侧值为0.055，是否独生子女的显著性双侧值为0.171，父母职业的显著性双侧值为0.561，对迁入地认同情况的显著性双侧值为0.213，显著性双侧值均大于0.05，因此性别、是否独生子女、父母职业、对迁入地的认同情况与流动儿童在移动社交媒体中的聊天对象不具有相关关系。

（二）好友数量及接触和使用年龄

研究结合数据变量的特点，将人口统计学变量中的年龄、家庭经济状况、父母受教育程度、学习成绩、来迁入地的时间、来迁入地后的搬家次数、来迁入地后的转学次数、过去一年回老家的次数放入变量框与接触和使用移动社交媒体的好友数量因素进行相关性分析，结果如表3—18所示。

表 3—18　　人口统计学变量与好友数量因素的相关性分析

			A4 在移动社交媒体中的好友数量
斯皮尔曼等级相关系数	A5 在移动社交媒体中的好友数量	相关系数	1.000
		显著性（双尾）	0.000
		N（人）	3500
	B10 过去一年回过几次老家	相关系数	0.046
		显著性（双尾）	0.199
		N（人）	3500
	年龄	相关系数	0.431**
		显著性（双尾）	0.000
		N（人）	3500
	学习成绩	相关系数	-0.138
		显著性（双尾）	0.024
		N（人）	3500
	C2 您的孩子来北京/济南/青岛/潍坊/淄博/临沂/日照多久了	相关系数	0.108**
		显著性（双尾）	0.002
		N（人）	3500
	C3.1 来北京/济南/青岛/潍坊/淄博/临沂/日照后搬家的次数	相关系数	0.148
		显著性（双尾）	0.006
		N（人）	3500
	C3.2 孩子转过几次学	相关系数	0.118
		显著性（双尾）	0.014
		N（人）	3500
	C4 您的受教育程度	相关系数	-0.299**
		显著性（双尾）	0.006
		N（人）	3500
	C5 您家庭的月收入情况	相关系数	-0.278*
		显著性（双尾）	0.030
		N（人）	3500

注：** 表示相关性在 0.01 级别显著（双尾）。

* 表示相关性在 0.05 级别显著（双尾）。

由表3—18可以看出，在进行相关性分析的人口背景因素中，过去一年回老家次数因素的显著性双侧值大于0.05，与好友数量因素不具有相关关系。

在余下的其他人口背景因素中，年龄因素的显著性双侧值为0.000，相关系数值为0.431，显著性双侧的数值位于0.05以内，数值符合因素相关的要求，且相关系数值为正，因此年龄与流动儿童的好友数量呈正相关。可理解为流动儿童的年龄越大，他所拥有的好友数量越多，或者拥有好友数量越多的流动儿童，年龄越大。

在学习成绩方面，显著性双侧值为0.024，相关系数值为-0.138，显著性双侧的数值位于0.05以内，数值符合因素相关的要求，且相关系数值为负，因此学习成绩与流动儿童的好友数量呈负相关。可理解为，学习成绩越好的流动儿童，好友数量越少，或者好友数量越少的流动儿童，学习成绩越好。

在来迁入地的时间方面，显著性双侧值为0.002，相关系数值为0.108，显著性双侧的数值位于0.05以内，数值符合因素相关的要求，且相关系数值为正，因此来迁入地的时间与流动儿童的好友数量呈正相关。可理解为，来迁入地时间越久的流动儿童，拥有的好友数量越多，或者拥有的好友数量越多的流动儿童，来迁入地的时间越久。

在来迁入地后的搬家次数方面，显著性双侧值为0.006，相关系数值为0.148，显著性双侧的数值位于0.05以内，数值符合因素相关的要求，且相关系数值为正，因此来迁入地后的搬家次数与流动儿童的好友数量呈正相关。可理解为，来迁入地后搬家次数越多的流动儿童，好友数量越多，或者好友数量越多的流动儿童，来迁入地后搬家次数越多。

在来迁入地后的转学次数方面，显著性双侧值为0.014，相关系数值为0.118，显著性双侧的数值位于0.05以内，数值符合因素相关的要求，且相关系数值为正，因此来迁入地后的转学次数与流动儿童的好友数量呈正相关。可理解为，来迁入地后的转学次数越多的流动儿童，好友数量越多，或者好友数量越多的流动儿童，来迁入地后的转学次数越多。

在父母受教育程度方面，显著性双侧值为0.006，相关系数值为-0.299，显著性双侧的数值位于0.05以内，数值符合因素相关的要求，且相关系数值为负，因此父母受教育程度与流动儿童的好友数量呈负相关。可理解为，在教育方面，父母受教育程度越高的流动儿童，所拥有的好友数量越少，或者拥有好友数量越少的流动儿童，其父母受教育程度越高。

在家庭经济状况方面，显著性双侧值为 0.030，相关系数值为 -0.278，显著性双侧的数值位于 0.05 以内，数值符合因素相关的要求，且相关系数值为负，因此家庭经济状况与流动儿童的好友数量呈负相关。可理解为，家庭经济状况越好的流动儿童，所拥有的好友数量越少，或者所拥有的好友数量越少的流动儿童，家庭经济状况越好。

由于人口统计学变量中的性别、是否独生子女、父母职业、对待迁入地的认同情况为定类变量，因此研究选定接触和使用移动社交媒体的考虑因素与性别、是否独生子女、父母职业、对待迁入地的认同情况进行方差分析，结果显示，性别的显著性双侧值为 0.076，对待迁入地的认同情况显著性双侧值为 0.66，显著性双侧值大于 0.05，数值不符合因素相关的要求，因此性别、对待迁入地的认同情况与流动儿童的好友数量不具有相关关系。在其余因素中，是否独生子女的显著性双侧值为 0.038，显著性双侧的数值位于 0.05 以内，数值符合因素相关的要求，因此是否独生子女与流动儿童的好友数量具有相关关系。对是否独生子女与流动儿童的好友数量进行 T 检验发现，独生子女在移动社交媒体中的好友数量要多于非独生子女。

在父母职业方面，显著性双侧值为 0.000，显著性双侧的数值位于 0.05 以内，数值符合因素相关的要求，可以认为父母职业与流动儿童的好友数量具有相关关系。

在对人口统计学变量及好友数量进行相关性分析的基础上，研究继续引入接触和使用年龄因素，结合数据变量的特点，将人口统计学变量中的年龄、家庭经济状况、父母受教育程度、学习成绩、来迁入地的时间、来迁入地后的搬家次数、来迁入地后的转学次数、过去一年回老家的次数放入变量框与接触和使用移动社交媒体的年龄因素进行相关分析，探索人口统计学变量是否对其产生一定的影响。结果如表 3—19 所示。

表3—19　人口统计学变量与接触和使用年龄因素的相关性分析

			A6 大约是从什么时候开始接触和使用移动社交媒体
斯皮尔曼等级相关系数	A6 大约是从什么时候开始接触和使用移动社交媒体	相关系数	1.000
		显著性（双尾）	0.000
		N（人）	3500
	B10 过去一年回过几次老家	相关系数	0.002
		显著性（双尾）	0.961
		N（人）	3500
	年龄	相关系数	0.354**
		显著性（双尾）	0.000
		N（人）	3500
	学习成绩	相关系数	−0.211
		显著性（双尾）	0.026
		N（人）	3500
	C2 您的孩子来北京/济南/青岛/潍坊/淄博/临沂/日照多久了	相关系数	−0.293**
		显著性（双尾）	0.009
		N（人）	3500
	C3.1 来北京/济南/青岛/潍坊/淄博/临沂/日照后搬家的次数	相关系数	−0.105**
		显著性（双尾）	0.003
		N（人）	3500
	C3.2 孩子转过几次学	相关系数	−0.225
		显著性（双尾）	0.048
		N（人）	3500
	C4 您的受教育程度	相关系数	0.292*
		显著性（双尾）	0.010
		N（人）	3500
	C5 您家庭的月收入情况	相关系数	−0.122
		显著性（双尾）	0.037
		N（人）	3500

注：** 表示相关性在 0.01 级别显著（双尾）。

* 表示相关性在 0.05 级别显著（双尾）。

由表3—19可以看出，在进行相关性分析的人口背景因素中，过去一年回老家次数因素的显著性双侧值大于0.05，与接触和使用移动社交媒体的年龄因素不具有相关关系。

在余下的其他人口背景因素中，年龄因素的显著性双侧值为0.000，相关系数值为0.354，显著性双侧的数值位于0.05以内，数值符合因素相关的要求，且相关系数值为正，因此年龄与开始接触和使用移动社交媒体的时间呈正相关。可理解为，年龄越大的流动儿童，开始接触和使用移动社交媒体的时间越早，或者开始接触和使用移动社交媒体时间越早的流动儿童，年龄越大。

在学习成绩方面，显著性双侧值为0.026，相关系数值为－0.211，显著性双侧的数值位于0.05以内，数值符合因素相关的要求，且相关系数值为负，因此学习成绩与流动儿童接触和使用移动社交媒体的年龄呈负相关。可理解为，学习成绩越好的流动儿童接触和使用移动社交媒体的年龄越晚，或者接触和使用移动社交媒体年龄越晚的流动儿童，学习成绩越好。

在来迁入地的时间方面，显著性双侧值为0.009，相关系数值为－0.293，显著性双侧的数值位于0.05以内，数值符合因素相关的要求，且相关系数值为负，因此来迁入地的时间与开始接触和使用移动社交媒体的时间呈负相关。可理解为，来迁入地时间越长的流动儿童，开始接触和使用移动社交媒体的时间越晚，或者开始接触和使用移动社交媒体的时间越晚的流动儿童，来迁入地的时间越长。

在来迁入地后的搬家次数方面，显著性双侧值为0.003，相关系数值为－0.105，数值符合因素相关的要求，且相关系数值为负，因此来迁入地后的搬家次数与开始接触和使用移动社交媒体的时间呈负相关。可理解为，来迁入地后的搬家次数越多的流动儿童，开始接触和使用移动社交媒体的时间越早，或者开始接触和使用移动社交媒体时间越早的流动儿童，来迁入地后的搬家次数越多。

在来迁入地后的转学次数方面，显著性双侧值为0.048，相关系数值为－0.225，数值符合因素相关的要求，且相关系数值为负，因此来迁入地后的转学次数与流动儿童接触和使用移动社交媒体的年龄呈负相关。可理解为，来迁入地后的转学次数越多的流动儿童，开始接触和使用移动社交媒体的时间越早，或者开始接触和使用移动社交媒体时间越早的流动儿童,来迁入地后的转学次数越多。

在父母受教育程度方面,显著性双侧值为0.010,相关系数值为0.292,数值符合因素相关的要求,且相关系数值为正,因此父母受教育程度与开始接触和使用移动社交媒体的时间呈正相关。可理解为,在教育方面,父母受教育程度越高的流动儿童,开始接触和使用移动社交媒体的时间越晚,或者开始接触和使用移动社交媒体时间越晚的流动儿童,其父母受教育程度越高。

在家庭月收入方面,显著性双侧值为0.037,相关系数值为-0.122,数值符合因素相关的要求,且相关系数值为负,因此家庭经济状况与流动儿童接触和使用移动社交媒体的年龄呈负相关。可理解为,家庭经济状况越好的流动儿童,接触和使用移动社交媒体的年龄越晚,或者接触和使用移动社交媒体年龄越晚的流动儿童,家庭经济状况越好。

由于人口统计学变量中的性别、是否独生子女、父母职业、对待迁入地的认同情况为定类变量,因此研究选定接触和使用移动社交媒体的年龄因素与性别、是否独生子女、父母职业、对待迁入地的认同情况进行方差分析,结果显示,性别的显著性双侧值为0.122,对待迁入地的认同情况显著性双侧值为0.077,显著性双侧值均大于0.05,数值不符合因素相关的要求,因此性别、对待迁入地的认同情况与接触和使用移动社交媒体的年龄不具有相关关系。在其他因素中,是否独生子女的显著性双侧值为0.030,显著性双侧的数值位于0.05以内,数值符合因素相关的要求,因此是否独生子女与流动儿童接触和使用移动社交媒体的年龄具有相关关系。对是否独生子女与流动儿童接触和使用移动社交媒体的年龄进行独立样本T检验发现,独生子女接触和使用移动社交媒体的年龄早于非独生子女。

在父母职业方面,显著性双侧值为0.028,显著性双侧的数值位于0.05以内,数值符合因素相关的要求,因此父母职业与开始接触和使用移动社交媒体的时间具有相关关系。

三 人口统计学变量与接触和使用习惯的关联状况

(一)接触和使用场景及接触和使用时长

研究结合数据变量的特点,将人口统计学变量中的年龄、家庭经济状况、父母受教育程度、学习成绩、来迁入地的时间、来迁入地后的搬家次数、来迁入地后的转学次数、过去一年回老家的次数放入变量框与接触和使用移动社交媒体的使用场景因素进行方差分析，结果如表3—20所示。

表3—20　　人口统计学变量与接触和使用场景因素的方差分析

<table>
<tr><th colspan="7">ANOVA</th></tr>
<tr><td></td><td></td><td>平方和</td><td>df</td><td>均方</td><td>F</td><td>显著性</td></tr>
<tr><td rowspan="3">年龄</td><td>组之间</td><td>116.974</td><td>45</td><td>14.622</td><td>2.943</td><td>0.003</td></tr>
<tr><td>组内</td><td>3825.847</td><td>3455</td><td>4.969</td><td></td><td></td></tr>
<tr><td>总计</td><td>3942.821</td><td>3500</td><td></td><td></td><td></td></tr>
<tr><td rowspan="3">C5 您家庭的月收入情况</td><td>组之间</td><td>18.993</td><td>45</td><td>2.374</td><td>2.187</td><td>0.027</td></tr>
<tr><td>组内</td><td>835.895</td><td>3455</td><td>1.086</td><td></td><td></td></tr>
<tr><td>总计</td><td>854.888</td><td>3500</td><td></td><td></td><td></td></tr>
<tr><td rowspan="3">C4 您的受教育程度</td><td>组之间</td><td>3.244</td><td>45</td><td>0.406</td><td>0.508</td><td>0.026</td></tr>
<tr><td>组内</td><td>614.491</td><td>3455</td><td>0.798</td><td></td><td></td></tr>
<tr><td>总计</td><td>617.735</td><td>3500</td><td></td><td></td><td></td></tr>
<tr><td rowspan="3">学习成绩</td><td>组之间</td><td>12.792</td><td>45</td><td>1.599</td><td>2.366</td><td>0.016</td></tr>
<tr><td>组内</td><td>520.445</td><td>3455</td><td>0.676</td><td></td><td></td></tr>
<tr><td>总计</td><td>533.237</td><td>3500</td><td></td><td></td><td></td></tr>
<tr><td rowspan="3">C2 您的孩子来北京/济南/青岛/潍坊/淄博/临沂/日照多久了</td><td>组之间</td><td>10.743</td><td>45</td><td>1.343</td><td>1.407</td><td>0.024</td></tr>
<tr><td>组内</td><td>735.154</td><td>3455</td><td>0.955</td><td></td><td></td></tr>
<tr><td>总计</td><td>745.897</td><td>3500</td><td></td><td></td><td></td></tr>
<tr><td rowspan="3">C3.1 来北京/济南/青岛/潍坊/淄博/临沂/日照后搬家的次数</td><td>组之间</td><td>15.011</td><td>45</td><td>1.876</td><td>0.557</td><td>0.813</td></tr>
<tr><td>组内</td><td>2591.736</td><td>3455</td><td>3.366</td><td></td><td></td></tr>
<tr><td>总计</td><td>2606.747</td><td>3500</td><td></td><td></td><td></td></tr>
<tr><td rowspan="3">C3.2 孩子转过几次学</td><td>组之间</td><td>12.338</td><td>45</td><td>1.542</td><td>1.444</td><td>0.174</td></tr>
<tr><td>组内</td><td>822.306</td><td>3455</td><td>1.068</td><td></td><td></td></tr>
<tr><td>总计</td><td>834.644</td><td>3500</td><td></td><td></td><td></td></tr>
<tr><td rowspan="3">B10 过去一年回过几次老家</td><td>组之间</td><td>12.441</td><td>45</td><td>1.555</td><td>3.405</td><td>0.001</td></tr>
<tr><td>组内</td><td>351.659</td><td>3455</td><td>0.457</td><td></td><td></td></tr>
<tr><td>总计</td><td>364.100</td><td>3500</td><td></td><td></td><td></td></tr>
</table>

由表3—20可以看出，在进行相关性分析的人口背景因素中，回老家次数、是否独生子女、来迁入地后的搬家次数、来迁入地后的转学次数等

因素的显著性双侧值大于 0.05，与年龄因素不具有相关关系。

在余下的其他人口背景因素中，年龄因素的显著性双侧值为 0.003，显著性双侧的数值位于 0.05 以内，数值符合因素相关的要求，因此年龄与流动儿童接触和使用移动社交媒体的场景具有相关性。在学习成绩方面，显著性双侧值为 0.016，显著性双侧的数值位于 0.05 以内，数值符合因素相关的要求，因此年龄与流动儿童接触和使用移动社交媒体的场景具有相关性。在父母受教育程度方面，显著性双侧值为 0.026，显著性双侧的数值位于 0.05 以内，数值符合因素相关的要求，因此父母受教育程度与流动儿童接触和使用移动社交媒体的场景具有相关关系。在来迁入地的时间方面，显著性双侧值为 0.024，显著性双侧的数值位于 0.05 以内，数值符合因素相关的要求，因此来迁入地的时间与流动儿童接触和使用移动社交媒体的场景具有相关关系。

由于人口统计学变量中的性别、是否独生子女、父母职业、对待迁入地的认同情况为定类变量，因此研究选定接触和使用移动社交媒体的场景与性别、是否独生子女、父母职业、对待迁入地的认同情况进行卡方检验，结果显示，性别的显著性双侧值为 0.065，是否独生子女的显著性双侧值为 0.122，对待迁入地认同情况的显著性双侧值为 0.512，显著性双侧值均大于 0.05，数值不符合因素相关的要求，因此，接触和使用移动社交媒体的场景与流动儿童的性别、是否独生子女、对待迁入地的认同情况不具有相关关系。在剩余因素中，父母职业方面显著性双侧值为 0.009，显著性双侧的数值位于 0.05 以内，数值符合因素相关的要求，因此父母职业与流动儿童接触和使用移动社交媒体的场景具有相关关系。

在对人口统计学变量及接触和使用场景因素进行相关性分析的基础上，研究继续引入接触和使用时长因素，结合数据变量的特点，将人口统计学变量中的年龄、家庭经济状况、父母受教育程度、学习成绩、来迁入地的时间、来迁入地后的搬家次数、来迁入地后的转学次数、过去一年回老家的次数放入变量框与接触和使用移动社交媒体的时长因素进行相关分析，探索人口统计学变量是否对其产生一定的影响。结果如表 3—21 所示。

表 3—21　　人口统计学变量与接触和使用时长因素的相关性分析

			A8 每天大概接触和使用多长时间的移动社交媒体
斯皮尔曼等级相关系数	A8 每天大概接触和使用多长时间的移动社交媒体	相关系数	1.000
		显著性（双尾）	0.000
		N（人）	3500
	B10 过去一年回过几次老家	相关系数	-0.031
		显著性（双尾）	0.387
		N（人）	3500
	年龄	相关系数	-0.159**
		显著性（双尾）	0.000
		N（人）	3500
	学习成绩	相关系数	-0.200**
		显著性（双尾）	0.000
		N（人）	3500
	C2 您的孩子来北京/济南/青岛/潍坊/淄博/临沂/日照多久了	相关系数	-0.051
		显著性（双尾）	0.157
		N（人）	3500
	C3.1 来北京/济南/青岛/潍坊/淄博/临沂/日照后搬家的次数	相关系数	0.283*
		显著性（双尾）	0.021
		N（人）	3500
	C3.2 孩子转过几次学	相关系数	0.107**
		显著性（双尾）	0.003
		N（人）	3500
	C4 您的受教育程度	相关系数	-0.107
		显著性（双尾）	0.036
		N（人）	3500
	C5 您家庭的月收入情况	相关系数	0.056
		显著性（双尾）	0.115
		N（人）	3500

注：** 表示相关性在 0.01 级别显著（双尾）。
＊表示相关性在 0.05 级别显著（双尾）。

由表3—21可以看出，在进行相关性分析的人口背景因素中，家庭月收入、回老家次数、来迁入地的时间因素的显著性双侧值大于0.05，与接触和使用时长因素不具有相关关系。

在余下的其他人口背景因素中，年龄因素的显著性双侧值为0.000，相关系数值为-0.159，显著性双侧的数值位于0.05以内，数值符合因素相关的要求，且相关系数值为负，因此年龄与流动儿童接触和使用移动社交媒体的时长呈负相关。可理解为，年龄越大的流动儿童，接触和使用移动社交媒体的时长越短，或者接触和使用移动社交媒体时长越短的流动儿童，年龄越大。

在学习成绩方面，显著性双侧值为0.000，相关系数值为-0.200，显著性双侧的数值位于0.05以内，数值符合因素相关的要求，且相关系数值为负，因此年龄与流动儿童接触和使用移动社交媒体的时长呈负相关。可理解为，学习成绩越好的流动儿童，接触和使用移动社交媒体的时间越短，或者接触和使用移动社交媒体时间越短的流动儿童，学习成绩越好。

在来迁入地后的搬家次数方面，显著性双侧值为0.021，相关系数值为0.283，显著性双侧的数值位于0.05以内，数值符合因素相关的要求，且相关系数值为正，因此来迁入地后的搬家次数与流动儿童接触和使用移动社交媒体的时长呈正相关。可理解为，来迁入地后的搬家次数越多的流动儿童，接触和使用移动社交媒体的时间越长，或者接触和使用移动社交媒体时间越长的流动儿童，来迁入地后的搬家次数越多。

在来迁入地后的转学次数方面，显著性双侧值为0.003，相关系数值为0.107，显著性双侧的数值位于0.05以内，数值符合因素相关的要求，且相关系数值为正，因此，来迁入地后的转学次数与流动儿童接触和使用移动社交媒体的时长呈正相关。可理解为，来迁入地后的转学次数越多的流动儿童，接触和使用移动社交媒体的时间越长，或者接触和使用移动社交媒体时间越长的流动儿童，来迁入地后的转学次数越多。

在父母受教育程度方面，显著性双侧值为0.036，相关系数值为-0.107，数值符合因素相关的要求，且相关系数值为负，因此父母受教育程度与流动儿童接触和使用移动社交媒体的时长呈负相关。可理解为，在教育方面，父母受教育程度越高的流动儿童，接触和使用移动社交媒体的时长越短，或者接触和使用移动社交媒体时长越短的流动儿童，其父母受教育程度越高。

由于人口统计学变量中的性别、是否独生子女、父母职业、对待迁入地的认同情况为定类变量，因此研究选定接触和使用移动社交媒体的接触和使用时长与性别、是否独生子女、父母职业、对待迁入地的认同情况进行方差分析，结果显示，对待迁入地的认同情况的显著性双侧值为0.355，显著性双侧值大于0.05，数值不符合因素相关的要求，因此接触和使用移动社交媒体的时长与父母职业、对待迁入地的认同情况不具有相关关系。在剩余的其他因素中，是否独生子女的显著性双侧值为0.008，显著性双侧的数值位于0.05以内，数值符合因素相关的要求，因此是否独生子女与流动儿童接触和使用移动社交媒体的时长具有相关关系。对是否独生子女与流动儿童接触和使用移动社交媒体的时长进行独立样本T检验发现，独生子女接触和使用移动社交媒体的时长高于非独生子女。

在性别方面，显著性双侧值为0.004，显著性双侧的数值位于0.05以内，数值符合因素相关的要求，因此性别与流动儿童接触和使用移动社交媒体的时长具有相关关系。对性别因素进行独立样本T检验发现，男生的移动社交媒体接触和使用时长明显多于女生，也就是说，男生花在移动社交媒体上的时间要多于女生。

在父母职业方面，显著性双侧值为0.005，显著性双侧的数值位于0.05以内，数值符合因素相关的要求，可以认为父母职业与流动儿童接触和使用移动社交媒体的时长具有相关关系。

(二) 接触和使用频率及接触和使用地点

研究结合数据变量的特点，将人口统计学变量中的年龄、家庭经济状况、父母受教育程度、学习成绩、来迁入地的时间、来迁入地后的搬家次数、来迁入地后的转学次数、过去一年回老家的次数放入变量框与接触和使用移动社交媒体的使用频率因素进行相关性分析，结果如表3—22所示。

表3—22　人口统计学变量与接触和使用频率因素的相关性分析

			A9 接触和使用移动社交媒体的频率
斯皮尔曼等级相关系数	A9 接触和使用移动社交媒体的频率	相关系数	1.000
		显著性（双尾）	0.000
		N（人）	3500
	年龄	相关系数	−0.241
		显著性（双尾）	0.039
		N（人）	3500
	学习成绩	相关系数	−0.275*
		显著性（双尾）	0.035
		N（人）	3500
	C2 您的孩子来北京/济南/青岛/潍坊/淄博/临沂/日照多久了	相关系数	0.021
		显著性（双尾）	0.566
		N（人）	3500
	C3.1 来北京/济南/青岛/潍坊/淄博/临沂/日照后搬家的次数	相关系数	0.018
		显著性（双尾）	0.625
		N（人）	3500
	C3.2 孩子转过几次学	相关系数	0.026
		显著性（双尾）	0.477
		N（人）	3500
	C4 您的受教育程度	相关系数	−0.145
		显著性（双尾）	0.013
		N（人）	3500
	C5 您家庭的月收入情况	相关系数	−0.059
		显著性（双尾）	0.103
		N（人）	3500
	B10 过去一年回过几次老家	相关系数	0.012
		显著性（双尾）	0.731
		N（人）	3500

注：*表示相关性在0.05级别显著（双尾）。

由表3—22可以看出，在进行相关性分析的人口背景因素中，来迁入地的时间、来迁入地后的搬家次数、过去一年回老家的次数等因素的显著性双侧值大于0.05,与接触和使用频率因素不具有相关关系。在其他因素中,年龄的显著性双侧值为0.039,相关系数值为-0.241,显著性双侧的数值位于0.05以内,数值符合因素相关的要求,且相关系数值为负,因此年龄因素与接触和使用频率因素呈负相关。可理解为,年龄越大的流动儿童接触和使用移动社交媒体的频率越少,或者接触和使用移动社交媒体频率越少的流动儿童,年龄越大。

在学习成绩方面,显著性双侧值为0.035,相关系数值为-0.275,显著性双侧的数值位于0.05以内,数值符合因素相关的要求,且相关系数值为负,因此学习成绩因素与接触和使用频率因素呈负相关。可理解为,学习成绩越好的流动儿童,接触和使用移动社交媒体的频率越少,或者接触和使用移动社交媒体频率越少的流动儿童,学习成绩越好。

在父母受教育程度方面,显著性双侧值为0.013,相关系数值为-0.145,显著性双侧的数值位于0.05以内,数值符合因素相关的要求,且相关系数值为负,因此父母受教育程度与流动儿童接触和使用移动社交媒体的频率呈负相关。可理解为,在教育方面,父母受教育程度越高的流动儿童,接触和使用移动社交媒体的频率越低,或者接触和使用移动社交媒体频率越低的流动儿童,其父母受教育程度越高。

由于人口统计学变量中的性别、是否独生子女、父母职业、对待迁入地的认同情况为定类变量,因此研究选定接触和使用移动社交媒体的考虑因素与性别、是否独生子女、父母职业、对待迁入地的认同情况进行方差分析,结果显示,性别的显著性双侧值为0.057,对待迁入地的认同情况的显著性双侧值为0.065,显著性双侧值均大于0.05,数值不符合因素相关的要求,因此接触和使用移动社交媒体的频率与性别、对待迁入地的认同情况不具有相关关系。在其余因素中,是否独生子女的显著性双侧值为0.002,显著性双侧的数值位于0.05以内,数值符合因素相关的要求,因此是否独生子女与流动儿童接触和使用移动社交媒体的频率具有相关关系。对是否独生子女与流动儿童接触和使用移动社交媒体的频率进行独立样本T检验发现,独生子女接触和使用移动社交媒体的频率高于非独生子女。

在父母职业方面,显著性双侧值为0.017,显著性双侧的数值位于0.05以内,数值符合因素相关的要求,因此父母职业情况与流动儿童接触和使用移动社交媒体的频率具有相关关系。

在对人口统计学变量及接触和使用频率因素进行相关性分析的基础上，研究继续引入使用场所因素，结合数据变量的特点，将人口统计学变量中的年龄、家庭经济状况、父母受教育程度、学习成绩、来迁入地的时间、来迁入地后的搬家次数、来迁入地后的转学次数、过去一年回老家的次数放入变量框与接触和使用移动社交媒体的使用场所因素进行方差分析，探索人口统计学变量是否对其产生一定的影响。结果如表3—23 所示。

表3—23　　　人口统计学变量与使用场所因素的方差分析

	ANOVA				
		平方和	df	均方	F	显著性
年龄	组之间	38.983	40	7.797	1.542	0.004
	组内	3897.133	3460	5.055		
	总计	3936.116	3500			
C5 您家庭的月收入情况	组之间	5.746	40	1.149	1.046	0.389
	组内	846.921	3460	1.098		
	总计	852.667	3500			
C4 您的受教育程度	组之间	2.510	40	0.502	0.629	0.677
	组内	614.872	3460	0.797		
	总计	617.382	3500			
学习成绩	组之间	8.364	40	1.673	2.456	0.032
	组内	525.199	3460	0.681		
	总计	533.563	3500			
C2 您的孩子来北京/济南/青岛/潍坊/淄博/临沂/日照多久了	组之间	10.560	40	2.112	2.220	0.051
	组内	733.309	3460	0.951		
	总计	743.869	3500			
C3.1 来北京/济南/青岛/潍坊/淄博/临沂/日照后搬家的次数	组之间	8.039	40	1.608	0.477	0.793
	组内	2598.303	3460	3.370		
	总计	2606.342	3500			
C3.2 孩子转过几次学	组之间	15.561	40	3.112	2.930	0.053
	组内	819.049	3460	1.062		
	总计	834.610	3500			

续表

		平方和	df	均方	F	显著性
B10 过去一年回过几次老家	组之间	5.244	40	1.049	2.269	0.056
	组内	356.411	3460	0.462		
	总计	361.655	3500			

由表3—23可以看出，在进行相关性分析的人口背景因素中，父母受教育程度、来迁入地的时间、来迁入地后的搬家次数、过去一年回老家的次数等因素的显著性双侧值大于0.05，与使用场所因素不具有相关关系。在其余因素中，年龄因素的显著性双侧值为0.004，显著性双侧的数值位于0.05以内，数值符合因素相关的要求，因此年龄因素与使用场所因素具有相关关系。

在学习成绩方面，显著性双侧值为0.032，显著性双侧的数值位于0.05以内，数值符合因素相关的要求，因此学习成绩与流动儿童接触和使用移动社交媒体的场所具有相关关系。

由于人口统计学变量中的性别、是否独生子女、父母职业、对待迁入地的认同情况为定类变量，因此研究选定接触和使用移动社交媒体的场所因素与性别、是否独生子女、父母职业、对待迁入地的认同情况进行卡方检验，结果显示，性别的显著性值为0.077，是否独生子女的显著性双侧值为0.051，父母职业的显著性双侧值为0.101，对待迁入地的认同情况显著性双侧值为0.111，显著性双侧值均大于0.05，数值不符合因素相关的要求，因此性别、是否独生子女、父母职业、对待迁入地的认同情况与接触和使用移动社交媒体的场所不具有相关关系。

四 人口统计学变量与接触和使用态度的关联状况

（一）愉悦度认知

研究结合数据变量的特点，将人口统计学变量中的年龄、家庭经济状况、父母受教育程度、学习成绩、来迁入地的时间、来迁入地后的搬家次数、来迁入地后的转学次数、过去一年回老家的次数放入变量框与接触和使用移动社交媒体的愉悦度认知因素进行相关分析，结果如表3—24所示。

表 3—24　人口统计学变量与愉悦度认知因素的相关性分析

			A13 愉悦度认知
斯皮尔曼等级相关系数	A13 愉悦度认知	相关系数	1.000
		显著性（双尾）	0.000
		N（人）	3500
	年龄	相关系数	0.203**
		显著性（双尾）	0.000
		N（人）	3500
	学习成绩	相关系数	−0.117
		显著性（双尾）	0.043
		N（人）	3500
	C2 您的孩子来北京/济南/青岛/潍坊/淄博/临沂/日照多久了	相关系数	−0.134
		显著性（双尾）	0.047
		N（人）	3500
	C3.1 来北京/济南/青岛/潍坊/淄博/临沂/日照后搬家的次数	相关系数	0.112
		显著性（双尾）	0.041
		N（人）	3500
	C3.2 孩子转过几次学	相关系数	0.152
		显著性（双尾）	0.044
		N（人）	3500
	C4 您的受教育程度	相关系数	−0.102**
		显著性（双尾）	0.004
		N（人）	3500
	C5 您家庭的月收入情况	相关系数	0.052
		显著性（双尾）	0.147
		N（人）	3500
	B10 过去一年回过几次老家	相关系数	0.010
		显著性（双尾）	0.784
		N（人）	3500

注：** 表示相关性在 0.01 级别（双尾）。

由表 3—24 可以看出，在进行相关性分析的人口背景因素中，过去一年回老家的次数、家庭月收入因素的显著性双侧值大于 0.05，数值不符合因素相关的要求,因此与愉悦度认知因素不具有相关关系。

在余下的其他人口背景因素中,年龄因素的显著性双侧值为 0.000,相关系数值为 0.203,显著性双侧的数值位于 0.05 以内,数值符合因素相关的要求,且相关系数值为正,因此年龄与流动儿童接触和使用移动社交媒体的愉悦度认知呈正相关。可理解为,年龄越大的流动儿童,在接触和使用移动社交媒体时所感受到的乐趣越多,越认同移动社交媒体给他带来的乐趣,或者对移动社交媒体愉悦度认知越高的流动儿童,年龄越大。

在学习成绩方面,显著性双侧值为 0.043,相关系数值为 -0.117,显著性双侧的数值位于 0.05 以内,数值符合因素相关的要求,且相关系数值为负,因此学习成绩与流动儿童接触和使用移动社交媒体的愉悦度认知呈负相关。可理解为,学习成绩越好的流动儿童,对移动社交媒体的愉悦度认知越低,或者对移动社交媒体愉悦度认知越低的流动儿童,学习成绩越好。

在父母受教育程度方面,显著性双侧值为 0.004,相关系数值为 -0.102,显著性双侧的数值位于 0.05 以内,数值符合因素相关的要求,且相关系数值为负,因此父母受教育程度与流动儿童接触和使用移动社交媒体的愉悦度认知呈负相关。可理解为,在教育方面,父母受教育程度越低的流动儿童,对移动社交媒体的愉悦度认知越高,或者对移动社交媒体愉悦度认知越高的流动儿童,其父母受教育程度越低。

在来迁入地的时间方面,显著性双侧值为 0.047,相关系数值为 -0.134,显著性双侧的数值位于 0.05 以内,数值符合因素相关的要求,且相关系数值为负,因此来迁入地的时间与流动儿童对移动社交媒体的愉悦度认知呈负相关。可理解为,来迁入地时间越久的流动儿童,对移动社交媒体的愉悦度认知越低,或者对移动社交媒体愉悦度认知越低的流动儿童,来迁入地的时间越久。

在来迁入地后的转学次数方面,显著性双侧值为 0.044,相关系数值为 0.152,显著性双侧的数值位于 0.05 以内,数值符合因素相关的要求,且相关系数值为正,因此来迁入地后的转学次数与流动儿童的愉悦度认知呈正相关。可理解为,来迁入地后的转学次数越多的流动儿童,对移动社交媒体的愉悦度认知越高,或者对移动社交媒体愉悦度认知越高的流动儿童,来迁入地后的转学次数越多。

在来迁入地后的搬家次数方面,显著性双侧值为0.041,相关系数值为0.112,显著性双侧的数值位于0.05以内,数值符合因素相关的要求,且相关系数值为正,因此来迁入地后的搬家次数与流动儿童的愉悦度认知呈正相关。可理解为来迁入地后的搬家次数越多的流动儿童,对移动社交媒体的愉悦度认知越高,或者对移动社交媒体愉悦度认知越高的流动儿童,来迁入地后的搬家次数越多。

由于人口统计学变量中的性别、是否独生子女、父母职业、对待迁入地的认同情况为定类变量,因此研究选定接触和使用移动社交媒体的考虑因素与性别、是否独生子女、父母职业、对待迁入地的认同情况进行方差分析,结果显示,性别的显著性双侧值为0.201,对待迁入地的认同情况显著性双侧值为0.530,显著性双侧值均大于0.05,数值不符合因素相关的要求,因此性别、对待迁入地的认同情况与接触和使用移动社交媒体的愉悦度认知不具有相关关系。在其余因素中,是否独生子女的显著性双侧值为0.011,显著性双侧的数值位于0.05以内,数值符合因素相关的要求,可以认为是否独生子女与流动儿童接触和使用移动社交媒体的愉悦度认知具有相关关系。为进一步检验是否独生子女对接触和使用移动社交媒体愉悦度认知的差异,研究以是否独生子女为二分变量,对两者进行了独立样本T检验,结果显示独生子女与非独生子女在移动社交媒体的愉悦度认知上存在差异,但差异较小。独生子女对移动社交媒体的愉悦度认知要略高于非独生子女对移动社交媒体的愉悦度认知。

在父母职业方面,显著性双侧值为0.010,显著性双侧的数值位于0.05以内,数值符合因素相关的要求,因此父母职业与流动儿童接触和使用移动社交媒体的愉悦度认知具有相关关系。

(二) 信息可用度认知

研究结合数据变量的特点,将人口统计学变量中的年龄、家庭经济状况、父母受教育程度、学习成绩、来迁入地的时间、来迁入地后的搬家次数、来迁入地后的转学次数、过去一年回老家的次数放入变量框与接触和使用移动社交媒体的信息可用度认知因素进行相关性分析,结果如表3—25所示。

表3—25　人口统计学变量与信息可用度认知因素的相关性分析

			A14 信息可用度认知
斯皮尔曼等级相关系数	A14 信息可用度认知	相关系数	1.000
		显著性（双尾）	0.000
		N（人）	3500
	年龄	相关系数	0.220**
		显著性（双尾）	0.000
		N（人）	3500
	学习成绩	相关系数	-0.035
		显著性（双尾）	0.335
		N（人）	3500
	C2 您的孩子来北京/济南/青岛/潍坊/淄博/临沂/日照多久了	相关系数	-0.065
		显著性（双尾）	0.070
		N（人）	3500
	C3.1 来北京/济南/青岛/潍坊/淄博/临沂/日照后搬家的次数	相关系数	0.285*
		显著性（双尾）	0.017
		N（人）	3500
	C3.2 孩子转过几次学	相关系数	0.283*
		显著性（双尾）	0.021
		N（人）	3500
	C4 您的受教育程度	相关系数	-0.275*
		显著性（双尾）	0.035
		N（人）	3500
	C5 您家庭的月收入情况	相关系数	-0.271*
		显著性（双尾）	0.049
		N（人）	3500
	C6 您的职业	相关系数	-0.173*
		显著性（双尾）	0.040
		N（人）	3500
	B10 过去一年回过几次老家	相关系数	0.118*
		显著性（双尾）	0.001
		N（人）	3500

注：** 表示相关性在0.01级别显著（双尾）。

* 表示相关性在0.05级别显著（双尾）。

由表 3—25 可以看出，在进行相关性分析的人口背景因素中，学习成绩、来迁入地的时间因素的显著性双侧值大于 0.05，与信息可用度认知因素不具有相关关系。

在余下的其他人口背景因素中，年龄因素的显著性双侧值为 0.000，相关系数值为 0.220，显著性双侧的数值位于 0.05 以内，数值符合因素相关的要求，且相关系数值为正，因此年龄与流动儿童接触和使用移动社交媒体的信息可用度认知呈正相关。可理解为，年龄越大的流动儿童，在接触和使用移动社交媒体时，越认为移动社交媒体能够提供所需的信息，认为移动社交媒体是很好的信息来源等，对移动社交媒体的信息可用度认知越高，或者对移动社交媒体信息可用度认知越高的流动儿童，年龄越大。

在家庭经济状况方面，显著性双侧值为 0.049，相关系数值为 -0.271，显著性双侧的数值位于 0.05 以内，数值符合因素相关的要求，且相关系数值为负，因此家庭经济状况与流动儿童接触和使用移动社交媒体的信息可用度认知呈负相关。可理解为，家庭经济状况越差的流动儿童，对移动社交媒体的信息可用度认知越高，或者对移动社交媒体信息可用度认知越高的流动儿童，家庭经济状况越差。

在父母受教育程度方面，显著性双侧值为 0.035，相关系数值为 -0.275，显著性双侧的数值位于 0.05 以内，数值符合因素相关的要求，且相关系数值为负，因此父母受教育程度与流动儿童接触和使用移动社交媒体的信息可用度认知呈负相关。可理解为，在教育方面，父母受教育程度越低的流动儿童，对移动社交媒体的信息可用度认知越高，或者对移动社交媒体信息可用度认知越高的流动儿童，其父母受教育程度越低。

在来迁入地后的转学次数方面，显著性双侧值为 0.021，相关系数值为 0.283，显著性双侧的数值位于 0.05 以内，数值符合因素相关的要求，且相关系数值为正，因此来迁入地后的转学次数与流动儿童接触和使用移动社交媒体的信息可用度认知呈正相关。可理解为，来迁入地后的转学次数越多的流动儿童，对移动社交媒体的信息可用度认知越高，或者对移动社交媒体信息可用度认知越高的流动儿童，来迁入地后的转学次数越多。

在来迁入地后的搬家次数方面，显著性双侧值为 0.017，相关系数值为 0.285，显著性双侧的数值位于 0.05 以内，数值符合因素相关的要求，且相关系数值为正,因此来迁入地后的搬家次数与流动儿童接触和使用移动社交媒体的信用度认知呈正相关。可理解为,来迁入地后的搬家次数越多的流动儿童,对移动社交媒体的信用度认知越高,或者对移动社交媒体信用度认知越高的流动儿童,来迁入地后的搬家次数越多。

由于人口统计学变量中的性别、是否独生子女、父母职业、对待迁入地的认同情况为定类变量,因此研究选定接触和使用移动社交媒体的信息可用度认知与性别、是否独生子女、父母职业、对待迁入地的认同情况进行方差分析,结果显示,性别的显著性双侧值为 0.580,对待迁入地的认同情况显著性双侧值为 0.688,显著性双侧值均大于 0.05,数值不符合因素相关的要求,因此性别、对待迁入地的认同情况与流动儿童接触和使用移动社交媒体的信息可用度认知不具有相关关系。在其余因素中,是否独生子女的显著性双侧值为 0.026,显著性双侧的数值位于 0.05 以内,数值符合因素相关的要求,因此是否独生子女与流动儿童接触和使用移动社交媒体的信息可用度认知具有相关关系。为进一步检验是否独生子女对接触和使用移动社交媒体信息可用度认知的差异,研究以是否独生子女为二分变量,对两者进行了独立样本 T 检验,结果显示独生子女与非独生子女在移动社交媒体的信息可用度认知上存在一定的差异。独生子女对移动社交媒体的信息可用度认知要略高于非独生子女对移动社交媒体的信息可用度认知。

在父母职业方面,显著性双侧值为 0.040,显著性双侧的数值位于 0.05 以内,数值符合因素相关的要求,因此父母职业与流动儿童接触和使用移动社交媒体的信息可用度认知具有相关关系。

(三) 互动程度认知

研究结合数据变量的特点,将人口统计学变量中的年龄、家庭经济状况、父母受教育程度、学习成绩、来迁入地的时间、来迁入地后的搬家次数、来迁入地后的转学次数、过去一年回老家的次数放入变量框与接触和使用移动社交媒体的互动程度认知因素进行相关性分析,结果如表 3—26 所示。

表3—26　　人口统计学变量与互动程度认知因素的相关性分析

			A15 互动程度认知
斯皮尔曼等级相关系数	A15 互动程度认知	相关系数	1.000
		显著性（双尾）	0.000
		N（人）	3500
	年龄	相关系数	0.229**
		显著性（双尾）	0.000
		N（人）	3500
	学习成绩	相关系数	-0.131
		显著性（双尾）	0.031
		N（人）	3500
	C2 您的孩子来北京/济南/青岛/潍坊/淄博/临沂/日照多久了	相关系数	-0.135
		显著性（双尾）	0.031
		N（人）	3500
	C3.1 来北京/济南/青岛/潍坊/淄博/临沂/日照后搬家的次数	相关系数	0.161
		显著性（双尾）	0.009
		N（人）	3500
	C3.2 孩子转过几次学	相关系数	0.156
		显著性（双尾）	0.020
		N（人）	3500
	C4 您的受教育程度	相关系数	-0.146
		显著性（双尾）	0.001
		N（人）	3500
	C5 您家庭的月收入情况	相关系数	0.036
		显著性（双尾）	0.315
		N（人）	3500
	B10 过去一年回过几次老家	相关系数	0.068
		显著性（双尾）	0.061
		N（人）	3500

注：** 表示相关性在0.01级别显著（双尾）。

由表3—26可以看出，在进行相关性分析的人口背景因素中，家庭经济状况、过去一年回老家的次数因素的显著性双侧值大于0.05，与互动程度认知因素不具有相关关系。在其余人口背景因素中，年龄因素的显著性双侧值为 0.000，相关系数值为 0.229，显著性双侧的数值位于 0.05 以内，数值符合因素相关的要求，且相关系数值为正，因此年龄因素与互动程度认知因素呈正相关。可理解为，年龄越大的流动儿童，利用移动社交媒体与朋友联系、查看更新自己的状态越多，对移动社交媒体互动程度认知越高，或者对移动社交媒体互动程度认知越高的流动儿童，年龄越大。

在学习成绩方面，显著性双侧值为 0.031，相关系数值为 -0.131，显著性双侧的数值位于 0.05 以内，数值符合因素相关的要求，且相关系数值为负，因此学习成绩与流动儿童接触和使用移动社交媒体的互动程度认知呈负相关。可理解为，学习成绩越好的流动儿童，对移动社交媒体的互动程度认知越低，或者对移动社交媒体互动程度认知越低的流动儿童，学习成绩越好。

在来迁入地的时间方面，显著性双侧值为 0.031，相关系数值为 -0.135，显著性双侧的数值位于 0.05 以内，数值符合因素相关的要求，且相关系数值为负，因此来迁入地的时间与流动儿童接触和使用移动社交媒体的互动程度认知呈负相关。可理解为，来迁入地的时间越久的流动儿童，对移动社交媒体的互动程度认知越低，或者对移动社交媒体互动程度认知越低的流动儿童，来迁入地的时间越久。

在来迁入地后的搬家次数方面，显著性双侧值为 0.009，相关系数值为 0.161，显著性双侧的数值位于 0.05 以内，数值符合因素相关的要求，且相关系数值为正，因此来迁入地后的搬家次数与流动儿童接触和使用移动社交媒体的互动程度认知呈正相关。可理解为，来迁入地后的搬家次数越多的流动儿童，对移动社交媒体的互动程度认知越高，或者对移动社交媒体互动程度认知越高的流动儿童，来迁入地后的搬家次数越多。

在来迁入地后的转学次数方面，显著性双侧值为 0.020，相关系数值为 0.156，显著性双侧的数值位于 0.05 以内，数值符合因素相关的要求，且相关系数值为正，因此来迁入地后的转学次数与流动儿童接触和使用移动社交媒体的互动程度认知呈正相关。可理解为，来迁入地后的转学次数越多的流动儿童，对移动社交媒体的互动程度认知越高，或者对移动社交媒体互动程度认知越高的流动儿童，来迁入地后的转学次数越多。

在父母受教育程度方面，显著性双侧值为0.001，相关系数值为-0.146，显著性双侧的数值位于0.05以内，数值符合因素相关的要求，且相关系数值为负，因此父母受教育程度与流动儿童接触和使用移动社交媒体的互动程度认知呈负相关。可理解为，在教育方面，父母受教育程度越高的流动儿童，接触和使用移动社交媒体的互动程度越低，或者是接触和使用移动社交媒体互动程度越低的流动儿童，其父母受教育程度越高。

由于人口统计学变量中的性别、是否独生子女、父母职业、对待迁入地的认同情况为定类变量，因此研究选定接触和使用移动社交媒体的互动程度认知因素与性别、是否独生子女、父母职业、对待迁入地的认同情况进行方差分析，结果显示，性别的显著性双侧值为0.210，对待迁入地的认同情况显著性双侧值为0.200，显著性双侧值均大于0.05，数值不符合因素相关的要求，因此性别、对待迁入地的认同情况与流动儿童接触和使用移动社交媒体的互动程度认知不具有相关关系。在其余因素中，是否独生子女的显著性双侧值为0.034，显著性双侧的数值位于0.05以内，数值符合因素相关的要求，因此是否独生子女与流动儿童接触和使用移动社交媒体的互动程度认知具有相关关系。对是否独生子女与流动儿童接触和使用移动社交媒体的互动程度认知进行T检验发现，独生子女在接触和使用移动社交媒体的互动程度认知上的得分明显高于非独生子女，说明独生子女流动儿童对移动社交媒体的互动程度认知高于非独生子女流动儿童。

在父母职业方面，显著性双侧值为0.028，显著性双侧的数值位于0.05以内，数值符合因素相关的要求，因此父母职业与流动儿童接触和使用移动社交媒体的互动程度认知具有相关关系。

（四）信任度认知

研究结合数据变量的特点，将人口统计学变量中的年龄、家庭经济状况、父母受教育程度、学习成绩、来迁入地的时间、来迁入地后的搬家次数、来迁入地后的转学次数、过去一年回老家的次数放入变量框与接触和使用移动社交媒体的信任度认知因素进行相关性分析，结果如表3—27所示。

表3—27　　人口统计学变量与信任度认知因素的相关性分析

			A16 信任度认知
斯皮尔曼等级相关系数	A16 信任度认知	相关系数	1.000
		显著性（双尾）	0.000
		N（人）	3500
	年龄	相关系数	-0.210
		显著性（双尾）	0.008
		N（人）	3500
	学习成绩	相关系数	-0.130
		显著性（双尾）	0.005
		N（人）	3500
	C2 您的孩子来北京/济南/青岛/潍坊/淄博/临沂/日照多久了	相关系数	-0.021
		显著性（双尾）	0.561
		N（人）	3500
	C3.1 来北京/济南/青岛/潍坊/淄博/临沂/日照后搬家的次数	相关系数	0.004
		显著性（双尾）	0.921
		N（人）	3500
	C3.2 孩子转过几次学	相关系数	0.020
		显著性（双尾）	0.585
		N（人）	3500
	C4 您的受教育程度	相关系数	-0.149
		显著性（双尾）	0.003
		N（人）	3500
	C5 您家庭的月收入情况	相关系数	-0.012
		显著性（双尾）	0.068
		N（人）	3500
	B10 过去一年回过几次老家	相关系数	0.008
		显著性（双尾）	0.833
		N（人）	3500

由表3—27可以看出，在进行相关性分析的人口背景因素中，来迁入地的时间、来迁入地后的搬家次数、过去一年回老家的次数等因素的显著性双侧值大于0.05，与信任度认知因素不具有相关关系。在其他人口背景因素中，

年龄因素的显著性双侧值为 0.008，相关系数值为 -0.210，显著性双侧的数值位于 0.05 以内，数值符合因素相关的要求，且相关系数值为负，因此年龄因素与信任度认知因素呈负相关，可理解为，年龄越大的流动儿童，对移动社交媒体提供信息的真实性持有一定的质疑，对移动社交媒体的信任度认知越低，或者对移动社交媒体信任度认知越低的流动儿童，年龄越大。

在学习成绩方面，显著性双侧值为 0.005，相关系数值为 -0.130，显著性双侧的数值位于 0.05 以内，数值符合因素相关的要求，且相关系数值为负，因此学习成绩与流动儿童接触和使用移动社交媒体的信任度认知呈负相关。可理解为，学习成绩越好的流动儿童，对移动社交媒体的信任度认知越低，或者是对移动社交媒体信任度认知越低的流动儿童，学习成绩越好。

在父母受教育程度方面，显著性双侧值为 0.003，相关系数值为 -0.149，显著性双侧的数值位于 0.05 以内，数值符合因素相关的要求，且相关系数值为负，因此父母受教育程度与流动儿童接触和使用移动社交媒体的信任度认知呈负相关。可理解为，在教育方面，父母受教育程度越高的流动儿童，接触和使用移动社交媒体的信任度认知越低，或者接触和使用移动社交媒体信任度认知越低的流动儿童，其父母受教育程度越高。

由于人口统计学变量中的性别、是否独生子女、父母职业、对待迁入地的认同情况为定类变量，因此研究选定接触和使用移动社交媒体的信任度认知因素与性别、是否独生子女、父母职业、对待迁入地的认同情况进行方差分析，结果显示，性别的显著性双侧值为 0.178，是否独生子女的显著性双侧值为 0.102，对待迁入地的认同情况显著性双侧值为 0.105，显著性双侧值均大于 0.05，数值不符合因素相关的要求，因此性别、是否独生子女、对待迁入地的认同情况与流动儿童对移动社交媒体的信任度认知因素均不具有相关关系。在父母职业方面，显著性双侧值为 0.013，显著性双侧的数值位于 0.05 以内，数值符合因素相关的要求，因此父母职业与流动儿童接触和使用移动社交媒体的信任度认知具有相关关系。

（五）接触和使用意愿

研究结合数据变量的特点，将人口统计学变量中的年龄、家庭经济状况、父母受教育程度、学习成绩、来迁入地的时间、来迁入地后的搬家次数、来迁入地后的转学次数、过去一年回老家的次数放入变量框与接触和使用移动社交媒体的接触和使用意愿因素进行相关性分析，结果如表 3—28 所示。

表3—28　人口统计学变量与接触和使用意愿因素的相关性分析

			A17 接触和使用意愿
斯皮尔曼等级相关系数	A17 接触和使用意愿	相关系数	1.000
		显著性（双尾）	0.000
		N（人）	778
	年龄	相关系数	0.171**
		显著性（双尾）	0.000
		N（人）	3500
	学习成绩	相关系数	−0.211
		显著性（双尾）	0.002
		N（人）	3500
	C2 您的孩子来北京/济南/青岛/潍坊/淄博/临沂/日照多久了	相关系数	−0.160
		显著性（双尾）	0.106
		N（人）	3500
	C3.1 来北京/济南/青岛/潍坊/淄博/临沂/日照后搬家的次数	相关系数	0.160
		显著性（双尾）	0.004
		N（人）	3500
	C3.2 孩子转过几次学	相关系数	0.113
		显著性（双尾）	0.014
		N（人）	3500
	C4 您的受教育程度	相关系数	0.059
		显著性（双尾）	0.100
		N（人）	3500
	C5 您家庭的月收入情况	相关系数	0.052
		显著性（双尾）	0.150
		N（人）	3500
	B10 过去一年回过几次老家	相关系数	0.035
		显著性（双尾）	0.331
		N（人）	3500

注：** 表示相关性在0.01级别显著（双尾）。

由表3—28可以看出，在进行相关性分析的人口背景因素中，过去一年回老家的次数、家庭的月收入等因素的显著性双侧值大于0.05，与接触和使用意愿因素不具有相关关系。在其他人口统计学变量中年龄因素的显著性双侧值为0.000,相关系数值为0.171,显著性双侧的数值位于0.05以内,数值符合因素相关的要求,且相关系数值为正,因此年龄因素与接触和使用意愿因素呈正相关。可理解为,年龄越大的流动儿童,越认为学习接触和使用移动社交媒体容易,更喜欢接触和使用移动社交媒体,对移动社交媒体的接触和使用意愿越高,或者对移动社交媒体接触和使用意愿越高的流动儿童,年龄越大。

在学习成绩方面,显著性双侧值为0.002,相关系数值为-0.211,显著性双侧的数值位于0.05以内,数值符合因素相关的要求,且相关系数值为负,因此学习成绩与流动儿童接触和使用移动社交媒体的接触和使用意愿呈负相关。可理解为,学习成绩越好的流动儿童,接触和使用移动社交媒体的接触和使用意愿越低,或者接触和使用移动社交媒体的接触和使用意愿越低的流动儿童,学习成绩越好。

在来迁入地后的搬家次数方面,显著性双侧值为0.004,相关系数值为0.160,显著性双侧的数值位于0.05以内,数值符合因素相关的要求,且相关系数值为正,因此来迁入地后的搬家次数与流动儿童接触和使用移动社交媒体的接触和使用意愿呈正相关。可理解为,来迁入地后的搬家次数越多的流动儿童,接触和使用移动社交媒体的接触和使用意愿越高,或者接触和使用移动社交媒体的接触和使用意愿越高的流动儿童,来迁入地后的搬家次数越多。

在来迁入地后的转学次数方面,显著性双侧值为0.014,相关系数值为0.113,显著性双侧的数值位于0.05以内,数值符合因素相关的要求,且相关系数值为正,因此来迁入地后的转学次数与流动儿童接触和使用移动社交媒体的接触和使用意愿呈正相关。可理解为,来迁入地后的转学次数越多的流动儿童,接触和使用移动社交媒体的接触和使用意愿越高,或者接触和使用移动社交媒体的接触和使用意愿越高的流动儿童,来迁入地后的转学次数越多。

由于人口统计学变量中的性别、是否独生子女、父母职业、对待迁入地的认同情况为定类变量,因此研究选定接触和使用移动社交媒体的接触和使用意愿因素与性别、是否独生子女、父母职业、对待迁入地的认同情况进行方差分析,结果显示,性别的显著性双侧值为0.056,父母职业的显著性双侧值为 0.067，对待迁入地的认同情况的显著性双侧值为 0.070，显著性双侧值均大于 0.05，数值不符合因素相关的要求，因此性别、父母职业、对待迁入地的认同情况与流动儿童对移动社交媒体的接触和使用意愿不具有相关关系。在是否独生子女方面，显著性双侧值为 0.015，显著性双侧的数值位于 0.05 以内，数值符合因素相关的要求，因此是否独生子女与流动儿童对移动社交媒体的接触和使用意愿具有相关性。对是否独生子女与流动儿童接触和使用意愿进行 T 检验发现，独生子女对移动社交媒体接触和使用意愿的得分明显高于非独生子女，说明独生子女流动儿童对移动社交媒体的接触和使用意愿高于非独生子女流动儿童。

五 人口统计学变量与父母了解、监督的关联状况

研究结合数据变量的特点，将人口统计学变量中的年龄、家庭经济状况、父母受教育程度、学习成绩、来迁入地的时间、来迁入地后的搬家次数、来迁入地后的转学次数、过去一年回老家的次数放入变量框与父母对流动儿童接触和使用移动社交媒体的父母陪同或监督情况展开了相关性检验，结果如表 3—29 所示。

表3—29　人口统计学变量与父母陪同或监督情况的相关性分析

			C9 孩子在接触和使用移动社交媒体时您会陪同或监督
斯皮尔曼等级相关系数	C9 孩子在接触和使用移动社交媒体时您会陪同或监督	相关系数	1.000
		显著性（双尾）	0.000
		N（人）	3500
	年龄	相关系数	-0.145
		显著性（双尾）	0.005
		N（人）	3500
	学习成绩	相关系数	0.164
		显著性（双尾）	0.036
		N（人）	3500

续表

			C9 孩子在接触和使用移动社交媒体时您会陪同或监督
斯皮尔曼等级相关系数	C5 您家庭的月收入情况	相关系数	0.272*
		显著性（双尾）	0.044
		N（人）	3500
	C4 您的受教育程度	相关系数	0.221**
		显著性（双尾）	0.001
		N（人）	3500
	C3.2 孩子转过几次学	相关系数	-0.290*
		显著性（双尾）	0.012
		N（人）	3500
	C3.1 来北京/济南/青岛/潍坊/淄博/临沂/日照后搬家的次数	相关系数	-0.280*
		显著性（双尾）	0.025
		N（人）	3500
	C2 您的孩子来北京/济南/青岛/潍坊/淄博/临沂/日照多久了	相关系数	-0.003
		显著性（双尾）	0.925
		N（人）	3500
	B10 过去一年回过几次老家	相关系数	0.066
		显著性（双尾）	0.066
		N（人）	3500

注：** 表示相关性在 0.01 级别显著（双尾）。

*表示相关性在 0.05 级别显著（双尾）。

由表3—29可以看出，在进行相关性分析的人口背景因素中，来迁入地的时间、过去一年回老家的次数因素的显著性双侧值大于0.05，与父母对流动儿童接触和使用移动社交媒体的陪同或监督情况不具有相关关系。

在余下的其他人口背景因素中，年龄的显著性双侧值为0.005，相关系数值为-0.145，显著性双侧的数值位于0.05以内，数值符合因素相关的要求，且相关系数值为负，因此年龄与父母对流动儿童接触和使用移动社交媒体的陪同或监督呈负相关。可理解为，年龄越大的流动儿童，父母越不能够陪同或监督其接触和使用移动社交媒体，或者在接触和使用移动社交媒体时不能够得到父母陪同或监督的流动儿童，年龄越大。

在学习成绩方面，显著性双侧值为0.036，相关系数值为0.164，显著性双侧的数值位于0.05以内，数值符合因素相关的要求，且相关系数值为正，因此学习成绩与父母对流动儿童接触和使用移动社交媒体的陪同或监督情况呈正相关。可理解为，学习成绩越好的流动儿童，父母越能够陪同或监督其接触和使用移动社交媒体，或者在接触和使用移动社交媒体时能够经常得到父母陪同或监督的流动儿童，学习成绩越好。

在家庭经济状况方面，显著性双侧值为0.044，相关系数值为0.272，显著性双侧的数值位于0.05以内，数值符合因素相关的要求，且相关系数值为正，因此家庭经济状况因素与父母对流动儿童接触和使用移动社交媒体的陪同或监督情况呈正相关。可理解为，家庭经济状况越好的流动儿童，父母越能够陪同或监督其接触和使用移动社交媒体，或者在接触和使用移动社交媒体时能够经常得到父母陪同或监督的流动儿童，家庭经济状况越好。

在父母受教育程度方面，显著性双侧值为0.001，相关系数值为0.221，显著性双侧的数值位于0.05以内，数值符合因素相关的要求，且相关系数值为正，因此父母受教育程度与父母对流动儿童接触和使用移动社交媒体的陪同或监督情况呈正相关。可理解为，在教育方面，父母受教育程度越高的流动儿童，父母越能够陪同或监督其接触和使用移动社交媒体，或者在接触和使用移动社交媒体时越能够得到父母陪同或监督的流动儿童，其父母的受教育程度越高。

在来迁入地后的转学次数方面，显著性双侧值为0.012，相关系数值为-0.290，显著性双侧的数值位于0.05以内，数值符合因素相关的要求，且相关系数值为负，因此来迁入地后的转学次数与父母对流动儿童接触和使用移动社交媒体的陪同或监督情况呈负相关。可理解为，来迁入地后的转学次数越多的流动儿童，其父母越不能够陪同或监督其接触和使用移动社交媒体，或者父母越不能够陪同或监督其接触和使用移动社交媒体的儿童，来迁入地后的转学次数越多。

在来迁入地后的搬家次数方面，显著性双侧值为0.025，相关系数值为-0.280，显著性双侧的数值位于0.05以内，数值符合因素相关的要求，且相关系数值为负，因此来迁入地后的搬家次数与父母对流动儿童接触和使用移动社交媒体的陪同或监督情况呈负相关。可理解为，来迁入地后的搬家次数越多的流动儿童，其父母越不能够陪同或监督其接触和使用移动社交媒体，或者父母越不能够陪同或监督其接触和使用移动社交媒体的儿童，来迁入地后的搬家次数越多。

由于人口统计学变量中的性别、是否独生子女、父母职业、对待迁入地的认同情况为定类变量，因此研究选定父母对流动儿童接触和使用移动社交媒体的陪同或监督情况与性别、是否独生子女、父母职业、对待迁入地的认同情况进行卡方检验，结果显示，性别的显著性双侧值为0.341，对待迁入地的认同情况的显著性双侧值为0.230，显著性双侧值均大于0.05，数值不符合因素相关的要求，因此性别、对待迁入地的认同情况与父母对流动儿童接触和使用移动社交媒体的陪同或监督情况不具有相关关系。在其余因素中，是否独生子女的显著性双侧值为0.012，显著性双侧的数值位于0.05以内，数值符合因素相关的要求，因此是否独生子女与父母对流动儿童接触和使用移动社交媒体的陪同或监督情况具有相关关系。对二者进行独立样本T检验发现，独生子女流动儿童在父母对接触和使用移动社交媒体陪同或监督情况上的得分高于非独生子女流动儿童，也就是说，相比于非独生子女流动儿童，独生子女流动儿童在接触和使用移动社交媒体时更能够得到父母的陪同或监督。在父母职业方面，显著性双侧值为0.023，显著性双侧的数值位于0.05以内，数值符合因素相关的要求，因此父母职业与父母对流动儿童接触和使用移动社交媒体的陪同或监督情况具有相关关系。

在对人口统计学变量及父母对流动儿童陪同或监督接触和使用移动社交媒体的情况进行相关性分析后，研究继续引入父母对流动儿童接触和使用移动社交媒体的了解情况，探索人口统计学变量是否对其产生一定的影响。结果如表3—30所示。

表3—30　人口统计学变量与父母对流动儿童接触和使用移动社交媒体的了解情况的方差分析

	ANOVA					
		平方和	df	均方	F	显著性
年龄	组之间	175.597	35	25.085	5.140	0.000
	组内	3767.699	3465	4.880		
	总计	3943.296	3500			

第三章 流动儿童接触和使用移动社交媒体对其社会化的影响 / 187

续表

		平方和	df	均方	F	显著性
C5 您家庭的月收入情况	组之间	9.703	35	1.386	1.266	0.024
	组内	845.295	3465	1.095		
	总计	854.998	3500			
学习成绩	组之间	9.528	35	1.361	2.002	0.052
	组内	524.887	3465	0.680		
	总计	534.415	3500			
C4 您的受教育程度	组之间	8.013	35	1.145	1.449	0.003
	组内	610.059	3465	0.790		
	总计	618.072	3500			
C2 您的孩子来北京/济南/青岛/潍坊/淄博/临沂/日照多久了	组之间	20.196	35	2.885	3.069	0.013
	组内	725.715	3465	0.940		
	总计	745.911	3500			
C3.1 来北京/济南/青岛/潍坊/淄博/临沂/日照后搬家的次数	组之间	47.405	35	6.772	2.038	0.048
	组内	2565.333	3465	3.323		
	总计	2612.738	3500			
C3.2 孩子转过几次学	组之间	12.101	35	1.729	1.620	0.012
	组内	823.821	3465	1.067		
	总计	835.922	3500			
B10 过去一年回过几次老家	组之间	4.405	35	0.629	1.350	0.224
	组内	359.917	3465	0.466		
	总计	364.322	3500			

由表3—30可以看出，在进行相关性分析的人口背景因素中，学习成绩、过去一年回老家的次数因素的显著性双侧值大于0.05，表明与父母对流动儿童接触和使用移动社交媒体聊天内容的了解情况不具有相关关系。

在余下的其他人口背景因素中，年龄因素的显著性双侧值为0.000，显著性双侧的数值位于0.05以内，数值符合因素相关的要求，因此年龄因素与父母对流动儿童接触和使用移动社交媒体的了解情况具有相关关系。在实地调查中，课题组了解到年龄越大的流动儿童，父母对其接触和使用移动社交媒体的聊天内容情况越不了解。

在父母受教育程度方面，显著性双侧值为 0.003，显著性双侧的数值位于 0.05 以内，数值符合因素相关的要求，因此父母受教育程度与父母对流动儿童接触和使用移动社交媒体的聊天内容情况具有相关关系。在实地调查中，课题组了解到受教育程度相对较高的流动儿童父母，对孩子使用接触和使用移动社交媒体的聊天内容情况较为了解。

在家庭经济状况方面，显著性双侧值为 0.024，显著性双侧的数值位于 0.05 以内，数值符合因素相关的要求，因此家庭经济状况与父母对流动儿童接触和使用移动社交媒体的聊天内容情况具有相关关系。在实地调查中，课题组了解到家庭经济状况较好的流动儿童父母，对孩子接触和使用移动社交媒体的聊天内容情况较为了解。

在来迁入地的时间方面，显著性双侧值为 0.013，显著性双侧的数值位于 0.05 以内，数值符合因素相关的要求，因此来迁入地的时间与父母对流动儿童接触和使用移动社交媒体聊天内容的了解情况具有相关关系。在来迁入地后的搬家次数方面，显著性双侧值为 0.048，显著性双侧的数值位于 0.05 以内，数值符合因素相关的要求，因此来迁入地后的搬家次数与父母对流动儿童接触和使用移动社交媒体聊天内容的了解情况具有相关关系。在来迁入地后的转学次数方面，显著性双侧值为 0.012，显著性双侧的数值位于 0.05 以内，数值符合因素相关的要求，因此来迁入地后的转学次数与父母对流动儿童接触和使用移动社交媒体聊天内容的了解情况具有相关关系。

由于人口统计学变量中的性别、是否独生子女、父母职业、对待迁入地的认同情况为定类变量，因此研究选定接触和使用移动社交媒体的考虑因素与性别、是否独生子女、父母职业、对待迁入地的认同情况进行卡方检验，结果显示，性别的显著性双侧值为 0.231，对待迁入地的认同情况的显著性双侧值为 0.141，显著性双侧值均大于 0.05，数值不符合因素相关的要求，因此性别、对待迁入地的认同情况与父母对流动儿童接触和使用移动社交媒体聊天内容的了解情况不具有相关关系。在是否独生子女方面，显著性双侧值为 0.001，显著性双侧的数值位于 0.05 以内，数值符合因素相关的要求，因此是否独生子女与父母对流动儿童接触和使用移动社交媒体聊天内容的了解情况具有相关关系。在实地调查中，课题组了解到，父母对独生子女接触和使用移动社交媒体的聊天内容情况较为了解。

在父母的职业方面，显著性双侧值为 0.004，显著性双侧的数值位于 0.05 以内，数值符合因素相关的要求，因此父母的职业因素与父母对流动儿童接触和使用移动社交媒体聊天内容的了解情况具有相关关系。

六　人口统计学变量与父母的态度、期望的关联状况

研究结合数据变量的特点，将人口统计学变量中的年龄、家庭经济状况、父母受教育程度、学习成绩、来迁入地的时间、来迁入地后的搬家次数、来迁入地后的转学次数、过去一年回老家的次数放入变量框与接触和使用移动社交媒体的态度因素进行了方差分析，结果如表 3—31 所示。

表 3—31　人口统计学变量与父母对流动儿童接触和使用移动社交媒体的态度的方差分析

ANOVA						
		平方和	df	均方	*F*	显著性
年龄	组之间	160.261	18	53.420	10.958	0.000
	组内	3783.035	3482	4.875		
	总计	3943.296	3500			
C5 您家庭的月收入情况	组之间	6.116	18	2.039	1.864	0.134
	组内	848.883	3482	1.094		
	总计	854.999	3500			
学习成绩	组之间	3.064	18	1.021	1.492	0.000
	组内	531.351	3482	0.685		
	总计	534.415	3500			
C4 您的受教育程度	组之间	5.313	18	1.771	2.243	0.005
	组内	612.758	3482	0.790		
	总计	618.071	3500			
C2 您的孩子来北京/济南/青岛/潍坊/淄博/临沂/日照多久了	组之间	2.819	18	0.940	0.981	0.401
	组内	743.093	3482	0.958		
	总计	745.912	3500			
C3.1 来北京/济南/青岛/潍坊/淄博/临沂/日照后搬家的次数	组之间	35.842	18	11.947	3.598	0.053
	组内	2576.897	3482	3.321		
	总计	2612.739	3500			

续表

		平方和	df	均方	F	显著性
C3.2 孩子转过几次学	组之间	8.035	18	2.678	2.510	0.058
	组内	827.887	3482	1.067		
	总计	835.922	3500			
B10 过去一年回过几次老家	组之间	4.667	18	1.556	3.357	0.058
	组内	359.655	3482	0.463		
	总计	364.322	3500			

由表3—31可以看出，在进行相关性分析的人口背景因素中，家庭月收入、来迁入地后的转学次数、来迁入地后的搬家次数、过去一年回老家的次数等因素的显著性双侧值大于0.05，与父母对流动儿童接触和使用移动社交媒体的态度均不具有相关关系。

余下的其他人口背景因素中，学习成绩的显著性双侧值为0.000，显著性双侧的数值位于0.05以内，数值符合因素相关的要求，因此学习成绩与父母对流动儿童接触和使用移动社交媒体的态度具有相关性。在父母受教育程度方面，显著性双侧值为0.005，显著性双侧的数值位于0.05以内，数值符合因素相关的要求，因此父母受教育程度因素与父母对流动儿童接触和使用移动社交媒体的态度具有相关性。

由于人口统计学变量中的性别、是否独生子女、父母职业、对待迁入地的认同情况为定类变量，因此研究选定接触和使用移动社交媒体的考虑因素与性别、是否独生子女、父母职业、对待迁入地的认同情况进行卡方检验，结果显示，性别的显著性双侧值为0.154，对待迁入地的认同情况显著性双侧值为0.231，显著性双侧值均大于0.05，数值不符合因素相关的要求，因此性别、对待迁入地的认同情况与父母对流动儿童接触和使用移动社交媒体的态度不具有相关关系。在其余因素中，父母职业的显著性双侧值为0.043，显著性双侧的数值位于0.05以内，数值符合因素相关的要求，因此父母职业与父母对流动儿童接触和使用移动社交媒体的态度具有相关性。

在对人口统计学变量及父母对流动儿童接触和使用移动社交媒体的态度进行相关性分析后，研究继续引入父母对流动儿童接触和使用移动社交媒体的期望情况，探索人口统计学变量是否对其产生一定的影响。结果如表3—32所示。

表3—32　人口统计学变量与父母对流动儿童接触和使用移动社交媒体的期望的方差分析

ANOVA		平方和	df	均方	F	显著性
年龄	组之间	126.665	27	25.333	5.137	0.000
	组内	3816.631	3473	4.931		
	总计	3943.296	3500			
C5 您家庭的月收入情况	组之间	13.483	27	2.697	2.480	0.031
	组内	841.515	3473	1.087		
	总计	854.998	3500			
学习成绩	组之间	11.818	27	2.364	3.501	0.004
	组内	522.597	3473	0.675		
	总计	534.415	3500			
C4 您的受教育程度	组之间	4.412	27	0.882	1.113	0.002
	组内	613.660	3473	0.793		
	总计	618.072	3500			
C2 您的孩子来北京/济南/青岛/潍坊/淄博/临沂/日照多久了	组之间	12.135	27	2.427	2.560	0.026
	组内	733.776	3473	0.948		
	总计	745.911	3500			
C3.1 来北京/济南/青岛/潍坊/淄博/临沂/日照后搬家的次数	组之间	15.649	27	3.130	0.933	0.459
	组内	2597.089	3473	3.355		
	总计	2612.738	3500			
C3.2 孩子转过几次学	组之间	1.005	27	0.201	0.186	0.968
	组内	834.917	3473	1.079		
	总计	835.922	3500			
B10 过去一年回过几次老家	组之间	10.462	27	2.092	4.577	0.102
	组内	353.860	3473	0.457		
	总计	364.322	3500			

由表3—32可以看出，在进行相关性分析的人口背景因素中，来迁入

地后的转学次数、来迁入地后的搬家次数、过去一年回老家的次数因素的显著性双侧值大于 0.05，与父母对流动儿童接触和使用移动社交媒体的期望不具有相关关系。

余下的其他人口背景因素中，年龄因素的显著性双侧值为 0.000，显著性双侧的数值位于 0.05 以内，数值符合因素相关的要求，因此年龄因素与父母对流动儿童接触和使用移动社交媒体的期望情况具有相关性。在学习成绩方面，显著性双侧值为 0.004，显著性双侧的数值位于 0.05 以内，数值符合因素相关的要求，因此学习成绩与父母对流动儿童接触和使用移动社交媒体的期望情况具有相关性。在父母的受教育程度方面，显著性双侧值为 0.002，显著性双侧的数值位于 0.05 以内，数值符合因素相关的要求，因此父母受教育程度与父母对流动儿童接触和使用移动社交媒体的期望情况具有相关性。

由于人口统计学变量中的性别、是否独生子女、父母职业、对待迁入地的认同情况为定类变量，因此研究选定接触和使用移动社交媒体的考虑因素与性别、是否独生子女、父母职业、对待迁入地的认同情况进行卡方检验，结果显示，性别的显著性双侧值为 0.011，是否独生子女的显著性双侧值为 0.221，对待迁入地的认同情况的显著性双侧值为 0.132，显著性双侧值均大于 0.05，数值不符合因素相关的要求，因此性别、是否独生子女、对待迁入地的认同情况与父母对流动儿童接触和使用移动社交媒体的期望情况不具有相关关系。在余下的父母职业因素中，显著性双侧值为 0.003，显著性双侧的数值位于 0.05 以内，数值符合因素相关的要求，因此父母职业与父母对流动儿童接触和使用移动社交媒体的期望情况具有相关性。

小结

通过对人口统计学变量与流动儿童接触和使用移动社交媒体情况之间的相关性进行检验发现，人口统计学变量中的部分因素与流动儿童接触和使用移动社交媒体的情况具有密切联系。在移动社交媒体的接触和使用动机方面，考虑因素与人口统计学变量中的年龄因素具有相关性。接触和使用内容偏好与人口统计学变量中的年龄、父母受教育程度、父母职业、学习成绩因素具有相关性。在移动社交媒体的接触和使用行为方面，好友来源与人口统计学变量中的年龄、家庭经济状况、父母受教育程度、父母职业、学习成绩、是否独生子女、对迁入地的认同情况因素具有相关性。聊天对象与人口统计学变量中的年龄、来迁入地后的转学次数、搬家次数因素具有相关性。好友数量与人口统计学变量中的年龄、是否独生子女、学习成绩、父母受教育程度、父母职业、家庭经济状况、来迁入地后的转学次数、搬家次数具有相关性。接触和使用年龄与人口统计学变量中的年龄、学习成绩、父母受教育程度、父母职业、是否独生子女、家庭经济状况、来迁入地的时间、来迁入地后的转学次数、来迁入地后的搬家次数具有相关性。在接触和使用移动社交媒体的习惯方面，接触和使用场景与年龄、学习成绩、父母受教育程度、父母职业、来迁入地的时间具有相关关系。接触和使用时长与年龄、学习成绩、是否独生子女、父母受教育程度、父母职业、来迁入地后的转学次数、来迁入地后的搬家次数、性别具有相关性。接触和使用频率与人口统计学变量中的年龄、学习成绩、父母受教育程度、父母职业、是否独生子女具有相关性。使用场所与人口统计学变量中的年龄、学习成绩、父母受教育程度、父母职业具有相关性。在接触和使用移动社交媒体的态度方面，愉悦度认知与人口统计学变量中的年龄、是否独生子女、学习成绩、父母受教育程度、父母职业、来迁入地后的转学次数、来迁入地后的搬家次数、来迁入地的时间具有相关性。接触和使用移动社交媒体的信息可用度认知与人口统计学变量中的年龄、父母受教育程度、父母职业、家庭经济状况、是否独生子女、来迁入地后的转学次数、来迁入地后的搬家次数具有相关性。接触和使用移动社交媒体的互动程度认知与人口统计学变量中的年龄、是否独生子女、学习成绩、父母受教育程度、父母职业、来迁入地的时间、来迁入地后的搬家次数、来迁入地后的转学次数具有相关性。接触和使用移动社交媒体的信任度认知与人口统计学变量中的年龄、学习成绩、父母受教育程度、父母职业具有相关性。接触和使用意愿与人口统计学变量中的年龄、学习成绩、父母受教育程度、父母职业具有相关性。在父母对流动儿童接触和使用移动社交媒体的监督、了解方面，父母对流动儿童接触和使用移动社交媒体的陪同或监督情况与人口统计学变量中的年龄、学习成绩、家庭经济状况、父母受教育程度、父母职业、来迁入地后的转学次数、来迁入地后的搬家次数具有相关关系。父母对流动儿童接触和使用移动社交媒体聊天内容的了解情况与人口统计学变量中的年龄、家庭经济情况、父母职业、父母受教育程度、独生子女、来迁入地后的搬家次数、来迁入地后的转学次数、来迁入地的时间具有相关关系。在父母对流动儿童接触和使用移动社交媒体的态度、期望方面,父母对流动儿童接触和使用移动社交媒体的态度与人口统计学变量中的学习成绩、父母受教育程度、父母职业具有相关关系。

结合检验结果来看,流动儿童接触和使用移动社交媒体的情况受到人口统计学变量的不同程度的影响,在研究所测量的人口背景因素中,年龄、父母受教育程度、父母职业、来迁入地后的转学次数、来迁入地后的搬家次数等因素与流动儿童接触和使用移动社交媒体的状况等存有一定的关联性,这一结果同样为我们后文进行人口统计学变量、移动社交媒体的接触和使用状况、流动儿童的社会化状况之间的多元回归分析提供了参照。

第三节 移动社交媒体的接触和使用与流动儿童社会化的相关性检验

前文的问卷调查及访谈结果都已证明移动社交媒体与流动儿童关系密切,在流动儿童的生活中扮演了重要角色,也正因如此,移动社交媒体的哪些变量与流动儿童的社会化相关?如何对其社会化产生影响?这一小节将聚焦于移动社交媒体与流动儿童社会化之间的关系,深入探讨移动社交媒体对流动儿童社会化的影响。

一 性格与行为特征的检验

(一)接触和使用动机与性格与行为特征的关联性

研究结合数据变量的特点,将接触和使用动机变量中经常使用的软件、考虑因素、接触和使用内容偏好等放入变量框与流动儿童社会化中的性格与行为特征因素进行了方差分析,结果如表3—33所示。

表3—33　　　接触和使用动机与性格与行为特征的方差分析

ANOVA		平方和	df	均方	F	显著性
A1 经常接触和使用的移动社交媒体应用软件［App］	组之间	170.046	99	8.502	0.794	0.723
	组内	8119.934	3401	10.712		
	总计	8289.980	3500			
A2 接触和使用移动社交媒体首先考虑的是	组之间	34.665	99	1.733	0.428	0.987
	组内	3066.961	3401	4.046		
	总计	3101.626	3500			
A11 接触和使用移动社交媒体主要是	组之间	127.624	99	6.381	1.372	0.128
	组内	3512.248	3401	4.652		
	总计	3639.872	3500			

由表3—33可以看出，在接触和使用动机与性格与行为特征的方差分析中，考虑因素、接触和使用内容偏好、经常接触和使用的移动社交媒体应用软件［App］因素的显著性双侧值均大于0.05，数值不符合因素相关的要求，因此接触和使用动机与性格与行为特征因素不具有相关性。

（二）接触和使用行为与性格与行为特征的关联性

研究结合数据变量的特点，将接触和使用行为变量中的好友数量、接触和使用年龄等放入变量框与流动儿童社会化中的性格与行为特征因素进行了相关性检验，结果如表3—34所示。

表3—34　　　接触和使用行为与性格与行为特征的相关性分析

			B1 性格与行为特征
斯皮尔曼等级相关系数	B1 性格与行为特征	相关系数	1.000
		显著性（双尾）	0.000
		N（人）	3500
	A5 在移动社交媒体中的好友数量	相关系数	-0.225
		显著性（双尾）	0.007
		N（人）	3500
	A6 大约是从什么时候开始接触和使用移动社交媒体	相关系数	-0.244
		显著性（双尾）	0.005
		N（人）	3500

由表3—34可以看出，在接触和使用行为与性格与行为特征的相关性检验中，接触和使用年龄的显著性双侧值为0.005，相关系数值为-0.244，显著性双侧值小于0.005，数值符合因素相关的要求，且相关系数值为负，因此接触和使用年龄因素与性格与行为特征因素呈负相关。可理解为，接触和使用移动社交媒体年龄越早的流动儿童，性格与行为特征的得分越低，性格上越偏向于负面，或者是性格与行为特征得分越低的流动儿童，接触和使用移动社交媒体的年龄越早。这可能是因为，接触和使用年龄越早的流动儿童，进行虚拟社交的时间越早，也越容易沉浸于虚拟社交中，从而忽略了真实社交关系的发展，影响到自身良好性格与行为特征的形成。

在好友数量方面，显著性双侧值为0.007，相关系数值为-0.225，显著性双侧值小于0.005，因此好友数量因素与性格与行为特征因素呈负相关。可理解为在移动社交媒体上拥有好友数量越多的流动儿童，他在实际生活中的性格与行为特征越偏向负面，或者是在实际生活中性格与行为特征越偏向于负面的流动儿童，在移动社交媒体平台拥有的好友数量越多。这可能是因为，好友数量越多的流动儿童，花费在移动社交媒体上与好友进行社交联系的时间越多，过度依赖于社交网络进行社交，不利于其自身良好性格与行为特征的形成。

由于接触和使用行为背景变量中的好友来源、聊天对象为定类变量，因此研究选定好友来源、聊天对象与流动儿童社会化状况中的性格与行为特征进行卡方检验，结果显示，聊天对象的显著性双侧值为0.003，显著性双侧值小于0.005，数值符合因素相关的要求，因此聊天对象因素与性格与行为特征因素具有相关关系。流动儿童与好友交往时会在潜移默化中受到好友的影响，也会影响到流动儿童自身性格与行为特征的形成。

好友来源的显著性双侧值为0.006，显著性双侧值小于0.005，因此好友来源因素与性格与行为特征因素具有相关关系。在研究中，好友来源的选项包括现实中的朋友或同学、父母、亲戚、老师、陌生网友、其他，不同的好友在性格与行为特征上会存有一定的差异，流动儿童选择与不同来源的好友进行交往时，其自身的性格与行为特征也会受到对方的影响。

（三）接触和使用习惯与性格与行为特征的关联性

研究结合数据变量的特点，将接触和使用习惯变量中的接触和使用时长、接触和使用频率放入变量框与流动儿童社会化中的性格与行为特征因素展开了相关性检验，结果如表 3—35 所示。

表 3—35　接触和使用习惯与性格与行为特征的相关性分析

			B1 性格与行为特征
斯皮尔曼等级相关系数	B1 性格与行为特征	相关系数	1.000
		显著性（双尾）	0.000
		N（人）	3500
	A8 每天大概接触和使用多长时间的移动社交媒体	相关系数	−0.205**
		显著性（双尾）	0.003
		N（人）	3500
	A9 接触和使用移动社交媒体的频率	相关系数	−0.146
		显著性（双尾）	0.016
		N（人）	3500

注：** 表示相关性在 0.01 级别显著（双尾）。

由表 3—35 可以看出，在接触和使用习惯与性格与行为特征的相关性检验中，使用场所、接触和使用场景等因素的显著性双侧值均大于 0.05，与性格与行为特征因素不具有相关关系。在其他因素中，接触和使用时长因素的显著性双侧值为 0.003，显著性双侧的数值位于 0.05 以内，满足因素相关的关系，且相关系数值为负，因此接触和使用时长因素与性格与行为特征因素呈负相关。可理解为，每天接触和使用移动社交媒体时间越长的流动儿童，他在性格与行为特征上的得分越低，性格越偏向负面，或者是性格与行为特征越偏向于负面的流动儿童，每天接触和使用移动社交媒体的时间越长。

在接触和使用频率方面，显著性双侧值为 0.016，显著性双侧的数值位于 0.05 以内，数值符合因素相关的要求，且相关系数值为负，因此接触和使用频率与流动儿童的性格与行为特征呈负相关。可理解为，接触和使用频率越高的流动儿童，性格与行为特征越偏向负面，或者性格与行为特征越偏向负面的流动儿童，接触和使用移动社交媒体的频率越高。

由于接触和使用习惯变量中的好友来源、聊天对象为定类变量，因此研究选定好友来源、聊天对象与流动儿童社会化状况中的性格与行为特征进行方差分析，结果显示，好友来源的显著性双侧值为 0.233，聊天对象的显著性双侧值为 0.131，显著性双侧值均大于 0.05，数值不符合因素相关的要求，因此接触和使用习惯变量中的好友来源、聊天对象与流动儿童社会化状况中的性格与行为特征不具有相关关系。

（四）接触和使用态度与性格与行为特征的关联性

研究结合数据变量的特点，将接触和使用态度变量中的愉悦度认知、信息可用度认知、互动程度认知、信任度认知、接触和使用意愿、对今后使用时间的安排等放入变量框与流动儿童社会化中的性格与行为特征因素展开了相关性检验，结果如表 3—36 所示。

表 3—36　接触和使用态度与性格与行为特征的相关性分析

			B1 性格与行为特征
斯皮尔曼等级相关系数	B1 性格与行为特征	相关系数	1.000
		显著性（双尾）	0.000
		N（人）	3500
	A13 愉悦度认知	相关系数	-0.152
		显著性（双尾）	0.045
		N（人）	3500
	A14 信息可用度认知	相关系数	-0.102**
		显著性（双尾）	0.004
		N（人）	3500
	A15 互动程度认知	相关系数	-0.233**
		显著性（双尾）	0.000
		N（人）	3500
	A16 信任度认知	相关系数	-0.135
		显著性（双尾）	0.034
		N（人）	3500
	A17 接触和使用意愿	相关系数	-0.279*
		显著性（双尾）	0.029
		N（人）	3500
	A12 今后接触和使用移动社交媒体的时间安排	相关系数	-0.290*
		显著性（双尾）	0.012
		N（人）	3500

注：** 表示相关性在 0.01 级别显著（双尾）。

　　* 表示相关性在 0.05 级别显著（双尾）。

由表3—36可以看出，愉悦度认知的显著性双侧值为0.045，相关系数值为-0.152，显著性双侧的数值位于0.05以内，数值符合因素相关的要求，且相关系数值为负，因此愉悦度认知与流动儿童的性格与行为特征呈负相关。可理解为，对移动社交媒体愉悦度认知越高的流动儿童，性格与行为特征越偏向负面，或者性格与行为特征越偏向负面的流动儿童，对移动社交媒体的愉悦度认知越高。流动儿童对移动社交媒体的愉悦度认知，一定程度上代表了他对移动社交媒体的认可程度。流动儿童觉得移动社交媒体是好玩有趣的、能够使自己的生活变得丰富多彩，给自己带来积极愉快的体验。因此，相比于现实中的实践活动，流动儿童可能更愿意接触和使用移动社交媒体，在虚拟社会获得愉快的体验，而接触和使用移动社交媒体的时间过长，则不利于自身积极性格与行为特征的形成。

在信息可用度认知方面，显著性双侧值为0.004，相关系数值为-0.102，显著性双侧的数值位于0.05以内，且相关系数值为负，因此信息可用度认知与性格与行为特征呈负相关。可理解为，流动儿童对信息可用度的认知越高，他的性格与行为特征越偏向于负面，或者流动儿童的性格与行为特征越偏向于负面，他对信息可用度的认知越高。流动儿童对移动社交媒体的信息可用度认知，一定程度上代表了流动儿童对移动社交媒体所提供信息的认可程度。流动儿童觉得移动社交媒体上提供的信息能够满足自己的需要，因而将移动社交媒体作为自己获取信息的重要媒介来源，而网络上的信息良莠不齐，流动儿童的媒介素养能力较低，若长期接触网络信息，则不利于自身良好性格与行为特征的形成。

在互动程度认知方面，显著性双侧值为0.000，相关系数值为-0.233，显著性双侧的数值位于0.05以内，且相关系数值为负，因此互动程度认知因素与性格与行为特征因素呈负相关。可理解为，流动儿童对移动社交媒体的互动程度认知越高，他的性格与行为特征越偏向负面，或者是流动儿童的性格与行为特征越偏向于负面，他对移动社交媒体的互动程度认知越高。流动儿童对移动社交媒体的互动程度认知，一定程度上代表了流动儿童对移动社交媒体进行虚拟社交的认可程度。流动儿童觉得移动社交媒体能够加强自己与朋友之间的联系，能够随时与好友交流，这种对移动社交媒体进行虚拟社交的倚重，会使得流动儿童过于注重虚拟社交，忽略了现实中的人际交往，这将导致流动儿童缺乏现实交往能力，也不利于自身良好性格与行为特征的形成。

在信任度认知方面，显著性双侧值为 0.034，相关系数值为 -0.135，显著性双侧的数值位于 0.05 以内，数值符合因素相关的要求，且相关系数值为负，因此接触和使用移动社交媒体的信任度与性格与行为特征呈负相关。可理解为，对移动社交媒体信任度认知越高的流动儿童，性格与行为特征越偏向负面，或者性格与行为特征越偏向负面的流动儿童，对移动社交媒体的信任度认知越高。流动儿童对移动社交媒体的信任度认知，一定程度上代表了流动儿童对移动社交媒体所提供信息的信任程度。流动儿童对移动社交媒体所提供信息的信任程度较高，则会认为移动社交媒体上提供的信息是值得信任的，是反映了社会现实的，很容易将虚拟与现实相混淆，将媒介构造的拟态环境当作真实的社会环境，在这种情形下，流动儿童自身的性格与行为特征也会受到影响，不利于自身良好性格与行为特征的形成。

在接触和使用意愿方面，显著性双侧值为 0.029，相关系数值为 -0.279，显著性双侧的数值位于 0.05 以内，数值符合因素相关的要求，且相关系数值为负，因此接触和使用意愿因素与性格与行为特征因素呈负相关。可理解为，对移动社交媒体接触和使用意愿越高的流动儿童，他的性格与行为特征越偏向负面，或者是性格与行为特征越偏向于负面的流动儿童，他对移动社交媒体的接触和使用意愿越高。流动儿童对移动社交媒体的接触和使用意愿，从整体上考察了流动儿童对移动社交媒体的满意度与接受度，流动儿童对移动社交媒体的满意度与接受度越高，则可以认为流动儿童对移动社交媒体的喜爱程度越高，会使得流动儿童对移动社交媒体产生一定的依赖性，不利于自身良好性格与行为特征的形成。

在对今后使用时间的安排方面，显著性双侧值为 0.012，相关系数值为 -0.290，显著性双侧值小于 0.005，数值符合因素相关的要求，且相关系数值为负，因此对今后使用时间的安排与性格与行为特征因素呈负相关。可理解为，今后准备增加移动社交媒体使用时间的流动儿童，他的性格与行为特征越偏向负面，或者是性格与行为特征越偏向于负面的流动儿童，今后会准备增加接触和使用移动社交媒体的时间。前文的检验结果表明，接触和使用移动社交媒体的时间会对流动儿童的性格与行为特征产生影响，较长的使用时间不利于流动儿童自身良好性格与行为特征的形成。

(五) 父母的监督、了解与性格与行为特征的关联性

研究结合数据的变量特点,将父母陪同或监督孩子接触和使用移动社交媒体情况放入变量框与流动儿童社会化中的性格与行为特征因素展开了相关性检验,结果如表 3—37 所示。

表 3—37　父母的监督、了解与性格与行为特征的相关性分析

			B1 性格与行为特征
斯皮尔曼等级相关系数	B1 性格与行为特征	相关系数	1.000
		显著性(双尾)	0.000
		N(人)	3500
	C9 孩子在接触和使用移动社交媒体时您会陪同或监督	相关系数	0.119**
		显著性(双尾)	0.001
		N(人)	3500

由表 3—37 可以看出,父母对孩子接触和使用移动社交媒体的陪同或监督与性格与行为特征间的显著性双侧值为 0.001,相关系数值为 0.119,显著性双侧值小于 0.005,数值符合因素相关的要求,且相关系数值为正,所以二者呈正相关。可理解为,在接触和使用移动社交媒体时经常得到父母陪同或监督的流动儿童,他的性格与行为特征越偏向正面,或者是性格与行为特征越偏向于正面的流动儿童,他在接触和使用移动社交媒体时能够经常得到父母的陪同或监督。父母在流动儿童接触和使用移动社交媒体时进行陪同或监督,能够给予流动儿童一定的媒介指导,避免流动儿童接触到不良信息,从而有利于流动儿童良好性格与行为特征的形成。

由于父母对孩子接触和使用移动社交媒体的了解情况为定类变量,因此,研究将这一变量与流动儿童社会化状况中的性格与行为特征进行方差分析。结果表明,父母对孩子接触和使用移动社交媒体的了解情况变量($P>0.05$)不具有统计意义上的显著性差异。因此,父母对孩子接触和使用移动社交媒体的了解情况与流动儿童社会化状况中的性格与行为特征不具有相关关系。

(六) 父母的态度、期望与性格与行为特征的关联性

研究结合数据的变量特点,将父母对孩子接触和使用移动社交媒体的态度、父母对孩子接触和使用移动社交媒体的期望两个变量放入变量框与流动

儿童社会化中的性格与行为特征因素进行了方差分析，结果如表3—38所示。

表3—38　　父母的态度、期望与性格与行为特征的方差分析

ANOVA						
		平方和	df	均方	F	显著性
C7 您希望孩子接触和使用移动社交媒体能够	组之间	63.811	99	3.191	2.031	0.205
	组内	1190.546	3401	1.571		
	总计	1254.357	3500			
C10 您认为移动社交媒体对孩子的影响	组之间	31.280	99	1.564	1.369	0.129
	组内	866.029	3401	1.143		
	总计	897.309	3500			

由表3—38可以看出，父母对孩子接触和使用移动社交媒体期望的显著性双侧值为0.205，父母对孩子接触和使用移动社交媒体的态度显著性双侧值为0.129，两个因素与性格与行为特征间的显著性双侧值均大于0.05，说明两个因素均不与流动儿童的性格与行为特征存在相关关系，也就是说父母对流动儿童接触和使用移动社交媒体的态度、期望，不会影响到流动儿童性格与行为特征的形成。

二　生活技能的检验

（一）接触和使用动机与生活技能的关联性

研究结合数据的变量特点，将接触和使用动机变量中经常使用的软件、考虑因素、接触和使用内容偏好等放入变量框与流动儿童社会化中的生活技能因素进行了方差分析，结果如表3—39所示。

表3—39　　接触和使用动机与生活技能的方差分析

ANOVA						
		平方和	df	均方	F	显著性
A2 接触和使用移动社交媒体首先考虑的是	组之间	128.419	126	4.586	1.156	0.265
	组内	2978.980	3374	3.967		
	总计	3107.399	3500			

续表

		平方和	df	均方	F	显著性
A1 经常接触和使用的移动社交媒体应用软件[App]	组之间	1131.114	126	40.397	4.237	0.053
	组内	7159.854	3374	9.534		
	总计	8290.968	3500			
A11 接触和使用移动社交媒体主要是	组之间	120.932	126	4.319	0.918	0.589
	组内	3519.963	3374	4.706		
	总计	3640.895	3500			

由表3—39可以看出，接触和使用移动社交媒体的内容显著性双侧值为0.589，经常使用的移动社交媒体软件的显著性双侧值为0.053，接触和使用移动社交媒体考虑因素的显著性双侧值为0.265，三个因素的显著性双侧值均大于0.05，数值不符合因素相关的要求，因此接触和使用动机与生活技能不具有相关关系，也就是说二者之间没有联系。

（二）接触和使用行为与生活技能的关联性

研究结合数据的变量特点，将接触和使用行为变量中的好友数量、接触和使用年龄等放入变量框与流动儿童社会化中的生活技能因素展开了相关性检验，结果如表3—40所示。

表3—40　　　　　接触和使用行为与生活技能的相关性分析

			B2 生活技能
斯皮尔曼等级相关系数	B2 生活技能	相关系数	1.000
		显著性（双尾）	0.000
		N（人）	3500
	A5 在移动社交媒体中的好友数量	相关系数	0.239**
		显著性（双尾）	0.000
		N（人）	3500
	A6 大约是从什么时候开始接触和使用移动社交媒体	相关系数	0.318**
		显著性（双尾）	0.000
		N（人）	3500

注：** 表示相关性在0.01级别显著（双尾）。

由表3—40可以看出，好友数量的显著性双侧值为0.000，相关系数值为0.239，显著性双侧的数值位于0.05以内，数值符合因素相关的要求，所以好友数量与生活技能呈正相关。可理解为，好友数量越多的流动儿童，他的生活技能越强，或者是生活技能越强的流动儿童，他所拥有的好友数量越多。

在接触和使用年龄方面，显著性双侧值为0.000，相关系数值为0.318，显著性双侧的数值位于0.05以内，数值符合因素相关的要求，所以接触和使用年龄与生活技能呈正相关。可理解为，接触和使用移动社交媒体年龄越早的流动儿童，他所具有的生活技能越强，或者是所具有的生活技能越强的流动儿童，他接触和使用移动社交媒体的年龄越早。

由于流动儿童接触和使用移动社交媒体的聊天对象、好友来源为定类变量，因此研究将这一变量与流动儿童社会状况中的生活技能进行方差分析，结果显示，好友来源的显著性双侧值为0.000，相关显著性双侧的数值位于0.05以内，数值符合因素相关的要求，所以好友来源与流动儿童的生活技能具有相关关系。聊天对象的显著性双侧值为0.147，显著性双侧值大于0.05，数值不符合因素相关的要求，因此聊天对象与流动儿童的生活技能不具有相关关系。

（三）接触和使用习惯与生活技能的关联性

研究结合数据的变量特点，将接触和使用习惯变量中的接触和使用时长、接触和使用频率放入变量框与流动儿童社会化中的生活技能因素展开了相关性检验，结果如表3—41所示。

表3—41　　　　接触和使用习惯与生活技能的相关性分析

			B2 生活技能
斯皮尔曼等级相关系数	B2 生活技能	相关系数	1.000
		显著性（双尾）	0.000
		N（人）	3500
	A8 每天大概接触和使用多长时间的移动社交媒体	相关系数	-0.033
		显著性（双尾）	0.363
		N（人）	3500
	A9 接触和使用移动社交媒体的频率	相关系数	-0.028
		显著性（双尾）	0.436
		N（人）	3500

由表 3—41 可以看出，接触和使用时长的显著性双侧值为 0.363，接触和使用频率的显著性双侧值为 0.436，两个因素的显著性双侧值均大于 0.05，数值不符合因素相关的要求，因此接触和使用习惯中的接触和使用时长、接触和使用频率与生活技能不具有相关关系，也就是说接触和使用习惯中的接触和使用时长、接触和使用频率与生活技能没有联系。

由于接触和使用习惯中的使用场所、接触和使用场景变量为定类变量，因此研究选定这两个变量与流动儿童的生活技能进行方差分析，结果显示，接触和使用场景的显著性双侧值为 0.076，使用场所的显著性双侧值为 0.200，两个因素的显著性双侧值均大于 0.05，数值不符合因素相关的要求，因此接触和使用习惯中的接触和使用场景、使用场所与流动儿童的生活技能不具有相关关系。

(四) 接触和使用态度与生活技能的关联性

研究结合数据的变量特点，将接触和使用态度变量中的愉悦度认知、信息可用度认知、互动程度认知、信任度认知、接触和使用意愿、对今后使用时间的安排等放入变量框与流动儿童社会化中的性格与行为特征因素展开了相关性检验，结果如表 3—42 所示。

表 3—42　　接触和使用态度与生活技能的相关性分析

			B2 生活技能
斯皮尔曼等级相关系数	B2 生活技能	相关系数	1.000
		显著性（双尾）	0.000
		N（人）	3500
	A13 愉悦度认知	相关系数	0.158**
		显著性（双尾）	0.000
		N（人）	3500
	A14 信息可用度认知	相关系数	0.192**
		显著性（双尾）	0.000
		N（人）	3500
	A15 互动程度认知	相关系数	0.170**
		显著性（双尾）	0.000
		N（人）	3500

续表

			B2 生活技能
斯皮尔曼等级相关系数	A16 信任度认知	相关系数	0.108
		显著性（双尾）	0.007
		N（人）	3500
	A17 接触和使用意愿	相关系数	0.153**
		显著性（双尾）	0.000
		N（人）	3500
	A12 今后接触和使用移动社交媒体的时间安排	相关系数	0.135**
		显著性（双尾）	0.000
		N（人）	3500

注：** 表示相关性在 0.01 级别显著（双尾）。

由表 3—42 可以看出，信任度认知与生活技能间的显著性双侧值大于 0.05，因此二者不具有相关关系。在接触和使用态度的其他因素中，愉悦度认知的显著性双侧值为 0.000，相关系数值为 0.158，显著性双侧值小于 0.05，数值符合因素相关的要求，因此愉悦度认知与生活技能呈正相关。可理解为，对移动社交媒体愉悦度认知越高的流动儿童，他的生活技能也越强，或者是生活技能越强的流动儿童，对移动社交媒体的愉悦度认知越高。

在信息可用度认知方面，显著性双侧值为 0.000，相关系数值为 0.192，显著性双侧值小于 0.05，数值符合因素相关的要求，因此信息可用度认知与生活技能呈正相关。可理解为，对移动社交媒体信息可用度认知越高的流动儿童，他的生活技能也越强，或者是生活技能越强的流动儿童，对移动社交媒体信息可用度的认知越高。

在互动程度认知方面，显著性双侧值为 0.000，相关系数值为 0.170，显著性双侧的数值位于 0.05 以内，数值符合因素相关的要求，因此互动程度认知与生活技能呈正相关。可理解为，对移动社交媒体互动程度认知越高的流动儿童，他的生活技能也越强，或者是生活技能越强的流动儿童，对移动社交媒体的互动程度认知也越高。

在信任度认知方面，显著性双侧值为 0.007，相关系数值为 0.108，显著性双侧的数值位于 0.05 以内，数值符合因素相关的要求，且相关系数值为正,因此信任度认知与流动儿童的生活技能呈正相关。可理解为,对移动社交媒体信任度认知越高的流动儿童,生活技能越强,或者生活技能越强的流动儿童,对移动社交媒体的信任度认知越高。

在接触和使用意愿方面,显著性双侧值为 0.000,相关系数值为 0.153,显著性双侧的数值位于 0.05 以内,数值符合因素相关的要求,且相关系数值为正,因此接触和使用意愿与流动儿童的生活技能呈正相关。可理解为,对移动社交媒体接触和使用意愿越高的流动儿童,他的生活技能也越强,或者是生活技能越强的流动儿童,对移动社交媒体的接触和使用意愿也越高。

在对移动社交媒体今后使用时间的安排方面,显著性双侧值为 0.000,相关系数值为 0.135,显著性双侧的数值位于 0.05 以内,数值符合因素相关的要求,且相关系数值为正,因此对移动社交媒体今后使用时间的安排与生活技能呈正相关。可理解为,增加移动社交媒体今后使用时间的流动儿童,生活技能越强,或者生活技能越强的流动儿童,将增加今后接触和使用移动社交媒体的时间。

在调查中我们了解到,生活技能较强的流动儿童,往往其父母工作较忙,照顾孩子的时间较少,这导致流动儿童的生活自理能力较高,具备了较强的生活技能。因此,我们或许可以认为正是由于父母工作较忙,流动儿童才对移动社交媒体的愉悦度认知、信息可用度认知、信任度认知、接触和使用意愿等态度认知较高,也才会增加今后接触和使用移动社交媒体的时间。

(五) 父母的监督、了解与生活技能的关联性

研究结合数据的变量特点,将父母陪同或监督孩子接触和使用移动社交媒体变量放入变量框与流动儿童社会化中的生活技能因素展开了相关性检验,结果如表 3—43 所示。

表 3—43　　　父母的监督、了解与生活技能的相关性分析

			B2 生活技能
斯皮尔曼等级相关系数	B2 生活技能	相关系数	1.000
		显著性(双尾)	0.000
		N(人)	3500

续表

斯皮尔曼等级相关系数	C9 孩子在接触和使用移动社交媒体时您会陪同或监督		B2 生活技能
		相关系数	-0.110
		显著性（双尾）	0.007
		N（人）	3500

由表 3—43 可以看出，父母对孩子接触和使用移动社交媒体陪同或监督的显著性双侧值为 0.007，相关系数值为 -0.110，显著性双侧的数值位于 0.05 以内，数值符合因素相关的要求，且相关系数值为负，因此父母对孩子接触和使用移动社交媒体的陪同或监督与流动儿童的生活技能呈负相关。可理解为，父母对其接触和使用移动社交媒体陪同或监督少的流动儿童，生活技能越强，或者生活技能越强的流动儿童，父母在其接触和使用移动社交媒体时陪同或监督越少。

由于父母对孩子接触和使用移动社交媒体的了解变量为定类变量，因此研究将这一变量与流动儿童社会状况中的生活技能进行方差分析，结果显示，父母对孩子接触和使用移动社交媒体聊天内容的了解的显著性双侧值为 0.270，显著性双侧值大于 0.05，数值不符合因素相关的要求，因此父母对孩子接触和使用移动社交媒体的了解与流动儿童的生活技能不具有相关关系。

（六）父母的态度、期望与生活技能的关联性

研究将相关因素执行操作，得到方差检验的数据，结果如表 3—44 所示。

表 3—44　　　　父母的态度、期望与生活技能的方差分析

		ANOVA				
		平方和	df	均方	F	显著性
C7 您希望孩子接触和使用移动社交媒体能够	组之间	61.646	126	2.202	1.386	0.089
	组内	1192.938	3374	1.588		
	总计	1254.584	3500			

续表

		平方和	df	均方	F	显著性
C10 您认为移动社交媒体对孩子的影响	组之间	23.035	126	0.823	0.705	0.871
	组内	876.652	3374	1.167		
	总计	899.687	3500			

由表3—44的数据可以看出，父母对孩子接触和使用移动社交媒体的态度、父母对孩子接触和使用移动社交媒体的期望与生活技能没有联系。

三 社会交往的检验

（一）接触和使用动机与社会交往的关联性

研究结合数据的变量特点，将接触和使用动机变量中的经常使用的软件、考虑因素、接触和使用内容偏好等放入变量框与流动儿童社会化中的社会交往因素进行了方差分析，结果如表3—45所示。

表3—45　　　　接触和使用动机与社会交往的方差分析

ANOVA						
		平方和	df	均方	F	显著性
A1 经常接触和使用的移动社交媒体应用软件［App］	组之间	1131.114	126	40.397	4.237	0.000
	组内	7159.854	3374	9.534		
	总计	8290.968	3500			
A2 接触和使用移动社交媒体首先考虑的是	组之间	128.419	126	4.586	1.156	0.265
	组内	2978.980	3374	3.967		
	总计	3107.399	3500			
A11 接触和使用移动社交媒体主要是	组之间	120.932	126	4.319	0.918	0.589
	组内	3519.963	3374	4.706		
	总计	3640.895	3500			

由表3—45可以看出，接触和使用动机中的接触和使用移动社交媒体的考虑因素的显著性双侧值为0.265，接触和使用移动社交媒体内容的显著性双侧值为0.589，两个因素的显著性双侧值均大于0.05，数值不符合

因素相关的要求,所以可以认为考虑因素、接触和使用内容偏好与社会交往不具有相关关系。在接触和使用动机中余下的因素中,经常接触和使用的移动社交媒体应用软件因素的显著性双侧值为0.000,显著性双侧的数值位于0.05以内,数值符合因素相关的要求,因此经常接触和使用的移动社交媒体应用软件因素与社会交往因素具有相关关系。

(二)接触和使用行为与社会交往的关联性

研究结合数据的变量特点,将接触和使用行为变量中的好友数量、接触和使用年龄等放入变量框与流动儿童社会化中的社会交往因素展开了相关性检验,结果如表3—46所示。

表3—46　　接触和使用行为与社会交往的相关性分析

			B4 社会交往
斯皮尔曼等级相关系数	B4 社会交往	相关系数	1.000
		显著性(双尾)	0.000
		N(人)	3500
	A6 大约是从什么时候开始接触和使用移动社交媒体	相关系数	-0.121
		显著性(双尾)	0.005
		N(人)	3500
	A5 在移动社交媒体中的好友数量	相关系数	-0.132
		显著性(双尾)	0.036
		N(人)	3500

由表3—46可以看出,好友数量的显著性双侧值为0.036,相关系数值为-0.132,显著性双侧的数值位于0.05以内,数值符合因素相关的要求,且相关系数值为负,因此好友数量与流动儿童的社会交往能力呈负相关。可理解为,好友数量越多的流动儿童,社会交往能力越弱,或者社会交往能力越弱的流动儿童,好友数量越多。

在接触和使用年龄方面,显著性双侧值为0.005,相关系数值为-0.121,显著性双侧的数值位于0.05以内,数值符合因素相关的要求,且相关系数值为负,因此接触和使用年龄与流动儿童的社会交往能力呈负相关。可理解为,接触和使用年龄越早的流动儿童,社会交往能力越弱,或者社会交往能力越弱的流动儿童,接触和使用移动社交媒体的年龄越早。

由于接触和使用行为中的好友来源、聊天对象为定类变量,因此研究将这两个变量与流动儿童社会状况中的社会交往能力进行方差分析,结果显示,好友来源的显著性双侧值为0.002,显著性双侧的数值位于0.05以内,数值符合因素相关的要求,因此好友来源与流动儿童的社会交往能力具有相关关系。在聊天对象方面,显著性双侧值为0.037,显著性双侧的数值位于0.05以内,数值符合因素相关的要求,因此聊天对象与流动儿童的社会交往能力具有相关关系。

(三) 接触和使用习惯与社会交往的关联性

研究结合数据的变量特点,将接触和使用习惯变量中的接触和使用时长、接触和使用频率放入变量框与流动儿童社会化中的社会交往因素展开了相关性检验,结果如表3—47所示。

表3—47　　　　接触和使用习惯与社会交往的相关性分析

			B4 社会交往
斯皮尔曼等级相关系数	B4 社会交往	相关系数	1.000
		显著性(双尾)	0.000
		N(人)	3500
	A8 每天大概接触和使用多长时间的移动社交媒体	相关系数	-0.186**
		显著性(双尾)	0.000
		N(人)	3500
	A9 接触和使用移动社交媒体的频率	相关系数	-0.281*
		显著性(双尾)	0.025
		N(人)	3500

注:**表示相关性在0.01级别显著(双尾)。

*表示相关性在0.05级别显著(双尾)。

由表3—47可以看出,接触和使用时长的显著性双侧值为0.000,相关系数值为-0.186,显著性双侧的数值位于0.05以内,数值符合因素相关的要求,因此接触和使用时长因素与社会交往因素呈负相关。可理解为,接触和使用移动社交媒体时间越长的流动儿童,他的社会交往能力越弱,或者是社会交往能力越弱的流动儿童，接触和使用移动社交媒体的时间越长。

在接触和使用频率方面，显著性双侧值为 0.025，相关系数值为 -0.281，显著性双侧的数值位于 0.05 以内，数值符合因素相关的要求，因此接触和使用频率因素与社会交往因素呈负相关。可理解为，接触和使用移动社交媒体越频繁的流动儿童，他的社会交往能力越弱，或者是社会交往能力越弱的流动儿童，接触和使用移动社交媒体的频率越高。

由于接触和使用习惯中的接触和使用场景、使用场所变量为定类变量，因此研究选定这两个变量与流动儿童的社会交往能力进行方差分析，结果显示，接触和使用场景的显著性双侧值为 0.107，使用场所的显著性双侧值为 0.065，两个因素的显著性双侧值均大于 0.05，数值不符合因素相关的要求，因此接触和使用场景、使用场所与流动儿童的社会交往能力不具有相关性。

（四）接触和使用态度与社会交往的关联性

研究结合数据的变量特点，将接触和使用态度变量中的愉悦度认知、信息可用度认知、互动程度认知、信任度认知、接触和使用意愿、对今后使用时间的安排等放入变量框与流动儿童社会化中的社会交往因素展开了相关性检验，结果如表 3—48 所示。

表 3—48　　接触和使用态度与社会交往的相关性分析

			B4 社会交往
斯皮尔曼等级相关系数	B4 社会交往	相关系数	1.000
		显著性（双尾）	0.000
		N（人）	3500
	A13 愉悦度认知	相关系数	-0.177*
		显著性（双尾）	0.032
		N（人）	779
	A14 信息可用度认知	相关系数	-0.257**
		显著性（双尾）	0.000
		N（人）	3500
	A15 互动程度认知	相关系数	-0.278**
		显著性（双尾）	0.000
		N（人）	3500

第三章　流动儿童接触和使用移动社交媒体对其社会化的影响 / 213

续表

			B4 社会交往
斯皮尔曼等级相关系数	A16 信任度认知	相关系数	-0.156
		显著性（双尾）	0.016
		N（人）	3500
	A17 接触和使用意愿	相关系数	-0.249**
		显著性（双尾）	0.000
		N（人）	778
	A12 今后接触和使用移动社交媒体的时间安排	相关系数	-0.214**
		显著性（双尾）	0.001
		N（人）	3500

注：** 表示相关性在 0.01 级别显著（双尾）。
* 表示相关性在 0.05 级别显著（双尾）。

由表3—48可以看出，愉悦度认知的显著性双侧值为0.032，相关系数值为-0.177，显著性双侧的数值位于0.05以内，数值符合因素相关的要求，且相关系数值为负，因此接触和使用移动社交媒体的愉悦度认知与流动儿童的社会交往能力呈负相关。可理解为，对移动社交媒体愉悦度认知越高的流动儿童，社会交往能力越弱，或者社会交往能力越弱的流动儿童，对移动社交媒体的愉悦度认知越高。

在信任度认知方面，显著性双侧值为0.016，相关系数值为-0.156，显著性双侧的数值位于0.05以内，数值符合因素相关的要求，且相关系数值为负，因此接触和使用移动社交媒体的信任度认知与流动儿童的社会交往能力呈负相关。可理解为，对移动社交媒体信任度认知越高的流动儿童，社会交往能力越弱，或者社会交往能力越弱的流动儿童，对移动社交媒体的信任度认知越高。

在信息可用度认知方面，显著性双侧值为0.000，相关系数值为-0.257，显著性双侧的数值位于0.05以内，数值符合因素相关的要求，且相关系数值为负，因此信息可用度认知与社会交往呈负相关。可理解为，对移动社交媒体信息可用度认知越高的流动儿童，他的社会交往能力越弱，或者是社会交往能力越弱的流动儿童，他对移动社交媒体的信息可用度认知越强。

在互动程度认知方面，显著性双侧值为 0.000，相关系数值为 -0.278，显著性双侧的数值位于 0.05 以内，数值符合因素相关的要求，且相关系数值为负，因此互动程度认知与社会交往能力呈负相关。可理解为，对移动社交媒体互动程度认知越高的流动儿童，他的社会交往能力越弱，或者是社会交往能力越弱的流动儿童，对移动社交媒体的互动程度认知越高。

在接触和使用意愿方面，显著性双侧值为 0.000，相关系数值为 -0.249，显著性双侧的数值位于 0.05 以内，数值符合因素相关的要求，且相关系数值为负，因此接触和使用意愿与社会交往能力呈负相关。可理解为，对移动社交媒体接触和使用意愿越强的流动儿童，他的社会交往能力越弱，或者是社会交往能力越弱的流动儿童，对移动社交媒体的接触和使用意愿越高。

在对今后使用时间的安排方面，显著性双侧值为 0.001，相关系数值为 -0.214，显著性双侧的数值位于 0.05 以内，数值符合因素相关的要求，且相关系数值为负，因此对今后使用时间的安排与社会交往能力呈负相关。可理解为，今后增加移动社交媒体使用时间的流动儿童，他的社会交往能力越弱，或者是社会交往能力越弱的流动儿童，今后越会增加接触和使用移动社交媒体的时间。

（五）父母的监督、了解与社会交往的关联性

研究结合数据的变量特点，将父母对孩子接触和使用移动社交媒体的了解变量放入变量框与流动儿童社会化中的社会交往因素展开了相关性检验，结果如表 3—49 所示。

表 3—49　　　　父母的监督、了解与社会交往的相关性分析

			B4 社会交往
斯皮尔曼等级相关系数	B4 社会交往	相关系数	1.000
		显著性（双尾）	0.000
		N（人）	3500
	C8 您孩子和网友聊得最多的是哪方面的话题	相关系数	-0.045
		显著性（双尾）	0.209
		N（人）	3500

由表3—49可以看出，父母对孩子接触和使用移动社交媒体的了解与社会交往因素间的显著性双侧值均大于0.05，数值不符合因素相关的要求，因此父母对孩子接触和使用移动社交媒体的了解与社会交往因素不具有相关性。

由于父母对孩子接触和使用移动社交媒体的陪同或监督变量为定类变量，因此研究将这一变量与流动儿童的社会交往能力进行方差分析，结果显示，父母对孩子接触和使用移动社交媒体的陪同或监督变量的显著性双侧值为0.000，显著性双侧的数值位于0.05以内，数值符合因素相关的要求，因此父母陪同或监督孩子接触和使用移动社交媒体与流动儿童的社会交往能力具有相关关系。

（六）父母的态度、期望与社会交往的关联性

研究结合数据的变量特点，将父母对孩子接触和使用移动社交媒体的态度、父母对孩子接触和使用移动社交媒体的期望两个变量放入变量框与流动儿童社会化中的社会交往因素进行了方差分析，结果如表3—50所示。

表3—50　　　父母的态度、期望与社会交往的方差分析

	ANOVA					
		平方和	df	均方	F	显著性
C7 您希望孩子接触和使用移动社交媒体能够	组之间	10.718	58	0.893	0.551	0.881
	组内	1243.867	3442	1.622		
	总计	1254.585	3500			
C10 您认为移动社交媒体对孩子的影响	组之间	22.005	58	1.834	1.603	0.086
	组内	877.682	3442	1.144		
	总计	899.687	3500			

由表3—50可以看出，父母对孩子接触和使用移动社交媒体的态度的显著性双侧值为0.086，父母对孩子接触和使用移动社交媒体的期望的显著性双侧值为0.881，两个因素的显著性双侧值均大于0.05，数值不符合因素相关的要求，因此父母对孩子接触和使用移动社交媒体的态度、父母对孩子接触和使用移动社交媒体的期望与社会交往因素不具有相关性。也就是说，父母对孩子接触和使用移动社交媒体的态度、期望与孩子的社会

交往能力之间没有联系。

四 社会规范的检验

（一）接触和使用动机与社会规范的关联性

研究结合数据的变量特点，将接触和使用动机变量中经常使用的软件、考虑因素、接触和使用内容偏好等放入变量框与流动儿童社会化中的社会规范因素进行了方差分析，结果如表3—51所示。

表3—51　　　　接触和使用动机与社会规范的方差分析

		平方和	df	均方	F	显著性
A1 经常接触和使用的移动社交媒体应用软件［App］	组之间	654.283	897	38.487	3.831	0.060
	组内	7634.706	2603	10.046		
	总计	8288.989	3500			
A2 接触和使用移动社交媒体首先考虑的是	组之间	88.192	897	5.188	1.309	0.179
	组内	3011.458	2603	3.962		
	总计	3099.650	3500			
A11 接触和使用移动社交媒体主要是	组之间	122.279	897	7.642	1.650	0.051
	组内	3510.503	2603	4.631		
	总计	3632.782	3500			

由表3—51可以看出，经常接触和使用的移动社交媒体应用软件的显著性双侧值为0.060，接触和使用移动社交媒体考虑的因素的显著性双侧值为0.179，接触和使用移动社交媒体内容的显著性双侧值为0.051，三个因素的显著性双侧值均大于0.05，数值不符合因素相关的要求，因此经常接触和使用的移动社交媒体应用软件、考虑的因素、使用的内容与社会规范因素不具有相关性。

（二）接触和使用行为与社会规范的关联性

研究结合数据的变量特点，将接触和使用行为变量中的好友数量、接触和使用年龄等放入变量框与流动儿童社会化中的社会规范因素展开了相关性检验，结果如表3—52所示。

表 3—52　　　　接触和使用行为与社会规范的相关性分析

			B5 社会规范
斯皮尔曼等级相关系数	B5 社会规范	相关系数	1.000
		显著性（双尾）	0.000
		N（人）	3500
	A6 大约是从什么时候开始接触和使用移动社交媒体	相关系数	0.272*
		显著性（双尾）	0.044
		N（人）	3500
	A5 在移动社交媒体中的好友数量	相关系数	−0.007
		显著性（双尾）	0.850
		N（人）	3500

注：*表示相关性在 0.01 级别显著（双毛）。

由表 3—52 可以看出，接触和使用移动社交媒体的年龄的显著性双侧值为 0.044，相关系数值为 0.272，显著性双侧的数值位于 0.05 以内，数值符合因素相关的要求，且相关系数值为正，因此接触和使用移动社交媒体的年龄与社会规范呈正相关。可理解为，接触和使用移动社交媒体年龄越早的流动儿童，他的社会规范能力越弱，或者是社会规范能力越弱的流动儿童，他接触和使用移动社交媒体的年龄越早。好友数量的显著性双侧值为 0.850，显著性双侧值大于 0.05，数值不符合因素相关的要求，因此好友数量与流动儿童的社会规范能力不具有相关性。

由于聊天对象、好友来源变量为定类变量，研究将这两个变量与流动儿童的社会规范能力进行方差分析，结果显示，聊天对象的显著性双侧值为 0.191，好友来源的显著性双侧值为 0.505，两个因素的显著性双侧值均大于 0.05，数值不符合因素相关的要求，因此聊天对象、好友来源与流动儿童的社会规范能力不具有相关关系。

（三）接触和使用习惯与社会规范的关联性

研究结合数据的变量特点，将接触和使用习惯变量中的接触和使用时长、接触和使用频率等放入变量框与流动儿童社会化中的社会规范因素展开了相关性检验，结果如表 3—53 所示。

表3—53　　　　接触和使用习惯与社会规范的相关性分析

			B5 社会规范
斯皮尔曼等级相关系数	B5 社会规范	相关系数	1.000
		显著性（双尾）	0.000
		N（人）	3500
	A7 一般都在什么时候接触和使用移动社交媒体	相关系数	0.285*
		显著性（双尾）	0.018
		N（人）	3500
	A8 每天大概接触和使用多长时间的移动社交媒体	相关系数	-0.287**
		显著性（双尾）	0.000
		N（人）	3500
	A9 接触和使用移动社交媒体的频率	相关系数	-0.215**
		显著性（双尾）	0.001
		N（人）	3500

注：** 表示相关性在0.01级别显著（双尾）。
* 表示相关性在0.05级别显著（双尾）。

由表3—53可以看出，接触和使用时长的显著性双侧值为0.000，相关系数值为-0.287，显著性双侧的数值位于0.05以内，数值符合因素相关的要求，因此接触和使用移动社交媒体的时长与社会规范呈负相关。可理解为，接触和使用移动社交媒体时间越长的流动儿童，他的社会规范能力越弱，或者是社会规范能力越弱的流动儿童，接触和使用移动社交媒体的时间越长。

在接触和使用频率方面，显著性双侧值为0.001，相关系数值为-0.215，显著性双侧的数值位于0.05以内，数值符合因素相关的要求，因此接触和使用移动社交媒体的时长与社会规范呈负相关。可理解为，接触和使用移动社交媒体频率越高的流动儿童，他的社会规范能力越弱，或者是社会规范能力越弱的流动儿童，接触和使用移动社交媒体的频率越高。

由于接触和使用移动社交媒体的场所、接触和使用场景变量为定类变量，因此研究将这两个变量与流动儿童的社会规范能力进行方差分析，结果显示，接触和使用移动社交媒体场所的显著性双侧值为0.51，显著性双侧值大于0.05，数值不符合因素相关的要求，因此接触和使用移动社交媒体的场所与流动儿童的社会规范能力不具有相关关系。在余下的因素中，接触和使用场景的显著性双侧值为0.018，显著性双侧的数值位于

0.05以内，数值符合因素相关的要求，因此接触和使用移动社交媒体的场景与社会规范具有相关关系。

（四）接触和使用态度与社会规范的关联性

研究将接触和使用态度变量中的愉悦度认知、信息可用度认知、互动程度认知、信任度认知、接触和使用意愿、对今后使用时间的安排等放入变量框与流动儿童社会化中的社会规范因素展开了相关性检验，结果如表3—54所示。

表3—54　　　　接触和使用态度与社会规范的相关性分析

			B5 社会规范
斯皮尔曼等级相关系数	B5 社会规范	相关系数	1.000
		显著性（双尾）	0.000
		N（人）	3500
	A13 愉悦度认知	相关系数	−0.158
		显著性（双尾）	0.004
		N（人）	3500
	A14 信息可用度认知	相关系数	−0.269**
		显著性（双尾）	0.000
		N（人）	3500
	A15 互动程度认知	相关系数	−0.262**
		显著性（双尾）	0.000
		N（人）	3500
	A16 信任度认知	相关系数	−0.104
		显著性（双尾）	0.001
		N（人）	3500
	A17 接触和使用意愿	相关系数	−0.240**
		显著性（双尾）	0.000
		N（人）	3500
	A12 今后接触和使用移动社交媒体的时间安排	相关系数	−0.226**
		显著性（双尾）	0.000
		N（人）	3500

注：** 表示相关性在0.01级别显著（双尾）。

由表3—54可以看出，愉悦度认知的显著性双侧值为0.004，相关系数值为-0.158，显著性双侧的数值位于0.05以内，数值符合因素相关的要求，且相关系数值为负，因此愉悦度认知与社会规范呈负相关。可理解为，对移动社交媒体愉悦度认知越高的流动儿童，社会规范能力越弱，或者社会规范能力越弱的流动儿童，对移动社交媒体的愉悦度认知越高。

在信任度认知方面，显著性双侧值为0.001，相关系数值为-0.104，显著性双侧的数值位于0.05以内，数值符合因素相关的要求，且相关系数值为负，因此信任度认知与流动儿童的社会规范能力呈负相关。可理解为，对移动社交媒体信任度认知越高的流动儿童，社会规范能力越弱，或者社会规范能力越弱的流动儿童，对移动社交媒体的信任度认知越高。

在信息可用度认知方面，显著性双侧值为0.000，相关系数值为-0.269，显著性双侧的数值位于0.05以内，数值符合因素相关的要求，且相关系数值为负，因此信息可用度认知与社会规范呈负相关。可理解为，对移动社交媒体信息可用度认知越高的流动儿童，他的社会规范能力越弱，或者是社会规范能力越弱的流动儿童，对移动社交媒体信息可用度的认知越高。

在互动程度认知方面，显著性双侧值为0.000，相关系数值为-0.262，显著性双侧的数值位于0.05以内，数值符合因素相关的要求，且相关系数值为负，因此互动程度认知与社会规范呈负相关。可理解为，对移动社交媒体互动程度认知越高的流动儿童，他的社会规范能力越弱，或者是社会规范能力越弱的流动儿童，对移动社交媒体的互动程度认知越高。

在接触和使用意愿方面，显著性双侧值为0.000，相关系数值为-0.240，显著性双侧的数值位于0.05以内，数值符合因素相关的要求，且相关系数值为负，因此接触和使用意愿与社会规范呈负相关。可理解为，对移动社交媒体接触和使用意愿越高的流动儿童，他的社会规范能力越弱，或者是社会规范能力越弱的流动儿童，对移动社交媒体的接触和使用意愿越高。

在对今后使用时间的安排方面，显著性双侧值为0.000，相关系数值为-0.226，显著性双侧的数值位于0.05以内，数值符合因素相关的要求，且相关系数值为负，因此对今后使用时间的安排与社会规范呈正相关。可理解为，今后增加移动社交媒体使用时间的流动儿童，他的社会规范能力越弱，或者是社会规范能力越弱的流动儿童，今后越将增加接触和使用移动社交媒体的时间。

（五）父母的监督、了解与社会规范的关联性

研究结合数据的变量特点，将父母对孩子接触和使用移动社交媒体的陪同或监督变量放入变量框与流动儿童社会化中的社会规范因素展开了相关性检验，结果如表3—55所示。

表3—55　父母对孩子接触和使用移动社交媒体的陪同或监督与社会规范的相关性分析

			B5 社会规范
斯皮尔曼等级相关系数	B5 社会规范	相关系数	1.000
		显著性（双尾）	0.000
		N（人）	3500
	C9 孩子在接触和使用移动社交媒体时您会陪同或监督	相关系数	0.239**
		显著性（双尾）	0.000
		N（人）	3500

注：** 表示相关性在0.01级别显著（双尾）。

由表3—55可以看出，父母对孩子接触和使用移动社交媒体的陪同或监督的显著性双侧值为0.000，相关系数值为0.239，显著性双侧的数值位于0.05以内，数值符合因素相关的要求，且相关系数值为正，因此父母对孩子接触和使用移动社交媒体的陪同或监督呈正相关。可理解为，在接触和使用移动社交媒体时有父母陪同或监督的流动儿童，他的社会规范能力也越强，或者是社会规范能力越强的流动儿童，在接触和使用移动社交媒体时越有父母陪同或监督。

由于父母对孩子接触和使用移动社交媒体的了解为定类变量，研究将这一变量与流动儿童的社会规范能力进行方差分析，结果显示，父母对孩子接触和使用移动社交媒体的了解的显著性双侧值为0.051，显著性双侧值大于0.05，数值不符合因素相关的要求，因此父母对孩子接触和使用移动社交媒体的了解与流动儿童的社会规范能力不具有相关关系。

（六）父母的态度、期望与社会规范的关联性

研究结合数据的变量特点，将父母对孩子接触和使用移动社交媒体的

态度、父母对孩子接触和使用移动社交媒体的期望两个变量放入变量框与流动儿童社会化中的社会规范因素进行了方差分析,结果如表3—56所示。

表3—56 父母的态度、期望与社会规范的方差分析

	ANOVA					
		平方和	df	均方	F	显著性
C7 您希望孩子接触和使用移动社交媒体能够	组之间	10.718	583	0.893	0.551	0.881
	组内	1243.867	2917	1.622		
	总计	1254.585	3500			
C10 您认为移动社交媒体对孩子的影响	组之间	22.005	583	1.834	1.603	0.086
	组内	877.682	2917	1.144		
	总计	899.687	3500			

由表3—56可以看出,父母对孩子接触和使用移动社交媒体的态度的显著性双侧值为0.086,父母对孩子接触和使用移动社交媒体的期望的显著性双侧值为0.881,两个因素的显著性双侧值均大于0.05,数值不符合因素相关的要求,因此父母对孩子接触和使用移动社交媒体的态度、父母对孩子接触和使用移动社交媒体的期望与社会规范不具有相关关系。

五 角色认同的检验

(一) 接触和使用动机与角色认同的关联性

研究结合数据的变量特点,将接触和使用动机变量中经常使用的软件、考虑因素、接触和使用内容偏好等放入变量框与流动儿童社会化中的角色认同因素进行了方差分析,结果如表3—57所示。

表3—57 接触和使用动机与角色认同的方差分析

	ANOVA					
		平方和	df	均方	F	显著性
A1 经常接触和使用的移动社交媒体应用软件[App]	组之间	88.522	58	7.377	0.690	0.762
	组内	8202.446	3442	10.694		
	总计	8290.968	3500			

续表

		平方和	df	均方	F	显著性
A2 接触和使用移动社交媒体首先考虑的是	组之间	66.095	58	5.508	1.389	0.165
	组内	3041.304	3442	3.965		
	总计	3107.399	3500			
A11 接触和使用移动社交媒体主要是	组之间	86.008	58	7.167	1.540	0.105
	组内	3554.888	3442	4.653		
	总计	3640.896	3500			

由表3—57可以看出，经常使用的软件的显著性双侧值为0.105，接触和使用移动社交媒体考虑因素的显著性双侧值为0.165，经常接触和使用的移动社交媒体应用软件的显著性双侧值为0.762，三个因素的显著性双侧值均大于0.05，数值不符合因素相关的要求，因此，经常接触和使用的移动社交媒体应用软件、接触和使用移动社交媒体的考虑因素、接触和使用移动社交媒体的内容与流动儿童的角色认同能力不具有相关关系。

（二）接触和使用行为与角色认同的关联性

研究结合数据的变量特点，将接触和使用行为变量中的好友数量、接触和使用年龄等放入变量框与流动儿童社会化中的角色认同因素展开了相关性检验，结果如表3—58所示。

表3—58　　　接触和使用行为与角色认同的相关性分析

			B6 角色认同
斯皮尔曼等级相关系数	B6 角色认同	相关系数	1.000
		显著性（双尾）	0.000
		N（人）	3500
	A5 在移动社交媒体中的好友数量	相关系数	0.002
		显著性（双尾）	0.946
		N（人）	3500
	A6 大约是从什么时候开始接触和使用移动社交媒体	相关系数	-0.051
		显著性（双尾）	0.005
		N（人）	3500

由表3—58可以看出，好友数量的显著性双侧值为0.946，显著性双侧值大于0.05，数值不符合因素相关的要求，因此好友数量与流动儿童的角色认同能力不具有相关关系。接触和使用移动社交媒体年龄的显著性双侧值为0.005，相关系数值为-0.051，显著性双侧的数值位于0.05以内，数值符合因素相关的要求，且相关系数数值为负，因此接触和使用移动社交媒体的年龄与流动儿童的角色认同能力呈负相关。可理解为，接触和使用移动社交媒体年龄越早的流动儿童，角色认同能力越弱，或者角色认同能力越弱的流动儿童，接触和使用移动社交媒体的年龄越早。

由于好友来源、聊天对象变量为定类变量，因此研究将这两个变量与流动儿童的角色认同能力进行方差分析，结果显示，主要聊天对象的显著性双侧值为0.036，显著性双侧的数值位于0.05以内，数值符合因素相关的要求，因此主要聊天对象与角色认同具有相关关系。好友来源的显著性双侧值为0.083，显著性双侧值大于0.05，数值不符合因素相关的要求，因此好友来源与流动儿童的角色认同能力不具有相关关系。

（三）接触和使用习惯与角色认同的关联性

研究结合数据的变量特点，将接触和使用习惯变量中的接触和使用时长、接触和使用频率变量放入变量框与流动儿童社会化中的角色认同因素展开了相关性检验，结果如表3—59所示。

表3—59　　　　　接触和使用习惯与角色认同的相关性分析

			B6 角色认同
斯皮尔曼等级相关系数	B6 角色认同	相关系数	1.000
		显著性（双尾）	0.000
		N（人）	3500
	A8 每天大概接触和使用多长时间的移动社交媒体	相关系数	-0.220
		显著性（双尾）	0.009
		N（人）	3500
	A9 接触和使用移动社交媒体的频率	相关系数	-0.285*
		显著性（双尾）	0.017
		N（人）	3500

注：*表示相关性在0.05级别显著（双尾）。

第三章　流动儿童接触和使用移动社交媒体对其社会化的影响 / 225

由表 3—59 可以看出，接触和使用频率的显著性双侧值为 0.017，相关系数值为 -0.285，显著性双侧的数值位于 0.05 以内，数值符合因素相关的要求，且相同系数值为负，因此接触和使用频率与角色认同呈负相关。可理解为，对移动社交媒体接触和使用频率越高的流动儿童，他的角色认同能力越弱，或者是角色认同能力越弱的流动儿童，接触和使用移动社交媒体的频率越高。

在接触和使用时长的方面，显著性双侧值为 0.009，相关系数值为 -0.220，相关系数值小于 0.05，数值符合因素相关的要求，且相同系数值为负，因此接触和使用时长与角色认同呈负相关。可理解为接触和使用移动社交媒体时间越长的流动儿童，角色认同能力越弱，或者是角色认同能力越弱的流动儿童，接触和使用移动社交媒体的时间越长。

由于接触和使用场景、使用场所变量为定类变量，因此研究将这两个变量与流动儿童的角色认同能力进行方差分析，结果显示，接触和使用场景的显著性双侧值为 0.060，使用场所的显著性双侧值为 0.781，两个因素的显著性双侧值均大于 0.05，数值不符合因素相关的要求，因此接触和使用场景、使用场所与流动儿童的角色认同能力不具有相关关系。

（四）接触和使用态度与角色认同的关联性

研究将接触和使用态度变量中的愉悦度认知、信息可用度认知、互动程度认知、信任度认知、接触和使用意愿、对今后使用时间的安排等放入变量框与流动儿童社会化中的角色认同因素展开了相关性检验，结果如表 3—60 所示。

表 3—60　　　　接触和使用态度与角色认同的相关性分析

			B6 角色认同
斯皮尔曼等级相关系数	B6 角色认同	相关系数	1.000
		显著性（双尾）	0.000
		N（人）	3500
	A13 愉悦度认知	相关系数	-0.139
		显著性（双尾）	0.025
		N（人）	779

续表

			B6 角色认同
斯皮尔曼等级相关系数	A14 信息可用度认知	相关系数	-0.115
		显著性（双尾）	0.000
		N（人）	3500
	A15 互动程度认知	相关系数	-0.168
		显著性（双尾）	0.007
		N（人）	3500
	A16 信任度认知	相关系数	-0.154
		显著性（双尾）	0.030
		N（人）	3500
	A17 接触和使用意愿	相关系数	-0.293**
		显著性（双尾）	0.010
		N（人）	778
	A12 今后接触和使用移动社交媒体的时间安排	相关系数	-0.106
		显著性（双尾）	0.010
		N（人）	3500

注：** 表示相关性在 0.01 级别显著（双尾）。

由表3—60可以看出，愉悦度认知的显著性双侧值为0.025，相关系数值为-0.139，显著性双侧的数值位于0.05以内，数值符合因素相关的要求，且相关系数值为负，因此接触和使用移动社交媒体的愉悦度认知与流动儿童的角色认同能力呈负相关。可理解为，接触和使用移动社交媒体愉悦度认知越高的流动儿童，角色认同能力越弱，或者角色认同能力越弱的流动儿童，接触和使用移动社交媒体的愉悦度认知越高。

在信息可用度认知方面，显著性双侧值为0.000，相关系数值为-0.115，显著性双侧的数值位于0.05以内，数值符合因素相关的要求，且相关系数值为负，因此接触和使用移动社交媒体的信息可用度认知与流动儿童的角色认同能力呈负相关。可理解为，对移动社交媒体信息可用度认知越高的流动儿童，角色认同能力越弱，或者角色认同能力越弱的流动儿童，对移动社交媒体的信息可用度认知越高。

在互动程度认知方面，显著性双侧值为0.007，相关系数值为-0.168，显著性双侧的数值位于 0.05 以内,数值符合因素相关的要求,且相关系数值为负,因此对移动社交媒体的互动程度认知与流动儿童的角色认同能力呈负相关。可理解为,对移动社交媒体互动程度认知越高的流动儿童,角色认同能力越弱,或者角色认同能力越弱的流动儿童,对移动社交媒体的互动程度认知越高。

在信任度认知方面,显著性双侧值为 0.030,相关系数值为 -0.154,显著性双侧的数值位于 0.05 以内,数值符合因素相关的要求,且相关系数值为负,因此对移动社交媒体的信任度认知与流动儿童的角色认同能力呈负相关。可理解为,对移动社交媒体信任度认知越高的流动儿童,角色认同能力越弱,或者角色认同能力越弱的流动儿童,对移动社交媒体的信任度认知越高。

在接触和使用意愿方面,显著性双侧值为 0.010,相关系数值为 -0.293,显著性双侧的数值位于 0.05 以内,数值符合因素相关的要求,且相关系数值为负,因此接触和使用意愿因素与角色认同因素呈负相关。可理解为,对移动社交媒体接触和使用意愿高的流动儿童,他的角色认同能力越弱,或者是角色认同能力越弱的流动儿童,接触和使用移动社交媒体的意愿越高。

在对今后使用时间的安排方面,显著性双侧值为 0.010,相关系数值为 -0.106,显著性双侧的数值位于 0.05 以内,数值符合因素相关的要求,且相关系数值为负,因此对今后接触和使用移动社交媒体时间的安排与流动儿童的角色认同能力呈负相关。可理解为,越会增加今后接触和使用移动社交媒体时间的流动儿童,角色认同能力越弱,或者角色认同能力越弱的流动儿童,在接触和使用移动社交媒体时,越会增加今后的使用时间。

(五) 父母的监督、了解与角色认同的关联性

研究结合数据的变量特点,将父母对孩子接触和使用移动社交媒体的陪同或监督变量放入变量框与流动儿童社会化中的角色认同因素展开了相关性检验,结果如表 3—61 所示。

表 3—61　　父母的监督了解与角色认同的相关性分析

			B6 角色认同
斯皮尔曼等级相关系数	B6 角色认同	相关系数	1.000
		显著性(双尾)	0.000
		N(人)	3500

续表

			B6 角色认同
斯皮尔曼等级相关系数	C9 孩子在接触和使用移动社交媒体时您会陪同或监督	相关系数	0.123
		显著性（双尾）	0.030
		N（人）	3500

由表 3—61 可以看出，父母对孩子接触和使用移动社交媒体的陪同或监督的显著性双侧值为 0.030，相关系数值为 0.123，显著性双侧的数值位于 0.05 以内，数值符合因素相关的要求，且相关系数值为正，因此父母对孩子接触和使用移动社交媒体的陪同或监督与流动儿童的角色认同能力呈正相关。可理解为，父母陪同或监督其接触和使用移动社交媒体的儿童，角色认同能力越强，或者角色认同能力越强的流动儿童，父母陪同或监督其接触和使用移动社交媒体。

由于父母对孩子接触和使用移动社交媒体的了解变量为定类变量，因此研究将这一变量与流动儿童的角色认同能力进行方差分析，结果显示，显著性双侧值为 0.161，显著性双侧值大于 0.05，数值不符合因素相关的要求，因此父母对流动儿童接触和使用移动社交媒体的了解与流动儿童的角色认同能力不具有相关关系。

（六）父母的态度、期望与角色认同的关联性

研究结合数据的变量特点，将父母对孩子接触和使用移动社交媒体的态度、父母对孩子接触和使用移动社交媒体的期望两个变量放入变量框与流动儿童社会化中的性格与角色认同因素进行了方差分析，结果如表 3—62 所示。

表 3—62　　父母的态度、期望与角色认同的方差分析

	ANOVA					
		平方和	df	均方	F	显著性
C7 您希望孩子接触和使用移动社交媒体能够	组之间	72.034	117	3.001	1.917	0.105
	组内	1180.228	3383	1.565		
	总计	1252.262	3500			

续表

		平方和	df	均方	F	显著性
C10 您认为移动社交媒体对孩子的影响	组之间	23.722	117	0.988	0.853	0.668
	组内	873.587	3383	1.159		
	总计	897.309	3500			

由表3—62可以看出，父母对孩子接触和使用移动社交媒体的态度的显著性双侧值为0.668，父母对孩子接触和使用移动社交媒体的期望的显著性双侧值为0.105，两个因素的显著性双侧值均大于0.05，数值不符合因素相关的要求，因此父母对孩子接触和使用移动社交媒体的态度、父母对孩子接触和使用移动社交媒体的期望与角色认同没有相关关系。

六　自我认识的检验

（一）接触和使用动机与自我认识的关联性

研究结合数据的变量特点，将接触和使用动机变量中经常使用的应用软件、考虑因素、接触和使用内容偏好等放入变量框与流动儿童社会化中的自我认识因素进行了方差分析，结果如表3—63所示。

表3—63　　　接触和使用动机与自我认识的方差分析

ANOVA						
		平方和	df	均方	F	显著性
A1 经常接触和使用的移动社交媒体应用软件［App］	组之间	369.287	117	15.387	1.465	0.071
	组内	7921.681	3383	10.506		
	总计	8290.968	3500			
A2 接触和使用移动社交媒体首先考虑的是	组之间	110.266	117	4.594	1.164	0.267
	组内	2975.957	3383	3.947		
	总计	3086.223	3500			
A11 接触和使用移动社交媒体主要是	组之间	92.945	117	3.873	0.823	0.709
	组内	3532.023	3383	4.703		
	总计	3624.968	3500			

由表3—63可以看出，考虑因素的显著性双侧值为0.267，接触和使用内容偏好的显著性双侧值为0.709，经常接触和使用的移动社交媒体应用软件的显著性双侧值为0.071，三个因素的显著性双侧值均大于0.05，数值不符合因素相关的要求，因此经常接触和使用移动社交媒体应用软件、考虑因素、接触和使用内容偏好与自我认识没有相关关系。

（二）接触和使用行为与自我认识的关联性

研究结合数据的变量特点，将接触和使用行为变量中的好友数量、接触和使用年龄等放入变量框与流动儿童社会化中的自我认识因素展开了相关性检验，结果如表3—64所示。

表3—64　　　　接触和使用行为与自我认识的相关性分析

			B7 自我认识
斯皮尔曼等级相关系数	B7 自我认识	相关系数	1.000
		显著性（双尾）	0.000
		N（人）	3500
	A5 在移动社交媒体中的好友数量	相关系数	-0.033
		显著性（双尾）	0.360
		N（人）	3500
	A6 大约是从什么时候开始接触和使用移动社交媒体	相关系数	-0.127
		显著性（双尾）	0.049
		N（人）	3500

由表3—64可以看出，好友数量的显著性双侧值为0.360，显著性双侧值大于0.05，数值不符合因素相关的要求，因此接触和使用移动社交媒体的好友数量与流动儿童的自我认识能力不具有相关关系。接触和使用年龄的显著性双侧值为0.049，相关系数值为-0.127，显著性双侧的数值位于0.05以内，数值符合因素相关的要求，且相关系数值为负，因此接触和使用年龄与流动儿童的自我认识呈负相关。可理解为，接触和使用移动社交媒体年龄越早的流动儿童，自我认识能力越弱，或者自我认识能力越弱的流动儿童，接触和使用移动社交媒体的年龄越早。

由于接触和使用移动社交媒体的好友来源、聊天对象变量为定类变量，因此研究将这两个变量与流动儿童的自我认识能力进行方差分析，结果显示好友来源的显著性双侧值为 0.231，聊天对象的显著性双侧值为 0.568，两个因素的显著性双侧值均大于 0.05，数值不符合因素相关的要求，因此接触和使用移动社交媒体的好友来源、聊天对象与流动儿童的自我认识能力不具有相关关系。

（三）接触和使用习惯与自我认识的关联性

研究结合数据的变量特点，将接触和使用习惯变量中的接触和使用时长、接触和使用频率等放入变量框与流动儿童社会化中的自我认识因素展开了相关性检验，结果如表 3—65 所示。

表 3—65　　　　接触和使用习惯与自我认识的相关性分析

			B7 自我认识
斯皮尔曼等级相关系数	B7 自我认识	相关系数	1.000
		显著性（双尾）	0.000
		N（人）	3500
	A8 每天大概接触和使用多长时间的移动社交媒体	相关系数	-0.221**
		显著性（双尾）	0.001
		N（人）	3500
	A9 接触和使用移动社交媒体的频率	相关系数	-0.043
		显著性（双尾）	0.230
		N（人）	3500

注：** 表示相关性在 0.01 级别显著（双尾）。

由表 3—65 可以看出，接触和使用频率的显著性双侧值为 0.230，显著性双侧值大于 0.05，数值不符合因素相关的要求，因此接触和使用移动社交媒体的频率与自我认识没有相关关系。在余下的接触和使用习惯因素中，接触和使用时长的显著性双侧值为 0.001，相关系数值为 -0.221，显著性双侧的数值位于 0.05 以内，数值符合因素相关的要求，且相关系数值为负，因此接触和使用时长与自我认识呈负相关。可理解为，接触和使用移动社交媒体时间越长的流动儿童，他的自我认识能力越弱，或者是自我认识能力越弱的流动儿童，接触和使用移动社交媒体的时间越长。

由于接触和使用场所、接触和使用场景变量为定类变量，因此研究将这两个变量与流动儿童的自我认识能力进行方差分析，结果显示使用场所的显著性双侧值为0.944，显著性双侧值大于0.05，数值不符合因素相关的要求，因此接触和使用移动社交媒体的场所与流动儿童的自我认识能力不具有相关关系。接触和使用场景的显著性双侧值为0.030，显著性双侧的数值位于0.05以内，数值符合因素相关的要求，因此接触和使用移动社交媒体的场景与流动儿童的自我认识能力具有相关关系。

（四）接触和使用态度与自我认识的关联性

研究将接触和使用态度变量中的愉悦度认知、信息可用度认知、互动程度认知、信任度认知、接触和使用意愿、对今后使用时间的安排等放入变量框与流动儿童社会化中的自我认识因素展开了相关性检验，结果如表3—66所示。

表3—66　　接触和使用态度与自我认识的相关性分析

			B7 自我认识
斯皮尔曼等级相关系数	B7 自我认识	相关系数	1.000
		显著性（双尾）	0.000
		N（人）	3500
	A13 愉悦度认知	相关系数	−0.201**
		显著性（双尾）	0.005
		N（人）	3500
	A14 信息可用度认知	相关系数	−0.238**
		显著性（双尾）	0.000
		N（人）	3500
	A15 互动程度认知	相关系数	−0.251**
		显著性（双尾）	0.000
		N（人）	3500
	A16 信任度认知	相关系数	−0.284*
		显著性（双尾）	0.019
		N（人）	3500
	A17 接触和使用意愿	相关系数	−0.225**
		显著性（双尾）	0.000
		N（人）	3500

第三章　流动儿童接触和使用移动社交媒体对其社会化的影响　/　233

续表

			B7 自我认识
斯皮尔曼等级相关系数	A12 今后接触和使用移动社交媒体的时间安排	相关系数	-0.235**
		显著性（双尾）	0.000
		N（人）	3500

注：** 表示相关性在 0.01 级别显著（双尾）。

* 表示相关性在 0.05 级别显著（双尾）。

由表 3—66 可以看出，愉悦度认知的显著性双侧值为 0.005，相关系数值为 -0.201，显著性双侧的数值位于 0.05 以内，数值符合因素相关的要求，且相关系数值为负，因此愉悦度认知与自我认识呈负相关。可理解为，对移动社交媒体愉悦度认知越高的流动儿童，他的自我认识能力越弱，或者自我认识能力越弱的流动儿童，对移动社交媒体的愉悦度认知越高。

在信息可用度认知方面，显著性双侧值为 0.000，相关系数值为 -0.238，显著性双侧的数值位于 0.05 以内，数值符合因素相关的要求，且相关系数值为负，因此信息可用度认知与自我认识呈负相关。可理解为，对移动社交媒体信息可用度认知越高的流动儿童，他的自我认识能力越弱，或者自我认识能力越弱的流动儿童，对移动社交媒体的信息可用度认知越高。

在互动程度认知方面，显著性双侧值为 0.000，相关系数值为 -0.251，显著性双侧的数值位于 0.05 以内，数值符合因素相关的要求，且相关系数值为负，因此互动程度认知与自我认识呈负相关。可理解为，对移动社交媒体互动程度认知越高的流动儿童，他的自我认识能力越弱，或者自我认识能力越弱的流动儿童，对移动社交媒体的互动程度认知越高。

在信任度认知方面，显著性双侧值为 0.019，相关系数值为 -0.284，显著性双侧的数值位于 0.05 以内，数值符合因素相关的要求，且相关系数值为负，因此信任度认知与自我认识呈负相关。可理解为，对移动社交媒体信任度认知越高的流动儿童，他的自我认识能力越弱，或者自我认识能力越弱的流动儿童，对移动社交媒体的信任度认知越高。

在接触和使用意愿方面，显著性双侧值为 0.000，相关系数值为 -0.225，显著性双侧的数值位于 0.05 以内，数值符合因素相关的要求，且相关系数值为负，因此接触和使用意愿与自我认识呈负相关。可理解为，对移动社交媒体接触和使用意愿越高的流动儿童，他的自我认识能力越弱，或者是自我认识能力越弱的流动儿童，接触和使用移动社交媒体的意愿越高。

在对今后接触和使用移动社交媒体的时间安排方面，显著性双侧值为0.000，相关系数值为-0.235，显著性双侧的数值位于0.05以内，数值符合因素相关的要求，且相关系数值为负，因此对今后接触和使用移动社交媒体的时间安排与自我认识呈负相关。可理解为，今后越将增加移动社交媒体使用时间的流动儿童，他的自我认识能力越弱，或者是自我认识能力越弱的流动儿童，今后越将增加移动社交媒体的使用时间。

（五）父母的监督、了解与自我认识的关联性

研究结合数据的变量特点，将父母对孩子接触和使用移动社交媒体的陪同或监督变量放入变量框与流动儿童社会化中的自我认识因素展开了相关性检验，结果如表3—67所示。

表3—67　　　　父母的监督、了解与自我认识的相关性分析

			B7 自我认识
斯皮尔曼等级相关系数	B7 自我认识	相关系数	1.000
		显著性（双尾）	0.000
		N（人）	3500
	C9 孩子在接触和使用移动社交媒体时您会陪同或监督	相关系数	0.273*
		显著性（双尾）	0.042
		N（人）	3500

注：*表示相关性在0.05级别显著（双尾）。

由表3—67可以看出，父母对孩子接触和使用移动社交媒体的陪同或监督的显著性双侧值为0.042，相关系数值为0.273，显著性双侧的数值位于0.05以内，数值符合因素相关的要求，且相关系数值为正，因此父母陪同或监督孩子接触和使用移动社交媒体与自我认识呈正相关。也就是说，在接触和使用移动社交媒体时得到父母陪同或监督的流动儿童，他的自我认识能力要高一些。

由于父母对孩子接触和使用移动社交媒体的了解变量为定类变量，因

此研究将这一变量与流动儿童的自我认识能力进行方差分析，结果显示，显著性双侧值为 0.115，显著性双侧值大于 0.05，数值不符合因素相关的要求，因此父母对孩子接触和使用移动社交媒体的了解与流动儿童的自我认识能力不具有相关关系。

（六）父母的态度、期望与自我认识的关联性

研究结合数据的变量特点，将父母对孩子接触和使用移动社交媒体的态度、父母对孩子接触和使用移动社交媒体的期望两个变量放入变量框与流动儿童社会化中的自我认识因素进行了方差分析结果如表3—68所示。

表 3—68　　　　父母的态度、期望与自我认识的方差分析

		平方和	df	均方	F	显著性
C7 您希望孩子接触和使用移动社交媒体能够	组之间	72.034	117	3.001	1.917	0.205
	组内	1180.228	3383	1.565		
	总计	1252.262	3500			
C10 您认为移动社交媒体对孩子的影响	组之间	23.722	117	0.988	0.853	0.668
	组内	873.587	3383	1.159		
	总计	897.309	3500			

由表 3—68 可以看出，父母对孩子接触和使用移动社交媒体的态度的显著性双侧值为 0.668，父母对孩子接触和使用移动社交媒体的期望的显著性双侧值为 0.205，两个因素的显著性双侧值均大于 0.05，数值不符合因素相关的要求，因此父母对孩子接触和使用移动社交媒体的态度、父母对孩子接触和使用移动社交媒体的期望与自我认识没有相关关系。

七　消费观念的检验

（一）接触和使用动机与消费观念的关联性

研究结合数据的变量特点，将接触和使用动机变量中经常使用的应用软件、考虑因素、接触和使用内容偏好等放入变量框与流动儿童社会化中的消费观念因素进行了方差分析，结果如表3—69所示。

表3—69　　　接触和使用动机与消费观念的方差分析

ANOVA		平方和	df	均方	F	显著性
A1 经常接触和使用的移动社交媒体应用软件［App］	组之间	332.794	63	25.600	2.464	0.003
	组内	7958.174	3437	10.389		
	总计	8290.968	3500			
A2 接触和使用移动社交媒体首先考虑的是	组之间	55.242	63	4.249	1.066	0.385
	组内	3052.156	3437	3.985		
	总计	3107.398	3500			
A11 接触和使用移动社交媒体主要是	组之间	55.971	63	4.305	0.916	0.535
	组内	3584.925	3437	4.698		
	总计	3640.896	3500			

由表3—69可以看出，经常接触和使用的移动社交媒体应用软件的显著性双侧值为0.003，显著性双侧的数值位于0.05以内，数值符合因素相关的要求，因此经常使用的移动社交应用软件与消费观念呈相关关系。在余下的其他因素中，考虑因素的显著性双侧值为0.385，接触和使用移动社交媒体内容的显著性双侧值为0.535，显著性双侧值均大于0.05，数值不符合因素相关的要求，因此接触和使用移动社交媒体的考虑因素、接触和使用移动社交媒体的内容与流动儿童的消费观念不具有相关性。

（二）接触和使用行为与消费观念的关联性

研究结合数据的变量特点，将接触和使用行为变量中的好友数量、接触和使用年龄等放入变量框与流动儿童社会化中的消费观念因素展开了相关性检验，结果如表3—70所示。

表3—70　　　接触和使用行为与消费观念的相关性分析

			B3 消费观念
斯皮尔曼等级相关系数	B3 消费观念	相关系数	1.000
		显著性（双尾）	0.000
		N（人）	3500

续表

			B3 消费观念
斯皮尔曼等级相关系数	A5 在移动社交媒体中的好友数量	相关系数	-0.037
		显著性（双尾）	0.302
		N（人）	3500
	A6 大约是从什么时候开始接触和使用移动社交媒体	相关系数	0.299**
		显著性（双尾）	0.000
		N（人）	3500

注：** 表示相关性在 0.01 级别显著（双尾）。

由表 3—70 可以看出，好友数量的显著性双侧值为 0.302，显著性双侧值大于 0.05，数值不符合因素相关的要求，因此接触和使用移动社交媒体的好友数量与消费观念没有相关关系。

在接触和使用移动社交媒体的年龄方面，显著性双侧值为 0.000，相关系数值为 0.299，显著性双侧的数值位于 0.05 以内，数值符合因素相关的要求，且相关系数值为正，因此接触和使用移动社交媒体的年龄与消费观念呈正相关。可理解为，接触和使用移动社交媒体年龄越早的流动儿童，他的消费观念要偏向于合理，或者是消费观念越偏向于合理的流动儿童，接触和使用移动社交媒体的年龄越早。

由于聊天对象、好友来源变量为定类变量，因此研究将这两个变量与流动儿童的消费观念进行方差分析，结果显示聊天对象的显著性双侧值为 0.000，显著性双侧值小于 0.05，数值符合因素相关的要求，因此聊天对象与消费观念具有相关关系。好友来源的显著性双侧值为 0.157，显著性双侧值大于 0.05，数值不符合因素相关的要求，因此好友来源与流动儿童的消费观念不具有相关性。

（三）接触和使用习惯与消费观念的关联性

研究结合数据的变量特点，将接触和使用习惯变量中的接触和使用时长、接触和使用频率放入变量框与流动儿童社会化中的消费观念因素展开了相关性检验，结果如表 3—71 所示。

表3—71　　　　　接触和使用习惯与消费观念的相关性分析

			B3 消费观念
斯皮尔曼等级相关系数	B3 消费观念	相关系数	1.000
		显著性（双尾）	0.000
		N（人）	3500
	A8 每天大概接触和使用多长时间的移动社交媒体	相关系数	-0.238**
		显著性（双尾）	0.000
		N（人）	3500
	A9 接触和使用移动社交媒体的频率	相关系数	-0.047
		显著性（双尾）	0.006
		N（人）	3500

注：** 表示相关性在 0.01 级别显著（双尾）。

由表3—71可以看出，接触和使用时长的显著性双侧值为0.000，相关系数值为-0.238，显著性双侧的数值位于0.05以内，数值符合因素相关的要求，且相关系数值为负，因此接触和使用移动社交媒体的时长与消费观念呈负相关。可理解为，接触和使用移动社交媒体时间越长的流动儿童，他所具有的消费观念要偏向于不合理一些，或者是消费观念偏向于不合理的流动儿童，接触和使用移动社交媒体的的时间越长。接触和使用频率的显著性双侧值为0.006，相关系数值为-0.047，显著性双侧的数值位于0.05以内，数值符合因素相关的要求，且相关系数值为负，因此接触和使用移动社交媒体的频率与流动儿童的消费观念呈负相关。可理解为，接触和使用移动社交媒体频率越高的流动儿童，他所具有的消费观念要偏向于不合理一些，或者是消费观念偏向不合理的流动儿童，接触和使用移动社交媒体的频率越高。

由于接触和使用场景、使用场所变量为定类变量，因此研究将这两个变量与流动儿童的消费观念进行方差分析，结果显示，接触和使用场景因素的显著性双侧值为0.000，显著性双侧的数值位于0.05以内，数值符合因素相关的要求，因此接触和使用场景与消费观念具有相关关系。在使用场所方面，显著性双侧值为0.078，显著性双侧值大于0.05，数值不符合因素相关的要求，因此接触和使用移动社交媒体的场所与消费观念不具有相关关系。

（四）接触和使用态度与消费观念的关联性

研究将接触和使用态度变量中的愉悦度认知、信息可用度认知、互动程度认知、信任度认知、接触和使用意愿、对今后使用时间的安排等放入变量框与流动儿童社会化中的消费观念因素展开了相关性检验，结果如表3—72所示。

表3—72　　　　接触和使用态度与消费观念的相关性分析

			B3 消费观念
斯皮尔曼等级相关系数	B3 消费观念	相关系数	1.000
		显著性（双尾）	0.000
		N（人）	3500
	A13 愉悦度认知	相关系数	-0.779
		显著性（双尾）	0.009
		N（人）	779
	A14 信息可用度认知	相关系数	-0.284*
		显著性（双尾）	0.018
		N（人）	3500
	A15 互动程度认知	相关系数	0.032
		显著性（双尾）	0.370
		N（人）	3500
	A16 信任度认知	相关系数	-0.195**
		显著性（双尾）	0.000
		N（人）	3500
	A17 接触和使用意愿	相关系数	-0.030
		显著性（双尾）	0.410
		N（人）	778
	A12 今后接触和使用移动社交媒体的时间安排	相关系数	-0.103**
		显著性（双尾）	0.004
		N（人）	3500

注：** 表示相关性在0.01级别显著（双尾）。

* 表示相关性在0.05级别显著（双尾）。

由表3—72可以看出，互动程度认知、接触和使用意愿与消费观念间的显著性双侧值大于 0.05,数值不符合因素相关的要求,因此接触和使用移动社交媒体的互动程度认知、信任度认知、接触和使用意愿与消费观念没有相关关系。在余下的接触和使用态度的其他因素中,愉悦度认知的显著性双侧值为 0.009,相关系数值为 -0.779,显著性双侧的数值位于 0.05 以内,数值符合因素相关的要求,且相关系数值为负,因此愉悦度认知与流动儿童的消费观念呈负相关,可理解为,对移动社交媒体愉悦度认知越高的流动儿童,消费观念越偏向于不合理,或者消费观念越偏向不合理的流动儿童,对移动社交媒体的愉悦度认知越高。

在信息可用度认知方面,显著性双侧值为 0.018,相关系数值为 -0.284,显著性双侧的数值位于 0.05 以内,数值符合因素相关的要求,且相关系数值为负,因此信息可用度认知与消费观念呈负相关。可理解为,对移动社交媒体信息可用度认知越高的流动儿童,他所具有的消费观念越偏向不于合理,或者是所具有的消费观念越偏向于不合理,对移动社交媒体信息可用度的认知越高。

在信任度认知方面,显著性双侧值为 0.000,相关系数值为 -0.195,显著性双侧的数值位于 0.05 以内,数值符合因素相关的要求,且相关系数值为负,因此信任度认知与流动儿童的消费观念呈负相关。可理解为,对移动社交媒体信任度认知越高的流动儿童,所具有的消费观念越偏向于不合理,或者消费观念越偏向于不合理的流动儿童,对移动社交媒体的信任度认知越高。

在对移动社交媒体今后使用时间的安排方面,显著性双侧值为 0.004,相关系数值为 -0.103,显著性双侧的数值位于 0.05 以内,数值符合因素相关的要求,且相关系数值为负,因此对今后使用移动社交媒体的时间安排与流动儿童的消费观念呈负相关。可理解为,越会增加今后接触和使用移动社交媒体使用时间的流动儿童,消费观念越偏向于不合理,或者消费观念越偏向于不合理的流动儿童,越会增加今后接触和使用移动社交媒体的时间。

(五) 父母的监督、了解与消费观念的关联性

研究结合数据的变量特点,将父母对孩子接触和使用移动社交媒体的陪同或监督情况放入变量框与流动儿童社会化中的消费观念因素展开了相关性检验,结果如表 3—73 所示。

表 3—73　父母的监督、了解与消费观念的相关性分析

			B3 消费观念
斯皮尔曼等级相关系数	B3 消费观念	相关系数	1.000
		显著性（双尾）	0.000
		N（人）	3500
	C9 孩子在接触和使用移动社交媒体时您会陪同或监督	相关系数	0.025
		显著性（双尾）	0.003
		N（人）	3500

由表 3—73 可以看出，父母对孩子接触和使用移动社交媒体的陪同或监督情况的显著性双侧值 0.003，相关系数值为 0.025，显著性双侧的数值位于 0.05 以内，数值符合因素相关的要求，且相关系数值为正，因此父母对孩子接触和使用移动社交媒体的陪同或监督与流动儿童的消费观念呈正相关。可理解为，父母越对孩子接触和使用移动社交媒体进行陪同或监督，流动儿童的消费观念越偏向合理，或者消费观念越偏向合理的流动儿童，父母越在其接触和使用移动社交媒体时进行陪同或监督。

由于父母对孩子接触和使用移动社交媒体的了解情况为定类变量，研究将这一变量与流动儿童的消费观念进行方差分析，结果显示显著性双侧值为 0.070，显著性双侧值大于 0.05，数值不符合因素相关的要求，因此父母对孩子接触和使用移动社交媒体的了解情况与消费概念不具有相关关系。

（六）父母的态度、期望与消费观念的关联性

研究结合数据的变量特点，将父母对孩子接触和使用移动社交媒体的态度、期望情况放入变量框与流动儿童社会化中的消费观念因素进行了方差分析，结果如表 3—74 所示。

表 3—74　父母的态度、期望与消费观念的方差分析

ANOVA						
		平方和	df	均方	F	显著性
C7 您希望孩子接触和使用移动社交媒体能够	组之间	14.444	214	1.111	0.686	0.778
	组内	1240.141	3286	1.619		
	总计	1254.585	3500			

续表

		平方和	df	均方	F	显著性
C10 您认为移动社交媒体对孩子的影响	组之间	12.979	214	0.998	0.862	0.593
	组内	886.709	3286	1.158		
	总计	899.688	3500			

由表3—74可以看出，父母对孩子接触和使用移动社交媒体的态度的显著性双侧值为0.593，父母对孩子接触和使用移动社交媒体的期望的显著性双侧值为0.778，两个因素的显著性双侧值均大于0.05，数值不符合因素相关的要求，因此父母对孩子接触和使用移动社交媒体的态度、期望情况与流动儿童的消费观念没有相关关系。

八 生活目标的检验

（一）接触和使用动机、接触和使用行为与教育目标的相关性分析

研究结合数据的变量特点，将接触和使用行为中的在移动社交媒体中的好友数量、接触和使用移动社交媒体的年龄放入变量框与流动儿童社会化中的教育目标因素展开了相关性检验，结果如表3—75所示。

表3—75　　　接触和使用行为与教育目标的相关性分析

			B8.1 希望将来读书到什么程度
斯皮尔曼等级相关系数	B8.1 希望将来读书到什么程度	相关系数	1.000
		显著性（双尾）	0.000
		N（人）	3500
	A5 在移动社交媒体中的好友数量	相关系数	-0.030
		显著性（双尾）	0.403
		N（人）	3500
	A6 大约是从什么时候开始接触和使用移动社交媒体	相关系数	-0.282*
		显著性（双尾）	0.021
		N（人）	3500

注：*表示相关性在0.05级别显著（双尾）。

第三章　流动儿童接触和使用移动社交媒体对其社会化的影响 / 243

由表3—75可以看出，接触和使用移动社交媒体的年龄的显著性双侧值为0.021，相关系数值为-0.282，显著性双侧的数值位于0.05以内，数值符合因素相关的要求，且相关系数值为负，因此接触和使用移动社交媒体的年龄与教育目标呈负相关。可理解为，接触和使用移动社交媒体越早的流动儿童，教育目标越高，或者是教育目标越高的流动儿童，接触和使用移动社交媒体的年龄越早。

在接触和使用移动社交媒体的好友数量方面，显著性双侧值为0.403，显著性双侧值大于0.05，数值不符合因素相关的要求，因此接触和使用移动社交媒体的好友数量与流动儿童的教育目标没有相关关系。

由于接触和使用动机中的经常接触和使用的移动社交媒体应用软件、考虑的因素、接触和使用内容偏好及接触和使用行为中的好友来源、主要聊天对象为定类变量，因此研究将以上变量与流动儿童的教育目标进行方差分析，结果显示，经常接触和使用的移动社交媒体应用软件的显著性双侧值为0.721，考虑因素的显著性双侧值为0.096，好友来源的显著性双侧值为0.576，聊天对象的显著性双侧值为0.708，以上因素的显著性双侧值均大于0.05，数值不符合因素相关的要求，因此接触和使用移动社交媒体的应用软件、考虑因素、好友来源、聊天对象与流动儿童的教育目标不具有相关关系。在余下的因素中，接触和使用移动社交媒体内容偏好的显著性双侧值为0.007，显著性双侧值小于0.05，数值符合因素相关的要求，因此接触和使用移动社交媒体的内容与流动儿童的教育目标具有相关关系。

（二）接触和使用习惯、接触和使用态度与教育目标的相关性分析

研究结合数据的变量特点，将接触和使用习惯中的使用时间、接触和使用频率及接触和使用态度放入变量框与流动儿童社会化中的教育目标因素展开了相关性检验，结果如表3—76所示。

表3—76　接触和使用习惯、接触和使用态度与教育目标的相关性分析

			B8.1 希望将来读书到什么程度
斯皮尔曼等级相关系数	B8.1 希望将来读书到什么程度	相关系数	1.000
		显著性（双尾）	0.000
		N（人）	3500

续表

			B8.1 希望将来读书到什么程度
斯皮尔曼等级相关系数	A8 每天大概接触和使用多长时间的移动社交媒体	相关系数	-0.232**
		显著性（双尾）	0.000
		N（人）	3500
	A9 接触和使用移动社交媒体的频率	相关系数	-0.204**
		显著性（双尾）	0.004
		N（人）	3500
	A13 愉悦度认知	相关系数	-0.128
		显著性（双尾）	0.008
		N（人）	3500
	A14 信息可用度认知	相关系数	-0.108
		显著性（双尾）	0.025
		N（人）	3500
	A15 互动程度认知	相关系数	-0.056
		显著性（双尾）	0.117
		N（人）	3500
	A16 信任度认知	相关系数	-0.299**
		显著性（双尾）	0.005
		N（人）	3500
	A17 接触和使用意愿	相关系数	-0.051
		显著性（双尾）	0.158
		N（人）	3500
	A12 今后接触和使用移动社交媒体的时间安排	相关系数	-0.159
		显著性（双尾）	0.007
		N（人）	3500

注：** 表示相关性在0.05级别显著（双尾）。

由表3—76可以看出，互动程度认知、接触和使用意愿的显著性双侧值大于0.05，数值不符合因素相关的要求，因此这些因素与教育目标没有相关关系。在其他因素中，使用时间的显著性双侧值为0.000，相关系数值为-0.232，显著性双侧的数值位于0.05以内，数值符合因素相关的要求，且相关系数值为负,因此使用时间与教育目标呈负相关。可理解为接触和使用移动社交媒体时间越长的流动儿童,所具有的教育目标越低,或者所具有的教育目标越低的流动儿童,接触和使用移动社交媒体的时间越长。

在接触和使用频率方面,显著性双侧值为0.004,相关系数值为-0.204,显著性双侧的数值位于0.05以内,数值符合因素相关的要求,且相关系数值为负,因此接触和使用频率与教育目标呈负相关。可理解为,接触和使用频率越高的流动儿童,所具有的教育目标越低,或者所具有的教育目标越低的流动儿童,接触和使用移动社交媒体的频率越高。

在愉悦度认知方面,显著性双侧值为0.008,相关系数值为-0.128,显著性双侧的数值位于0.05以内,数值符合因素相关的要求,且相关系数值为负,因此愉悦度认知与流动儿童的教育目标呈负相关。可理解为,对移动社交媒体愉悦度认知越高的流动儿童,所具有的教育目标越低,或者所具有的教育目标越低的流动儿童,对移动社交媒体的愉悦度认知越低。

在信任度认知方面,显著性双侧值为0.005,相关系数值为-0.299,显著性双侧的数值位于0.05以内,数值符合因素相关的要求,且相关系数值为负,因此信任度认知与教育目标呈负相关。可理解为,对移动社交媒体信任度认知越高的流动儿童,所具有的教育目标越低,或者所具有的教育目标越低的流动儿童,对移动社交媒体的信任度认知越高。

在信息可用度认知方面,显著性双侧值为0.025,相关系数值为-0.108,显著性双侧的数值位于0.05以内,数值符合因素相关的要求,且相关系数值为负,因此信息可用度认知与流动儿童的教育目标具有相关关系。可理解为,对移动社交媒体信息可用度认知越高的流动儿童,所具有的教育目标越低,或者所具有的教育目标越低的流动儿童,对移动社交媒体信息可用度的认知越高。

在对今后接触和使用移动社交媒体的时间安排方面,显著性双侧值为0.007,相关系数值为-0.159,显著性双侧的数值位于0.05以内,数值符合因素相关的要求,且相关系数值为负,因此今后接触和使用移动社交媒体的时间安排与流动儿童的教育目标呈负相关。可理解为,对今后接触和使用移动社交媒体时间越多的流动儿童,所具有的教育目标越低,或者所具有的教育目标越低的流动儿童,对今后接触和使用移动社交媒体的时间越多。

由于移动社交媒体的接触和使用场景、使用场所变量为定类变量,研究将这两个变量与流动儿童的教育目标进行方差分析，结果显示，接触和使用场景的显著性双侧值为0.000，显著性双侧值小于0.05，数值符合因素相关的要求，因此接触和使用移动社交媒体的场景与教育目标具有相关关系。使用场所的显著性双侧值为0.010，显著性双侧值大于0.05，数值不符合因素相关的要求，因此接触和使用移动社交媒体的场所与流动儿童的教育目标不具有相关关系。

（三）父母监督了解、态度情况与教育目标的相关性分析

研究将父母监督了解、态度情况中的陪同或监督变量放入变量框与流动儿童社会化中的教育目标因素展开了相关性检验，结果如表3—77所示。

表3—77　父母监督了解、态度情况与教育目标的相关性分析

			B8.1 希望将来读书到什么程度
斯皮尔曼等级相关系数	B8.1 希望将来读书到什么程度	相关系数	1.000
		显著性（双尾）	0.000
		N（人）	3500
	C9 孩子在接触和使用移动社交媒体时您会陪同或监督	相关系数	0.168
		显著性（双尾）	0.008
		N（人）	3500

由表3—77可以看出，父母对孩子接触和使用移动社交媒体的陪同或监督情况的显著性双侧值为0.008，显著性双侧的数值位于0.05以内，数值符合因素相关的要求，且相关系数值为正，因此父母对孩子接触和使用移动社交媒体的陪同或监督与教育目标具有相关性。可理解为，父母对孩子接触和使用移动社交媒体陪同或监督时间越长的流动儿童，教育目标越高，或者教育目标越高的流动儿童，父母对孩子接触和使用移动社交媒体的陪同或监督时间越长。

由于父母对孩子接触和使用移动社交媒体的态度、父母对孩子接触和使用移动社交媒体的期望、父母对孩子接触和使用移动社交媒体聊天内容的了解为定类变量，所以将这三个变量与流动儿童的教育目标进行方差分析，结果显示，父母对孩子接触和使用移动社交媒体的态度的显著性双侧

值为 0.051，父母对孩子接触和使用移动社交媒体的期望的显著性双侧值为 0.389，两个因素的显著性双侧值均大于 0.05，数值不符合因素相关的要求，因此父母对孩子接触和使用移动社交媒体的态度、父母对孩子接触和使用移动社交媒体聊天内容的了解与流动儿童的教育目标不具有相关关系。在余下的因素中，父母对孩子接触和使用移动社交媒体的了解的显著性双侧值为 0.003，显著性双侧的数值位于 0.05 以内，数值符合因素相关的要求，因此父母对孩子接触和使用移动社交媒体的了解与流动儿童的教育目标具有相关关系。

（四）接触和使用动机、接触和使用行为与职业目标的相关性分析

研究将接触和使用动机、接触和使用行为放入变量框与流动儿童社会化中的职业目标因素展开了相关性检验，结果如表 3—78 所示。

表 3—78　接触和使用动机、接触和使用行为与职业目标的相关性分析

			B8.2 希望将来从事什么职业
斯皮尔曼等级相关系数	B8.2 希望将来从事什么职业	相关系数	1.000
		显著性（双尾）	0.000
		N（人）	3500
	A1 经常接触和使用的移动社交媒体应用软件 [App]	相关系数	−0.212**
		显著性（双尾）	0.060
		N（人）	3500
	A2 接触和使用移动社交媒体首先考虑的是	相关系数	−0.005
		显著性（双尾）	0.884
		N（人）	3500
	A11 接触和使用移动社交媒体主要是	相关系数	−0.287*
		显著性（双尾）	0.015
		N（人）	777
	A5 在移动社交媒体中的好友数量	相关系数	0.128**
		显著性（双尾）	0.060
		N（人）	3500
	A3 移动社交媒体中主要的好友来源	相关系数	−0.295**
		显著性（双尾）	0.008
		N（人）	3500

续表

			B8.2 希望将来从事什么职业
斯皮尔曼等级相关系数	A4 在移动社交媒体中经常和谁聊天	相关系数	0.203**
		显著性（双尾）	0.004
		N（人）	3500
	A6 大约是从什么时候开始接触和使用移动社交媒体	相关系数	0.259**
		显著性（双尾）	0.000
		N（人）	3500

注：** 表示相关性在 0.01 级别显著（双尾）。

* 表示相关性在 0.05 级别显著（双尾）。

由表3—78可以看出，经常接触和使用的移动社交媒体应用软件[App]、考虑因素与教育目标间的显著性双侧值大于0.05，数值不符合因素相关的要求，因此这些因素与职业目标没有相关关系。在余下的其他因素中，接触和使用移动社交媒体的内容显著性双侧值为0.015，相关系数值为-0.287，显著性双侧的数值位于0.05以内，因此接触和使用移动社交媒体的内容与职业目标具有相关性。

在好友来源方面，显著性双侧值为0.008，显著性双侧的数值位于0.05以内，数值符合因素相关的要求，因此好友来源与流动儿童的职业目标具有相关性。在聊天对象方面，显著性双侧值为0.004，显著性双侧的数值位于0.05以内，数值符合因素相关的要求，因此聊天对象与流动儿童的职业目标具有相关性。在接触和使用移动社交媒体的年龄方面，显著性双侧值为0.000，显著性双侧的数值位于0.05以内，数值符合因素相关的要求，因此接触和使用移动社交媒体的年龄与流动儿童的职业目标具有相关性。

（五）接触和使用习惯、接触和使用态度与职业目标的相关性分析

研究结合数据的变量特点，将接触和使用习惯中的使用时间、接触和使用频率及接触和使用态度放入变量框与流动儿童社会化中的职业目标因素进行了方差分析，结果如表3—79所示。

表 3—79　接触和使用习惯、态度与职业目标的相关性分析

ANOVA						
		平方和	df	均方	F	显著性
A8 每天大概接触和使用多长时间的移动社交媒体	组之间	74.321	67	4.955	1.878	0.022
	组内	2015.909	3433	2.639		
	总计	2090.230	3500			
A9 接触和使用移动社交媒体的频率	组之间	25.548	67	1.703	0.741	0.744
	组内	1756.867	3433	2.300		
	总计	1782.415	3500			
A13 愉悦度认知	组之间	70.565	67	4.704	0.649	0.835
	组内	5532.433	3433	7.251		
	总计	5602.998	3500			
A14 信息可用度认知	组之间	263.289	67	17.553	1.733	0.040
	组内	7739.576	3433	10.130		
	总计	8002.865	3500			
A15 互动程度认知	组之间	274.837	67	18.322	1.581	0.073
	组内	8855.392	3433	11.591		
	总计	9130.229	3500			
A16 信任度认知	组之间	145.152	67	9.677	0.625	0.856
	组内	11828.913	3433	15.483		
	总计	11974.065	3500			
A17 接触和使用意愿	组之间	242.417	67	16.161	1.007	0.445
	组内	12227.135	3433	16.046		
	总计	12469.552	3500			
A12 今后接触和使用移动社交媒体的时间安排	组之间	17.983	67	1.199	1.093	0.359
	组内	838.351	3433	1.097		
	总计	856.334	3500			

由表 3—79 可以看出，接触和使用频率、愉悦度认知、互动程度认知、信任度认知、接触和使用意愿、今后接触和使用移动社交媒体的时间安排与教育目标间的显著性双侧值大于 0.05，数值不符合因素相关的要求，因此这些因素与职业目标没有相关性。在余下的因素中，接触和使用时长的显著性双侧值为 0.022，信息可用度认知的显著性双侧值为 0.040，

两个因素的显著性双侧值均小于0.05，数值符合因素相关的要求，因此，接触和使用移动社交媒体的时长、对移动社交媒体的信息可用度认知与流动儿童的职业目标具有相关关系。

由于接触和使用场景、接触和使用场所变量为定类变量，因此研究将这两个变量与流动儿童的职业目标进行卡方检验，结果显示，接触和使用场景的显著性双侧值为0.970，使用场所的显著性双侧值为0.326，两个变量的显著性双侧值均大于0.05，数值不符合因素相关的要求，因此接触和使用场景、使用场所与流动儿童的职业目标不具有相关关系。

（六）父母监督了解、态度情况与职业目标的相关性分析

研究结合数据的变量特点将父母监督了解情况放入变量框与流动儿童社会化中的职业目标因素展开了相关性检验，结果如表3—80所示。

表3—80　　　　　父母监督了解与职业目标的相关性分析

ANOVA					
C9 孩子在接触和使用移动社交媒体时您会陪同或监督					
	平方和	df	均方	F	显著性
组之间	14.175	67	0.945	0.888	0.001
组内	813.025	3433	1.064		
总计	827.200	3500			

由表3—80可以看出，父母对孩子接触和使用移动社交媒体的陪同或监督的显著性双侧值为0.001，显著性双侧的数值位于0.05以内，数值符合因素相关的要求，因此父母对孩子接触和使用移动社交媒体的陪同或监督与流动儿童的职业目标具有相关关系。

由于父母对孩子接触和使用移动社交媒体的期望、父母对孩子接触和使用移动社交媒体聊天内容的了解、父母对孩子接触和使用移动社交媒体的态度变量为定类变量，因此研究将这三个变量与流动儿童的职业目标进行卡方检验，结果显示，父母对孩子接触和使用移动社交媒体的期望的显著性双侧值为0.054，父母对孩子接触和使用移动社交媒体的态度的显著性双侧值为0.852，两个因素的显著性双侧值均大于0.05，数值不符合因素相关的要求，因此父母对孩子接触和使用移动社交媒体的态度、父母对

孩子接触和使用移动社交媒体的期望与流动儿童的职业目标不具有相关关系。在余下的因素中，父母对孩子接触和使用移动社交媒体聊天内容的了解的显著性双侧值为 0.044，显著性双侧的数值位于 0.05 以内，数值符合因素相关的要求，因此父母对孩子接触和使用移动社交媒体聊天内容的了解与流动儿童的职业目标具有相关关系。

小结

通过对流动儿童接触和使用移动社交媒体情况与社会化状况之间的相关性进行检验发现，流动儿童接触和使用移动社交媒体的情况与其社会化状况之间存在着一定的关联性。性格和行为特征与接触和使用行为中的好友来源、聊天对象、好友数量、接触和使用年龄，接触和使用习惯中的接触和使用时长、接触和使用频率，接触和使用态度中的愉悦度认知、信息可用度认知、互动程度认知、信任度认知、接触和使用意愿、对今后使用时间的安排及父母对流动儿童接触和使用移动社交媒体的陪同或监督情况具有相关性。生活技能与接触和使用行为中的接触和使用年龄、好友来源、好友数量，接触和使用态度中的愉悦度认知、信息可用度认知、互动程度认知、信任度认知、接触和使用意愿、对今后使用时间的安排及父母对流动儿童接触和使用移动社交媒体的陪同或监督情况具有相关性。社会交往与接触和使用行为中的好友来源、聊天对象、好友数量、接触和使用年龄，接触和使用习惯中的接触和使用时长、接触和使用频率，接触和使用态度中的愉悦度认知、信息可用度认知、互动程度认知、信任度认知、接触和使用意愿、对今后接触和使用移动社交媒体时间的安排及父母对流动儿童接触和使用移动社交媒体的陪同或监督情况具有相关性。社会规范与接触和使用行为中的接触和使用年龄、接触和使用场景、接触和使用时长、接触和使用频率，接触和使用态度中的愉悦度认知、信息可用度认知、互动程度认知、信任度认知、接触和使用意愿、对接触和使用移动社交媒体今后时间的安排及父母对流动儿童接触和使用移动社交媒体的陪同或监督情况具有相关性。角色认同与接触和使用行为中的聊天对象、接触和使用频率、接触和使用时长具有相关性，接触和使用态度中的愉悦度认知、信息可用度认知、互动程度认知、信任度认知、接触和使用意愿、对今后接触和使用移动社交媒体时间的安排及父母对流动儿童接触和使用移动社交媒体的陪同或监督情况具有相关性。自我认识与接触和使用习惯中的接触和使用年龄、接触和使用场景、接触和使用时长、接触和使用频率，接触和使用态度中的愉悦度认知、信息可用度认知、互动程度认知、信任度认知、接触和使用意愿、对今后使用时间的安排及父母对流动儿童接触和使用移动社交媒体的陪同或监督情况具有相关性。消费观念与接触和使用动机中的接触和使用移动社交媒体软件的种类、聊天对象、接触和使用场景、接触和使用时长、接触和使用频率具有相关性，接触和使用态度中的愉悦度认知、信息可用度认知、信任度认知、对今后使用时间的安排具有相关性。生活目标中的教育目标与接触和使用动机中的接触和使用内容偏好、接触和使用场景、接触和使用年龄、接触和使用时长、接触和使用频率具有相关性，与接触和使用态度中的愉悦度认知、信任度认知、信息可用度认知、对今后接触和使用移动社交媒体的时间安排具有相关性，与父母对流动儿童的陪同或监督情况、对流动儿童接触和使用移动社交媒体聊天内容的了解情况具有相关性。职业目标与接触和使用动机中的接触和使用内容偏好、接触和使用年龄、接触和使用时长、好友来源、聊天对象具有相关性，与接触和使用态度中的信息可用度认知具有相关性，与父母对流动儿童接触和使用移动社交媒体的陪同或监督情况具有相关性。

综合检验结果来看，接触和使用移动社交媒体的年龄、接触和使用时长、接触和使用频率、接触和使用移动社交媒体的态度、父母对流动儿童接触和使用移动社交媒体的陪同或监督情况成为影响流动儿童社会化状况的重要因素。这一结果不仅有利于我们思考引导流动儿童合理接触和使用移动社交媒体的对策，也为后文多元回归分析的结果提供数据支持。

第四节　人口统计学变量、移动社交媒体与社会化间的多元联系

在前文的讨论中，研究已经对人口统计学变量与流动儿童移动社交媒体的接触和使用情况、人口统计学变量与流动儿童的社会化状况、移动社交媒体的接触和使用情况与流动儿童的社会化状况之间的关系进行了相关性检验，厘清了相关影响因素之间的联系。在这一小节中，为更深入地考

第三章 流动儿童接触和使用移动社交媒体对其社会化的影响 / 253

察流动儿童社会化的影响因素,探究人口统计学变量与移动社交媒体的接触和使用情况对流动儿童社会化状况的影响,研究将在前文对变量相关性分析的基础上,对三者进行多元回归分析,以清晰地认识流动儿童社会化状况的影响因素。

在对人口统计学变量、移动社交媒体的接触和使用情况、社会化状况三者进行多元回归分析前,研究先观察社会化状况数据的散点图,发现数据满足残差的方齐性要求,再根据变量的累积比例与指定分布的累积比例之间的关系所绘制的P-P图情况,发现所有点聚集在直线上,满足正态性要求,因此数据满足进行多元回归分析的条件,可以进行回归检验。

一 人口统计学变量、移动社交媒体与性格与行为特征间的多元回归分析

研究确立第 1 个模型为回归方程,结果如表 3—81 所示。

表 3—81　　　　　　性格与行为特征的多元回归分析

模型		非标准化系数 B	标准错误	标准系数 贝塔	T	显著性	共线性统计 容许	VIF
1	(常量)	21.895	1.684		12.999	0.000		
	性别	0.281	0.268	0.037	1.052	0.003	0.937	1.068
	年龄	0.090	0.070	0.053	1.295	0.006	0.683	1.463
	是否独生子女	-0.162	0.297	-0.107	-0.209	0.035	0.935	1.070
	学习成绩	0.296	0.283	0.154	4.584	0.000	0.932	1.073
	C2 您的孩子来北京/济南/青岛/潍坊/淄博/临沂/日照多久了	0.315	0.136	0.081	2.316	0.021	0.941	1.063
	C3.1 来北京/济南/青岛/潍坊/淄博/临沂/日照后搬家的次数	-0.034	0.085	-0.016	-0.395	0.043	0.683	1.465
	C3.2 孩子转过几次学	-0.054	0.149	-0.015	-0.363	0.017	0.703	1.423

续表

模型		非标准化系数		标准系数	T	显著性	共线性统计	
		B	标准错误	贝塔			容许	VIF
1	C4 您的受教育程度	0.140	0.158	0.109	0.255	0.048	0.839	1.192
	C6 您的职业	0.071	0.038	0.066	1.863	0.003	0.923	1.084
	A8 每天大概接触和使用多长时间的移动社交媒体	-0.140	0.090	-0.060	-1.553	0.041	0.765	1.308
	A6 大约是从什么时候开始接触和使用移动社交媒体	-0.108	0.082	-0.251	-1.312	0.030	0.778	1.285
	A13 愉悦度认知	-0.160	0.059	-0.143	-2.722	0.007	0.420	2.381
	A12 今后接触和使用移动社交媒体的时间安排	-0.176	0.129	-0.049	-1.359	0.014	0.909	1.100
	C9 孩子在接触和使用移动社交媒体时您会陪同或监督	0.371	0.131	0.101	2.838	0.005	0.917	1.090

由表 3—81 的检验结果可知，性格与行为特征方面容许度的取值范围在 0.420—0.941，取值均在 0.10 以上，方差膨胀系数（VIF）的取值范围在 1.063—2.381，取值均在 10 以下，表明进入回归方程的自变量间不存在线性重合问题，一定程度保证了方程构建的准确性。

在模型中可以看到，人口统计学变量中的性别（Beta = 0.037, p = 0.003）、年龄（Beta = 0.053, p = 0.006）、是否独生子女（Beta = -0.107, p = 0.035）、来迁入地的时间（Beta = 0.081, p = 0.021）、来迁入地后的搬家次数（Beta = -0.016, p = 0.043）、来迁入地后的转学次数（Beta = -0.015, p = 0.017）、父母的受教育程度（Beta = 0.109, p = 0.048）、父母职业（Beta = 0.066, p = 0.003）、移动社交媒体接触和使用情况中的接触和使用移动社交媒体的年龄（Beta = -0.251, p = 0.030）、每天接触和使用移动社交媒体的时间（Beta = -0.060, p = 0.041）、愉悦度认知（Beta = -0.143, p = 0.007）、父母对孩子接触和使用移动社交媒体的陪

同或监督（Beta = 0.101，p = 0.005）、对今后接触和使用移动社交媒体的时间安排（Beta = -0.049，p = 0.014）等因素进入回归方程，成为影响流动儿童性格与行为特征的主要解释因素，其余影响因素被模型剔除。

可以看出，在人口统计学变量中父母的受教育程度、是否独生子女、来迁入地的时间成为影响流动儿童性格与行为特征的最为有力的因素，其他人口背景因素的影响力度较弱。在移动社交媒体的接触和使用情况中，接触和使用年龄、互动程度认知、父母对孩子接触和使用移动社交媒体的陪同或监督成为影响流动儿童性格与行为特征的最为有力的因素，其他接触和使用移动社交媒体因素的影响力度较弱。我们可以根据各因素对流动儿童性格与行为特征的影响力大小，有侧重性地发挥影响因素的正向作用，从而塑造流动儿童正面的性格与行为特征。

基于以上结果，依据各指标的影响因素强度，研究可构建非标准化的回归方程模型：性格与行为特征 = 21.895 + 0.281 性别 + 0.090 年龄 - 0.162 是否独生子女 + 0.296 学习成绩 + 0.315 来迁入地的时间 - 0.034 来迁入地后的搬家次数 - 0.054 来迁入地后的转学次数 + 0.140 父母受教育程度 + 0.071 父母职业 - 0.140 每天接触和使用移动社交媒体的时间 - 0.108 接触和使用移动社交媒体的年龄 - 0.160 愉悦度认知 - 0.176 对今后接触和使用移动社交媒体的时间安排 + 0.371 父母对流动儿童接触和使用移动社交媒体的陪同或监督。

二 人口统计学变量、移动社交媒体与生活技能间的多元回归分析

研究确立第 2 个模型为回归方程，结果如表 3—82 所示。

表 3—82　　　　　　　　生活技能的多元回归分析

模型		非标准化系数		标准系数	T	显著性	共线性统计	
		B	标准错误	贝塔			容许	VIF
2	（常量）	12.584	2.862		4.397	0.000		
	年龄	0.475	0.122	0.153	3.891	0.000	0.687	1.456
	性别	0.148	0.469	0.011	0.316	0.002	0.942	1.061
	是否独生子女	-0.026	0.521	-0.002	-0.049	0.001	0.936	1.069
	C4 您的受教育程度	0.422	0.277	0.054	1.522	0.128	0.840	1.190

续表

模型		非标准化系数		标准系数	T	显著性	共线性统计	
		B	标准错误	贝塔			容许	VIF
2	C5 您家庭的月收入情况	-0.392	0.232	-0.059	-1.690	0.091	0.868	1.152
	C6 您的职业	0.059	0.067	0.030	0.884	0.377	0.927	1.079
	C2 您的孩子来北京/济南/青岛/潍坊/淄博/临沂/日照多久了	0.144	0.238	0.020	0.607	0.044	0.948	1.055
	C3.1 来北京/济南/青岛/潍坊/淄博/临沂/日照后搬家的次数	0.059	0.149	0.015	0.394	0.004	0.684	1.461
	C3.2 孩子转过几次学	0.273	0.261	0.041	1.047	0.005	0.705	1.418
	A6 大约是从什么时候开始接触和使用移动社交媒体	0.796	0.141	0.204	5.634	0.000	0.805	1.242
	A14 信息可用度认知	0.120	0.104	0.055	1.151	0.250	0.461	2.170
	A12 今后接触和使用移动社交媒体的时间安排	0.408	0.225	0.061	1.812	0.040	0.917	1.090
	C9 孩子在接触和使用移动社交媒体时您会陪同或监督	-0.182	0.227	-0.027	-0.804	0.022	0.939	1.065

由表3—82的检验结果可知，生活技能方面容许度的取值范围在0.461—0.948，取值均在0.10以上，方差膨胀系数（VIF）的取值范围在1.055—2.170，取值均在10以下，表明进入回归方程的自变量间不存在线性重合问题，一定程度保证了方程构建的准确性。

在模型中可以看到，人口统计学变量中的年龄（Beta = 0.153, p =

0.000)、性别（Beta = 0.011，p = 0.002）、是否独生子女（Beta = -0.002，p = 0.001）、父母受教育程度（Beta = 0.054，p = 0.128）、家庭经济情况（Beta = -0.059，p = 0.091）、父母的职业（Beta = 0.030，p = 0.377）、来迁入地的时间（Beta = 0.020，p = 0.044）、来迁入地后的搬家次数（Beta = 0.015，p = 0.004）、来迁入地后的转学次数（Beta = 0.041，p = 0.005）、接触和使用移动社交媒体的年龄（Beta = 0.204，p = 0.000）、信息可用度认知（Beta = 0.055，p = 0.250）、今后接触和使用移动社交媒体的时间安排（Beta = 0.061，p = 0.040）、父母对孩子接触和使用移动社交媒体的陪同或监督（Beta = -0.027，p = 0.022）因素进入回归方程，成为影响流动儿童生活技能的主要解释因素，其余影响因素被模型剔除。

可以看出，在人口统计学变量中家庭经济状况、父母的受教育程度、父母的职业成为影响流动儿童生活技能的最为有力的因素，其他人口背景因素的影响力度较弱。在移动社交媒体的接触和使用情况中，接触和使用移动社交媒体的年龄、今后接触和使用移动社交媒体的时间安排、信息可用度认知成为影响流动儿童生活技能的最为有力的因素，其他接触和使用移动社交媒体因素的影响力度较弱。我们可以根据各因素对流动儿童生活技能的影响力大小，有侧重性地发挥影响因素的正向作用，从而提高流动儿童的生活技能。

基于以上结果，依据各指标的影响因素强度，研究可构建非标准化的回归方程模型：生活技能 = 12.584 + 0.475 年龄 + 0.148 性别 - 0.026 是否独生子女 + 0.422 父母受教育程度 - 0.392 家庭经济状况 + 0.059 父母职业 + 0.144 来迁入地的时间 + 0.059 来迁入地后的搬家次数 + 0.273 来迁入地后的转学次数 + 0.796 接触和使用移动社交媒体的年龄 + 0.120 信息可用度认知 + 0.408 对今后接触和使用移动社交媒体的时间安排 - 0.182 父母对孩子接触和使用移动社交媒体的陪同或监督。

三 人口统计学变量、移动社交媒体与消费观念间的多元回归分析

研究第 3 个模型为回归方程，结果如表 3—83 所示。

表3—83　　消费观念的多元回归分析

模型		非标准化系数 B	标准错误	标准系数 贝塔	T	显著性	共线性统计 容许	VIF
3	(常量)	13.827	0.795		17.395	0.000		
	年龄	0.068	0.061	0.042	1.114	0.006	0.817	1.224
	C4 您的受教育程度	0.152	0.122	0.043	1.241	0.215	0.881	1.136
	C6 您的职业	-0.021	0.031	-0.023	-0.677	0.009	0.954	1.049
	C2 您的孩子来北京/济南/青岛/潍坊/淄博/临沂/日照多久了	0.291	0.111	0.091	2.616	0.009	0.955	1.047
	C3.1 来北京/济南/青岛/潍坊/淄博/临沂/日照后搬家的次数	-0.110	0.069	-0.064	-1.596	0.111	0.708	1.412
	C3.2 孩子转过几次学	-0.230	0.121	-0.076	-1.909	0.057	0.727	1.376
	C5 您家庭的月收入情况	-0.241	0.101	-0.055	-1.708	0.049	0.892	1.121
	A6 大约是从什么时候开始接触和使用移动社交媒体	0.319	0.064	0.181	4.954	0.000	0.853	1.172
	A8 每天大概接触和使用多长时间的移动社交媒体	-0.500	0.068	-0.260	-7.390	0.000	0.893	1.120
	C9 孩子在接触和使用移动社交媒体时您会陪同或监督	0.109	0.106	0.036	1.029	0.004	0.927	1.078

注：a. 因变量：B3 消费观念。

由表3—83的检验结果可知，消费观念方面容许度的取值范围在0.708—0.955，取值均在0.10以上，方差膨胀系数（VIF）的取值范围在 1.047—1.412，取值均在 10 以下，表明进入回归方程的自变量间不存在线性重合问题，一定程度保证了方程构建的准确性。

在模型中可以看到，人口统计学变量中的年龄（Beta = 0.042，p = 0.006）、父母受教育程度（Beta = 0.043，p = 0.215）、父母职业（Beta = -0.023，p = 0.009）、来迁入地的时间（Beta = 0.091，p = 0.009）、来迁入地后的搬家次数（Beta = -0.064，p = 0.111）、来迁入地后的转学次数（Beta = -0.076，p = 0.057）、家庭月收入（Beta = -0.055，p = 0.049）、接触和使用移动社交媒体的年龄（Beta = 0.181，p = 0.000）、接触和使用移动社交媒体的时长（Beta = -0.260，p = 0.000）、父母对流动儿童接触和使用移动社交媒体的陪同或监督（Beta = 0.036，p = 0.004）因素进入回归方程，成为影响流动儿童生活技能的主要解释因素，其余影响因素被模型剔除。

可以看出，人口统计学变量中来迁入地的时间、来迁入地后的转学次数、来迁入地后的搬家次数成为影响流动儿童性格与行为特征的最为有力的因素，其他人口背景因素的影响力度较弱。在移动社交媒体的接触和使用情况中，接触和使用年龄、互动程度认知、父母对孩子接触和使用移动社交媒体的陪同或监督成为影响流动儿童性格与行为特征的最为有力的因素，其他接触和使用移动社交媒体因素的影响力度较弱。我们可以根据各因素对流动儿童性格与行为特征的影响力大小，有侧重性地发挥影响因素的正向作用，从而引导流动儿童养成合理的消费观念。

基于以上结果，依据各指标的影响因素强度，研究可构建非标准化的回归方程模型：消费观念 = 13.827 + 0.068 年龄 + 0.152 父母受教育程度 - 0.021 父母职业 + 0.291 来迁入地的时间 - 0.110 来迁入地后的搬家次数 - 0.230 来迁入地后的转学次数 - 0.241 家庭月收入 + 0.319 接触和使用移动社交媒体的年龄 - 0.500 接触和使用移动社交媒体的时长 + 0.109 父母对流动儿童接触和使用移动社交媒体的陪同或监督。

四 人口统计学变量、移动社交媒体与社会交往间的多元回归分析

研究确立第 4 个模型为回归方程，结果如表 3—84 所示。

表 3—84　　　　　　　　　社会交往的多元回归分析

模型		非标准化系数 B	标准错误	标准系数 贝塔	T	显著性	共线性统计 容许	VIF
4	（常量）	11.103	0.879		12.637	0.000		
	年龄	0.053	0.038	0.054	-1.399	0.002	0.786	1.273
	是否独生子女	0.117	0.171	0.024	0.682	0.006	0.951	1.051
	C4 您的受教育程度	0.093	0.091	0.038	1.022	0.007	0.851	1.175
	C5 您家庭的月收入情况	0.089	0.076	0.042	1.168	0.043	0.881	1.135
	C6 您的职业	0.046	0.022	0.074	2.092	0.037	0.928	1.077
	C2 您的孩子来北京/济南/青岛/潍坊/淄博/临沂/日照多久了	0.123	0.079	0.055	1.567	0.018	0.956	1.046
	C3.1 来北京/济南/青岛/潍坊/淄博/临沂/日照后搬家的次数	-0.035	0.049	-0.029	-0.708	0.049	0.691	1.447
	C3.2 孩子转过几次学	-0.039	0.087	-0.018	-0.448	0.654	0.706	1.417
	A6 大约是从什么时候开始接触和使用移动社交媒体	-0.061	0.046	-0.049	-1.317	0.008	0.834	1.200
	A8 每天大概接触和使用多长时间的移动社交媒体	-0.260	0.050	-0.193	-5.193	0.000	0.840	1.190
	A9 接触和使用移动社交媒体的频率	-0.058	0.052	-0.040	-1.114	0.005	0.916	1.092
	C9 孩子在接触和使用移动社交媒体时您会陪同或监督	0.169	0.076	0.079	2.227	0.026	0.923	1.084
	A13 愉悦度认知	-0.009	0.036	-0.010	-0.238	0.012	0.599	1.670

续表

模型		非标准化系数		标准系数	T	显著性	共线性统计	
		B	标准错误	贝塔			容许	VIF
4	A14 信息可用度认知	-0.022	0.034	-0.032	-0.636	0.025	0.463	2.159
	A15 互动程度认知	-0.073	0.034	-0.113	-2.154	0.032	0.418	2.390
	A16 信任度认知	-0.040	0.023	-0.071	-1.755	0.030	0.704	1.421
	A17 接触和使用意愿	-0.068	0.029	-0.124	-2.374	0.018	0.423	2.364
	A12 今后接触和使用移动社交媒体的时间安排	-0.235	0.074	-0.112	-3.159	0.002	0.930	1.076

注：a. 因变量：B4 社会交往。

由表3—84的检验结果可知，社会交往容许度的取值范围在0.423—0.956，取值均在0.10以上，方差膨胀系数（VIF）的取值范围在1.046—2.390，取值均在10以下，表明进入回归方程的自变量间不存在线性重合问题，一定程度保证了方程构建的准确性。

在模型中可以看到，人口统计学变量中的年龄（Beta = 0.054, p = 0.002）、是否独生子女（Beta = 0.024, p = 0.006）、父母的受教育程度（Beta = 0.038, p = 0.007）、家庭月收入（Beta = 0.042, p = 0.043）、父母职业（Beta = 0.074, p = 0.037）、来迁入地的时间（Beta = 0.055, p = 0.018）、来迁入地后的搬家次数（Beta = -0.029, p = 0.049）、来迁入地后的转学次数（Beta = -0.018, p = 0.654）、接触和使用移动社交媒体的年龄（Beta = -0.049, p = 0.008）、每天接触和使用移动社交媒体的时间（Beta = -0.193, p = 0.000）、接触和使用移动社交媒体的频率（Beta = -0.040, p = 0.005）、父母对孩子接触和使用移动社交媒体的陪同或监督（Beta = 0.079, p = 0.026）、愉悦度认知（Beta = -0.010, p = 0.012）、信息可用度认知（Beta = -0.032, p = 0.025）、互动程度认知（Beta = -0.113, p = 0.032）、信任度认知（Beta = -0.071, p = 0.030）、接触和使用意愿（Beta = -0.124, p = 0.018）、今后接触和使用移动社交媒体的

时间安排(Beta = -0.112, p = 0.002)因素进入回归方程,成为影响流动儿童社会交往的主要解释因素,其余影响因素被模型剔除。

可以看出,人口统计学变量中父母的职业、来迁入地的时间、年龄成为影响流动儿童社会交往的最为有力的因素,其他人口背景因素的影响力度较弱。在移动社交媒体的接触和使用情况中,每天接触和使用移动社交媒体的时间、父母对孩子接触和使用移动社交媒体的陪同或监督、信任度认知成为影响流动儿童社会交往的最为有力的因素,其他接触和使用移动社交媒体因素的影响力度较弱。我们可以根据各因素对流动儿童社会交往的影响力大小,有侧重性地发挥影响因素的正向作用,从而提高流动儿童的社会交往能力。

基于以上结果,依据各指标的影响因素强度,研究可构建非标准化的回归方程模型:社会交往 = 11.103 + 0.053 年龄 + 0.117 是否独生子女 + 0.093 父母的受教育程度 + 0.089 家庭月收入 + 0.046 父母职业 + 0.123 来迁入地的时间 - 0.035 来迁入地后的搬家次数 - 0.039 来迁入地后的转学次数 - 0.061 接触和使用移动社交媒体的年龄 - 0.260 每天接触和使用移动社交媒体的时间 - 0.058 接触和使用移动社交媒体的频率 + 0.169 父母对孩子接触和使用移动社交媒体的陪同或监督 - 0.009 愉悦度认知 - 0.022 信息可用度认知 - 0.073 互动程度认知 - 0.040 信任度认知 - 0.068 接触和使用意愿 - 0.235 今后接触和使用移动社交媒体的时间安排。

五 人口统计学变量、移动社交媒体与社会规范间的多元回归分析

研究确立第 5 个模型为回归方程,结果如表 3—85 所示。

表 3—85　　　　　　　　社会规范的多元回归分析

模型		非标准化系数		标准系数	T	显著性	共线性统计	
		B	标准错误	贝塔			容许	VIF
5	(常量)	16.177	1.303		12.414	0.000		
	年龄	0.012	0.058	0.008	0.207	0.036	0.787	1.270
	C4 您的受教育程度	0.323	0.133	0.085	2.421	0.016	0.935	1.070
	C6 您的职业	0.052	0.034	0.054	1.539	0.024	0.945	1.058

续表

模型		非标准化系数		标准系数	T	显著性	共线性统计	
		B	标准错误	贝塔			容许	VIF
5	C2 您的孩子来北京/济南/青岛/潍坊/淄博/临沂/日照多久了	0.084	0.120	0.024	0.702	0.043	0.956	1.047
	C3.1 来北京/济南/青岛/潍坊/淄博/临沂/日照后搬家的次数	-0.018	0.075	-0.010	-0.241	0.010	0.697	1.435
	C3.2 孩子转过几次学	-0.005	0.131	-0.001	-0.037	0.040	0.713	1.402
	A7 一般都在什么时候用移动社交媒体	0.129	0.061	0.074	2.123	0.034	0.931	1.074
	A6 大约是从什么时候开始接触和使用移动社交媒体	-0.055	0.070	-0.029	-0.3500	0.035	0.837	1.194
	A8 每天大概接触和使用多长时间的移动社交媒体	-0.301	0.077	-0.145	-3.896	0.000	0.825	1.213
	A9 接触和使用移动社交媒体的频率	-0.132	0.079	-0.059	-1.662	0.047	0.919	1.088
	C9 孩子在接触和使用移动社交媒体时您会陪同或监督	0.340	0.116	0.103	2.934	0.003	0.925	1.081
	A13 愉悦度认知	-0.057	0.054	-0.045	-1.056	0.021	0.626	1.597
	A14 信息可用度认知	-0.139	0.052	-0.131	2.660	0.008	0.470	2.125
	A15 互动程度认知	-0.146	0.049	-0.147	2.994	0.003	0.474	2.110
	A16 信任度认知	-0.055	0.033	-0.064	-1.661	0.007	0.3500	1.282
	A12 今后接触和使用移动社交媒体的时间安排	-0.288	0.113	-0.089	-2.545	0.011	0.936	1.068

注：a. 因变量：B5 社会规范。

由表3—85的检验结果可知，容许度的取值范围在0.470—0.956，取值均在0.10以上，方差膨胀系数（VIF）的取值范围在1.047—2.125，取值均在10以下，表明进入回归方程的自变量间不存在线性重合问题，一定程度保证了方程构建的准确性。

在模型中可以看到，人口统计学变量中的年龄（Beta = 0.008，p = 0.036）、父母的受教育程度（Beta = 0.085，p = 0.016）、父母的职业（Beta = 0.054，p = 0.024）、来迁入地的时间（Beta = 0.024，p = 0.043）、来迁入地后的搬家次数（Beta = -0.010，p = 0.010）、来迁入地后的转学次数（Beta = -0.001，p = 0.040）、接触和使用移动社交媒体的场景（Beta = 0.074，p = 0.034）、接触和使用移动社交媒体的年龄（Beta = -0.029，p = 0.035）、每天接触和使用移动社交媒体的时间（Beta = -0.145，p = 0.000）、接触和使用移动社交媒体的频率（Beta = -0.059，p = 0.047）、父母对孩子接触和使用移动社交媒体的陪同或监督（Beta = 0.103，p = 0.003）、愉悦度认知（Beta = -0.045，p = 0.021）、信息可用度认知（Beta = -0.131，p = 0.008）、互动程度认知（Beta = -0.147，p = 0.003）、信任度认知（Beta = -0.064，p = 0.007）、今后接触和使用移动社交媒体的时间安排（Beta = -0.089，p = 0.011）因素进入回归方程，成为影响流动儿童社会规范的主要解释因素，其余因素被模型剔除。

可以看出，在人口统计学变量中只有年龄、父母受教育程度进入回归模型，成为影响流动儿童社会规范的因素。在移动社交媒体的接触和使用情况中，接触和使用移动社交媒体的内容、互动程度认知、信息可用度认知成为影响流动儿童社会规范的最为有力的因素，其他接触和使用移动社交媒体因素的影响力度较弱。我们可以根据各因素对流动儿童社会规范的影响力大小，有侧重性地发挥影响因素的正向作用，从而引导流动儿童遵守社会规范。

基于以上结果，依据各指标的影响因素强度，研究可构建非标准化的回归方程模型：社会规范 = 16.177 + 0.012 年龄 + 0.323 父母的受教育程度 + 0.052 父母的职业 + 0.084 来迁入地的时间 - 0.018 来迁入地后的搬家次数 - 0.005 来迁入地后的转学次数 + 0.129 接触和使用移动社交媒体的场景 - 0.055 接触和使用移动社交媒体的年龄 - 0.301 每天接触和使用移动社交媒体的时间 - 0.132 接触和使用移动社交媒体的频率 + 0.340 父母对流动儿童接触和使用移动社交媒体的陪同或监督 -0.057 愉悦度认知 -0.139 信息可用度认知 -0.146 互动程度认知 -0.055 信任度认知 -0.288 对今后接触和使用移动社交媒体时间的安排。

六 人口统计学变量、移动社交媒体与角色认同特征间的多元回归分析

研究确立第6个模型为回归方程，结果如表3—86所示。

表3—86　　　　角色认同的多元回归分析

模型		非标准化系数 B	标准错误	标准系数 贝塔	T	显著性	共线性统计 容许	VIF
6	（常量）	10.186	1.183		8.611	0.000		
	年龄	0.043	0.050	0.035	0.861	0.039	0.770	1.299
	性别	-0.157	0.203	-0.028	-0.774	0.049	0.944	1.060
	是否独生子女	-0.037	0.225	-0.006	-0.163	0.001	0.941	1.062
	C4 您的受教育程度	-0.083	0.119	-0.027	-0.695	0.047	0.850	1.176
	C6 您的职业	0.026	0.029	0.033	0.903	0.037	0.928	1.078
	C5 您家庭的月收入情况	-0.049	0.100	-0.018	-0.485	0.028	0.874	1.144
	C2 您的孩子来北京/济南/青岛/潍坊/淄博/临沂/日照多久了	0.160	0.103	0.057	1.552	0.021	0.942	1.062
	C3.1 来北京/济南/青岛/潍坊/淄博/临沂/日照后搬家的次数	0.020	0.064	0.013	0.312	0.055	0.689	1.451
	C3.2 孩子转过几次学	0.103	0.113	0.039	0.911	0.032	0.704	1.421

续表

模型		非标准化系数 B	标准错误	标准系数 贝塔	T	显著性	共线性统计 容许	VIF
6	C9 孩子在接触和使用移动社交媒体时您会陪同或监督	0.050	0.099	0.019	0.-505	0.014	0.917	1.091
	A6 大约是从什么时候开始接触和使用移动社交媒体	-0.086	0.060	-0.056	-1.429	0.013	0.828	1.207
	A8 每天大概接触和使用多长时间的移动社交媒体	-0.045	0.066	-0.027	-0.683	0.045	0.824	1.213
	A9 接触和使用移动社交媒体的频率	-0.123	0.068	-0.068	-1.812	0.030	0.914	1.094
	A4 在移动社交媒体中经常和谁聊天	-0.157	0.056	-0.105	-2.798	0.005	0.906	1.104
	A13 愉悦度认知	-0.011	0.047	-0.010	-0.224	0.023	0.596	1.679
	A14 信息可用度认知	-0.073	0.045	-0.085	-1.622	0.105	0.461	2.168
	A15 互动程度认知	-0.031	0.044	-0.039	-0.698	0.485	0.417	2.395
	A16 信任度认知	-0.018	0.030	-0.026	-0.610	0.542	0.701	1.427
	A17 接触和使用意愿	-0.068	0.038	-0.099	-1.801	0.072	0.421	2.375
	A12 今后接触和使用移动社交媒体的时间安排	-0.019	0.097	-0.007	-0.196	0.044	0.928	1.078

注：a. 因变量：B6 角色认同。

由表3—86的检验结果可知，角色认同方面容许度的取值范围在0.417—0.944，取值均在0.10以上，方差膨胀系数（VIF）的取值范围在1.060—2.395，取值均在10以下，表明进入回归方程的自变量间不存在线性重合问题，一定程度保证了方程构建的准确性。

在模型中可以看到，人口统计学变量中的年龄（Beta = 0.035，p = 0.039）、性别（Beta = -0.028，p = 0.049）、是否独生子女（Beta = -0.006，p = 0.001）、父母的受教育程度（Beta = -0.027，p = 0.047）、家庭经济状况（Beta = -0.018，p = 0.028）、父母的职业（Beta = 0.033，p = 0.037）、来迁入地后的时间（Beta = 0.057，p = 0.021）、来迁入地后的转学次数（Beta = 0.039，p = 0.032）、来迁入地后的搬家次数（Beta = 0.013，p = 0.055）、父母对流动儿童接触和使用移动社交媒体的陪同或监督（Beta = 0.019，p = 0.014）、接触和使用移动社交媒体的年龄（Beta = -0.056，p = 0.013）、每天接触和使用移动社交媒体的时长（Beta = -0.027，p = 0.045）、接触和使用移动社交媒体的频率（Beta = -0.068，p = 0.030）、聊天对象（Beta = -0.105，p = 0.005）、愉悦度认知（Beta = -0.010，p = 0.023）、信息可用度认知（Beta = -0.085，p = 0.105）、互动程度认知（Beta = -0.039，p = 0.485）、信任度认知（Beta = -0.026，p = 0.542）、接触和使用意愿（Beta = -0.099，p = 0.072）、今后接触和使用移动社交媒体的时间安排（Beta = -0.007，p = 0.044）因素进入回归方程，成为影响流动儿童角色认同的主要解释因素，其余影响因素被模型剔除。

可以看出，在人口统计学变量中来迁入地的时间、年龄、父母的职业成为影响流动儿童角色认同最为有力的因素，其他人口背景因素的影响力度较弱。在移动社交媒体的接触和使用情况中，接触和使用意愿、信息可用度认知、接触和使用移动社交媒体的频率成为影响流动儿童角色认同的最为有力的因素，其他接触和使用移动社交媒体因素的影响力度较弱。我们可以根据各因素对流动儿童角色认同的影响力大小，有侧重性地发挥影响因素的正向作用，从而培养流动儿童合理的角色认同能力。

基于以上结果，依据各指标的影响因素强度，可构建非标准化的回归方程模型：角色认同 = 10.186 + 0.043 年龄 - 0.157 性别 - 0.037 是否独生子女 - 0.083 父母的受教育程度 + 0.026 父母的职业 - 0.049 家庭经济状况 + 0.160 来迁入地的时间 + 0.020 来迁入地后的搬家次数 + 0.103 来迁入地后的转学次数 + 0.050 父母对流动儿童接触和使用移动社交媒体的陪同或监督 - 0.086 接触和使用移动社交媒体的年龄 - 0.045 每天接触和使用移动社交媒体的时间 - 0.123 接触和使用移动社交媒体的频率

-0.157 聊天对象 -0.011 愉悦度认知 -0.073 信息可用度认知 -0.031 互动程度认知 -0.018 信任度认知 -0.068 接触和使用意愿 -0.019 对今后接触和使用移动社交媒体的时间安排。

七 人口统计学变量、移动社交媒体与自我认识间的多元回归分析

研究确立第 7 个模型为回归方程，结果如表 3—87 所示。

表 3—87　　　　　　　　自我认识的多元回归分析

模型		非标准化系数		标准系数	T	显著性	共线性统计	
		B	标准错误	贝塔			容许	VIF
7	（常量）	19.489	1.625		11.996	0.000		
	年龄	0.070	0.068	0.037	1.023	0.006	0.782	1.279
	性别	0.270	0.277	0.032	0.975	0.030	0.956	1.046
	学习成绩	1.951	0.171	0.384	11.406	0.000	0.900	1.111
	C4 您的受教育程度	0.311	0.157	0.066	1.977	0.048	0.920	1.087
	C6 您的职业	0.068	0.039	0.057	1.719	0.046	0.942	1.062
	C2 您的孩子来北京/济南/青岛/潍坊/淄博/临沂/日照多久了	0.195	0.141	0.045	1.383	0.017	0.946	1.057
	C3.1 来北京/济南/青岛/潍坊/淄博/临沂/日照后搬家的次数	-0.129	0.089	-0.056	-1.457	0.046	0.688	1.453
	C3.2 孩子转过几次学	-0.103	0.155	-0.025	-0.664	0.007	0.705	1.418
	C9 孩子在接触和使用移动社交媒体时您会陪同或监督	0.304	0.136	0.074	2.238	0.026	0.924	1.082
	A6 大约是从什么时候开始接触和使用移动社交媒体	-0.034	0.083	-0.014	-0.406	0.015	0.833	1.201

续表

模型		非标准化系数 B	标准错误	标准系数 贝塔	T	显著性	共线性统计 容许	VIF
7	A8 每天大概接触和使用多长时间的移动社交媒体	-0.121	0.093	-0.047	-1.308	0.011	0.783	1.278
	A7 一般都在什么时候用移动社交媒体	0.097	0.071	0.045	1.357	0.015	0.928	1.078
	A9 接触和使用移动社交媒体的频率	-0.037	0.093	-0.013	-0.398	0.001	0.917	1.090
	A13 愉悦度认知	-0.044	0.065	-0.028	-0.677	0.049	0.599	1.670
	A14 信息可用度认知	-0.017	0.062	-0.013	-0.278	0.021	0.462	2.165
	A15 互动程度认知	-0.068	0.061	-0.055	-1.115	0.025	0.416	2.402
	A16 信任度认知	-0.043	0.041	-0.040	-1.043	0.027	0.702	1.424
	A17 接触和使用意愿	-0.062	0.052	-0.059	-1.196	0.032	0.424	2.359
	A12 今后接触和使用移动社交媒体的时间安排	-0.206	0.134	-0.051	-1.535	0.025	0.918	1.089

注：a. 因变量：B7 自我认识。

由表3—87的检验结果可知，容许度的取值范围在0.416—0.956，取值均在0.10以上，方差膨胀系数（VIF）的取值范围在1.046—2.402，取值均在10以下，表明进入回归方程的自变量间不存在线性重合问题，一定程度上保证了方程构建的准确性。

在模型中可以看到，人口统计学变量中的年龄（Beta = 0.037，p = 0.006）、性别（Beta = 0.032，p = 0.030）、学习成绩（Beta = 0.384，p = 0.000）、父母的受教育程度（Beta = 0.066，p = 0.048）、父母的职业（Beta = 0.057，p = 0.046）、流动儿童来迁入地的时间（Beta = 0.045，p = 0.017）、来迁入地后的转学次数（Beta = -0.025，p = 0.007）、来迁入地后的搬家次数（Beta = -0.056，p = 0.046）、父母对流动儿童接触和

使用移动社交媒体的陪同或监督（Beta＝0.074，p＝0.026）、接触和使用移动社交媒体的年龄（Beta＝－0.014，p＝0.015）、每天接触和使用移动社交媒体的时长（Beta＝－0.047，p＝0.011）、接触和使用移动社交媒体的场景（Beta＝0.045，p＝0.015）、接触和使用移动社交媒体的频率（Beta＝－0.013，p＝0.001）、愉悦度认知（Beta＝－0.028，p＝0.049）、信息可用度认知（Beta＝－0.013，p＝0.021）、互动程度认知（Beta＝－0.055，p＝0.025）、信任度认知（Beta＝－0.040，p＝0.027）、接触和使用意愿（Beta＝－0.059，p＝0.032）、今后接触和使用移动社交媒体的时间安排（Beta＝－0.051，p＝0.025）因素进入回归方程，成为影响流动儿童自我认识的主要解释因素，其余影响因素被模型剔除。

可以看出，在人口统计学变量中父母的受教育程度、父母的职业、来迁入地后的搬家次数成为影响流动儿童自我认识的最为有力的因素，其他人口背景因素的影响力度较弱。在移动社交媒体的接触和使用情况中，接触和使用意愿、今后接触和使用移动社交媒体的时间、互动程度认知成为影响流动儿童自我认识的最为有力的因素，其他接触和使用移动社交媒体因素的影响力度较弱。我们可以根据各因素对流动儿童自我认识的影响力大小，有侧重性地发挥影响因素的正向作用，从而提高流动儿童的自我认识能力。

基于以上结果，依据各指标的影响因素强度，研究可构建非标准化的回归方程模型：自我认识＝19.489＋0.070 年龄＋0.270 性别＋1.951 学习成绩＋0.311 父母的受教育程度＋0.068 父母职业＋0.195 流动儿童来迁入地的时间－0.129 流动儿童来迁入地后的搬家次数－0.103 来迁入地后的转学次数＋0.304 父母对流动儿童接触和使用移动社交媒体的陪同或监督－0.034 接触和使用移动社交媒体的年龄－0.121 每天接触和使用移动社交媒体的时长＋0.097 接触和使用移动社交媒体的场景－0.037 接触和使用移动社交媒体的频率－0.044 愉悦度认知－0.017 信息可用度认知－0.068 互动程度认知－0.043 信任度认知－0.062 接触和使用意愿－0.206 对今后接触和使用移动社交媒体的时间安排。

八　人口统计学变量、移动社交媒体与生活目标间的多元回归分析

研究确立第 8 个模型为回归方程，结果如表 3—88 所示。

表3—88　　　　　　　　教育目标的多元回归分析

系数ª

模型		非标准化系数 B	标准错误	标准系数 贝塔	T	显著性	共线性统计 容许	VIF
8	（常量）	21.505	1.366		15.739	0.000		
	年龄	0.060	0.067	0.032	0.895	0.001	0.797	1.254
	学习成绩	1.971	0.171	0.388	11.528	0.000	0.908	1.102
	C4 您的受教育程度	0.274	0.164	0.058	1.672	0.045	0.855	1.169
	C6 您的职业	0.067	0.040	0.056	1.688	0.042	0.936	1.069
	A6 大约是从什么时候开始接触和使用移动社交媒体	-0.021	0.083	-0.009	-0.248	0.005	0.833	1.201
	A8 每天大概接触和使用多长时间的移动社交媒体	-0.153	0.090	-0.060	-1.705	0.039	0.840	1.191
	C5 您家庭的月收入情况	0.157	0.137	0.039	1.141	0.024	0.879	1.138
	A9 接触和使用移动社交媒体的频率	-0.050	0.093	-0.018	-0.539	0.030	0.918	1.089
	A13 愉悦度认知	-0.075	0.062	-0.048	-1.202	0.030	0.656	1.525
	A14 信息可用度认知	-0.084	0.053	-0.064	-1.598	0.010	0.638	1.566
	A16 信任度认知	-0.063	0.039	-0.059	-1.632	0.003	0.798	1.253
	A12 今后接触和使用移动社交媒体的时间安排	-0.245	0.133	-0.061	-1.837	0.037	0.934	1.071
	C9 孩子在接触和使用移动社交媒体时您会陪同或监督	0.276	0.139	0.068	1.983	0.048	0.888	1.127
	A11 接触和使用移动社交媒体主要是	0.092	0.065	0.047	1.404	0.001	0.910	1.099
	C8 您孩子和网友聊得最多的是哪方面的话题	0.022	0.055	0.014	0.406	0.005	0.930	1.076

注：a. 因变量：B8.1 希望将来读书到什么程度。

由表3—88的检验结果可知，教育目标方面容许度的取值范围在0.638—0.936，取值均在0.10以上，方差膨胀系数（VIF）的取值范围在1.069—1.566，取值均在10以下，表明进入回归方程的自变量间不存在线性重合问题，一定程度保证了方程构建的准确性。

在模型中可以看到，人口统计学变量中的年龄（Beta＝0.032，p＝0.001）、学习成绩（Beta＝0.388，p＝0.000）、父母的受教育程度（Beta＝0.058，p＝0.045）、父母职业（Beta＝0.056，p＝0.042）、接触和使用移动社交媒体的年龄（Beta＝－0.009，p＝0.005）、每天接触和使用移动社交媒体的时长（Beta＝－0.060，p＝0.039）、接触和使用移动社交媒体的频率（Beta＝－0.018，p＝0.030）、家庭经济状况（Beta＝0.039，p＝0.024）、愉悦度认知（Beta＝－0.048，p＝0.030）、信息可用度认知（Beta＝－0.064，p＝0.010）、信任度认知（Beta＝－0.059，p＝0.003）、对今后接触和使用移动社交媒体的时间安排（Beta＝－0.061，p＝0.037）、父母对流动儿童接触和使用移动社交媒体的陪同或监督（Beta＝0.068，p＝0.048）、接触和使用移动社交媒体的内容（Beta＝0.047，p＝0.001）、父母对流动儿童接触和使用移动社交媒体内容的了解（Beta＝0.014，p＝0.005）因素进入回归方程，成为影响流动儿童教育目标的主要解释因素，其余影响因素被模型剔除。

可以看出，在人口统计学变量中年龄、学习成绩、父母的受教育程度、是否独生子女、父母职业成为影响流动儿童教育目标的因素。在移动社交媒体的接触和使用情况中，父母对流动儿童接触和使用移动社交媒体的陪同或监督、今后接触和使用移动社交媒体的时间安排、信任度认知成为影响流动儿童性格教育目标的最为有力的因素，其他接触和使用移动社交媒体因素的影响力度较弱。我们可以根据各因素对流动儿童教育目标的影响力大小，有侧重性地发挥影响因素的正向作用，从而引导流动儿童树立较高的教育目标。

基于以上结果，依据各指标的影响因素强度，研究可构建非标准化的回归方程模型：教育目标＝21.505＋0.060年龄＋1.971学习成绩＋0.274父母的受教育程度＋0.067父母的职业－0.021接触和使用移动社交媒体的年龄－0.153每天接触和使用移动社交媒体的时长＋0.157家庭经济状况－0.050接触和使用移动社交媒体的频率－0.075愉悦度认知－0.084

信息可用度认知 −0.063 信任度认知 −0.245 今后接触和使用移动社交媒体的时间安排 +0.276 父母对流动儿童接触和使用移动社交媒体的陪同或监督 +0.092 接触和使用移动社交媒体的内容 +0.022 父母对流动儿童接触和使用移动社交媒体聊天内容的了解。

研究确立第 9 个模型为回归方程，结果如表 3—89 所示。

表 3—89　　　　　　　　　职业目标的多元回归分析

模型		非标准化系数		标准系数	T	显著性	共线性统计	
		B	标准错误	贝塔			容许	VIF
9	（常量）	3.327	1.897		1.753	0.080		
	年龄	0.421	0.093	0.176	4.513	0.000	0.789	1.267
	C4 您的受教育程度	−0.133	0.225	−0.022	−0.590	0.045	0.869	1.151
	C6 您的职业	0.037	0.055	0.024	0.683	0.035	0.937	1.068
	C5 您家庭的月收入情况	−0.102	0.190	−0.020	−0.538	0.041	0.879	1.137
	学习成绩	−0.088	0.235	−0.014	−0.375	0.017	0.924	1.083
	A11 接触和使用移动社交媒体主要是	−0.220	0.088	−0.089	−2.495	0.013	0.953	1.049
	A6 大约是从什么时候开始接触和使用移动社交媒体	0.246	0.115	0.082	2.145	0.032	0.830	1.204
	A3 移动社交媒体中主要的好友来源	0.033	0.158	0.008	0.208	0.035	0.808	1.238
	A4 在移动社交媒体中经常和谁聊天	0.245	0.107	0.084	2.281	0.023	0.896	1.116
	A14 信息可用度认知	−0.010	0.062	−0.006	−0.158	0.035	0.893	1.120
	A8 每天大概接触和使用多长时间的移动社交媒体	0.072	0.121	0.022	0.596	0.001	0.881	1.135

续表

模型		非标准化系数		标准系数	T	显著性	共线性统计	
		B	标准错误	贝塔			容许	VIF
6	C9 孩子在接触和使用移动社交媒体时您会陪同或监督	-0.098	0.188	-0.019	-0.519	0.004	0.930	1.075

注：a. 因变量：B8.2 希望将来从事什么职业。

由表3—89的检验结果可知，职业目标方面容许度的取值范围在0.789—0.953，取值均在0.10以上，方差膨胀系数（VIF）的取值范围在1.049—1.267，取值均在10以下，表明进入回归方程的自变量间不存在线性重合问题，一定程度保证了方程构建的准确性。

在模型中可以看到，人口统计学变量中的年龄（Beta = 0.176，p = 0.000）、父母的受教育程度（Beta = -0.022，p = 0.045）、父母的职业（Beta = 0.024，p = 0.035）、家庭经济状况（Beta = -0.020，p = 0.041）、学习成绩（Beta = -0.014，p = 0.017）、接触和使用移动社交媒体的内容（Beta = -0.089，p = 0.013）、接触和使用移动社交媒体的年龄（Beta = 0.082，p = 0.032）、好友来源（Beta = 0.008，p = 0.035）、聊天对象（Beta = 0.084，p = 0.023）、信息可用度认知（Beta = -0.006，p = 0.035）、每天接触和使用移动社交媒体的时长（Beta = 0.022，p = 0.001）、父母对流动儿童接触和使用移动社交媒体的陪同或监督（Beta = -0.019，p = 0.004）因素进入回归方程，成为影响流动儿童职业目标的主要解释因素，其余影响因素被模型剔除。

可以看出，在人口统计学变量中年龄、父母的职业、父母的受教育程度成为影响流动儿童职业目标的最为有力的因素，其他人口背景因素的影响力度较弱。在移动社交媒体的接触和使用情况中，接触和使用年龄、聊天对象、接触和使用时长成为影响流动儿童职业目标的最为有力的因素，其他接触和使用移动社交媒体因素的影响力度较弱。我们可以根据各因素对流动儿童职业目标的影响力大小，有侧重性地发挥影响因素的正向作用，从而引导流动儿童树立合理的职业目标。

基于以上结果，依据各指标的影响因素强度，研究可构建非标准化的回归方程模型：职业目标 = 3.327 + 0.421 年龄 - 0.133 父母的受教育程度 + 0.037 父母的职业 - 0.102 家庭经济情况 - 0.088 学习成绩 - 0.220 接触和使用移动社交媒体的内容 + 0.246 接触和使用移动社交媒体的年龄 + 0.033 好友来源 + 0.245 聊天对象 - 0.010 信息可用度认知 + 0.072 每天接触和使用移动社交媒体的时长 - 0.098 父母对流动儿童接触和使用移动社交媒体的陪同或监督。

第五节 移动社交媒体对流动儿童社会化的影响

移动社交媒体伴随着流动儿童的成长，成为影响他们社会化的重要因素。在调查中，我们了解到流动儿童使用社交网络的年龄偏早，大多都从小学一年级就开始接触和使用，而且日均使用时间较长，每天能达到 2 小时左右。研究对流动儿童接触和使用移动社交媒体情况与社会化状况之间的相关性检验表明，移动社交媒体对流动儿童社会化的性格与行为特征、生活技能等因素都有着显著影响。对于移动社交媒体与流动儿童生活的密切联系以及移动社交媒体在流动儿童生活中发挥的重要作用，不乏有家长表示就目前对孩子的成长来看，弊大于利，也有家长表示利大于弊。那么，如何看待移动社交媒体对流动儿童的成长带来的影响？我们对此应予以否认还是肯定？这一小节将根据前文的调查结果，辩证、系统地总结移动社交媒体对流动儿童社会化产生的影响，为引导流动儿童合理接触和使用移动社交媒体提供借鉴。

一 正面影响

（一）拓宽社会化途径，促进个体社会化的发展

社会学家西美尔认为，社会化形成于个体间的社会互动，由此而产生的互动关系在宏观社会的构建过程中发挥着基础作用。[①] 由此表明，个体的社会化主要借助于与人的不断互动来完成。在现实环境中，流动儿童主要与自己活动区域中的人们进行互动，例如与家庭中的父母、兄弟姐妹、

---

① ［美］D.P. 约翰逊：《社会学概论》，南开大学社会学系译，国际文化出版公司 1998 年版，第 265 页。

亲戚,与学校中的老师、同学等进行交流、接触,在与他人的互动中进行社会学习,建构自己的认知结构。在移动社交媒体构造的虚拟环境中,由于网络所具有的开放性、互联性、多主体性等特点,流动儿童进行人际互动的对象得以增加,互动范围也在不断拓宽。不同于现实环境中,与人面对面的直接交往需要受到地域、时空、身份等多重因素的限制,移动社交媒体为流动儿童提供了相对自由、便捷的交往空间。他们只需借助手机、平板电脑等移动设备便可进入虚拟的网络环境,随时随地进行人际交往。移动社交媒体所具有的社交便利性特点也得到调查中流动儿童的认同。在网络环境里,流动儿童可以表明或隐匿自己的身份,同时按照自己的喜好、意愿与不同年龄、职业、性别等群体的人进行观点的交流、情感的宣泄,拓宽了人际交往的范围,并且在与不同人群的接触中,感受个体多元化的价值观、生存方式,加深对社会的认知,在这一过程中促进个体社会化的发展。此外,对于缺乏父母陪伴,家庭人际互动减少,还未适应学校生活,与老师、同学等尚未形成良好人际关系的流动儿童而言,移动社交媒体的出现为他们提供了社会化的平台,弥补了基本社会化途径的缺失,一定程度上利于他们社会化的健康发展。

(二)培养社会角色,提高社会适应能力

"角色扮演"的概念最早由米德提出,他认为社会化的本质要求是明确他人对角色的实践标准,并以此践行个体的角色化,社会化的过程则是从扮演有限角色到扮演普通的他人化角色的过程。[①] 这一理论将社会比作一个大舞台,社会中形形色色的人都扮演着自己特定的角色。就流动儿童生活的环境来看,家庭、学校是儿童社会化的主要场所,父母及老师则是儿童社会化的权威主导者。流动儿童接收来自父母、老师等长辈传授的社会知识、要求,并遵从他们的意愿进行个体角色的塑造,在这一过程中流动儿童一直处于被动状态。移动社交媒体打破了长辈等传统权威的束缚,为流动儿童自主选择社会知识,进行角色塑造提供了媒介平台,流动儿童的社会化过程也实现了由被动向主动的转变。在网络环境中,流动儿童可以不受"理想角色"的制约,在网络言论允许的情境下自由地发表观点,接触新鲜事物,从内心的真实需求出发,体验"实际角色"带来的轻松

[①] 郑杭生:《社会学概论新修》,中国人民大学出版社2003年版,第93页。

愉悦。由于网络的匿名性特点，流动儿童在虚拟交往中可随意改变年龄、身份等个体信息，从而利于他们同实际生活中无法接触到的群体进行交流、沟通，在与不同群体的交往中，了解不同社会角色所应承担的权利及义务，逐渐实现对他人角色的认同，对社会规范的理解与接受。此外，流动儿童还可借助移动社交媒体实现"角色预演""角色互换"，感知他人扮演的角色，为将来在实际环境中实践他人化的社会角色、解决不同的社会问题提供了练习机会，在一定程度上提高了流动儿童的社会适应能力。

（三）提供多元信息，消弭知识鸿沟

传播学者蒂奇诺在研究《芝麻街》对缩小经济地位不同的儿童造成的知识差距的过程中提出"知识沟理论"。该理论的核心观点是，经济因素是导致人们获取信息量差异的主要原因。在当今移动互联网时代，手机等移动媒介愈发普及。在课题组所调查的流动儿童样本中，80%的流动儿童所用的移动设备是自己的，剩余20%的流动儿童是用父母的手机。他们借助手机进入移动社交媒体之后，只需在选择的社交平台上注册个人账号，便可成为其中一员。这种低门槛性的进入方式，为移动社交媒体的用户提供了平等、共享信息的机会。社会经济地位这一影响"知识沟"形成的重要因素，在移动社交媒体的环境下也失去了作用。移动社交媒体犹如一座巨大的信息库，蕴藏着海量的、免费的信息资源。对流动儿童而言，他们可以不受经济的限制，在移动社交媒体中任意获取免费的知识。如根据自己的兴趣、爱好，进入相应的论坛、QQ群等，同相关领域的"专家"交流观点，开拓眼界，增长知识。又或者是通过阅读别人发布、分享的学习经验贴，从中汲取学习经验，借鉴别人的学习方法，利于自己学习成绩的提高。此外，对流动儿童接触和使用移动社交媒体内容的调查结果也显示，流动儿童不仅会借助移动社交软件同好友进行聊天，还会利用网络玩游戏、看小说、听音乐、看视频等。他们在移动社交媒体中获取多元信息，进行知识积累的同时，也减小了自身同其他儿童间的教育差距，缩小了"知识沟"。

（四）发挥榜样作用，塑造健全人格

班拉杜认为，儿童人格的发展一定程度上是社会学习的结果，通过模仿、学习、强化三种途径来完成。在日常生活中，儿童会直接学习周围人的社会行为，并通过对这些行为后果的判断来决定是否继续这一行为。与学习相比，模仿是一种更为重要的机制，儿童的许多行为都是通过对榜样行为的模仿而形成的。对儿童而言，榜样既可以是现实生活中的个体也可以是媒介荧屏上的影星、明星等名人。媒介报道中经常出现少年儿童崇拜明星、模仿明星个体的行为等相关的新闻。在对流动儿童的访谈中，课题组也了解到访谈对象喜欢TFBOYS、鹿晗等明星。可见，媒介上的名人对儿童的社会化成长发挥着重要作用。在移动社交媒体中，儿童可以通过关注名人的微博账号，私信、评论名人的微博，与之进行互动，近距离接触榜样，学习榜样所具有的自信、勇敢、乐观等积极向上的品质，以及公益心、爱心等良好的道德品质，模仿榜样的亲社会行为，在潜移默化过程中，利于自身正确价值观的形成，塑造健全人格。与非流动儿童相比，移动社交媒体在流动儿童生活中扮演的角色较为特殊，他们更加依赖移动社交媒体获取信息，因而有更多的机会了解、接触榜样，受榜样影响的作用较大。

（五）塑造自身形象，促进城市融入

戈夫曼在研究中指出，人与人之间的互动也是印象管理的过程，人们试图通过言语、姿态等表现来留给他人自己所希望的印象。对于流动儿童而言，他们从老家来到城市，原有的老家的人际关系弱化，他们需要适应陌生的环境，重新建构交往圈子，顺利地进入城市，在这一过程中，良好的自我形象则发挥着重要作用。然而长期以来城市居民对外来务工人员的印象仍停留于"文化素质低""卫生差""品质低"等负面印象，因而不愿与外来务工人员交往，也不情愿自己的孩子同外来务工人员的子女成为同学、朋友，而实际上随着社会的发展，外人务工人员的文化素质、道德品质等各方面都在提升，他们需要发声的渠道，向外界展示自己的真实形象。当下，移动社交媒体犹如一面镜子，可以大致展示一个人的生命状态。因而它成为流动儿童塑造自身形象，进行印象管理的载体。流动儿童利用移动社交媒体的微信、QQ、微博等应用，通过分享自己的见闻、上传照片等发布个人动态的方式，展示自己的精神面貌，塑造健康向上的自我形象。此外，移动社交媒体构建的公共领域，为流动儿童与城市本地居民的交流建立了话语体系，城市本地居民对流动儿童的近距离感受及正确认识，有利于消除对外来务工群体的社会刻板印象，促进流动儿童的城市融入。同时，通过对微博、朋友圈等社交动态的评论、留言、点赞等形式，流动儿童加强了与城市本地同学、朋友的互动，拉近两类儿童之间的心理距离。在访谈中课题组也了解到，流动儿童刚进入新的班级，会通过QQ、微信等移动社交媒体与班级同学进行互动，逐渐建立、加深联系，融入新的群体当中，适应新的社交生活。

二 负面影响

（一）过度依赖虚拟社交，弱化现实交往能力

移动社交媒体在扩大流动儿童的交往范围，为流动儿童社会交往带来便捷的同时，也隐藏着一些问题。流动儿童的身心发展尚不成熟，规范意识薄弱，缺乏一定的自律力和自控力。他们在学校有老师的监管，不允许使用手机，然而当其回到家中，父母忙于工作，监管不严时，他们很容易过度接触和使用移动社交媒体，沉迷其中。研究的调查结果显示，大多数的流动儿童父母不会在孩子接触和使用移动社交媒体时进行陪同或监督，而且被访谈的流动儿童老师也说道，班级中有些学生在家里接触和使用移动社交媒体的时间较长，影响了正常的学习生活。移动社交媒体所提供的虚拟社交环境与现实环境存有一定的差异，若接触和使用移动社交媒体进行虚拟社交的时间过长，对其产生依赖性，难免弱化现实交往能力。具体来看，一是虚拟社交环境较为开放自由，规则约束较少，流动儿童可以任意使用网络语言进行聊天，而在现实环境中人们一般使用日常用语进行交流，这两种话语体系间存有一定的障碍，网络用语完全融入日常生活还需要一定的时间。二是虚拟社交环境中，可以选择的交往对象较多，流动儿童可以按照自己的意愿，与自己满意的对象进行社交联系，而在现实环境中，因人际关系的复杂性，流动儿童失去主动选择的权利，他们需要与不同的人接触、交往，这就需要具备一定的现实社交技巧。三是虚拟社交环境对流动儿童而言，犹若戈夫曼所说的"后台"，他们可以在这里真实地表现自己，以"实际角色"同人交往，而现实环境则如同"前台"，流动儿童需要以"理想角色"与人互动。这种虚拟与现实社交的差异，为流动儿童的现实社会交往带来一定的挑战，而且对于虚拟人际关系的依赖还将淡化与周围人的情感联系，这些因素都不利于流动儿童的现实社会交往。

（二）不良信息侵蚀，不利于正确价值观的形成

移动社交媒体上信息繁多，良莠不齐，其中优质的信息为流动儿童获

取知识，开拓眼界提供了机会，但大量不良信息的存在，对流动儿童也是一种潜在的危害。儿童年纪尚小，正确的道德认知尚未形成，对事物缺乏足够的判断，正确认识的形成易受外部因素的影响。课题组在访谈中了解到，很多儿童都比较痴迷一款名为"王者荣耀"的腾讯手游，游戏页面血腥暴力，给玩家的心理带来极强的紧张感与冲击感。在游戏中，打斗、枪杀等暴力行为被美化为"正义""英雄"的象征，容易使流动儿童对暴力行为形成错误的认知，混淆是非判断标准，在潜移默化中侵蚀着儿童的价值观。此外，问卷调查的结果也显示，部分流动儿童会观看斗鱼、映客等直播平台，直播平台内容混杂，因缺乏有效的监管力度，导致乱象丛生。其中，个别直播平台的主播衣着暴露，动作不雅，语言淫秽肮脏，涉及色情信息的传播，这对于正在成长的儿童来说，严重损害他们的身心健康，不利于对性的正确认识。而有些直播平台则宣扬"拜金主义""金钱主义"等价值观念，流动儿童若观看相关内容，则不利于自身合理金钱观、消费观的形成。此前，媒体上就曾多次报道过小学生在观看直播时，为满足虚荣心，体现存在感，偷用父母存款给主播打赏、刷礼物，甚至花光全家积蓄等事件。综合来看，暴力、色情等各种不良信息对流动儿童的冲击，极易扭曲其自身的认知标准，不利于流动儿童正确价值观的形成。

（三）"镜中我"失实，影响自我意识的建立

在个体的心理发展中，自我意识是不可忽视的因素。假若个体的自我意识未得到发展，则个体的个性发展会受到直接影响。[1] 对处于自我意识形成关键期的流动儿童来说，正确自我意识的建立是其社会化的重要体现。库利的"镜中我"理论认为，自我意识的建立主要依赖于人际互动，在互动过程中来自他人的评价、态度等对于"主我"而言就像是一面镜子，"主我"对于自我的认识便来源于这面镜子。这一理论强调了"镜中我"在自我意识建立中的重要性。此外，库利还在《社会组织》中，将家庭、邻里、同伴称为初级群体，[2] 由于初级群体具有面对面的、连续性的互动，因此来自他人的"镜中我"更加真实、可靠，自我意识也主要

---

[1] 翟园园、徐红：《小学儿童发展心理学》，山东人民出版社2014年版，第268页。

[2] 王秋香：《农村"留守儿童"社会化的困境与对策》，西南交通大学出版社2008年版，第50页。

在初级群体中形成。然而在移动社交媒体提供的虚拟环境中，人们主要依靠图片、文字、表情等符号通过屏幕点触进行交流沟通，缺少了面对面交流的真切感，即便个别社交网络应用已经实现视频聊天功能，但仍只是间断性的互动，无法代替现实环境中持续性互动对一个人的正确认识所发挥的作用。在缺少直接、连续性互动的社交网络中，来自他人的评价很难保证真实、确切。此外，移动社交媒体的注册用户规模庞大，往往涉及不同群体的人，流动儿童可能会跟多个聊天对象进行互动。对此，米德曾指出，个体与多少人交往，他就可以有多少个自我，[1] 正如"一千个读者就有一千个哈姆雷特"，流动儿童在未具备对自我的正确认知能力时，面对他人形形色色的各种评价，往往难以判断这些评价的合理性，不利于建立符合自身实际的自我意识。

（四）盲目认同模仿，导致行为偏差

在前文的分析中，我们根据班拉杜的社会学习论可知，流动儿童通过移动社交媒体与自己的榜样、偶像近距离接触，便于学习他们的良好品质，利于健全人格的塑造。但是因为流动儿童的辨别能力不强，一旦认同并模仿网络上的有害行为，将其体现在现实生活中，则极易导致行为偏差。以网络游戏中的暴力行为为例，流动儿童在虚拟的暴力环境中，不受道德约束，极易对打打杀杀等血腥行为进行认同、模仿，长此以往，容易将虚拟网络构造的"拟态环境"同现实环境相混淆，在现实环境下，遇到问题也会想当然地用打架等暴力行为解决问题，更为严重者还将走上犯罪道路。当下，中小学生校园暴力事件频发，如媒体报道的芦山小学生打架事件、[2] 浙江初中生暴打小学生[3]等事件。类似暴力事件中的施暴者多数都提到自己是模仿网络游戏、电影、动画等内容中的暴力行为，且并不觉得自己解决问题的行为有过错。与电影、动画等媒介内容相比，网络游

---

[1] 王秋香：《农村"留守儿童"社会化的困境与对策》，西南交通大学出版社2008年版，第218页。

[2] 新浪视频：《四川芦山小学生打架堪比武侠片 校园暴力为何屡禁不止！》，2017年4月14日，http://video.sina.com.cn/view/251136842.html，2022年7月30日。

[3] 中国网·东海资讯：《浙江初中生暴打小学生残忍虐待 揭校园暴力残酷真相/图》，2015年6月22日，http://jiangsu.china.com.cn/html/jsnews/society/1836919_1.html，2022年7月30日。

戏为玩家提供了参与其中的机会，使其感受暴力带来的刺激感，潜移默化中强化了玩家对暴力行为的认同。此外，网络暴力游戏会误导儿童的社会行为，导致行为偏差。在本次研究中，被访谈的老师虽未表示学校中的流动儿童会发生打架行为，但是在对流动儿童的访谈中课题组了解到，他们会在日常生活中模仿网络游戏中的暴力行为，使用暴力语言，足以说明网络游戏已经开始影响他们的亲社会行为，这需要引起我们的重视。

（五）缺乏角色规范，易造成角色混淆

心理学家金盛华在对个体的社会环境和社会生活进行阐述时指出，个体应与其社会角色具有一致性，并根据社会对相应角色的期待和要求进行系统化。在现实生活中，每一个社会角色都对应着相符合的角色规范，个体按照既有的角色规范，进行角色扮演，完成共同的社会要求和期待，从而进行正常的社会生活。例如对教师这一角色来说，他需要做到爱护学生、认真敬业，而对于学生而言，则要尊敬师长，遵守学校纪律，认真学习等。在移动社交媒体这个相对自由的虚拟环境中，本身没有所谓的"角色规范"，对个体而言也没有必须践行的社会行为模式，而且来自现实生活中原有的"角色规范"也不再适用，因此流动儿童可以自由地扮演角色，如扮演学生，他不需要再遵守学校纪律，也可以不尊敬师长，不再认真学习等，甚至可以扮演一个问题学生、问题儿童等，都不会受到父辈权威的指责。而当流动儿童习惯了虚拟场景中的角色扮演时，若不能在虚拟与现实中及时切换，就很容易在现实环境中展现出虚拟场景中的角色行为，出现虚拟与现实的角色混淆，不利于正常的社会生活。此外，移动社交媒体的"角色预演"功能，使得流动儿童可以尝试多种社会角色，扮演耄耋老人、成功企业家、高大帅气的男生、年轻漂亮的女生等，每一种社会角色所具有的特点都不同，若要与相应的聊天对象进行更好的交往，则需流动儿童对这些角色正确认知，多种身份角色之间的转换，也容易造成流动儿童的角色混淆。

第四章

探索流动儿童合理接触和使用移动社交媒体的优化路径

当今信息化社会，移动社交媒体的用户迅猛增长，对流动儿童这一特殊的用户群体而言，移动社交媒体不仅为他们提供了虚拟社交的场所，满足其社交需要，还在一定程度上满足了他们的信息、娱乐、学习等现实需求，课题组在调研中也发现流动儿童除了会接触和使用移动社交媒体跟朋友联系，还会利用移动社交媒体分享信息，玩游戏、看小说等。而且对流动儿童接触和使用移动社交媒体态度的调查结果表明，他们对移动社交媒体的愉悦度认知、信息可用度认知、接触和使用意愿等都要高于非流动儿童，可见移动社交媒体与流动儿童生活的密切性。可以说移动社交媒体在他们的生活中已经不单纯是工具式的存在，更是他们生活的本身。

本研究通过对14所学校的流动儿童接触和使用移动社交媒体情况及其社会化状况的问卷数据及访谈结果进行分析发现，流动儿童接触和使用移动社交媒体会对其社会化状况产生一定的影响。根据布朗芬伦纳的儿童发展生态学模型可知，流动儿童的社会化发展与家庭、学校、社会组织、媒体、政府等息息相关。因此，要促进流动儿童正常社会化，创造健康的移动社交媒体使用环境，最大限度地发挥移动社交媒体在流动儿童生活中的正面价值，降低其负面价值。本章在前文调查分析的基础上，借鉴国外对儿童接触和使用移动社交媒体的引导、管理经验，从家庭、学校、媒介、政府、社会组织五个方面出发，提出帮助流动儿童合理接触和使用移动社交媒体的策略建议，以期推进流动儿童的正常社会化，为其健康、快乐地成长保驾护航。

第一节　家庭路径

家庭是社会中最为基本和普遍的组织，可以说家庭对儿童社会化内容的形成的影响是较为全面的，也是奠定儿童社会化的基础。因此，家庭环境的良好与否对于儿童正常社会化的推进至关重要。父母作为家庭中的主体，在儿童社会化过程中发挥的作用不言而喻。

在本次调查中课题组发现，父母的受教育程度、家庭经济状况、父母对流动儿童接触和使用移动社交媒体的陪同或监督等变量会对流动儿童的生活技能、社会交往等社会化内容产生影响。问卷数据的统计结果显示，流动儿童父母的受教育程度、家庭经济收入、父母对孩子接触和使用移动社交媒体的了解及对孩子接触和使用移动社交媒体的陪同或监督时间都与非流动儿童父母具有一定的差距。流动儿童父母的受教育程度普遍较低、对孩子接触和使用移动社交媒体的了解较少、陪同或监督孩子接触和使用移动社交媒体的时间较少等，都为流动儿童的社会化发展带来一定的挑战。本节将侧重于从流动儿童父母的角度出发，探讨家庭在推进流动儿童健康社会化，引导流动儿童合理接触和使用移动社交媒体方面的建议。

一　加强对流动儿童的关爱与陪伴

父母对孩子的关爱与陪伴对孩子的心理健康、人格塑造、性格形成等方面都发挥着重要作用。有学者曾说："孩子从父母关爱中汲取的快乐、自信、安全、情感和心理上的健康是更重要并且能持续一生的。"[1] 因此，从家庭教育的角度来看，父母理应重视对孩子的关爱与陪伴，培养孩子自信、亲近他人的心理及人格。而在心理学领域，印度恒河猴实验同样证明了父母关爱的重要性。实验通过对绒布母猴与铁丝母猴对小猴子的养育结果发现，绒布母猴养育的小猴子与母猴之间的关系融洽、性格活泼，而铁丝母猴养育的小猴子则与母猴较为疏远，性格呆滞、冷漠；不仅如此，在小猴子成年后，由铁丝母猴养育的小猴子会冷漠对待下一代，甚至还会殴

---

[1] 李萍、沈浩、涂雄悦：《网络与孩子教育——献给中国所有的父母与孩子》，上海教育出版社2006年版，第8页。

打、杀害自己的孩子，而由绒布母猴养育的小猴子则正常养育了下一代。这一实验结果告诉我们，缺乏父母关爱与陪伴的孩子很容易出现人格扭曲，胆怯、冷漠、社交障碍等负面特征。

对流动儿童家庭而言，流动儿童的父母往往忙于工作，虽然他们将孩子从老家接到自己身边，使得孩子摘掉"留守儿童"的标签，但是由于工作时间紧张，为生计所迫，他们与孩子共同相处的时间仍然较少。在访谈中，多位流动儿童告诉课题组，他们的父母早上很早出门，晚上回来得也晚，与父母在一起的时间不多。流动儿童的老师及父母也向课题组说到同样的情况。正因为父母在流动儿童的生活中"缺位"，流动儿童对移动社交媒体的依赖感增加，将其当作自己课余生活的重要"陪伴者"，甚至部分流动儿童还出现了对移动社交媒体上瘾的症状，影响了正常的学习生活，这就使得移动社交媒体在流动儿童的社会化进程中"越位"。因而，为了孩子的健康成长，流动儿童的父母应该加强对孩子的关爱与陪伴。一是应该增加陪伴孩子的时间，尽可能地利用在家休息的时间或周末时间与孩子多交流，带给孩子来自父母的关怀与关爱。二是在日常与孩子的相处过程中，除了解孩子的学习情况外，还应多关心孩子的精神面貌及心理状态，了解孩子的近况，对孩子遇到的学习生活问题及时想办法开导、解决。适当地带孩子外出，共同参与亲子活动，增加与孩子间的亲密感。在孩子接触和使用移动社交媒体时，关注孩子接触和使用移动社交媒体的情况，对其进行一定的陪同或监督。

二 科学看待移动社交媒体对孩子产生的影响

网络社会早已到来，当下的儿童一出生便生活在由网络虚拟世界与现实世界相构筑的环境中，他们也因此被称为"网络原住民"。同 20 世纪 80 年代以前出生的"网络移民"相比，当下的儿童生活在网络主导的环境下，电子阅读、网络购物、在线支付、在线交友等，生活与网络紧密相连。移动互联技术的普及，使得这一切变得愈加便捷化。而随着智能手机、平板电脑等移动设备的发展以及人们对在线社交的需求，移动社交媒体的出现及应用已经成为一种必然趋势。

在这种媒介背景下，流动儿童的父母应正确看待移动社交媒体对孩子产生的影响，合理引导孩子接触和使用移动社交媒体。研究中对流动儿童父母对孩子接触和使用移动社交媒体态度的调查结果显示，对孩子接触和使用移动社交媒体持否定态度的家长占27.7%，持肯定态度的占8.1%，持辩证态度的占46.7%，不清楚的占17.6%。可以看出，对孩子接触和使用移动社交媒体持片面或模糊态度的家长共占了调查群体中的极大多数，这也说明在流动儿童父母群体中，有相当一部分的父母没有对移动社交媒体有一个全面、清晰的认识。他们或者否定移动社交媒体对孩子的影响，不想让孩子接触和使用，担心耽误孩子的学习，认为移动社交媒体不利于孩子的成长；或者肯定移动社交媒体对孩子的影响，孩子只是玩玩手机、平板，进行娱乐休闲，认为移动社交媒体有利于孩子的成长。在问卷最后的开放式问题中，大多数家长都谈到希望移动社交媒体能够有利于孩子的学习，给他们带来学习上的帮助，被访谈的流动儿童家长也表达了同样的期望。可见，学习成绩是父母最为关心的问题，对此微软创始人比尔·盖茨曾经说过互联网将成为最好的学校。流动儿童在移动社交媒体中加入学习论坛、学习社区，获取免费的学习资源，有利于缩小同其他儿童间的"知识鸿沟"。

关于移动社交媒体对流动儿童社会化产生的正负面影响，我们在前文已经进行过总结与阐述，移动社交媒体是时代发展的产物，并非"妖魔鬼怪"。对此，我们不应仅以尼尔·波茨曼技术悲观主义的观点来看待移动社交媒体带来的负面影响，也不应一味怀有保罗·莱文森式的技术乐观主义情怀，肯定人类对媒介技术的崇拜，而是应秉持着弗鲁塞尔的媒介哲学观，科学地看待移动社交媒体对孩子成长的影响，认识到"人—媒—社会"的融合是历史的必然，人们应该利用媒介技术手段使媒介技术服务于人，最大限度地发挥媒介的正面作用。流动儿童的家长须正确地对待移动社交媒体这把"双刃剑"，改变片面的认知，不能一味地反对孩子接触和使用移动社交媒体，甚至让孩子脱离其"网络原住民"的身份，也不能一味地纵容，使孩子沉迷其中。唯有理性看待，对孩子进行合理引导，才能有利于孩子的社会化发展。

三 开展家庭媒介素养教育

家庭是流动儿童接触和使用移动社交媒体的主要场所，研究中被访谈的老师曾表示，学生主要是放学后在家接触和使用移动社交媒体，父母的监管很重要。因而，家庭是培养流动儿童养成合理的媒介接触和使用习惯，提高媒介素养能力的重要场所。这其中，父母在家庭中扮演着主要角色，发挥着引导作用，因此孩子的媒介素养能力取决于父母媒介素养能力的发展，父母在孩子媒介素养教育方面承担着主要责任。因此，家庭媒介素养教育的开展是提高孩子媒介素养能力，引导其正确接触和使用移动社交媒体的重要环节。

家庭媒介素养教育，通俗而言就是父母与孩子共同学习媒介相关的知识，共同提高媒介素养能力，在这其中父母利用自身的知识去引导孩子养成合理的媒介接触和使用习惯，正确对待媒介信息，提高孩子的媒介素养能力。随着媒介社会的发展，新生事物层出不穷，在对新媒介的接触和使用方面，父母所掌握的关于移动社交媒体的知识要逊色孩子很多，这导致其在家庭媒介素养教育中的权威角色减弱。因此，父母需要与孩子共同学习关于移动社交媒体的相关知识，也只有当父母具备了一定的网络知识、技能后，他与孩子之间的代沟才能够缩小，能够与孩子进行平等对话，也才能够对孩子接触和使用移动社交媒体进行有效指导。因此，父母首先应树立媒介素养意识，正确认识移动社交媒体在孩子社会化过程中发挥的作用，以身作则养成良好的移动社交媒体接触和使用习惯，为孩子树立榜样，潜移默化中引导孩子养成正确接触和使用移动社交媒体的习惯。其次，应加强与孩子的沟通、交流，共同探讨接触和使用移动社交媒体的注意事项，制定接触和使用移动社交媒体的时间、计划等。最后，加强对孩子接触和使用移动社交媒体的陪同或监督，在孩子遇到相关问题时能够及时帮助解决，减轻移动社交媒体对孩子的负面影响。

第二节　学校路径

学校是布朗芬布伦纳提出的儿童发展生态学模型中与儿童成长直接相关的微系统之一，也是儿童接受教育的主要机构。进入学龄期的儿童，每天大部分的时间都要在学校里度过，通过学校教育，习得适应社会所需的一系列价值规范。因此，在这一阶段，学校对儿童社会化的影响逐渐超越家庭，成为最重要的社会化途径。这也意味着，在引导儿童合理接触和使用移动社交媒体，开展儿童媒介素养教育的整个系统中，学校发挥的作用不容忽视。

然而当下媒介素养教育在学校的开展还存在诸多问题，如没有明确的媒介素养教育的目标，没有合理的课程教育体系，没有完备的师资队伍等。课题组在本次调查中了解到，虽然老师知道学生们有过度接触和使用移动社交媒体的倾向，且不合理的接触和使用移动社交媒体会对学生的身心发展带来不良影响，但学校仍旧只是采取传统的监管措施，强硬地禁止学生携带手机等移动设备入校，而这种做法所起的作用甚微。因此，学校唯有尽可能地解决以上存在的问题，合理地开展媒介素养教育，采取恰当的方法引导儿童接触和使用移动社交媒体，才能为他们的健康成长提供保障。本节主要从学校的实际情况出发，探讨学校开展媒介素养教育的策略，为流动儿童创造有利的移动社交媒体使用环境提出建议。

一 加强教师队伍媒介素养能力的培训

在学校中，教师是向学生传授知识的直接教导者，因而教师自身媒介素养能力的高低直接关系到学生的媒介素养教育质量的好坏。在我国当前高等教育的开展中，还未培养专门的媒介素养教育人才，相关师资较为缺乏。因此，中小学加强对已有教师队伍媒介素养能力的培训就显得至关重要。当下，我国的中小学在培训教师队伍媒介素养能力方面还未形成完善的体系，根据我国中小学的实际情况，加强教师队伍媒介素养能力的培训可从两方面着手：一是采取定期培训的方式，邀请高等院校的相关专家对学校教师进行媒介素养教育培训，既可采取面授的讲座方式也可采取远程教育、在线直播等方式开展。二是学校将教师对媒介素养知识的掌握纳入教师工作的考核体系中，通过奖罚机制以他律的形式督促教师提高自身的媒介素养能力。

二 重视学生的媒介心理健康教育

课题组在对流动儿童及其父母、老师的访谈中注意到，谈及移动社交媒体对儿童产生的不利影响时，流动儿童本人及其父母和老师都只谈到了学习问题，流动儿童认为接触和使用移动社交媒体对自己的学习成绩有影响，流动儿童的父母及老师同样认为移动社交媒体给孩子带来的最大不利影响是导致孩子学习成绩下降。然而，过度接触和使用移动社交媒体影流动儿童的学习成绩只是问题的表面,更大的潜在危害是不合理地接触和使用移动社交媒体会给流动儿童的心理健康带来的一系列问题,如变得焦虑、冷漠、孤独、不愿进行现实交往、增加反社会行为;受网络暴力和色情信息等不良信息的侵蚀,出现行为偏差,严重者甚至走向犯罪的道路等。因此,重视学生的媒介心理健康教育,培养学生的良好品质、塑造健全人格是学校教育的重要环节。

在具体实施上,首先,学校内部可通过举办主题班会、知识竞赛、手抄报等方式,组织学生了解媒介心理健康教育的相关知识,正确认识媒介对心理健康的影响,合理处理与媒介之间的关系。其次,学校可与外界合作,开展媒介心理健康教育活动。在访谈中课题组了解到,志愿者会定期到打工子弟学校开展志愿活动,志愿者往往是受过高等教育的高校大学生,他们所开展的活动丰富多彩,参与性强,非常受流动儿童的喜爱。志愿者可提前掌握媒介心理健康教育的有关知识,为流动儿童设计媒介心理健康教育的主题活动,以寓教于乐的方式向流动儿童普及媒介心理健康知识。而对于接收流动儿童的公立学校而言,因政府支持力度较大,学校可与当地高校教师及相关领域的专家合作,邀请他们为流动儿童开展讲座,讲授相关知识。最后,学校可设立媒介心理健康咨询室,由志愿者或高校教师担任咨询教师,定期到学校为学生进行咨询服务,加强对学生使用媒介的指导。

第三节 媒介路径

一 提升社会责任感,发挥正面职能

媒介作为向人们传达信息,影响人们价值观念的社会机构,不应只注重自身的经济利益,而应以社会公众利益为中心,关注社会个体的发展,推动社会的进步。对此,传播学者查尔斯·赖特曾提出媒介具有四种功能效用,即环境监视、协调关系、传承遗产、娱乐,强调媒介所应履行的正面职能。然而,在当下经济社会发展中,不少媒介为追求经济利益,赢取受众的注意力,不惜违背自身所应承担的社会责任,以暴力、色情等信息吸引人们的眼球,盲目地追求点击量、转发量等,获取利润。就移动社交媒体来看,它除了为人们提供多元化的信息、满足人们多样化的需求外,

在其传播的信息中还夹杂着大量的低俗化信息、虚假信息等，这对于正处在人生观、价值观、世界观形成关键时期的流动儿童而言，无疑是一种错误的引导，不利于流动儿童的身心发展。

在对流动儿童接触和使用移动社交媒体态度的调查中，可看到流动儿童对移动社交媒体的愉悦度认知、信息可用度认知、互动程度认知、信任度认知、接触和使用意愿等都要高于非流动儿童。由于移动社交媒体在流动儿童生活中扮演的特殊角色，移动社交媒体对流动儿童社会化产生的影响要比非流动儿童更为深刻，这就要求移动社交媒体要切实提升自身的社会责任感，履行正面职能。首先，移动社交媒体应向儿童传播具有正能量的信息，对流动儿童进行积极向上的道德指引，塑造他们健康的品质，帮助他们树立正确的价值观念，增加亲社会行为，积极融入迁入地的生活。其次，移动社交媒体的机构应发挥自身的传播优势，向儿童传播媒介素养教育的内容，帮助他们提高媒介素养能力，正确接触和使用移动社交媒体，合理应对在接触和使用移动社交媒体过程中遇到的问题。最后，移动社交媒体机构应与学校、家庭合作，开展流动儿童媒介素养教育活动，为流动儿童学习媒介素养知识提供机会。

二 强化"把关人"意识，发挥监管作用

美国社会心理学家库尔特·卢因在研究中最先提出"把关人"的概念，他认为把关人发挥的作用是不可忽视的，主要是对传播的信息进行审核，把关。[1] 在移动社交媒体中，信息资源丰富，良莠不齐，其中不良信息的存在对心智尚未成熟的儿童而言是一种潜在危害。因此，移动社交媒体服务商应强化自身的"把关人"意识，注重对传播内容的把关，为流动儿童提供良好的媒介内容，创造健康的媒介环境。在对社交网络进行把关的具体措施方面，有学者曾在研究中提出建立优秀内容评估平台。[2] 对此，我们认为在当下尚未研发出儿童专门的社交应用之前，一方面，移动社交媒体服务商可推行针对儿童群体的用户评价机制，评估成员由了解儿

---

[1] 胡正荣、段鹏、张磊：《传播学总论》，清华大学出版社 2008 年版，第 152 页。

[2] 孙宏艳：《新媒介与新儿童：新媒体与少年儿童社会化研究报告》，中国青年出版社 2014 年版，第 241 页。

童群体的家长、老师、儿童自身及相关领域的教育专家组成,根据评估成员对社交应用的打分及评价、推荐意见,对相关社交应用进行完善改进。

另一方面,移动社交媒体服务商须完善监管机制,强化行业自身应履行的责任和义务。一是在行业内部设置监管机构,建立奖罚体系,对移动社交媒体运营中存在的不良行为进行整治、处罚,对正确的做法进行奖励、推广。二是依靠社会的力量进行监督,制定监督标准,设置监督渠道,社会公众在发现移动社交媒体存在不良内容时,可及时向监督机构反映。2017年全国扫黄打非办公室推行的"净网行动",专项整治"两微一端",重点整治QQ、微博、微信等平台传播的不良信息。"护苗行动"则是对未成年人涉及的网络环境进行整治,其中包括未成年人经常使用的QQ、微信、微博等。① 可见,移动社交媒体在内容运营方面的确存在一定的问题,这不仅需要政府层面的行政监管,更需要加强自身的监管力度。

第四节 政府路径

儿童是祖国发展的新生力量,流动儿童也不例外,他们的健康成长同样关系着祖国的未来与发展,因此政府须加强对这一群体的重视。当下,随着流动儿童数量的增多,以及随之出现的教育、卫生等一系列问题,这一群体日益得到社会的关注。政府作为保证社会得以正常运转的重要权力组织,对于人们的发展与社会的和谐稳定都发挥着重要的把控与引领作用。因此,对于加强对流动儿童接触和使用移动社交媒体的管理,提高流动儿童的媒介素养,促进这一群体的健康社会化,更好地融入城市生活,政府承担着重要的责任。

在调查中课题组了解到,个别学校的教育资源有限,不能为流动儿童提供更好的教育条件;相关的信息技术教育课程无法设置,过于依赖社会的力量开展学校教育;中小学媒介素养教育课程体系尚未建立,流动儿童无从接受媒介素养教育;流动儿童的课余生活单一,导致其只能依赖移动社交媒体进行娱乐,而不合理地接触和使用移动社交媒体又会不利于其正

---

① 《全国"扫黄打非"办公室部署开展"净网2017""护苗2017""秋风2017"专项行动——工作要闻》,中国扫黄打非网,http://www.shdf.gov.cn/shdf/contents/767/318702.html。

常社会化。这些问题的存在仅依靠家庭、社会、学校等机构无法得到有效的解决，根本上还需要政府提供一定的政策支持，加强与各机构的配合与联动。本节着重于政府的角度，思考引导流动儿童合理接触和使用移动社交媒体，推进其健康社会化的对策。

一 关注流动儿童的权益，重视儿童群体的媒介素养教育

流动儿童作为儿童中的亚群体，本质上依然是儿童，同儿童享有同等的权益，但是由于他们处在儿童群体中的"边缘"，因此所享有的权益较容易被忽视。根据《联合国儿童公约》《未成年人保护法》《中华人民共和国义务教育法》等相关法律法规的规定，流动儿童享有生存权、发展权、受教育权等。学者吴翠珍针对联合国人权法案及儿童权利法案等相关原则，提出"儿童传播人权"的概念，该概念侧重于阐述儿童的媒介权利，强调了儿童媒介权利的重要性。① 可见，儿童享有接受媒介素养教育的权利作为儿童传播人权的构成之一，应该得到重视。

基于所处的媒介环境，我们可以看到移动社交媒体在儿童的生活中出现的频率愈来愈高，无论是休闲娱乐还是获取、传播信息，几乎都可以看到移动社交媒体的影子。有必要提醒的是，移动社交媒体处于迅速发展的态势中，而这种态势是我们无法阻止也无法拒绝的，作为受众，我们能做的是遵从媒介发展规律，尽可能地从自身出发，做好自己可以把控的事情。在流动儿童接触和使用媒介的问题上，家庭、媒介、社会等各方理应达成共识，那就是为促进流动儿童合理接触和使用媒介而努力，并以此为核心，在现实生活中展开实际行动。

二 履行政府职能，提供流动儿童媒介素养教育的政策支持

政府职能是国家行政机关依法对国家和社会公共事务进行管理时应承担的职责和所具有的功能。流动儿童媒介素养教育的实施仅依靠意识层面的重视还远远不够，唯有政府提供相关的政策支持，才能切实保证流动儿童媒介素养教育目标的实施。就媒介素养教育的发展历程来看，国外媒介素养教育的发展较早，相关理论与实践成果都比较丰富，这也对我国媒介

---

① 《什么是儿童传播人权》，http：//www.doc88.com/p-131418215762.html。

素养政策的制定提供了有益的借鉴。例如，英国将媒介素养教育纳入正式的教学体系中，并规定儿童在中小学阶段要接受媒介素养教育。从国外媒介素养教育的实践中，可以看出政府对于媒介素养教育的政策支持是推动媒介素养教育实施的关键力量。结合我国国情，政府可以基于实际的调研情况，制定符合我国流动儿童发展特点的媒介素养教育政策。

考虑到流动儿童群体的特殊性，可适当制定倾向于流动儿童群体的媒介政策，完善实施机制，为媒介素养教育的实施提供制度保障。此外，政府还可与高校、科研机构、媒体等相关领域的专家进行合作，针对各年龄段儿童的认知特点，共同研发适合于我国儿童群体的媒介素养教育课程及实践活动，切实保证流动儿童的权益。

第五节 社会组织路径

一般我们平常说的"社会组织"主要是指为了实现特定的目标而有意识组合起来的社会群体，如企业、政府、学校等。在现代社会中，我们的周围遍布了各种社会组织，如学校、工厂、医院等，可以说人们的生活离不开社会组织，社会组织的存在也促进了社会的整体发展与稳定运行。

从媒介素养教育在国外的发展历程来看，儿童媒介素养教育的实现得到了家庭、学校、政府、媒体及其他社会组织的多方支持。可以说，社会组织是实现儿童媒介素养教育目标的重要力量。本次调查中，A 学校的老师告诉课题组，由于学校教育条件有限，经常会有公益组织的志愿者来学校开展实践活动，丰富了孩子们的课余生活，受到孩子们的喜爱。可见，公益组织等社会组织的存在对流动儿童等弱势群体的成长本身就发挥着重要作用。本节主要侧重于社会组织的角度，对除了在流动儿童合理接触和使用移动社交媒体，提高媒介素养能力，正常社会化进程中发挥作用的家庭、学校、政府、媒体以外的其他社会组织进行思考。

一 整合社会资源，营造媒介素养教育的氛围

前文中我们提到社会组织在媒介素养教育活动中的重要作用，并建议通过政府的力量发展个别社会组织为媒介素养教育的社会组织，除此之外，我们还应该整合社会资源，充分发挥社会的力量，助推媒介素养教育

的发展，营造媒介素养教育的氛围。

一是当地的高校可推进传媒素养教育的开展，当下我国新闻传播专业的课程设置除涉及专业知识外，还应侧重于对媒介素养教育知识的普及，为媒介素养教育的开展储备人才。高校须加强与中小学、学生家庭等之间的联系与合作，重视流动儿童等特殊儿童群体的媒介素养教育，利用专业知识为他们开展专业讲座、专业论坛等，培养中小学生、中小学生家长及老师的媒介素养能力。二是媒体可利用自身的媒体资源，通过在电视台、网络、报纸等设置媒介素养教育专栏的形式，传播媒介素养教育知识。三是由政府出面整合图书馆、教材出版公司、教育网站、学术期刊等社会上的多种资源，建立成熟的媒介素养教育运作体系，开展媒介素养教育高峰论坛，呼吁社会公众重视媒介素养，关注流动儿童群体的媒介使用情况，关注他们的媒介素养教育，营造社会氛围。

二 开展公益项目，关爱流动儿童

本研究以流动儿童为研究对象，关注这一群体接触和使用移动社交媒体对其社会化的影响情况，本质上是希望他们同非流动儿童一样都能够健康成长。在调查中我们了解到，流动儿童群体对移动社交媒体的接触和使用时间要明显多于非流动儿童，这很大程度上是源于缺乏父母的关爱与陪伴，因此他们从移动社交媒体中汲取乐趣，开拓眼界，感知世界，甚至形成对移动社交媒体的依赖。课题组在对A学校进行调研时了解到，A学校经常会有公益组织的志愿者过来开展活动，孩子们非常享受和志愿者在一起的时光。在简朴的校园中也可以看到，志愿者与流动儿童一起在学校墙上留下的手绘作品，教室里摆放的他们共同完成的手工作品等，可以说志愿者的到来不仅仅缓解了流动儿童对于电子媒介的依赖，更为他们带来了快乐，使得他们在志愿者的带动下树立了自信，培养了积极向上的品质，感受到世界的温暖与美好，增加了亲社会行为，有利于他们融入城市生活，最重要的是有利于他们身心的健康发展。虽然说，当下的流动儿童还因为各种主客观原因，在医疗、教育、心理等方面遇到的问题尚未得到规范性的解决，但是社会上会有一部分社会公益组织对这一群体伸出援助之手，为他们带去人文关怀。我们以"关爱流动儿童"为关键词在网页上进行搜索，可以看到"关爱流动儿童，助其融入城市""关爱流动儿童,为流动儿童送新春礼物""关爱流动儿童,打造多彩童年"等相关活动的报道,很多城市的公益组织都以各种形式帮助流动儿童。鉴于公益组织的志愿者在流动儿童的健康成长中发挥的重要作用,我们希望公益组织能够从更多的方面深入流动儿童的生活,关注他们的教育、心理、卫生等多方面问题,为他们开展一系列的公益活动,促进这一群体的健康成长。

第 五 章

结论与展望

本章主要是从宏观视角出发，对前文的研究结果进行梳理与总结，包括流动儿童接触和使用移动社交媒体的现状及其社会化状况，流动儿童与非流动儿童在移动社交媒体的接触和使用及社会化状况方面的差异、流动儿童移动社交媒体的接触和使用情况对其社会化产生的影响、流动儿童的人口统计学变量与社会化状况及移动社交媒体的接触和使用情况之间的关联性、优化流动儿童合理接触和使用移动社交媒体的策略。在此基础上，课题组将对研究过程中凸显的不足进行反思，并进一步展望后续的研究。

第一节 研究结论

本研究以北京、济南、青岛、潍坊、淄博、临沂、日照七座城市的A、B、C、D、E、F、G、H、I、J、K、L、M、N学校的儿童为调查对象，经过预调查及问卷筛选，最终选定其中的3500位流动儿童及3300位非流动儿童为研究对象，采用问卷调查、深度访谈、参与观察等方式，了解流动儿童接触和使用移动社交媒体的现状及其社会化状况，并通SPSS22.0统计软件，借助于相关分析、卡方检验、回归分析等统计方法，探寻移动社交媒体与流动儿童社会化状况之间的关联性，针对研究过程中发现的问题，试图提出可行性的举措。

一 流动儿童接触和使用移动社交媒体的现状与非流动儿童群体存有异同

研究结果表明，移动社交媒体的儿童受众群体庞大，这也就意味着移动社交媒体对儿童群体的重要性是不言而喻的。从以上数据可以看出，两类儿童在动机、考虑因素等方面均存在不小的差异。在接触和使用行为方面，流动儿童的好友来源以父母、亲戚、陌生网友为主，非流动儿童的好友来源以父母、亲戚、老师为主。流动儿童在接触和使用移动社交媒体时主要与现实中的好友或同学、父母、亲戚、陌生网友进行聊天，非流动儿童主要与现实中的好友或同学、父母、亲戚、老师进行聊天。显然，流动儿童在移动社交媒体中除了与现实生活中的父母、亲戚、好友或同学等接触外，还与陌生网友进行接触。由于陌生网友这一群体良莠不齐，流动儿童辨别是非的能力较弱，因此流动儿童应注意与陌生网友交往的安全性。流动儿童在移动社交媒体中的好友数量远多于非流动儿童，接触和使用移动社交媒体的年龄也要早于非流动儿童，这说明流动的境遇使得流动儿童过早地接触移动社交媒体，且更偏向于接触和使用移动社交媒体开展社交关系。

在接触和使用习惯方面，流动儿童与非流动儿童接触和使用移动社交媒体的场景都是放假时间、做完作业后、睡觉前，需注意的是，调查结果显示无论是流动儿童还是非流动儿童，都有极少数的儿童选择在上课时间接触和使用移动社交媒体，这也提示我们，老师及家长应加强对流动儿童接触和使用移动社交媒体的引导及监督。从接触和使用移动社交媒体的时间及频率来看，流动儿童接触和使用移动社交媒体的时长及频率均高于非流动儿童，这说明流动儿童对移动社交媒体的依赖程度更深。流动儿童与非流动儿童对移动社交媒体使用场所的选择一致，都是家里、娱乐场所、交通工具，从具体比例来看，选择在家里接触和使用移动社交媒体的儿童较多，这说明家庭是儿童群体接触和使用移动社交媒体的主要场所，家长在培养流动儿童养成良好的移动社交媒体接触和使用习惯方面，承担着主要责任。

在接触和使用态度方面，流动儿童在接触和使用移动社交媒体的愉悦度认知、信息可用度认知、互动程度认知、信任度认知、接触和使用意愿、对今后接触和使用移动社交媒体的时间安排方面的得分均不同程度地高于非流动儿童，说明流动儿童对移动社交媒体的愉悦度认知、信息可用度认知、互动程度认知、信任度认知、接触和使用意愿均强于非流动儿童。可以理解为，相比于非流动儿童，流动儿童更觉得移动社交媒体是有趣的，使自己的生活充满乐趣，从中感受到愉快的体验；注重将移动社交媒体当作获取信息的来源，并将其中的信息当作生活的参考；利用移动社交媒体与好友进行互动联系，更新自己的状态及回复好友的留言等；相信移动社交媒体上的信息及好友，认为移动社交媒体反映了社会现实；觉得移动社交媒体使用起来比较容易、简便，能够因此而了解更多的事物。对今后接触和使用移动社交媒体时间安排的调查结果表明，选择增加今后接触和使用移动社交媒体时间的流动儿童的比例多于非流动儿童。可以认为，流动儿童对移动社交媒体的态度认知要高于非流动儿童，也显示出移动社交媒体对流动儿童群体的重要性。

在父母对孩子接触和使用移动社交媒体的了解及监督方面，流动儿童与非流动儿童的父母都认为孩子与网友经常聊的话题是学习问题、兴趣爱好、人际交往，反映出儿童群体接触和使用移动社交媒体时的聊天内容偏好。流动儿童的父母与非流动儿童的父母在陪同或监督孩子接触和使用移动社交媒体方面存在显著的差异，经常陪同或监督孩子接触和使用移动社交媒体的非流动儿童父母的比例明显多于流动儿童父母。父母在孩子接触和使用移动社交媒体时对其陪同或监督，这个过程中父母会对孩子进行有利的指导，督促其养成良好的移动社交媒体接触和使用习惯，然而流动儿童的父母因工作较忙，对孩子进行陪同或监督的时间较少，因此与非流动儿童相比，流动儿童在接触和使用移动社交媒体时往往存在自发性与随意性的特点，不利于其养成合理接触和使用移动社交媒体的习惯。

在父母对孩子接触和使用移动社交媒体的期望及态度方面，流动儿童与非流动儿童的父母在对孩子接触和使用移动社交媒体的期望上不存在显著差异，两类儿童的父母都期望移动社交媒体能够满足孩子的学习需要、从中获取信息、放松娱乐一下。两类儿童的父母在对孩子接触和使用移动社交媒体的态度上存在显著差异，对孩子接触和使用移动社交媒体持辩证态度的非流动儿童父母的比例远多于流动儿童父母，这也说明多数的非流动儿童父母能够正确认识移动社交媒体对孩子产生的影响，从而采取适当的举措引导孩子使用移动社交媒体。而流动儿童的父母对孩子接触和使用移动社交媒体持片面态度的较多，父母的这种态度将直接影响到孩子对移动社交媒体的接触和使用行为，不利于流动儿童对移动社交媒体形成正确的认识。

通过对两类儿童的调查数据进行比较发现，儿童群体在社交媒体的选择上同成人一样，都比较倾向于QQ、微信。具体来看，流动儿童群体使用社交媒体时喜欢进行社交、娱乐，而进行社交联系的对象主要是陌生网友，这在一定程度上也反映了流动儿童群体在现实社交方面的不顺利。此外，流动儿童在使用时间、频率等方面的得分数值都比较高，所谓过犹不及，在使用社交媒体时需要把控好度，因此这种情况尤需引起我们的重视。

二　流动儿童的社会化状况具有特殊性

通过对流动儿童的社会化状况进行调查得知，流动儿童在性格与行为特征、社会交往、社会规范、自我认识、教育目标方面的得分均低于非流动儿童；在生活技能、消费观念、角色认同方面的得分均高于非流动儿童。可以认为，与非流动儿童相比，流动儿童的性格与行为特征较偏向于负面，社会交往能力较弱，社会规范意识不强，自我认识能力不足，教育目标不高；生活技能较强，消费观念较偏向于合理，角色认同能力较强。

为探究流动儿童与非流动儿童社会化状况的差异，课题组从人口统计学变量的角度出发，对二者进行相关性检验发现，流动儿童的性格与行为特征受性别、年龄、是否独生子女等因素的影响；生活技能受性别、是否独生子女、年龄等因素的影响；消费观念受到性别、年龄、父母受教育程度等因素的影响；社会交往受到年龄、是否独生子女、家庭经济情况等因素的影响；社会规范受到性别、年龄、是否独生子女等因素的影响；角色认同受到性别、年龄、父母受教育程度等因素的影响；自我认识受到年龄、性别、父母受教育程度等因素的影响；生活目标中的教育目标受到年龄、学习成绩、父母受教育程度等因素的影响；职业目标受到年龄、父母受教育程度、父母职业等因素的影响。

通过对人口统计学变量与流动儿童的社会化状况进行检验显示，人口统计学变量中的年龄、父母受教育程度、父母职业、来迁入地的时间、来迁入地后的搬家次数、来迁入地后的转学次数等因素成为影响流动儿童社会化状况的主要因素。这从一定程度上解释了流动儿童与非流动儿童社会化状况的差异性结果。此外，由统计数据所得出的结论与研究最初提出的假设相佐证，即人口统计学变量会影响流动儿童的社会化状况。

三 流动儿童的人口统计学变量与接触和使用移动社交媒体的情况具有联系

在前文的分析中，我们得知流动儿童接触和使用移动社交媒体的现状与非流动儿童存有一定的差异，之所以产生这种差异，人口统计学因素在其中发挥的作用不可忽视，为此研究对流动儿童的人口统计学变量与接触和使用移动社交媒体的情况进行相关性分析发现，接触和使用动机中的考虑因素受到年龄、学习成绩因素的影响；接触和使用内容偏好受到年龄、父母受教育程度、父母职业、学习成绩、性别因素的影响。

父母对孩子接触和使用移动社交媒体的陪同或监督情况受到年龄、学习成绩、家庭经济状况等因素的影响。父母对孩子接触和使用移动社交媒体聊天内容的了解受到年龄、家庭经济状况、父母职业等因素的影响。父母对孩子接触和使用移动社交媒体的期望受到年龄、学习成绩、父母受教育程度等因素的影响。

可以看出，人口统计学变量中的年龄、父母受教育程度、父母职业等因素是影响流动儿童接触和使用移动社交媒体情况的主要因素，由统计数据所得出的结论与研究最初提出的假设相佐证。此外，这一结果的得出，也为我们合理引导流动儿童接触和使用移动社交媒体提供了方向。

四 流动儿童移动社交媒体的接触和使用情况与其社会化状况具有联系

前文的分析表明，流动儿童的社会化状况具有特殊性，且受到部分人口统计学变量的影响。研究在对人口统计学变量与社会化状况间的相关性进行检验之后，发现移动社交媒体的接触和使用情况与流动儿童的社会化状况具有关联性。性格与行为特征受到接触和使用行为中好友来源、聊天对象、好友数量、接触和使用年龄因素的影响；受到接触和使用习惯中接触和使用时长、接触和使用频率因素的影响；受到接触和使用态度中愉悦度认知、信息可用度认知、互动程度认知、接触和使用意愿、对今后使用时间的安排因素的影响；受到父母对孩子接触和使用移动社交媒体陪同或监督情况的影响。

生活技能受到接触和使用行为中的接触和使用年龄、好友来源、好友数量因素的影响；受到接触和使用态度中的愉悦度认知、信息可用度认知、互动程度认知等因素的影响；受到父母对孩子接触和使用移动社交媒体陪同或监督情况的影响。

社会交往受到接触和使用行为中的好友来源、聊天对象、好友数量等因素的影响；受到接触和使用习惯中的接触和使用时长、接触和使用频率因素的影响；受到接触和使用态度中的愉悦度认知、信息可用度认知、互动程度认知等因素的影响；受到父母对孩子接触和使用移动社交媒体陪同或监督情况的影响。

社会规范受到使用接触和使用行为中的接触和使用年龄、接触和使用场景因素的影响；受到接触和使用习惯中的接触和使用时长、接触和使用频率因素的影响；受到接触和使用态度中的愉悦度认知、信息可用度认知、互动程度认知等因素的影响；受到父母对孩子接触和使用移动社交媒体陪同或监督情况的影响。

角色认同受到接触和使用行为中的接触和使用年龄、聊天对象因素的影响；受到接触和使用习惯中的接触和使用时长、接触和使用频率因素的影响；受到接触和使用态度中的愉悦度认知、信息可用度认知、互动程度认知等因素的影响；受到父母对孩子接触和使用移动社交媒体陪同或监督情况的影响。

自我认识受到接触和使用行为中的接触和使用年龄、接触和使用场景因素的影响；受到接触和使用习惯中的接触和使用时长、接触和使用频率因素的影响；受到接触和使用态度中的愉悦度认知、信息可用度认知、互动程度认知等因素的影响；受到父母对孩子接触和使用移动社交媒体陪同或监督情况的影响。

消费观念受到接触和使用行为中接触和使用移动社交媒体的类型、聊天对象、接触和使用场景、接触和使用年龄因素的影响；受到接触和使用习惯中的接触和使用时长、接触和使用频率因素的影响；受到接触和使用态度中的愉悦度认知、信息可用度认知、信任度认知等因素的影响；受到父母对孩子接触和使用移动社交媒体陪同或监督情况的影响。

生活目标中的教育目标受到接触和使用行为中的接触和使用内容偏好、接触和使用场景、接触和使用年龄因素的影响；受到接触和使用习惯中的接触和使用频率、接触和使用时长因素的影响；受到接触和使用态度中的愉悦度认知、信任度认知、信息可用度认知因素的影响；受到父母对孩子接触和使用移动社交媒体聊天内容的了解、陪同或监督情况的影响。职业目标受到接触和使用行为中的接触和使用内容偏好、接触和使用年龄、好友来源等因素的影响；受到接触和使用习惯中的接触和使用时长因素的影响；受到接触和使用态度中的信息可用度认知因素的影响；受到父母对孩子接触和使用移动社交媒体陪同或监督情况的影响。

可以看出，流动儿童社会化状况中的性格与行为特征、生活技能、社会交往、社会规范、消费观念、角色认同、自我认识、生活目标与移动社交媒体接触和使用情况中的部分因素具有联系。通过对各社会指标进行分析发现，移动社交媒体接触和使用情况中的接触和使用时长、接触和使用频率、接触和使用态度、父母对孩子接触和使用移动社交媒体的陪同或监督情况等因素成为影响社会化状况的主要因素。由统计数据所得出的结论与研究最初提出的假设相佐证。

五 构建流动儿童社会化状况的多元回归模型

分析结果表明，流动儿童的社会化状况受到人口统计学变量、移动社交媒体的接触和使用情况的影响。为探究三者之间的具体关系，研究通过构建回归方程的方式，明确了影响因素间的多元联系。

性格与行为特征 = 21.895 + 0.281 性别 + 0.090 年龄 - 0.162 是否独生子女 + 0.296 学习成绩 + 0.315 来迁入地的时间 - 0.034 来迁入地后的搬家次数 - 0.054 来迁入地后的转学次数 + 0.140 父母受教育程度 + 0.071 父母职业 - 0.140 每天接触和使用移动社交媒体的时间 - 0.108 接触和使用移动社交媒体的年龄 - 0.160 愉悦度认知 - 0.176 对今后接触和使用移动社交媒体的时间安排 + 0.371 父母对流动儿童接触和使用移动社交媒体的陪同或监督。

生活技能 = 12.584 + 0.475 年龄 + 0.148 性别 - 0.026 是否独生子女 + 0.422 父母受教育程度 - 0.392 家庭经济状况 + 0.059 父母职业 + 0.144 来迁入地的时间 + 0.059 来迁入地后的搬家次数 + 0.273 来迁入地后的转学次数 + 0.796 接触和使用移动社交媒体的年龄 + 0.120 信息可用度认知 + 0.408 对今后接触和使用移动社交媒体的时间安排 - 0.182 父母对孩子接触和使用移动社交媒体的陪同或监督。

消费观念 = 13.827 + 0.068 年龄 + 0.152 父母受教育程度 - 0.021 父

母职业+0.291来迁入地的时间-0.110来迁入地后的搬家次数-0.230来迁入地后的转学次数-0.241家庭月收入+0.319接触和使用移动社交媒体的年龄-0.500接触和使用移动社交媒体的时长+0.109父母对流动儿童接触和使用移动社交媒体的陪同或监督。

社会交往=11.103+0.053年龄+0.117是否独生子女+0.093父母的受教育程度+0.089家庭月收入+0.046父母职业+0.123来迁入地的时间-0.035来迁入地后的搬家次数-0.039来迁入地后的转学次数-0.061接触和使用移动社交媒体的年龄-0.260每天接触和使用移动社交媒体的时间-0.058接触和使用移动社交媒体的频率+0.169父母对孩子接触和使用移动社交媒体的陪同或监督-0.009愉悦度认知-0.022信息可用度认知-0.073互动程度认知-0.040信任度认知-0.068接触和使用意愿-0.235今后接触和使用移动社交媒体的时间安排。

社会规范=16.177+0.012年龄+0.323父母的受教育程度+0.052父母的职业+0.084来迁入地的时间-0.018来迁入地后的搬家次数-0.005来迁入地后的转学次数+0.129接触和使用移动社交媒体的场景-0.055接触和使用移动社交媒体的年龄-0.301每天接触和使用移动社交媒体的时间-0.132接触和使用移动社交媒体的频率+0.340父母对流动儿童接触和使用移动社交媒体的陪同或监督-0.057愉悦度认知-0.139信息可用度认知-0.146互动程度认知-0.055信任度认知-0.288对今后接触和使用移动社交媒体时间的安排。

角色认同=10.186+0.043年龄-0.157性别-0.037是否独生子女-0.083父母的受教育程度+0.026父母的职业-0.049家庭经济状况+0.160来迁入地的时间+0.020来迁入地后的搬家次数+0.103来迁入地后的转学次数+0.050父母对流动儿童接触和使用移动社交媒体的陪同或监督-0.086接触和使用移动社交媒体的年龄-0.045每天接触和使用移动社交媒体的时间-0.123接触和使用移动社交媒体的频率-0.157聊天对象-0.011愉悦度认知-0.073信息可用度认知-0.031互动程度认知-0.018信任度认知-0.068接触和使用意愿-0.019对今后接触和使用移动社交媒体的时间安排。

自我认识=19.489+0.070年龄+0.270性别+1.951学习成绩+0.311父母的受教育程度+0.068父母职业+0.195流动儿童来迁入地的

时间 -0.129 流动儿童来迁入地后的搬家次数 -0.103 来迁入地后的转学次数 +0.304 父母对流动儿童接触和使用移动社交媒体的陪同或监督 -0.034 接触和使用移动社交媒体的年龄 -0.121 每天接触和使用移动社交媒体的时长 +0.097 接触和使用移动社交媒体的场景 -0.037 接触和使用移动社交媒体的频率 -0.044 愉悦度认知 -0.017 信息可用度认知 -0.068 互动程度认知 -0.043 信任度认知 -0.062 接触和使用意愿 -0.206 对今后接触和使用移动社交媒体的时间安排。

教育目标 =21.505 +0.060 年龄 +1.971 学习成绩 +0.274 父母的受教育程度 +0.067 父母的职业 -0.021 接触和使用移动社交媒体的年龄 -0.153 每天接触和使用移动社交媒体的时长 +0.157 家庭经济状况 -0.050 接触和使用移动社交媒体的频率 -0.075 愉悦度认知 -0.084 信息可用度认知 -0.063 信任度认知 -0.245 今后接触和使用移动社交媒体的时间安排 +0.276 父母对流动儿童接触和使用移动社交媒体的陪同或监督 +0.092 接触和使用移动社交媒体的内容 +0.022 父母对流动儿童接触和使用移动社交媒体聊天内容的了解。

职业目标 =3.327 +0.421 年龄 -0.133 父母的受教育程度 +0.037 父母的职业 -0.102 家庭经济状况 -0.088 学习成绩 -0.220 接触和使用移动社交媒体的内容 +0.246 接触和使用移动社交媒体的年龄 +0.033 好友来源 +0.245 聊天对象 -0.010 信息可用度认知 +0.072 每天接触和使用移动社交媒体的时长 -0.098 父母对流动儿童接触和使用移动社交媒体的陪同或监督。

以上回归方程模型为我们探寻人口统计学变量、移动社交媒体的接触和使用情况、社会化状况间的联系提供了参照。此外，由统计数据所得出的结论与研究最初提出的假设相佐证，即人口统计学变量、移动社交媒体的接触和使用情况会影响其社会化状况。

六 移动社交媒体的接触和使用对流动儿童的社会化状况产生一定的影响

随着信息化社会的发展，移动社交媒体正逐渐渗透进流动儿童的生活中，对这一群体的社会化状况产生影响。从积极的角度来看，移动社交媒体作为影响流动儿童社会化状况的重要影响因素，因其自身的技术特点，它打破了以往人们传统的线下社会化的形式，为流动儿童提供了线上社会化的场所，创造了促进个体社会化发展的机会。不仅如此，在虚拟与现实交织的移动社交媒体中，流动儿童可在其中任意扮演自己向往的角色，学习这一虚拟角色应遵守的社会规范，从而更好地实现真实生活中的角色扮演。同时，移动社交媒体中蕴含着海量的信息，为流动儿童群体开拓眼界、学习知识创造了有利的平台，一定程度上消弭了同非流动儿童群体间的知识鸿沟，缩小了两类儿童群体间的知识差距。班拉杜在社会学习理论中曾经明确，榜样的行为对人们具有引导作用，人们往往会借助于观察模仿等手段实现对榜样行为的实践，从而真正形成基于自身、符合自身个性的实践行为。在移动社交媒体中，流动儿童通过微博近距离接触偶像、榜样，通过阅读偶像、榜样等发布的微博，了解他们的动态，学习他们的亲社会行为，从而塑造健全的人格。在自我形象管理，促进融入城市方面，移动社交媒体亦发挥着重要作用。以往城市本地人囿于刻板印象，对外来务工者持有的印象较差，甚至不愿意让自己的孩子同外来务工者的孩子一起玩耍、学习，但移动社交媒体为流动儿童提供了展示自我形象，向外界发声的机会，这使得城市本地人能够看到外来务工者的新变化，从而打破心理的固有障碍，接纳这一群体，促进外来务工者及流动儿童群体的城市融入。

虽然移动社交媒体在推动流动儿童社会化发展的过程中具有正面价值，但不可否认的是，它也同样带来负面价值，这就意味着它所带来的消极影响同样不可忽视。在社交联系方面，移动社交媒体的出现，打破了人们交往的时空限制，一定程度上便利了流动儿童的社交活动，但是我们也看到，流动儿童每天花费在移动社交媒体上的时间远超过非流动儿童，加之特殊的流动境遇，需要一定的时间融入陌生的环境，重新构建现实人际关系，在这个过程中，一旦流动儿童逃避适应的过程，沉浸于虚拟社交带来的愉悦，则会弱化现实的交往能力。再者，移动社交媒体疏于监管，难免夹杂着不良信息，流动儿童正处于价值观形成的关键时期，尚未具备足够的分辨能力，若是盲目阅读一些不良信息，对此认同模仿，则会有损身心健康，出现行为偏差，不利于正确价值观的形成。此外，从人们的心理发展来看，自我认识的发展是人们个性与人格发展的重要条件，对流动儿童而言，他们的自我观察、分析能力不足，对于自我的认识主要源于他人的评价，在移动社交媒体中，对流动儿童缺乏了解的陌生网友，往往很难对流动儿童作出正确的判断，而流动儿童若以此为评价自我的标准，则会影响自我意识的建立，从而影响到自身个性与人格的发展。最后，不容忽视的一点是，流动儿童虽然可以在移动社交媒体上实现角色扮演，但因网络上缺乏应有的角色规范，一旦其沉溺于虚拟的角色中，则容易同现实的角色相混淆，不利于其自身的社会适应。

通过以上分析可以发现，移动社交媒体对流动儿童的社会化发展产生正反两方面的影响，这告诉我们应该辩证地看待移动社交媒体与流动儿童之间的关系，不能一味地教导流动儿童远离移动社交媒体，也不能一味地纵容流动儿童沉溺于移动社交媒体之中。只有正确引导流动儿童合理接触和使用移动社交媒体，平衡好与移动社交媒体间的关系，才能最大限度地发挥移动社交媒体对流动儿童社会化发展的积极影响，避免消极影响。

七 探寻规范流动儿童接触和使用移动社交媒体的策略

研究结果表明，流动儿童的社会化发展与其接触和使用移动社交媒体的关系密切。为促进流动儿童的健康社会化，有必要探寻规范流动儿童合理接触和使用移动社交媒体的策略。从流动儿童的社会生活历程来看，家庭、学校、媒介、政府、社会等组织共同构筑起流动儿童的生活环境，在流动儿童的社会化发展过程占据举足轻重的位置。基于此，研究从这五个方面出发，思考规范流动儿童合理接触和使用移动社交媒体的举措。

家庭是流动儿童成长的微观系统，与流动儿童的成长具有密切的联系。父母媒介素养的高低直接影响到其在孩子接触和使用移动社交媒体的过程中，如何引导、指导孩子接触和使用移动社交媒体，影响孩子媒介素养能力的形成。在调查中，我们了解到流动儿童的父母工作时间紧张，陪同或监督孩子接触和使用移动社交媒体的时间较少，而且可能由于自身受教育程度不高，流动儿童的父母对于孩子接触和使用移动社交媒体的态度往往较为片面，这些因素都影响父母对流动儿童接触和使用移动社交媒体的合理指导。为此，流动儿童的父母应尽量抽出时间，加强对孩子的关爱与陪伴，减少孩子对移动社交媒体的依赖，在孩子接触和使用移动社交媒体的过程中及时地给予监督指导，为孩子解答问题，帮助孩子明确问题的答案，并且正确认识移动社交媒体对孩子的影响，提高自身的媒介素养能力。

　　学校是流动儿童成长的另一个微观系统，在流动儿童的成长过程中不可或缺。相比于家庭提供的个人化教育，学校则为流动儿童接受系统化、规范化的教育提供了场所。媒介素养教育因其特殊性而在教育体系中占据重要位置，理应得到学校的重视。为此，学校需尽可能地为流动儿童接受媒介素养教育创造条件，如结合学校学生的实际情况，研发具有针对性的媒介素养教育课程体系，重视学生的媒介心理健康教育，从教师的角度出发，重视教师自身媒介素养能力的提升，切实采取有效措施开展教师媒介素养能力培训活动。

　　媒介是流动儿童成长的外层系统，对流动儿童媒介素养的形成发挥着直接作用。在流动儿童接触和使用移动社交媒体的过程中，由于个别媒介机构盲目追求经济利益，罔顾社会责任，从而导致移动社交媒体上充斥着虚假信息、非法信息等不良信息，为流动儿童健康接触和使用移动社交媒体带来隐患。这就要求媒介提升社会责任感，积极履行社会职能，充分利用自身所掌握的技术资源，在尊重儿童认知发展规律的基础上，研发针对儿童的社交应用。此外，媒介机构在日常运营过程中，还应强化"把关人"意识，加强对网络信息的筛选，发挥自身的监管作用。

　　政府同媒介处于同一层次，对流动儿童来说亦是外层系统。政府在社会发展中的地位决定了这一部门应为保障流动儿童的权利，推进流动儿童群体的媒介素养教育实施采取一定的举措。政府可以依据与流动儿童相关的调研材料，来制定切实符合流动儿童现实的政策，还可从制定以及完善相关法律法规的角度出发，采取相应的法律手段来保障流动儿童的权益。

　　社会组织是流动儿童成长的宏观系统，流动儿童的社会化发展离不开社会组织的有效运行。因此，学校、政府、媒介等社会组织不仅需基于各自的角度推进流动儿童媒介素养教育，还应从系统化的视角出发，联合起来为流动儿童媒介素养教育的开展发声并进行有效的实践，尽可能地为媒介素养教育的实施创造良好环境。从我国社会组织的现有发展来看，鲜有与媒介素养教育相关的社会组织，因此我们呼吁社会公众及已有的社会组织，关注基于我国实情的媒介素养教育的开展情况，提高公众对媒介素养的认识。此外，社会组织还需多开展与流动儿童有关的公益项目，为流动儿童的健康成长创造有利条件。

流动儿童的健康成长，离不开微观、中观、宏观系统的协力支持，因此只有家庭、学校、媒介、政府、社会组织相互配合，才能为流动儿童创造健康的媒介环境，顺利促进流动儿童的社会化发展。

第二节 研究存在的不足

本研究在研究方法的选择上，兼具定量与定性方法的特质，对流动儿童接触和使用移动社交媒体的情况与社会化状况展开调研，为确保研究的顺利展开及尽可能地保证调研结果的科学性，课题组在研究正式展开之前便进行了资料收集、预调查等大量的准备工作，力图提前发现研究存在的问题，尽可能地完善研究结果。尽管如此，课题组因自身能力所限，研究在实际开展过程中仍存在一些不足之处。

第一，理论深度有待挖掘。从已有研究成果来看，目前国内关于移动社交媒体与流动儿童社会化状况的系统性理论较少，加之本研究基于交叉学科的视角展开，需综合运用多学科的理论对现象进行阐释，但因课题组自身的理论积累有限，研究在理论深度方面还有待继续提高。

第二，测量指标还需优化。一是本研究中移动社交媒体的接触和使用状况的测量指标较多，使得整个测量体系过于庞大，不利于研究结果的精确呈现；二是社会化内容从严格意义上来说，应包含诸多因素，但本研究在考量既有研究的基础上仅选择性格与行为特征、生活技能等八个方面对社会化内容进行测量，缺乏对其他社会化指标的操作测量，因此在后续的研究中，还需对测量指标进行优化，以更好地反映研究结果。

第三，样本选择具有一定的局限性。尽管研究在展开之前已经尽可能地考虑到保证样本的代表性，呈现流动儿童接触和使用移动社交媒体的情况与社会化状况。研究在取样地的选择上从一线、二线、三线、四线城市着手，最终选择北京、济南、青岛、潍坊、淄博、临沂、日照七座城市为取样地，但囿于抽样调查固有的缺陷，实际上研究在这七座城市选取的流动儿童的样本情况并不能完全代表我国流动儿童的整体情况，因此结果缺乏一定的推广性。

第四，研究内容有待完善。流动儿童的社会化状况受到诸多因素的影响，但因研究者的能力所限，未能够将所有的影响因素置于研究中加以统计分析，研究选取的人口统计学变量也未能涵盖所有的变量，这导致研究内容缺乏一定的完整性。尽管如此，课题组在深度访谈及参与式观察中，已尽可能地将其他因素考虑其中，以对研究内容形成补充。

课题组在研究开展过程中，已尽可能地考虑全面，减少研究存在的不足之处，但因主客观条件所限，难免存在一些遗憾。对此，课题组将在今后的研究中持续跟进，加以完善。

第三节 研究展望

当下，移动社交媒体正处于蓬勃发展期，以 QQ、微信、微博为代表的典型社交应用，日益受到人们的关注。随着移动社交媒体在人们生活中的渗透与普及，这一媒介应用对于人们的意义也发生了一定的转变。如今的移动社交媒体已经不单纯是人们进行线上社交，与朋友联系的工具，更是与人们线下的衣食住行紧密结合，成功嵌入了人们的现实生活。在这种媒介背景下，儿童群体也不免接触和使用移动社交媒体，本次调查结果表明，儿童群体对于移动社交媒体的使用率较高，且有相当一部分儿童准备增加今后接触和使用移动社交媒体的时间。儿童群体正处于成长的关键期，媒介素养能力较低，在接触和使用移动社交媒体的过程中极易遇到不良问题，影响其社会化的健康发展。也正因如此，移动社交媒体的接触和使用对儿童社会化发展的影响成为我们关注的焦点。

流动儿童是儿童群体中一个较为特殊的群体，他们在社会化发展的关键时期，离开从小生活的家乡，跟随在外出务工的父母身边，虽摆脱了"留守儿童"的身份，但由于父母工作较忙，陪伴他们的时间较少，这使得他们似乎又处于"留守"状态。在这种生活情境下，相比于城市非流动儿童，他们往往把移动社交媒体当作生活中的"陪伴者"，对移动社交媒体的需求较高。研究中流动儿童与非流动儿童接触和使用移动社交媒体情况的差异也验证了这一观点的成立。正是因为流动儿童自身的特殊性，移动社交媒体的接触和使用对其社会化发展产生的影响也愈加明显。对此，研究从心理学、社会学、传播学等交叉学科的视角展开，试图对移动社交媒体与流动儿童的社会化发展问题作出阐释，并根据移动社交媒体对流动儿童社会化产生的正、负面影响，从家庭、学校、媒介、政府、社会组织的角度出发，提出引导流动儿童合理接触和使用移动社交媒体，促进健康社会化发展的举措。

随着城市化进程的推进，涌入城市的外来务工者将越来越多，而与之相关的流动儿童规模也将逐渐扩大。伴随着流动儿童数量的增长，这一特殊的儿童群体也将进入更多人的视野，得到社会的关注与重视。本研究对于流动儿童接触和使用移动社交媒体的关注，仅仅是与这一群体相关研究中的一个方面。我们希望通过这一研究为推进流动儿童的正常社会化发展尽绵薄之力，也希望有更多的研究者关注这一群体，为促进这一群体的健康成长作出有益的探索。

参考文献

一 中文著作

［1］邵志芳：《心理统计学（第二版）》，中国轻工业出版社2012年版。

［2］付建中、董存梅等：《儿童心理学》，北京师范大学出版社2016年版。

［3］孙宏艳：《新媒介与新儿童——新媒体与少年儿童社会化研究报告》，中国青年出版社2014年版。

［4］高永亮：《网络传播消费主义现象批判》，中国传媒大学出版社2014年版。

［5］范丽恒：《青少年网络生活的心理学研究》，中国社会科学出版社2013年版。

［6］刘朔、刘利鸽等：《农村流动儿童调查报告》，社会科学文献出版社2015年版。

［7］潘天舒：《发展人类学概论》，华东理工大学出版社2015年版。

［8］李萍、沈浩等：《网络与孩子教育——献给中国所有的父母与孩子》，上海教育出版社2005年版。

［9］张文新：《儿童社会性发展》，北京师范大学出版社2002年版。

［10］赵冬梅、周宗奎：《儿童的同伴交往与心理适应》，中国社会科学出版社2016年版。

［11］陈联俊：《网络社会青年公民意识的发生与引导》，中国社会科学出版社2015年版。

［12］耿红卫：《网络与青少年德育研究》，新华出版社2013年版。

［13］彭华民、徐愫：《人类行为与社会环境（第三版）》，高等教育出版

社2016年版。

[14] 赵国玲：《预防青少年网络被害的教育对策研究——以实证分析为基础》，北京大学出版社2010年版。

[15] 杨鹏：《网络文化与青年》，清华大学出版社2006年版。

[16] ［美］喀薇丽·萨布拉玛妮安、［捷克］大卫·斯迈赫：《数字化的青年：媒体在发展中的作用》，雷雳、马晓辉等译，中国出版集团2016年版。

[17] ［德］弗兰克·施尔玛赫：《网络至死》，邱袁炜译，清华大学出版社2006年版。

[18] 叶敬忠、杨照：《关爱留守儿童——行动与对策》，社会科学文献出版社2008年版。

[19] 王中会：《流动儿童的社会认同与融合——现状、成因及干预策略》，中国社会科学出版社2015年版。

[20] 候春在等：《儿童青少年心理发展社会化》，南京师范大学出版社2010年版。

[21] 刘杨等：《流动儿童社会处境、发展状况及影响机制》，北京大学出版社2008年版。

[22] 钟毅平：《社会认知心理学》，教育科学出版社2010年版。

[23] 喻国明、吴文汐等：《移动互联网时代我国城市居民媒介接触和使用：基于"时间—空间—行为—关系—心理"五维研究框架的考察》，人民日报出版社2016年版。

[24] 郭瑞芳：《网络青年心理分析》，中国传媒大学出版社2010年版。

[25] 燕道成：《网络暴力游戏对青少年的涵化与引导研究》，知识产权出版社2015年版。

[26] 桑标：《儿童发展》，华东师范大学出版社2014年版。

[27] 卜卫：《大众传媒对儿童的影响》，新华出版社2002年版。

[28] 卜卫：《进入"地球村"——中国儿童与大众传媒》，四川少年儿童出版社1994年版。

[29] 闫欢：《电视与未成年人心理》，中国传媒大学出版社2009年版。

[30] 覃川、李海霞等：《媒介素养与媒介德育创新——大学生如何应对暴力与色情信息》，清华大学出版社2014年版。

[31] 王玲宁:《谁来伴我成长媒介对农村留守儿童的社会化影响》,学林出版社2012年版。

[32] 张开:《媒介素养与传播效果》,见蔡帼芬、徐琴媛、刘笑盈《全球化国际视野中的传播》,五洲传播出版社2005年版。

[33] 张开:《媒介素养概论》,中国传媒大学出版社2006年版。

[34] 党静萍:《传媒教给我们什么——青少年传媒素养教育研究》,法律出版社2008年版。

[35] 吴伯凡:《孤独的狂欢——数字时代的交往》,中国人民大学出版社1998年版。

[36] 陶宏开:《孩子都有向上的心》,湖南人民出版社2005年版。

[37] [英]格雷姆·伯顿:《媒体与社会:批判的视角》,史安斌译,清华大学出版社2007年版。

[38] 鲍昌:《网游:狂欢与蛊惑》,苏州大学出版社2012年版。

[39] 张春良:《网络游戏忧思录》,中央民族大学出版社2005年版。

[40] [美]尼尔·波茨曼:《童年的消逝》,吴燕莛译,广西师范大学出版社2004年版。

二 外文著作

[1] Raymond Williams, *Culture and Society*, New York: Columbia University Press, 1958.

[2] W. James Potter, *Media Literacy*, London: Sage Publications, 2001.

[3] Stanley J. Baran, *Introduction to Mass Communication: Media Literacy and Culture*, New York: McGraw-Hill, 2001.

[4] David Crowley, David Mitchell, *Communication Theory Today*, Cambridge: Polity Press, 1994.

[5] Ross Horsley, David Gauntlett, *Web Studies*, New York: Bloomsbury Publishing, 2000.

[6] Don Tapscott. *Growing Up Digital——The Rise of the Net Generation*, New York: McGraw-Hill, 1999.

[7] Sue Howard, *Wired-up: Young People and the Electronic Media*, London: UCL Press, 1988.

[8] Shearon A. Lowery，Melvin L. De Fleur，*Milestones In Mass Communication Researcher: Media Effect*，New York：Longman，1998.

[9] Victor C. Strasburger，Barbara. J. Wilson，*Children，Adolescents and the Media*，London：Sage Publication，2002.

[10] Howard Rheingold，*The Virtual Community：Homesteading on the Electronic Frontier*，London：MIT Press，2000.

[11] Mark Poster，*The Second Media Age*，Cambridge：Polity Press，1987.

三　期刊论文

[1] 卢宇峰：《浅谈媒介素养教育与儿童社会化的关系》，《牡丹江师范学院学报》（哲学社会科学版）2008年第4期。

[2] 周燕、余文蕙：《近十五年国内大众传媒影响儿童社会化研究综述》，《广州大学学报》（社会科学版）2007年第9期。

[3] 张志安、沈国麟：《媒介素养：一个亟待重视的全民教育课题——对中国大陆媒介素养研究的回顾和简评》，《新闻记者》2004年第5期。

[4] 王倩：《媒介素养教育——一个值得关注的课题》，《北京联合大学学报》（人文社会科学版）2005年第9期。

[5] 傅林：《当今美国移民儿童学校教育存在的问题》，《外国教育研究》2003年第6期。

[6] 柯泽：《社会学芝加哥学派对佩恩基金"电影影响"研究的贡献》，《华中科技大学学报》2013年第1期。

[7] 陈志：《网络与当代青少年社会化的困境》，《福建师范大学学报》（哲学社会科学版）2001年第3期。

[8] 孙宏艳：《新媒体对青少年社会化的影响及应对策略》，《中国青年研究》2014年第2期。

[9] 刘振声：《社交媒体依赖与媒介需求研究——以大学生微博依赖为例》，《新闻大学》2013年第1期。

[10] 刘长城：《网络时代青少年社会化模式的转变》，《中国青年研究》2012年第2期。

[11] 姚俊、张丽：《网络同辈群体与青少年社会化》，《当代青年研究》

2004年第4期。

[12] 王玲宁:《新媒介环境下传媒与青少年社会化研究》,《当代青年研究》2010年第10期。

[13] [美] 马克·利维:《新闻与传播:走向网络空间的时代》,《新闻与传播研究》1997年第1期。

[14] 王占柱:《网络对青少年的负面影响及对策》,《内蒙古师范大学学报教育科学版》2003年第5期。

[15] 胡建新:《网络与青少年:一个充满变量的社会化过程》,《湖南师范大学社会科学学报》2003年第3期。

[16] 风笑天:《虚拟社会化与青年的角色认同危机对21世纪青年工作和青年研究的挑战》,《青年研究》1999年第12期。

[17] 杨明丽:《对青少年在网络虚拟社区服务的人类学思考》,《理论研讨》2012年第4期。

[18] 王晓春:《论网络技术对个人社会化的影响》,《北京大学学报》(社会科学版)1999年第3期。

[19] 王卫:《网络时代青年社会化范式的转型》,《青年研究》1999年第12期。

[20] 郭良、春姚远等:《公立学校流动儿童少年城市适应性研究——北京市JF中学的调查》,《中国青年研究》2005年第9期。

[21] 郭星华、储卉娟:《从乡村到都市:融入与隔离——关于民工与城市居民社会距离的实证研究》,《江海学刊》2004年第4期。

[22] 李运庆:《区隔与认同:农民工子弟的人际交往现状研究——以南京市一所民工子弟学校为例》,《青年研究》2006年第5期。

[23] 雷有光:《都市"小村民"眼中的大世界——城市流动人口子女社会认知的调查研究》,《教育科学研究》2004年第6期。

[24] 龙腾华:《漂移的花朵——打工族子女教育备忘录》,《社会》1994年第8期。

[25] 王春光:《新生代农村流动人口的社会认同与城乡融合的关系》,《社会学研究》2001年第3期。

[26] 王毅杰、史秋霞:《参照群体下流动儿童的身份意识及成因》,《南京工业大学学报》(社会科学版)2008年第3期。

[27] 王毅杰、王开庆等:《市民对流动儿童的社会距离研究》,《深圳大学学报》(人文社会科学版) 2009 年第 6 期。

[28] 张亿全、高燕:《外来者的目光——流动儿童城市认知的经验研究》,《浙江教育科学》2007 年第 4 期。

[29] 郑素侠:《媒介技术与移民儿童的社会融合》,《新闻大学》2013 年第 4 期。

[30] 朱宁:《网络社会青少年媒介素养建构研究》,《中国青年研究》2016 年第 3 期。

四 外文论文

[1] Angela Maria Branz-Spall, Roger Rosenthal, "Children of the Road: Migrant Students, Our Nation's Most Mobile Polulation", *The Journal of Negro Education*, Vol. 72, No. 1, January2003, pp. 55 – 62.

[2] Hobbs Renee, Frost Richard, "Measuring the Acquisition of Media——Literacy Skills", *Reading Research Quarterly*, Vol. 38, No. 3, July/August/September2003, pp. 330 – 355.

[3] Margaret A. Shotton, "The Costs and Benefits of 'Computer Addiction'", *Behavior and Information Technology*, Vol. 10, No. 3, April2007, pp. 219 – 230.

[4] Cooper, Alvin, Scherer, Coralie R., et al., "Sexuality on the Internet: From Sexual Exploration to Pathological Expression", *Professional Psychology: Research and Practice*, Vol. 30, No. 2, January1999, pp. 154 – 164.

[5] Von Salisch Maria, Vogelgesang jens, et al. "Preference for Violent Electronic Games and Aggressive Behavior among Children: The Beginning of the Downward Spiral?" *Media Psychology*, Vol. 14, No. 3, August2011, pp. 233 – 258.

[6] Keitb Roe, Daniel Muijs, "Children and Computer Game: A Profile of the Heavy User", *European Journal of Communication*, Vol. 13, No. 2, June1998, pp. 181 – 200.

[7] Peterson R, Thurstone L, "Motion Pictures and the Social Attitudes of

Children", *Journal of Nervous & Mental Disease*, Vol. 79, No. 3, March1934, pp. 352 – 355.

[8] Cynthia Feliciano, "The Benefits of Biculturalism: Exposure to Immigrant Culture and Dropping out of School among Asian and Latino Youths", *Social Science Quarterly*, Vol. 82, No. 4, December2001, pp. 865 – 879.

[9] Jeffrey Jensen Arnett, "Adolescent's Uses of Media for Self-Socialization", *Journal of Youth and Adolescence*, Vol. 24, No. 5, October1995, pp. 519 – 533.

[10] M. Fiorini, "The Effect of Home Computer Use on Children's Cognitive and Non-Cognitive Skills", *Economics of Education Review*, Vol. 29, No. 1, June2009, pp. 55 – 72.

[11] Meryl Alper, Vikki S. Katz, et al., ReviewEssay: "Researching Children, Intersectionality, and Diversity in the Digital Age", *Journal of Children and Media*, Vol. 10, No. 1, January2016, pp. 107 – 114.

附　　录

附录1

"移动社交媒体对流动儿童社会化的影响"调查问卷（流动儿童）

尊敬的家长和同学：

你们好，为了解少年儿童接触和使用移动社交媒体的情况，研究大众媒介对儿童成长的影响，我们组织了本次调查，需要占用你们的一些时间，完成这份问卷，希望得到你们的理解和支持！

这次调查是不记名的，调查结果只用于科学研究，不会收集你们的个人隐私。

衷心感谢你们的合作！

填写说明：

①除题目后有特别说明的问题外，本问卷题目均为单选题。

②本问卷不是考试，答案没有对错之分，只需从每一小题的多个选项中挑选出最符合自己的，在序号后打上"√"或在"＿＿＿＿"处填上适当的内容。

学生问卷

一　基本情况

1. 你的性别是

（1）男　　　　　　　　　　（2）女

2. 你今年_____岁了

3. 你的年级是

（1）三年级 （2）四年级

（3）五年级 （4）六年级

（5）初一 （6）初二

（7）初三

4. 你是独生子女吗？

（1）是 （2）不是

5. 你的学习成绩大约是

（1）优秀 （2）良好

（3）及格 （4）不及格

6. 你有自己的移动设备（智能手机、平板电脑等）吗？

（1）有 （2）没有

二 移动社交媒体的接触和使用情况

1. 你经常接触和使用的移动社交媒体应用软件［App］（特指装在移动端的应用）是？_____（可多选）

（1）QQ （2）微信

（3）微博 （4）人人

（5）陌陌 （6）豆瓣

（7）百度贴吧 （8）论坛

（9）唱吧 （10）知乎、分答等

（11）斗鱼、映客等 （12）易信

（13）啪啪 （14）YY语音

（15）A站、B站等 （16）其他

2. 你接触和使用移动社交媒体首先考虑的是什么？

（1）可随身携带 （2）更隐私

（3）更安全 （4）流量耗费较少

（5）亲友、同学使用 （6）可随时随地进行交流

（7）操作界面的美观性 （8）其他

3. 你在移动社交媒体中的好友主要是？

（1）现实中的朋友或同学　　　　（2）父母

（3）亲戚　　　　　　　　　　　（4）老师

（5）陌生网友　　　　　　　　　（6）其他（请注明）_____

4. 你在移动社交媒体中拥有的好友数量大约有？

（1）1—20 个　　　　　　　　　（2）21—40 个

（3）41—60 个　　　　　　　　（4）61—80 个

（5）80 个以上

5. 你在移动社交媒体中经常和谁聊天？

（1）父母　　　　　　　　　　　（2）亲戚

（3）老师　　　　　　　　　　　（4）陌生网友

（5）现实中的好友或同学　　　　（6）跟谁都不说

（7）其他

6. 你大约是从什么时候开始接触和使用移动社交媒体的？

（1）一年级以前　　　　　　　　（2）一年级

（3）二年级　　　　　　　　　　（4）三年级

（5）四年级　　　　　　　　　　（6）五年级

（7）六年级　　　　　　　　　　（8）初一

（9）初二　　　　　　　　　　　（10）初三

7. 你一般都在什么时候接触和使用移动社交媒体？（最多选 3 个）

（1）上课时间　　　　　　　　　（2）吃饭时间

（3）睡觉前　　　　　　　　　　（4）路上

（5）课间休息时间　　　　　　　（6）放假时间

（7）随时随地　　　　　　　　　（8）做完作业后

（9）其他

8. 你每天大概接触和使用多长时间的移动社交媒体？

（1）10 分钟以内　　　　　　　　（2）半个小时左右

（3）一个小时左右　　　　　　　（4）一个半小时左右

（5）两个小时左右　　　　　　　（6）远超过两个小时

9. 你接触和使用移动社交媒体的频率是？

（1）每天 1 次　　　　　　　　　（2）2—3 天 1 次

（3）3—5 天 1 次　　　　　　　　（4）每周或更长时间 1 次

（5）每天 2 次以上

10. 你都在哪里接触和使用移动社交媒体？（最多选 3 个）

（1）学校 （2）家里

（3）娱乐场所 （4）交通工具（等待或路途中）

（5）其他

11. 你接触和使用移动社交媒体主要是？（最多选 3 个）

（1）认识新朋友 （2）跟朋友联系

（3）发布个人状态 （4）分享信息

（5）浏览新闻、关注社会资讯 （6）关注好友新鲜动态和新鲜事

（7）玩游戏、看小说 （8）听音乐、看视频

（9）得到别人对自己的称赞 （10）其他

12. 你今后接触和使用移动社交媒体的时间安排是？

（1）保持现状 （2）减少接触和使用时间

（3）增加接触和使用时间 （4）不知道

（5）其他

13. 愉悦度认知（请在符合你情况的方框中打"√"）

	非常同意	有些同意	不确定	有些不同意	非常不同意
13.1 移动社交媒体是好玩有趣的					
13.2 移动社交媒体使我的生活变得更加丰富多彩					
13.3 接触和使用移动社交媒体能带来积极愉快的体验					

14. 信息可用度认知（请在符合你情况的方框中打"√"）

	非常同意	有些同意	不确定	有些不同意	非常不同意
14.1 移动社交媒体提供了我所需要的信息					

续表

	非常同意	有些同意	不确定	有些不同意	非常不同意
14.2 移动社交媒体是很好的信息来源					
14.3 接触和使用移动社交媒体可以随时随地查看信息					
14.4 移动社交媒体提供的信息可以作为我日常生活的参考					

15. 互动程度认知（请在符合你情况的方框中打"√"）

	非常同意	有些同意	不确定	有些不同意	非常不同意
15.1 移动社交媒体加强了我跟朋友之间的联系					
15.2 接触和使用移动社交媒体可随时随地跟好友交流					
15.3 接触和使用移动社交媒体可以随时更新自己的状态，及时回复好友的留言					
15.4 移动社交媒体可以看到好友的最新动态					

16. 信任度认知（请在符合你情况的方框中打"√"）

	非常同意	有些同意	不确定	有些不同意	非常不同意
16.1 移动社交媒体提供的信息是值得信任的					
16.2 移动社交媒体发布的信息反映了社会现实					
16.3 在移动社交媒体上认识的好友是可以信任的					

续表

	非常同意	有些同意	不确定	有些不同意	非常不同意
16.4 移动社交媒体所提供的用户信息是真实的					

17. 接触和使用意愿（请在符合你情况的方框中打"√"）

	非常同意	有些同意	不确定	有些不同意	非常不同意
17.1 学习接触和使用移动社交媒体很容易					
17.2 移动社交媒体使用起来很方便					
17.3 与电脑登录相比，我更喜欢用手机、平板等登录社交网络					
17.4 我经常接触和使用移动社交媒体更新我的个人动态					
17.5 接触和使用移动社交媒体有助于获取更多的信息或接触更多的人					

三 社会化状况

1. 你认为自己的性格行为是？（请在符合你情况的方框中打"√"）

	很不符合	不符合	不太符合	比较符合	非常符合
1.1 我是一个懒惰的人					
1.2 我是一个粗心的人					
1.3 我做事情有自己的主见					
1.4 我在外面胆小怕事					
1.5 我会帮助别人					
1.6 我是一个充满自信的人					
1.7 我是一个不合群的人					

2. 你平时能够做下面的事情吗？（请在符合你的情况的方框中打"√"）

	很不符合	不符合	不太符合	比较符合	非常符合
2.1 我能自己去理发					
2.2 我能自己洗衣服					
2.3 我能帮家人做家务					
2.4 我能自己乘公交车外出					
2.5 我能照顾生病的家人					
2.6 我有时候能自己做饭					
2.7 我能自己去看病					

3. 你平时买东西时是？（请在符合你的情况的方框中打"√"）

	很不符合	不符合	不太符合	比较符合	非常符合
3.1 买东西时会根据自己的实际需要购买					
3.2 流行和新奇的东西就是好					
3.3 看到同学买的东西，我也会跟着买					
3.4 买名牌，才有面子					

4. 你和下列人的关系如何？（请在符合你的情况的方框中打"√"）

	非常差	比较差	一般	比较好	非常好
4.1 我和家人的关系					
4.2 我和同学的关系					
4.3 我和老师的关系					

5. 你平时能够做下面的事情吗？（请在符合你的情况的方框中打"√"）

	很不符合	不符合	不太符合	比较符合	非常符合
5.1 我在公交车上会主动给老人让座					
5.2 我会破坏公共财物					
5.3 我会团结同学，尊敬师长					
5.4 我在路上见到垃圾，会主动捡起放到垃圾桶					
5.5 我会遵守学校纪律					

6. 你平时有下面这些感觉吗？（请在符合你的情况的方框中打"√"）

	很不符合	不符合	不太符合	比较符合	非常符合
6.1 感觉自己像个大人					
6.2 喜欢与大人交往					
6.3 希望自己被看作大人					

7. 你对自己的认识情况是？（请在符合你的情况的方框中打"√"）

	很不符合	不符合	不太符合	比较符合	非常符合
7.1 我对自己的学习成绩满意					
7.2 我对自己的性格习惯满意					
7.3 我的上进心强					
7.4 我的独立性强					
7.5 我能认识到自己做得不好的地方					
7.6 我能虚心向别人学习					

8.1 你希望将来读书到什么程度？

（1）初中

（2）高中或中专

（3）大学（包括专科和本科）

（4）研究生（包括硕士、博士、博士后）

8.2 你希望将来从事什么职业？

(1) 医生　　　　　　　　　(2) 警察

(3) 农民　　　　　　　　　(4) 工人

(5) 演员　　　　　　　　　(6) 歌手

(7) 服务员　　　　　　　　(8) 老板

(9) 科学家　　　　　　　　(10) 教师

(11) 工程师　　　　　　　 (12) 厨师

(13) 主持人　　　　　　　 (14) 记者

(15) 运动员　　　　　　　 (16) 其他

9. 北京/济南/青岛/潍坊/淄博/临沂/日照和老家比，你怎么看？

(1) 北京/济南/青岛/潍坊/淄博/临沂/日照好

(2) 老家好

(3) 都一样，没有什么区别

(4) 有些方面北京/济南/青岛/潍坊/淄博/临沂/日照好，有些方面老家好

(5) 说不清

10. 过去一年，你回过几次老家？

(1) 一次　　　　　　　　　(2) 两次及以上

(3) 没有

11. 你觉得移动社交媒体会对你产生哪些影响？（可从学习、生活、情感等方面谈）

___

同学，请你认真检查一下问卷，看是否回答了包括空格和选择的每一道问题。

非常感谢你的配合！

家长问卷

1. 您是孩子的

(1) 父亲　　　　　　　　　(2) 母亲

(3) 其他（请注明）_____

2. 您的孩子来北京/济南/青岛/潍坊/淄博/临沂/日照多长时间了

(1) 1 年以下　　　　　　　　(2) 1 年到 3 年

(3) 3 年以上到 5 年　　　　　(4) 5 年以上

(5) 从一出生就在北京/济南/青岛/潍坊/淄博/临沂/日照

3. 请回忆一下，来北京/济南/青岛/潍坊/淄博/临沂/日照后，您搬过_____次家，您的孩子转过_____次学（正常升学除外）。

4. 您的受教育程度是

(1) 小学及以下　　　　　　　(2) 初中

(3) 高中或中专　　　　　　　(4) 大学（包括大专和大本）

(5) 研究生（包括硕士、博士和博士后）

5. 您家庭的月收入情况（指夫妻双方之和，不包括祖父母）？

(1) 4000 元以下　　　　　　　(2) 4001—7000 元

(3) 7001—10000 元　　　　　 (4) 10001—15000 元

(5) 15000 元以上

6. 您的职业是？

(1) 党政机关工作人员

(2) 企事业工作人员

(3) 私营企业主

(4) 专业技术人员（包括医生、律师、教师、科研技术人员、文体工作者和新闻工作者等）

(5) 办事人员（包括文秘、街道办事人员、行政业务员、治安保卫人员、警察等）

(6) 个体商户

(7) 商业服务业人员

(8) 工业运输业生产人员（含民工）

(9) 农业劳动者

(10) 现役军人

(11) 离退休人员

(12) 自由职业者

(13) 无业、失业、半失业者

(14) 其他（请注明）_____

7. 您希望孩子接触和使用移动社交媒体能够？
（1）从中获取信息　　　　　（2）放松娱乐一下
（3）满足学习需要　　　　　（4）打发时间
（5）不想让他接触　　　　　（6）其他（请注明）_____

8. 据您所知您孩子和网友聊得最多的是哪方面的话题？
（1）学习问题　　　　　　　（2）新闻
（3）人际交往　　　　　　　（4）理想和人生
（5）兴趣爱好　　　　　　　（6）情感
（7）他没有网友　　　　　　（8）不清楚

9. 孩子在接触和使用移动社交媒体时您会陪同或监督吗？
（1）经常　　　　　　　　　（2）有时
（3）很少　　　　　　　　　（4）基本不

10. 总的来说，您认为移动社交媒体对孩子的影响是？
（1）就目前对孩子成长来看，弊大于利
（2）就目前对孩子成长来看，利大于弊
（3）不同的移动社交媒体对孩子的影响不同，有的利大，有的弊大
（4）说不清楚

11. 您希望移动社交媒体对孩子的身心发展产生哪些影响？

再次感谢各位家长和同学参与我们的调查！若还有其他相关信息或意见，请填写在下面。

附录2

"移动社交媒体对流动儿童社会化的影响"调查问卷（非流动儿童）

尊敬的家长和同学：

你们好，为了解少年儿童接触和使用移动社交媒体的情况，研究大众媒介对儿童成长的影响，我们组织了本次调查，需要占用你们的一些时间，完成这份问卷，希望得到你们的理解和支持！

这次调查是不记名的，调查结果只用于科学研究，不会收集你们的个人隐私。

衷心感谢你们的合作！

填写说明：

①除题目后有特别说明的问题外，本问卷题目均为单选题。

②本问卷不是考试，答案没有对错之分，只需从每一小题的多个选项中挑选出最符合自己的，在序号后打上"√"或在"＿＿＿＿"处填上适当的内容。

学生问卷

一　基本情况

1. 你的性别是

（1）男　　　　　　　　　　（2）女

2. 你今年＿＿＿＿岁了

3. 你的年级是

（1）三年级　　　　　　　　（2）四年级

（3）五年级　　　　　　　　（4）六年级

（5）初一　　　　　　　　　（6）初二

（7）初三

4. 你是独生子女吗？

（1）是　　　　　　　　　　（2）不是

5. 你的学习成绩大约是

（1）优秀　　　　　　　　　（2）良好

（3）及格　　　　　　　　　（4）不及格

6. 你有自己的移动设备（智能手机、平板电脑等）吗？

（1）有　　　　　　　　　　（2）没有

二　移动社交媒体的接触和使用情况

1. 你经常接触和使用的移动社交媒体应用软件［App］（特指装在移动端的应用）是？＿＿＿＿（可多选）

（1）QQ　　　　　　　　　　（2）微信

（3）微博　　　　　　　　　　（4）人人

（5）陌陌　　　　　　　　　　（6）豆瓣

（7）百度贴吧　　　　　　　　（8）论坛

（9）唱吧　　　　　　　　　　（10）知乎、分答等

（11）斗鱼、映客等　　　　　　（12）易信

（13）啪啪　　　　　　　　　　（14）YY 语音

（15）A 站、B 站等　　　　　　（16）其他

2. 你接触和使用移动社交媒体首先考虑的是什么？

（1）可随身携带　　　　　　　（2）更隐私

（3）更安全　　　　　　　　　（4）流量耗费较少

（5）亲友、同学使用　　　　　（6）可随时随地进行交流

（7）操作界面的美观性　　　　（8）其他

3. 你在移动社交媒体中的好友主要是？

（1）现实中的朋友或同学　　　（2）父母

（3）亲戚　　　　　　　　　　（4）老师

（5）陌生网友　　　　　　　　（6）其他（请注明）_____

4. 你在移动社交媒体中拥有的好友数量大约有？

（1）1—20 个　　　　　　　　（2）21—40 个

（3）41—60 个　　　　　　　（4）61—80 个

（5）80 个以上

5. 你在移动社交媒体中经常和谁聊天？

（1）父母　　　　　　　　　　（2）亲戚

（3）老师　　　　　　　　　　（4）陌生网友

（5）现实中的好友或同学　　　（6）跟谁都不说

（7）其他

6. 你大约是从什么时候开始接触和使用移动社交媒体的？

（1）一年级以前　　　　　　　（2）一年级

（3）二年级　　　　　　　　　（4）三年级

（5）四年级　　　　　　　　　（6）五年级

（7）六年级　　　　　　　　　（8）初一

（9）初二　　　　　　　　　　　（10）初三

7. 你一般都在什么时候接触和使用移动社交媒体？（最多选3个）

（1）上课时间　　　　　　　　　（2）吃饭时间

（3）睡觉前　　　　　　　　　　（4）路上

（5）课间休息时间　　　　　　　（6）放假时间

（7）随时随地　　　　　　　　　（8）做完作业后

（9）其他

8. 你每天大概接触和使用多长时间的移动社交媒体？

（1）10分钟以内　　　　　　　　（2）半个小时左右

（3）一个小时左右　　　　　　　（4）一个半小时左右

（5）两个小时左右　　　　　　　（6）远超过两个小时

9. 你接触和使用移动社交媒体的频率是？

（1）每天1次　　　　　　　　　（2）2—3天1次

（3）3—5天1次　　　　　　　　（4）每周或更长时间1次

（5）每天2次以上

10. 你都在哪里接触和使用移动社交媒体？（最多选3个）

（1）学校　　　　　　　　　　　（2）家里

（3）娱乐场所　　　　　　　　　（4）交通工具（等待或路途中）

（5）其他

11. 你接触和使用移动社交媒体主要是（最多选3个）？

（1）认识新朋友　　　　　　　　（2）跟朋友联系

（3）发布个人状态　　　　　　　（4）分享信息

（5）浏览新闻、关注社会资讯　　（6）关注好友新鲜动态和新鲜事

（7）玩游戏、看小说　　　　　　（8）听音乐、看视频

（9）得到别人对自己的称赞　　　（10）其他

12. 你今后接触和使用移动社交媒体的时间安排是？

（1）保持现状　　　　　　　　　（2）减少接触和使用时间

（3）增加接触和使用时间　　　　（4）不知道

（5）其他

13. 愉悦度认知（请在符合你情况的方框中打"√"）

	非常同意	有些同意	不确定	有些不同意	非常不同意
13.1 移动社交媒体是好玩有趣的					
13.2 移动社交媒体使我的生活变得更加丰富多彩					
13.3 接触和使用移动社交媒体能带来积极愉快的体验					

14. 信息可用度认知（请在符合你情况的方框中打"√"）

	非常同意	有些同意	不确定	有些不同意	非常不同意
14.1 移动社交媒体提供了我所需要的信息					
14.2 移动社交媒体是很好的信息来源					
14.3 接触和使用移动社交媒体可以随时随地查看信息					
14.4 移动社交媒体提供的信息可以作为我日常生活的参考					

15. 互动程度认知（请在符合你情况的方框中打"√"）

	非常同意	有些同意	不确定	有些不同意	非常不同意
15.1 移动社交媒体加强了我跟朋友之间的联系					
15.2 接触和使用移动社交媒体可随时随地跟好友交流					
15.3 接触和使用移动社交媒体可以随时更新自己的状态，及时回复好友的留言					

续表

	非常同意	有些同意	不确定	有些不同意	非常不同意
15.4 移动社交媒体可以看到好友的最新动态					

16. 信任度认知（请在符合你情况的方框中打"√"）

	非常同意	有些同意	不确定	有些不同意	非常不同意
16.1 移动社交媒体提供的信息是值得信任的					
16.2 移动社交媒体发布的信息反映了社会现实					
16.3 在移动社交媒体上认识的好友是可以信任的					
16.4 移动社交媒体所提供的用户信息是真实的					

17. 接触和使用意愿（请在符合你情况的方框中打"√"）

	非常同意	有些同意	不确定	有些不同意	非常不同意
17.1 学习接触和使用移动社交媒体很容易					
17.2 移动社交媒体使用起来很方便					
17.3 与电脑登录相比，我更喜欢用手机、平板等登录社交网络					
17.4 我经常接触和使用移动社交媒体更新我的个人动态					
17.5 接触和使用移动社交媒体有助于获取更多的信息或接触更多的人					

三 社会化状况

1. 你认为自己的性格行为是？（请在符合你情况的方框中打"√"）

	很不符合	不符合	不太符合	比较符合	非常符合
1.1 我是一个懒惰的人					
1.2 我是一个粗心的人					
1.3 我做事情有自己的主见					
1.4 我在外面胆小怕事					
1.5 我会帮助别人					
1.6 我是一个充满自信的人					
1.7 我是一个内向的人					

2. 你平时能够做下面的事情吗？（请在符合你的情况的方框中打"√"）

	很不符合	不符合	不太符合	比较符合	非常符合
2.1 我能自己去理发					
2.2 我能自己洗衣服					
2.3 我能帮家人做家务					
2.4 我能自己乘公交车外出					
2.5 我能照顾生病的家人					
2.6 我有时候能自己做饭					
2.7 我能自己去看病					

3. 你平时买东西时是？（请在符合你的情况的方框中打"√"）

	很不符合	不符合	不太符合	比较符合	非常符合
3.1 买东西时会根据自己的实际需要购买					
3.2 流行和新奇的东西就是好					

续表

	很不符合	不符合	不太符合	比较符合	非常符合
3.3 看到同学买的东西，我也会跟着买					
3.4 买名牌，才有面子					

4. 你和下列人的关系如何？（请在符合你的情况的方框中打"√"）

	非常差	比较差	一般	比较好	非常好
我和家人的关系					
我和同学的关系					
我和老师的关系					

5. 你平时能够做下面的事情吗？（请在符合你的情况的方框中打"√"）

	很不符合	不符合	不太符合	比较符合	非常符合
5.1 我在公交车上会主动给老人让座					
5.2 我会破坏公共财物					
5.3 我会团结同学，尊敬师长					
5.4 我在路上见到垃圾，会主动捡起放到垃圾桶					
5.5 我会遵守学校纪律					

6. 你平时有下面这些感觉吗？（请在符合你的情况的方框中打"√"）

	很不符合	不符合	不太符合	比较符合	非常符合
6.1 感觉自己像个大人					
6.2 喜欢与大人交往					
6.3 希望自己被看作大人					

7. 你对自己的认识情况是？（请在符合你的情况的方框中打"√"）

	很不符合	不符合	不太符合	比较符合	非常符合
7.1 我对自己的学习成绩满意					
7.2 我对自己的性格习惯满意					
7.3 我的上进心强					
7.4 我的独立性强					
7.5 我能认识到自己做得不好的地方					
7.6 我能虚心向别人学习					

8.1 你希望将来读书到什么程度？

（1）初中

（2）高中或中专

（3）大学（包括专科和本科）

（4）研究生（包括硕士、博士、博士后）

8.2 你希望将来从事什么职业？

（1）医生　　　　　　　　（2）警察

（3）农民　　　　　　　　（4）工人

（5）演员　　　　　　　　（6）歌手

（7）服务员　　　　　　　（8）老板

（9）科学家　　　　　　　（10）教师

（11）工程师　　　　　　（12）厨师

（13）主持人　　　　　　（14）记者

（15）运动员　　　　　　（16）其他

9. 你愿意和那些从外地转学来的同学交朋友吗？

（1）愿意　　　　　　　　（2）不愿意

（3）不知道

10. 你觉得移动社交媒体会对你产生哪些影响？（可从学习、生活、情感等方面谈）

同学，请你认真检查一下问卷，看是否回答了包括空格和选择的每一道问题。

非常感谢你的配合！

家长问卷

1. 您是孩子的

（1）父亲　　　　　　　　　（2）母亲

（3）其他（请注明）_____

2. 您的受教育程度是

（1）小学及以下　　　　　　（2）初中

（3）高中或中专　　　　　　（4）大学（包括大专和大本）

（5）研究生（包括硕士、博士和博士后）

3. 您家庭的月收入情况（指夫妻双方之和，不包括祖父母）？

（1）4000 元以下　　　　　　（2）4001—7000 元

（3）7001—10000 元　　　　　（4）10001—15000 元

（5）15000 元以上

4. 您的职业是？

（1）党政机关工作人员

（2）企事业工作人员

（3）私营企业主

（4）专业技术人员（包括医生、律师、教师、科研技术人员、文体工作者和新闻工作者等）

（5）办事人员（包括文秘、街道办事人员、行政业务员、治安保卫人员、警察等）

（6）个体商户

（7）商业服务业人员

（8）工业运输业生产人员（含民工）

（9）农业劳动者

（10）现役军人

（11）离退休人员

（12）自由职业者

（13）无业、失业、半失业者

（14）其他（请注明）_____

5. 您希望孩子接触和使用移动社交媒体能够？

（1）从中获取信息　　　　　　（2）放松娱乐一下

（3）满足学习需要　　　　　　（4）打发时间

（5）不想让他接触　　　　　　（6）其他（请注明）_____

6. 据您所知您孩子和网友聊得最多的是哪方面的话题？

（1）学习问题　　　　　　　　（2）新闻

（3）人际交往　　　　　　　　（4）理想和人生

（5）兴趣爱好　　　　　　　　（6）情感

（7）他没有网友　　　　　　　（8）其他

7. 孩子在接触和使用移动社交媒体时您会陪同或监督吗？

（1）经常　　　　　　　　　　（2）有时

（3）很少　　　　　　　　　　（4）基本不

8. 总的来说，您认为移动社交媒体对孩子的影响是？

（1）就目前对孩子成长来看，弊大于利

（2）就目前对孩子成长来看，利大于弊

（3）不同的移动社交媒体对孩子的影响不同，有的利大，有的弊大

（4）说不清楚

9. 您希望移动社交媒体对孩子的身心发展产生哪些影响？

_____

再次感谢各位家长和同学参与我们的调查！若还有其他相关信息或意见，请填写在下面。

附录3　流动儿童访谈提纲

姓名_____性别_____年龄_____学校_____年级_____班_____

老家_____现居住地_____父亲职业_____母亲职业_____

访谈地点_____访谈日期_____

访谈原则：根据下列问题启发访谈对象叙述相关的具体事例，并尽量按照原话进行记录（录音）

一　基本情况

1. 你是独生子女吗，家中还有其他兄弟姐妹吗？现在和谁一起居住？
2. 来北京/济南/青岛/潍坊/淄博/临沂/日照几年了？来这之后去过哪些地方？来现在这所学校前还去过哪些学校？
3. 你家现在住哪，一年回老家几次？
4. 北京/济南/青岛/潍坊/淄博/临沂/日照和老家比，你更喜欢北京/济南/青岛/潍坊/淄博/临沂/日照还是老家，为什么？
5. 你觉得自己是北京/济南/青岛/潍坊/淄博/临沂/日照人，还是老家人？
6. 你的学习成绩怎么样？父母有时间指导你学习吗？

二　移动社交媒体的接触和使用情况

1. 你平时使用的移动设备（智能手机、平板电脑等）是自己的还是父母的？
2. 你经常使用哪些移动社交媒体应用软件，为什么喜欢用这些软件？
3. 你在接触和使用移动社交媒体时会考虑哪些因素？
4. 你接触和使用移动社交媒体时，父母会监督你或管教你吗？
5. 你在移动社交媒体上有哪些好友，大约有多少个？
6. 你接触和使用移动社交媒体主要做些什么？
7. 你会经常跟好友聊天吗？你们一般都聊什么？
8. 你会利用移动社交媒体获取哪些信息？
9. 你一般都在什么时候接触和使用移动社交媒体，一天大概使用多长时间？
10. 你对自己现在接触和使用移动社交媒体的时间满意吗，以后准备怎么做？
11. 你觉得接触和使用移动社交媒体会使你的生活变得丰富多彩吗？
12. 你觉得移动社交媒体上提供的信息实用吗？对你有帮助吗？
13. 你觉得移动社交媒体会加强你跟朋友之间的联系吗？
14. 你认为移动社交媒体上的信息可以相信吗？移动社交媒体上认识的陌生网友是可以信任的吗？

15. 你喜欢用电脑登录移动社交媒体还是手机、平板，为什么？

16. 你能谈谈移动社交媒体给你带来了哪些影响吗？

三　社会化状况

1. 你觉得自己是一个什么性格的人？

2. 你平时能帮家人做家务吗？能自己洗衣服、理发吗？会自己做饭，去看病吗？

3. 你平时买东西会特意买名牌吗？看到同学买的东西你会跟着买吗？

4. 你和家里人的关系怎么样？和老师、同学呢，他们喜欢你吗？你有几个好朋友？

5. 你在公交车上会主动给老人让座吗？在路上见到垃圾会主动扔到垃圾桶吗？

6. 你对自己的学习成绩满意吗？对自己的性格呢？

7. 你喜欢和大人交往吗？希望自己被看做大人吗？

8. 你能认识到自己做得不好的地方吗？会虚心向别人学习吗？

9. 你希望将来读书到一个什么程度呢？将来想做什么工作，为什么？

附录4　流动儿童家长访谈提纲

与孩子的关系_____年龄_____学历_____职业_____

老家_____现居住地_____

访谈地点_____访谈日期_____

访谈原则：根据下列问题启发访谈对象叙述相关的具体事例，并尽量按照原话进行记录（录音）

一　基本情况

1. 您的孩子来北京/济南/青岛/潍坊/淄博/临沂/日照多久了？除正常升学外，他转过几次学？

2. 您平时回老家的次数多吗？一年回几次老家？

3. 孩子的学习成绩怎么样？

二 流动儿童移动社交媒体的接触和使用情况

1. 孩子课余时间都做些什么？
2. 您给他买手机或平板了吗？
3. 您知道孩子一般使用哪些移动社交媒体软件吗，他们接触和使用移动社交媒体主要用来做什么？
4. 孩子每天大概接触和使用多长时间的移动社交媒体？他在接触和使用移动社交媒体时您会陪同或监督吗？
5. 您知道孩子在移动社交媒体上都和网友聊哪些方面的话题吗？
6. 您对孩子接触和使用移动社交媒体的态度是怎样的？
7. 您觉得移动社交媒体对孩子产生了哪些影响？您希望它能够产生哪些影响？

三 流动儿童的社会化状况

1. 您觉得孩子是一个什么性格的人？
2. 孩子平时能够帮您做家务吗？您觉得他的生活自理能力怎么样？
3. 孩子平时会乱花钱吗？买东西时会跟同学攀比吗？会看重名牌吗？
4. 孩子和家里人的关系怎么样？在学校里和老师、同学的关系呢？
5. 孩子在公交车上会主动给老人让座吗？会遵守学校纪律吗？
6. 您觉得孩子的思想成熟吗？会感觉自己像个大人吗？希望被看作大人吗？
7. 孩子能够认识到自己做的不好的地方，会虚心向别人学习吗？

附录5　流动儿童老师访谈提纲

姓名_____性别_____年龄_____学历_____

学校_____年级_____

访谈地点_____访谈日期_____

访谈原则：根据下列问题启发访谈对象叙述相关的具体事例，并尽量按照原话进行记录（录音）

一　基本情况

1. 和非流动儿童相比，流动儿童平时的课堂表现怎么样？请您具体描述一下。
2. 流动儿童的家庭作业情况、学习积极性怎么样？有没有扰乱课堂秩序等不良学习行为？
3. 流动儿童平时会参加课外活动吗？参加的积极性怎样？

二　流动儿童移动社交媒体的接触和使用情况

1. 据您了解，流动儿童接触和使用移动社交媒体的情况是怎样的？他们一般都使用哪些移动社交媒体软件？他们接触和使用移动社交媒体软件都用来做什么？
2. 您觉得接触和使用移动社交媒体给流动儿童带来了哪些影响？您怎么看待他们接触和使用移动社交媒体的行为？
3. 为使流动儿童养成良好的移动社交媒体的接触和使用习惯，您有什么建议？

三　流动儿童的社会化状况

1. 流动儿童一般具有哪些性格与行为特征？他们平时会主动帮助同学吗？他们做事时有自信吗？他们有没有胆小怕事，内向？
2. 流动儿童的生活自理能力怎么样？
3. 流动儿童在买东西时会与同学攀比吗？
4. 流动儿童平时和老师、同学的相处情况怎么样？他们和家里人的关系怎么样？
5. 流动儿童有没有破坏公物、讲不文明用语、打架等有违反社会道德的行为？
6. 流动儿童的成人意识怎么样？他们希望自己被看作大人吗？
7. 流动儿童能够认识到自己做得不好的地方吗？会虚心向别人学习吗？

附录6　访谈实录

第一部分　流动儿童访谈案例

001 个案基本资料：

男，11 岁，就读于北京市 A 学校小学部，六年级，河北邯郸新华营村人，现居住于北京市朝阳区十八里店横街子村，父亲为加多宝促销员，母亲在学校干后勤工作。

访谈时间：2017 年 9 月 18 日

访谈地点：学校教师办公室

访谈实录：

一、基本情况

问：你是独生子女吗，家中还有其他兄弟姐妹吗？现在和谁一起居住？

答：不是，还有个弟弟，也在这个学校上学。我住宿舍，我弟弟和我妈住，爸爸有时候会过来。

问：来北京几年了？来这之前去过哪些地方？来现在这所学校前还去过哪些学校？

答：我是 2012 年 6 月来的，5 年了吧，之前没有去过其他城市，我妈在这个学校上班，我就来北京了。没有去过别的学校。

问：一年回老家几次？北京和老家比，你更喜欢北京还是老家，为什么？

答：一年回去 2 次，暑假 1 次，寒假 1 次。喜欢老家，老家朋友多，在这就上学的时候有人玩。

问：你觉得自己是北京人还是老家人？

答：有点儿像北京人，有点儿像老家人，我都不大会说老家话了。

问：你的学习成绩怎么样？父母有时间指导你学习吗？

答：差不多，前十名。周六、周天儿我回家的时候会辅导我学习，平时我都住学校。

二、移动社交媒体的接触和使用情况

问：你平时使用的移动设备（智能手机、平板电脑等）是自己的还是父母的？

答：有，父母用过的。

问：你经常使用哪些移动社交媒体应用软件，为什么喜欢用这些软件？

答：QQ吧，很少玩。

问：你在接触和使用移动社交媒体时会考虑哪些因素？

答：看对学习有没有帮助。

问：你接触和使用移动社交媒体时，父母会监督你或管教你吗？

答：会管，平时也不让我玩。

问：你在移动社交媒体上有哪些好友，大约有多少个？主要是谁？

答：挺少的，几个同学。

问：你接触和使用移动社交媒体主要做些什么？

答：看跟学习相关的。

问：你会经常跟好友聊天吗？你们一般都聊什么？

答：不会，一般只有我妈给老家人打电话的时候，我才会跟老家的朋友说几句。

问：你会利用移动社交媒体获取哪些信息？提供的信息实用吗？对你有帮助吗？

答：会看对学习有用的，还挺实用的，有些帮助。

问：你一般都在什么时候接触和使用移动社交媒体，一天大概使用多长时间？

答：周六、周日回家的时候才用，一个小时可能。

问：你对自己现在接触和使用移动社交媒体的时间满意吗，以后准备怎么做？

答：满意，以后可能会玩得时间长点。

问：你觉得接触和使用移动社交媒体会使你的生活变得丰富多彩吗？

答：还行，我都跟同学玩。

问：你觉得移动社交媒体会加强你跟朋友之间的联系吗？

答：会的，比较方便。

问：你认为移动社交媒体上的信息可以相信吗？移动社交媒体上认识的陌生网友是可以信任的吗？那你怎么看待网上的中小学生见陌生网友这

种事情？

答：有的可以，有的不可以。看情况吧。我们老师给我们讲过小学生见网友被骗的事，中小学生太小了，容易上当。

问：你能谈谈移动社交媒体给你带来了哪些影响吗？

答：能让我知道一些事情。

三、社会化状况

问：你觉得自己是一个什么性格的人？

答：安静、懂事。

问：你平时能帮家人做家务吗？能自己洗衣服、理发吗？会自己做饭吗？

答：嗯，我帮我爸我妈洗衣服，做饭，自己都能做。

问：你平时买东西会特意买名牌吗？看到同学买的东西你会跟着买吗？

答：不会，我妈从来不买那些，我爸买。不会跟着同学买。

问：你和家里人的关系怎么样？和老师、同学呢，他们喜欢你吗？你有几个好朋友？

答：还好，老师有时候批评我，同学还好。朋友挺多的，在老家的时候有十几个，现在没几个，三四个吧，都是男生。

问：你在公交车上会主动给老人让座吗？在路上见到垃圾会主动扔到垃圾桶吗？

答：嗯，会。

问：你对自己的学习成绩满意吗？对自己的性格呢？

答：对学习成绩不满意，还想进步。性格还好吧。

问：你喜欢和大人交往吗？希望自己被看作大人吗？

答：喜欢，长大了能够帮助爸妈做事情。

问：你能认识到自己做得不好的地方吗？会虚心向别人学习吗？

答：能，有些贪玩。会学习别人认真学习。

问：你希望将来读书到一个什么程度呢？将来想做什么工作，为什么？

答：大学。嗯，我想当总理。中国现在的总理是李克强，我听我奶奶说的。我也不知道为啥想当总理，就是突然就想当了，当了总理后想管理国家大事。

002 个案基本资料：

女，11 岁，就读于北京市 A 学校小学部，六年级，河南郑州市丹城镇人，现居住于北京市朝阳区十八里店横街子村，父母为水果摊贩。

访谈时间：2017 年 9 月 18 日

访谈地点：学校教师办公室

访谈实录：

一、基本情况

问：你是独生子女吗，家中还有其他兄弟姐妹吗？现在和谁一起居住？

答：不是，还有两个姐姐，她们已经上班了。现在和父母、姐姐一起住。

问：来北京几年了？来这之前去过哪些地方？来现在这所学校前还去过哪些学校？

答：2005 年来到这儿，直接从河南老家来的北京，之前没有去过其他城市。还去过博文学校。

问：一年回老家几次？北京和老家比，你更喜欢北京还是老家，为什么？

答：一年回去 1 次，就过年的时候回去。都挺喜欢的，老家的人比较好交流，北京的话毕竟不是老家，就不太……不太好交流了，没有老家的人那么亲，北京的新鲜事物挺多的，高楼大厦什么的。

问：你觉得自己是北京人还是老家人？

答：觉得自己是河南人，老家让人有归属感。我还会说我们老家话。

问：你的学习成绩怎么样？父母有时间指导你学习吗？

答：还可以，父母没有时间，一般都是我姐，我姐她们不经常在这边，我姐现在在家，然后就是每天晚上辅导我学习。

二、移动社交媒体的接触和使用情况

问：你平时使用的移动设备（智能手机、平板电脑等）是自己的还是父母的？

答：我自己的，是我姐给我买的。

问：你经常使用哪些移动社交媒体应用软件，为什么喜欢用这些软件？

答：玩QQ、微信，平常会发QQ空间，很好玩，打发时间。

问：你在接触和使用移动社交媒体时会考虑哪些因素？

答：就是看能不能及时跟同学聊天，有什么事可以说一下。

问：你接触和使用移动社交媒体时，父母会监督你或管教你吗？

答：会管，管就不玩了。

问：你在移动社交媒体上有哪些好友，大约有多少个？主要是谁？

答：100多个吧，基本上都是同学朋友，老家的朋友啊，现在班里的同学啊之类的，也有利用QQ通讯录功能推荐添加的陌生网友，但是不跟他们聊天。

问：你接触和使用移动社交媒体主要做些什么？

答：聊天，看看空间，看明星的直播，看娱乐八卦，最近就是李晨跟范冰冰求婚了。喜欢TFBOYS，看看新闻什么的。

问：你会经常跟好友聊天吗？你们一般都聊什么？

答：会啊，会说去哪玩，去哪吃饭，聊些身边发生的事。

问：你会利用移动社交媒体获取哪些信息？提供的信息实用吗？对你有帮助吗？

答：会看看新闻，对我还有些用，能够知道一些东西。

问：你一般都在什么时候接触和使用移动社交媒体，一天大概使用多长时间？

答：无聊的时候就玩，一天大概得玩2—3小时吧。

问：你对自己现在接触和使用移动社交媒体的时间满意吗，以后准备怎么做？

答：还可以，以后也这样。

问：你觉得接触和使用移动社交媒体会使你的生活变得丰富多彩吗？

答：还挺好的吧，能跟朋友聊天，能看明星，看看发生的一些事情。

问：你觉得移动社交媒体会加强你跟朋友之间的联系吗？

答：会啊，还能跟老家的朋友联系。

问：你认为移动社交媒体上的信息可以相信吗？移动社交媒体上认识的陌生网友是可以信任的吗？那你怎么看待网上的中小学生见陌生网友这

种事情？

答：有的可以相信，有的不可以相信，比如说网上说的车祸，还有那个百万钞票的事。我在网上看见过有些小学生被网友骗的新闻。陌生网友得看是什么样的人，就比如说社会上的人，可有可无的。

问：你能谈谈移动社交媒体给你带来了哪些影响吗？

答：好的影响就是跟朋友沟通的话比较方便，坏的影响就是对身体有辐射。

三、社会化状况

问：你觉得自己是一个什么性格的人？

答：比较开朗，活泼。

问：你平时能帮家人做家务吗？能自己洗衣服、理发吗？会自己做饭吗？

答：可以啊，会自己洗衣服，理发，做饭父母不让我做，怕我出事。

问：你平时买东西会特意买名牌吗？看到同学买的东西你会跟着买吗？

答：我的东西都是我姐给我买，我自己不买东西，我姐给我买的东西挺多的。

问：你和家里人的关系怎么样？和老师、同学呢，他们喜欢你吗？你有几个好朋友？

答：和父母关系还好的，有什么事跟我姐说的多。老师、同学还好吧，有时候也跟同学闹别扭。好朋友挺多，男生比较少，女生比较多。

问：你在公交车上会主动给老人让座吗？在路上见到垃圾会主动扔到垃圾桶吗？

答：会啊，会的。

问：你对自己的学习成绩满意吗？对自己的性格呢？

答：对学习成绩不能说满意，也不能说不满意，只能说差不多。性格太开朗了。

问：你喜欢和大人交往吗？希望自己被看作大人吗？

答：喜欢，能够帮大人做一些事情，也喜欢跟我姐玩。还是希望当小孩。

问：你能认识到自己做得不好的地方吗？会虚心向别人学习吗？

答：会啊，比如说，我跟我妈说我出去玩了，我妈说不行，周六周日你好不容易休息一天，就在家里玩吧，我就说都跟朋友约好了，然后自己就去了，像这种事情我就做得不好。会学习别人。

问：你希望将来读书到一个什么程度呢？将来想做什么工作，为什么？

答：先看看我能念到什么时候吧，我也不知道。我想做厨师，我也不知道为啥，可能喜欢吃吧。

003 个案基本资料：

女，15 岁，就读于北京市 A 学校初中部，九年级，河南省驻马店市确山县人，现居住于北京，父母在河北香河经营烧烤摊。

访谈时间：2017 年 9 月 18 日

访谈地点：学校教师办公室

访谈实录：

一、基本情况

问：你是独生子女吗，家中还有其他兄弟姐妹吗？现在和谁一起居住？

答：不是，还有个哥哥，回老家了。父母在香河经营烧烤店，那边距离北京挺近的，我周六、周日会过去。

问：来北京几年了？来这之前去过哪些地方？来现在这所学校前还去过哪些学校？

答：我小时候就来北京了，将近十几年了吧。来北京之前，还去过河北、江西。在老家上过，然后就在这个学校上过，然后走了，然后又回来。我在河北、江西那边也上过，不过那是我小时候了，我忘了那个学校名字了。

问：一年回老家几次？北京和老家比，你更喜欢北京还是老家，为什么？

答：我一年回老家一次，有特殊情况的话就回好几次。过年的话也是有时候回老家，老家的亲戚比这多。但是老家的同学跟北京这的同学比的话，我更喜欢北京的同学，因为感觉玩得到一起，老家的都好久没见了，比较生，跟老家的朋友也没有什么联系了。

问：你觉得自己是北京人还是老家人？

答：老家人。

问：你的学习成绩怎么样？父母有时间指导你学习吗？

答：不好。没有时间。

二、移动社交媒体的接触和使用情况

问：你平时使用的移动设备（智能手机、平板电脑等）是自己的还是父母的？

答：有啊，爸妈给买的。

问：你经常使用哪些移动社交媒体应用软件，为什么喜欢用这些软件？

答：QQ、QQ 空间。经常用微信，看小说的，因为很有趣啊。

问：你在接触和使用移动社交媒体时会考虑哪些因素？

答：就是看能不能及时跟同学聊天，有什么事可以说一下。

问：你接触和使用移动社交媒体时，父母会监督你或管教你吗？

答：会管，管就不玩了。

问：你在移动社交媒体上有哪些好友，大约有多少个？主要是谁？

答：就是同学，五六十个吧。陌生网友我都会先问他是谁。

问：你接触和使用移动社交媒体主要做些什么？

答：聊天，发朋友圈，看小说，看古代的，穿越剧，宫廷剧这些。看直播，用快手软件看直播，就是看那些网红。

问：你会经常跟好友聊天吗？你们一般都聊什么？

答：会啊，会说去哪玩，去哪吃饭，聊些身边发生的事。

问：你会利用移动社交媒体获取哪些信息？提供的信息实用吗？对你有帮助吗？

答：看明星，直播之类的。有些提供的有用，有些提供的没用。就是看那些新闻，腾讯弹出的新闻，有时候我也看那些讲娱乐的新闻，就是明星八卦，最近的一个八卦就是范冰冰跟李晨。也有吧，就是好玩，知道得多。

问：你一般都在什么时候接触和使用移动社交媒体，一天大概使用多长时间？

答：写完作业，睡觉一个小时之前。应该是 3—4 小时。

问：你对自己现在接触和使用移动社交媒体的时间满意吗，以后准备怎么做？

答：满意，我觉得还可以，还这样就行。

问：你觉得接触和使用移动社交媒体会使你的生活变得丰富多彩吗？

答：还挺好的吧，能跟朋友聊天，能看明星，看看发生的一些事情。

问：你觉得移动社交媒体会加强你跟朋友之间的联系吗？

答：会啊，还能跟老家的朋友联系。

问：你认为移动社交媒体上的信息可以相信吗？移动社交媒体上认识的陌生网友是可以信任的吗？那你怎么看待网上的中小学生见陌生网友这种事情？

答：有些可以相信，有些不可以相信。可以相信一些新闻，不可以相信就是别人在网上找你借钱，要看看是不是本人。我知道，看见过这种事。之前我表叔也是出去见网友，结果呢失踪了好几年没回来，最后找到了，就是前两年找到的，他就是被人骗了，骗了好几万呢，所以我觉得不能去见，挺危险的。

问：你能谈谈移动社交媒体给你带来了哪些影响吗？

答：好的影响就是能打电话，增强跟父母和朋友的联系。坏的影响就是越玩越上瘾。

三、社会化状况

问：你觉得自己是一个什么性格的人？

答：外向，跟朋友聊得来。

问：你平时能帮家人做家务吗？能自己洗衣服、理发吗？会自己做饭吗？

答：能，就是做饭、洗衣服、扫个地。

问：你平时买东西会特意买名牌吗？看到同学买的东西你会跟着买吗？

答：不会，那么贵，买它干嘛啊，也不怎么有钱。不会跟着买。

问：你和家里人的关系怎么样？和老师、同学呢，他们喜欢你吗？你有几个好朋友？

答：和家里人关系还好，挺好是。嗯，老师和同学还好。四五个好朋友，都是女生。

问：你在公交车上会主动给老人让座吗？在路上见到垃圾会主动扔到垃圾桶吗？

答：嗯，都会。

问：你对自己的学习成绩满意吗？对自己的性格呢？

答：以前满意，以前学习还行，现在不满意了，现在学习成绩下降了。性格满意。

问：你喜欢和大人交往吗？希望自己被看作大人吗？

答：喜欢，能够帮大人做一些事情，也喜欢跟我姐玩。还是希望当小孩。

问：你能认识到自己做得不好的地方吗？会虚心向别人学习吗？

答：能，比如说，跟朋友聊天的时间太长了。会，学习他们学习认真吧。

问：你希望将来读书到一个什么程度呢？将来想做什么工作，为什么？

答：就是先毕业，回老家考高中，考得上就上，考不上就上职专。还没怎么想过，我喜欢摄影，就是我有一个朋友他就搞摄影，我觉得还不错，我也想摄影。

其余略。

第二部分　流动儿童监护人访谈案例

AP1 个案基本资料

孩子上六年级，孩子母亲，36 岁，小学毕业，居住于北京市朝阳区横街子村，经营包子铺。

访谈时间：2017 年 9 月 19 日

访谈地点：包子铺旁

访谈实录：

一、基本情况

问：您的孩子来北京多久了？除正常升学外，他转过几次学？

答：我们家这个上小学六年级了，二年级的时候把他从老家转过来的，来四年了。来了以后原本让他在旁边那个博文上了一年，后来又把他转这个学校来了，转过一次吧。

问：您们平时回老家的次数多吗？一年回几次老家？

答：我们平时回去得不多，干这个也挺忙的，一年就过年的时候我们都回去，寒暑假我把他放老家，让他跟着他爷爷奶奶。

问：孩子的学习成绩怎么样？

答：他呀，也不知道学习，一天天的就玩，在班里学习成绩一般吧。

二、流动儿童移动社交媒体的接触和使用情况

问：孩子课余时间都做些什么？

答：放学后回家写作业，写完作业就开始抱着手机玩，有时候能来我这儿，让他给我送点东西什么的。

问：您给他买手机或平板了吗？

答：给他买了块手机，现在的小孩哪个没有啊。

问：您知道孩子一般使用哪些移动社交媒体软件吗，他们接触和使用移动社交媒体主要用来做什么？

答：这个啊，QQ应该是用啊，玩游戏、看视频、还看小说，网上的东西太多了。

问：孩子每天大概接触和使用多长时间的移动社交媒体？他在接触和使用移动社交媒体时您会陪同或监督吗？

答：嗯。能使上三四个小时吧，写完作业就开始玩，天天玩，说也不听，顶多说说他就答应着好，然后他还玩，有时候就给他藏起来，他就去街上跟周围的小孩玩玩。我想管他啊，有时候忙起来是真顾不大上。

问：您知道孩子在移动社交媒体上都和网友聊哪些方面的话题吗？

答：具体的不太清楚，我估摸着也就是说说游戏、电视剧什么的吧，有时候问他吧，就说问同学作业，讨论问题，也不知道是不是。

问：您对孩子接触和使用移动社交媒体的态度是？

答：不想让他玩，太影响学习了，整天就知道玩手机，心思也不在学习上，那能怎么办。

问：您觉得移动社交媒体对孩子产生了哪些影响？您希望它能够产生哪些影响？

答：就觉得影响学习啊，除了上学就玩手机，挺让人愁得慌的。嗯，要是玩手机能学习好就行了。

三、流动儿童的社会化状况

问：您觉得孩子是一个什么性格的人？

答：不大爱说话，不愿意学习，眼整天光盯着手机了。

问：孩子平时能够帮您做家务吗？您觉得他的生活自理能力怎么样？

答：这个倒还能，帮我们扫扫地，烧烧水，热热饭都行，有时候我和他爸爸忙的时候，还能给我们做个饭，这点是挺好的。他的自理能力应该是还行。

问：孩子平时会乱花钱吗？买东西时会跟同学攀比吗？会看重名

牌吗？

答：不大会，一般他要什么我们尽量给他买，小孩子就喜欢买辣条啊那些垃圾食品，吃了对身体不好。也没见他跟别人比，我们干活挺累的，他也知道，天天天不亮就得起来发面，剁馅，包包子，煮茶蛋，熬粥什么的，钱挣得不容易。名牌也不大会，买的东西好用就行了，咱也不比那些。

问：孩子和家里人的关系怎么样？在学校里和老师、同学的关系呢？

答：跟我们还行啊，就是有什么事不大和我们说，现在的小孩都愿意跟那些跟他耍的小孩子说吧。在学校里应该也可以，跟老师同学处得还可以，也没听老师说有啥大问题。

问：孩子在公交车上会主动给老人让座吗？会遵守学校纪律吗？

答：嗯，小时候那上学的时候学校里就教要有礼貌，给老人让座。在学校里反正是看老师吧，老师给管着，也没出大乱子。

问：您觉得孩子的思想成熟吗？他会感觉自己像个大人吗？希望被看作大人吗？

答：他现在感觉还是小，是个小孩，不过有些事你跟他说他也明白。这个没觉得，还是个小孩，他也不想这些。

问：孩子能够认识到自己做的不好的地方，虚心向别人学习吗？

答：嗯，怎么说呢，他应该能，他自己也知道不能老玩手机，但是自己也管不住自己。跟别人学习啊，他这个知道，有些事也能，就是这个玩手机是不行了。

BP2 个案基本资料

孩子上八年级，孩子母亲，37 岁，小学毕业，居住于北京市朝阳区横街子村，经营洗衣店。

访谈时间：2017 年 9 月 19 日

访谈地点：洗衣店内

访谈实录：

一、基本情况

问：您的孩子来北京多久了？除正常升学外，他转过几次学？

答：来五年了，以前跟着我们去过河北，现在就来北京了，也不知道还能在这住多久，你看看现在都忙着拆呢，北京把我们这些外地来打工的，往外赶。加起来算转过两次，嗯。

问：您们平时回老家的次数多吗？一年回几次老家？

答：我们回去的也不多，就是出来打工挣钱，哪能经常回去，一般就过年的时候回去住两天。

问：孩子的学习成绩怎么样？

答：我们家这个学习一般，我们根本就顾不上他。

二、流动儿童移动社交媒体的接触和使用情况

问：孩子课余时间都做些什么？

答：玩玩手机、看看电脑，跟同学出去玩，帮我干点活。

问：您给他买手机或平板了吗？

答：买了，给他买了个普通的。

问：您知道孩子一般使用哪些移动社交媒体软件吗，他们接触和使用移动社交媒体主要用来做什么？

答：嗯，用QQ、微信什么的，开视频，打QQ电话，有时候听他说还看直播。那个东西还能做什么，就是用来玩的。

问：孩子每天大概接触和使用多长时间的移动社交媒体？他在接触和使用移动社交媒体时您会陪同或监督吗？

答：一天怎么着也有俩小时了，以前上小学的时候玩得多，现在这不都上八年级了，明年就要考试了，管着他得让他少玩会儿。不过真的也没工夫管他。

问：您知道孩子在移动社交媒体上都和网友聊哪些方面的话题吗？

答：咱不知道啊，咱也不能拿过来看看，他也不愿意。

问：您对孩子接触和使用移动社交媒体的态度是？

答：少玩点，有时间看看书，复习复习。

问：您觉得移动社交媒体对孩子产生了哪些影响？您希望它能够产生哪些影响？

答：会使孩子早熟，学一些不该学的东西，还会耽误学习。我希望能让孩子学习更好，不要老玩手机。

三、流动儿童的社会化状况

问：您觉得孩子是一个什么性格的人？

答：不是内向，看着跟他同学说得挺多。

问：孩子平时能够帮您做家务吗？您觉得他的生活自理能力怎么样？

答：能，能动动手帮我们做些家务，扫扫地啊，收拾碗筷啊，做点简单的饭。他的生活自理能力还行，我比较满意。

问：孩子平时会乱花钱吗？买东西时会跟同学攀比吗？会看重名牌吗？

答：这个不会，一般他想买什么会跟我们说，他不会太过分，而且他慢慢地长大了，也懂事了。也没见他攀比，我看有的小孩手机都用名牌，这个我们给他买块普通的，他也还行，不会要求买那些名牌。

问：孩子和家里人的关系怎么样？在学校里和老师、同学的关系呢？

答：还行，也算听话。在学校里老师对他还行，经常找他帮忙干点活，也夸他，跟同学也还好，有几个好朋友。

问：孩子在公交车上会主动给老人让座吗？会遵守学校纪律吗？

答：会，有时候我们一块出去坐公交车，他都主动往后面坐，有时候坐前面了，上来老人，他就给人家让座。以前在学校的时候挺捣乱纪律的，有一次老师还让我去学校，后来他也害怕了，我也没去学校，以后他慢慢就好了，老师再也没叫我们去过学校。

问：您觉得孩子的思想成熟吗？他会感觉自己像个大人吗？希望被看作大人吗？

答：嗯，我感觉他有时候挺懂事的，不过他还是小孩，他自己应该没有你说的这种想法。

问：孩子能够认识到自己做的不好的地方，虚心向别人学习吗？

答：嗯，他知道，不过不能经常说他，要不也嫌我们唠叨。除了学习和玩手机这一块，觉得其他方面他都挺好的，也能跟别人学习。

CP3 个案基本资料

孩子上三年级，孩子母亲，28 岁，小学毕业，居住于济南市天桥区，经营金锣冷鲜肉店。

访谈时间：2017 年 10 月 7 日

访谈地点：金锣冷鲜肉店内

访谈实录：

一、基本情况

问：您的孩子来济南多久了？除正常升学外，他转过几次学？

答：过来五年了，没怎么转过学。

问：您们平时回老家的次数多吗？一年回几次老家？

答：不多，几乎不回老家。

问：孩子的学习成绩怎么样？

答：还可以。

二、流动儿童移动社交媒体的接触和使用情况

问：孩子课余时间都做些什么？

答：就是那个基本上你像星期一到星期五的时候他就看个课外书，几乎不玩手机，星期六到星期天的时候他就玩手机、电脑。

问：您给他买手机或平板了吗？

答：买了，我给他买的。

问：您知道孩子一般使用哪些移动社交媒体软件吗，他们接触和使用移动社交媒体主要用来做什么？

答：他有QQ、微信。他会玩那种益智的小游戏，不玩那种大型的游戏，再说了他对那个也不上瘾。我看他手机上微信他基本上是不看，老多信息他都不看，因为他手机用了也没多长时间吧，上面有几个同学，几乎也没大有网友，就是跟同学聊聊天，他会经常发语音。

问：孩子每天大概接触和使用多长时间的移动社交媒体？他在接触和使用移动社交媒体时您会陪同或监督吗？

答：周一到周五玩得少，一个小时左右吧，星期六到星期天做完作业没事了，玩得多。

问：您知道孩子在移动社交媒体上都和网友聊哪些方面的话题吗？

答：就是聊聊作业啊，干什么啊，好像是，应该是。

问：您对孩子接触和使用移动社交媒体的态度是？

答：我们家这个还挺懂事的，也不上瘾，也没有玩大型游戏的习惯，我是不希望它碰。

问：您觉得移动社交媒体对孩子产生了哪些影响？您希望它能够产生哪些影响？

答：他玩这个的时候影响肯定是很大的啊，整天盯着手机、电脑，对它们会有依赖，他从小没形成那种习惯吧，对游戏什么的没有瘾。好的影响肯定很少啊，我感觉这整天聊天，有些内向了，没有多外向。

三、流动儿童的社会化状况

问：您觉得孩子是一个什么性格的人？

答：有点儿内向，不算外向的孩子，也不是说特别内向。

问：孩子平时能够帮您做家务吗？您觉得他的生活自理能力怎么样？

答：能，会点儿，但是你像他爷爷奶奶都在这，最后也用不着他，但是偶尔他也做点儿。自理能力一般，不属于自理能力很强的孩子。

问：孩子平时会乱花钱吗？买东西时会跟同学攀比吗？会看重名牌吗？

答：不乱花钱，他花钱的时候都会打招呼。不会，从小也没有很刻意地去管他，他不会跟别人比，买那些名牌。

问：孩子和家里人的关系怎么样？在学校里和老师、同学的关系呢？

答：他跟我们的关系还好，一般周六他会来店里，周天的时候上辅导班。在学校跟老师、同学关系也还行。

问：孩子在公交车上会主动给老人让座吗？会遵守学校纪律吗？

答：会，他挺懂事的。在学校里也能遵守纪律。

问：您觉得孩子的思想成熟吗？他会感觉自己像个大人吗？希望被看作大人吗？

答：这个我感觉他还是小孩，还没有这个意识。

问：孩子能够认识到自己做得不好的地方，虚心向别人学习吗？

答：能，有时候他做得不好的地方我们说说他，他也就改了。能学习别的小朋友身上的长处。

其余略。

第三部分　流动儿童老师访谈案例

AT1 个案基本资料

女，27 岁，专科学历，北京 A 小学，英语老师。

访谈时间：2017 年 9 月 18 日

访谈地点：学校办公室

访谈实录：

一、基本情况

问：和非流动儿童相比，流动儿童平时的课堂表现怎么样？请您具体描述一下。

答：就是有的小孩吧就是各方面都比较好，有的吧就是不好，也有的啥都不会，怎么说他都听不进去。

问：流动儿童的家庭作业情况、学习积极性怎么样？有没有扰乱课堂秩序等不良学习行为？

答：家长基本都不管，班级里23个小孩，也就七八个可能说写作业的时候家长看一会，或者说写完给检查一下，有的时候七八个都不到，家长忙的就不给看，问他写完了吗，说写完了，就这种情况。学生自己的积极性吧，有一半吧他就是还可以，剩下另一半他就是不行，上课的时候有的小孩他就听，有的小孩就不听，该不会的还不会。有扰乱课堂秩序的，不过我们班不多啊。

问：流动儿童平时会参加课外活动吗？参加的积极性怎样？

答：我们这边的课外活动就是体育课，再就是志愿者来了，就这些活动，他们挺喜欢参加这种活动的。

二、流动儿童移动社交媒体的接触和使用情况

问：据您了解，流动儿童接触和使用移动社交媒体的情况是怎样的？他们一般都使用哪些移动社交媒体软件？他们接触和使用移动社交媒体软件都用来做什么？

答：用QQ、微信，他们玩得很多。聊天啊，玩游戏啊。

问：您觉得接触和使用移动社交媒体给流动儿童带来了哪些影响？您怎么看待他们接触和使用移动社交媒体的行为？

答：他们玩得多了，他们觉得很好玩，可能就是上课也想那个，下课他们就玩，影响他们学习，好的影响很少我觉得，无非就是他们有人聊天了。觉得他们还是少玩，玩的话肯定分心啊，影响学习。他们可以周六、周日玩，周一到周五的话还是少玩。

问：为使流动儿童养成良好的移动社交媒体的接触和使用习惯，您有什么建议？

答：就是监督孩子啊，首先就是老师告诉学生怎么做好，然后肯定那个表现好的，他自觉点的他就能按照老师说的去做，然后再就是告知家长，应该怎么样教育自己的孩子怎么做，就是监督一段时间的话，自觉点的孩子就养成这个好习惯了，然后这个习惯就一直保持下去了。

三、流动儿童的社会化状况

问：流动儿童一般具有哪些性格与行为特征？他们平时会主动帮助同学吗？他们做事时有自信吗？他们有没有胆小怕事，内向？

答：性格还是外向的比较多，会，嗯，这些还都行。

问：流动儿童的生活自理能力怎么样？

答：住校生的话挺好的，那走读生的话就不一定了，有的小孩可能就是爸爸妈妈、爷爷奶奶给他准备东西上学。

问：流动儿童在买东西时会与同学攀比吗？

答：在我们学校里的时候是不允许他们买东西的，没发现这个。

问：流动儿童平时和老师、同学的相处情况怎么样？他们和家里人的关系怎么样？

答：跟老师相处得挺好的，跟同学的话多数是好的，就是个别的话不大好，比如说玩的时候有推同学的，有的小孩就推得比较狠，可能一推别人就摔倒了，别人推他他不服气，他就要还回来，使劲推别人。

问：流动儿童有没有破坏公物、使用不文明用语、打架等有违社会道德的行为？

答：破坏公物、讲不文明用语偶尔有，这种讲不文明用语的行为是小孩之间互相学的，也可能是他们父母吵架时跟父母学的，或者是孩子不听话嘛，被父母说时跟父母学的。打架倒是没有。多数的小孩还是好的。

问：流动儿童的成人意识怎么样？他们希望自己被看作大人吗？

答：这点他们可能要比城市里的本地孩子要强一些。他们毕竟还是个孩子，大人也是比较辛苦的，所以他们应该是不希望。

问：流动儿童能够认识到自己做得不好的地方吗？会虚心向别人学习吗？

答：嗯，小学生这方面的意识还有些欠缺吧，感觉他们好像没有。

BT2 个案基本资料

女，25 岁，专科学历，北京 B 初中，小学英语兼初中历史老师。

访谈时间：2017 年 9 月 18 日

访谈地点：学校办公室

访谈实录：

一、基本情况

问：和非流动儿童相比，流动儿童平时的课堂表现怎么样？请您具体描述一下。

答：整体在这个校园里哈，因为都是在外打工的啊，这些父母都没有时间照料孩子。尤其是在学习方面，父母根本没有时间，因为什么呢，这些父母吧，他们每次回来得比较晚，就是晚上回来得比较晚，白天他们更没有时间去照顾孩子，所以父母对孩子学习方面不是很关心。那么来了学校呢，只有是老师关心孩子，可是有时候老师也无能为力，因为在家里面孩子得不到关爱，来了学校老师只管上课，上课呢就给孩子灌输知识，所以孩子在这个专注度上可能不是很好，也就是说注意力不是太集中吧，这些孩子就感觉来了学校每天和其他孩子在一块玩，就很开心。至于学习呢，上课了他们就上课，下课呢就玩，然后上课能听多少是多少，而不像咱们可能或者当地的小孩。比如说我吧，我是山西人，我记得我上学那会吧，反正上课既然是去了学校，第一个目的就是为了学习，就是为了得到知识，而他们的想法我觉得就不是这样的。他们就是来了这，说白一点吧，就是为了来这里成长，这就是他的一个成长环境，也能灌输他得到一点知识，他自己本身也不是说特别想获得这些知识，就是这样。

问：流动儿童的家庭作业情况、学习积极性怎么样？有没有扰乱课堂秩序等不良学习行为？

答：家庭作业情况、学习积极性就像我上一个问题提到的那样。嗯，扰乱课堂秩序这个有，因为我来这四年了嘛，我第一年来的时候刚参加这个工作，我第一个工作也是在这，然后刚来的时候是带的小学最高年级，当时就有好多学生就特别捣乱，尤其是男生，他的逆反性比较强。因为我接这个班之前呢，还有一个老师接过这个班，可能那个老师对这些孩子们特别好，但是由于人家年纪大了，要回去结婚，所以呢这些孩子们有些舍不得，可能刚刚离开嘛，可能心里面没有转变过来，所以孩子们哈就对这些新来的老师他就比较，反正就那个比较不喜欢吧，因为他们可能对之前那个老师还有点怀念，有点欺负这些新老师。所以当时我刚来的时候，我既没有管理经验，教学方面也是什么经验都没有，所以还是对他们无能为力，没有什么很好的办法，这样孩子们可能他不喜欢，那么他可能就会做自己想做的事情，那么就会违反学校的规章制度、课堂纪律，这个我亲身体验过。

问：流动儿童平时会参加课外活动吗？参加的积极性怎样？

答：会。咱们学校呢，学校主张的就是文化课，音乐啊、体育啊，还有美术啊，就是这些课，每个礼拜呢有两节吧，我记得我们上学那会至少一个礼拜三节课肯定是有，但是这些这种课很少，孩子们没有活动的这个时间，所以像志愿者来开展的活动他们比较喜欢参与进来。第一，这些公益活动呢可以给他们带来一些他们想要的东西，比如说学习用品啊，他们可以得到这些东西，心里面很高兴，孩子嘛得到一点儿，不是说那些大的学习用品，就是小小的一支笔，他们心里面都会很高兴，所以这方面，还有就是那些公益活动那些志愿者们都是些大学生，他们来了跟孩子们互动，那么这个课堂气氛比较活跃，而咱们平时上课呢，课堂气氛都是比较严肃的，所以孩子们就更喜欢这样，每个孩子不都这样吗，喜欢开放一点的，做自己想做的事情，说自己想说的话，可是平时上课就不一样了，只能说老师问一个，他答一个，教他什么，他学什么，就这样。

二、流动儿童移动社交媒体的接触和使用情况

问：据您了解，流动儿童接触和使用移动社交媒体的情况是怎样的？他们一般都使用哪些移动社交媒体软件？他们接触和使用移动社交媒体软件都用来做什么？

答：他们就是用QQ、微信，上网聊聊天，玩玩游戏。然后呢，像初中，到了初中呢孩子们少，学校管得也不是太严，所以呢对学习方面就有些放松了，现在是互联网时代嘛，孩子们经常会带手机，只要一下课他们就手机在手里面攥着，不会离开手机一点儿。

问：您觉得接触和使用移动社交媒体给流动儿童带来了哪些影响？您怎么看待他们接触和使用移动社交媒体的行为？

答：这怎么说呢，影响学习，让他们对学习这个事比较上心，我觉得可能会有一点儿改变吧，而且现在这个时代就是这样，别说孩子们了就像咱们一样，除了上班，下班就是拿着手机、对着手机看微信、QQ，跟身边人聊天的机会他都不想有，他觉得手机里所有的信息都可以满足他。

问：为使流动儿童养成良好的移动社交媒体的接触和使用习惯，您有什么建议？

答：现在他们接触QQ、微信这个现象是很普遍，具体应对方法吧好像还没有，真没有。

三、流动儿童的社会化状况

问：流动儿童一般具有哪些性格与行为特征？他们平时会主动帮助同学吗？他们做事时有自信吗？他们有没有胆小怕事，内向？

答：比较外向、开朗，我觉得他们的行为比较随意，好像不受约束，比较随意，他们想干什么干什么，当然有些学校规定呢，他们还是听的。有自信，没有这个胆小怕事。

问：流动儿童的生活自理能力怎么样？

答：嗯，这个一定要讲，咱们学校住校生比较多嘛，他们在自理方面还是挺强的。

问：流动儿童在买东西时会攀比同学吗？

答：这个啊，这个很少，我来这么长时间反正没有听到说，他们攀比什么东西，没有，因为在这，在这个学校吧，他们大家的家庭状况都是，几乎都是一般的，没有说太好的，也没有说太差的，没有太富裕的那种，基本上都一样，所以这个就没有，几乎是没有。

问：流动儿童平时和老师、同学的相处情况怎么样？他们和家里人的关系怎么样？

答：嗯，都挺好，他们对老师就像对朋友一样，不会那么陌生。就下课吧，他们根本没有说，他是老师，他是学生，都相处得很好。就是有些内向的孩子，他平时不敢跟别人沟通，这种可能跟老师的距离可能远一点。他们和家里人应该相处得可以吧。

问：流动儿童有没有破坏公物、讲不文明用语、打架等有违社会道德的行为？

答：讲不文明用语有一些，这个确实是有。咱们有时候也会说一些，尤其是网络用语那些脏话，孩子们在网上会看到，聊天的时候也会用到。打架基本上就没有发生过，可能下课，男孩子嘛，可能说话的时候语气比较强硬，你推一下，我推一下，这样的情况有，但是真正的打架没有发生。因为在这方面，学校管理得比较严，一般不会。

问：流动儿童的成人意识怎么样？他们希望自己被看作大人吗？

答：感觉他们比较成熟，成人意识还是可以的。我感觉他们不希望自己被看作大人吧。

问：流动儿童能够认识到自己做得不好的地方吗？会虚心向别人学

习吗?

答:有,他们知道,能意识到这种错误,但有时候吧像初中孩子,也就是咱们说的一个心理方面的一个问题吧,可能孩子大了,遇到一些事情,他们自己知道错了,看到别人做得好的地方呢,也会像别人学习。

其余略。

附录7　调研图片

后　　记

随着媒介技术的发展和环境的变化，移动社交媒体发展迅速，成为人们信息生活中的重要组成部分。Soul 发布的数据显示，预计 2024 年中国移动社交用户数量将增长到 10.60 亿人，用户渗透率稳步增长。这一结果也在我们前期进行的预调查中得以佐证，即以 QQ、微信等为代表的社交应用成为流动儿童最常接触与使用的媒介，故我们在研究大众传媒与流动儿童社会化发展的过程中，对于媒介类型的探讨更关注移动社交媒体，以使调研结果更具代表性和科学性。

为系统调研移动社交媒体对流动儿童社会化的影响，我们全面梳理和分析了与流动儿童相关的政策文本、统计报告；并奔赴北京、济南、青岛、潍坊、淄博、临沂、日照等多个城市的多所学校开展问卷调查、深度访谈及参与式观察。希望我们的调研以及对调研中发现的问题进行的深入思考，可以为人们了解流动儿童移动社交媒体的接触和使用情况、社会化状况及移动社交媒体对其社会化发展产生的影响，提供一点帮助，也希望对相关问题的解决提供一些思路。

六年的研究工作，我们完成了这部书稿。在写作过程中，我们得到了太多的支持和帮助。首先，感谢我们的研究对象，流动儿童和他们的父母，以及城市儿童和他们的父母，还有学校的老师，正是因为你们的积极配合，我们才获取第一手的调研资料，得以呈现流动儿童群体移动社交媒体接触和使用对其社会化影响的客观图景。调研过程中我们接触到的每一个孩子，你们的天真烂漫，你们的欢声笑语，至今时常在我们的脑海中浮现，你们已成为我们生命中的一份牵挂。

其次，感谢为我们的研究提供帮助的单位和个人。感谢全国妇联儿童部、山东省妇联的支持与指导，感谢泰安市宁阳教育局、济南市天桥区药山街道办、济南外国语开元国际分校、北京自强实验学校、济南育贤小学、济南滨河小学、济南第二十九中、济南第二十六中、泰安宁阳第二实验中学等单位给予本次调研的支持与配合。

感谢公益组织友成基金会小鹰计划项目负责人王艳艳老师帮助我们协调、联系多所外来务工子弟学校，并给予我们关于外来务工人员相关调查资源的支持，使得我们能够顺利地进入调研学校，感受真实的外来务工者的居住环境，掌握一手调研资料。

感谢山东师范大学新闻与传媒学院、山东师范大学融媒体发展研究院的领导老师们以及相关专业同学们的支持与帮助。

最后，要感谢中国社会科学出版社的诸位编辑，向在本书出版过程中付出大量辛劳的张林先生致谢。

关注流动儿童这一社会弱势群体，促进其健康成长，是我们作为研究者对社会应尽的责任和关怀。令我们备受鼓舞的是，我们所做的研究已引起教育、妇联、共青团等部门对相关问题的重视。当我们把调研情况和研究报告无偿提供给一些学校后，也已被他们采用，为学校工作的开展和老师、家长教育孩子提供参考，让更多的孩子和家庭受益。我们曾应妇联、共青团等部门邀请在多地市的城镇和乡村开展大众传媒与儿童发展的巡回公益讲座，我们曾深入多所学校和多个社区义务开展儿童媒介素养辅导。随着研究与实践的深入，我们愈发感到这几年不畏严寒酷暑的奔波调研和那些彻夜不眠的敲击键盘付出得有意义、有价值。

当下，我国正进行着人类历史上规模最大的人口迁移，其中，18岁以下流动儿童在各年龄流动群体中增速最快，占比最高，流动儿童问题已成为儿童问题的焦点和重点。在留守增幅逐年降低，流动增幅不断攀升的当下，相关研究变得格外重要和迫切。我们期待更多学者加入该项研究中，在对现实的密切关注中不断拓宽研究视野，更新理论话语，创新研究方法，对这一命题予以深入探讨，为弱势群体媒介权力的实现及其正常社会化提供理论支持和方法指导。

2022年8月1日

于山东师范大学新闻与传媒学院